동양의
생각지도

The Story of Oriental Philosophy
© 1928, Lily Adams Beck

- 이 책은 저작권법에 의해 보호받는 저작물이므로
  무단전재와 무단복제를 금합니다.
- 이 책 내용의 전부 또는 일부를 이용하려면
  저작권자와 도서출판 유유의 동의를 얻어야 합니다.

동양의 생각지도

어느
서양 인문학자가
읽은
동양 사유의
고갱이

The Story of
Oriental
Philosophy

릴리 애덤스 벡

윤태준 옮김

유유

일러두기
1. 이 책은 Lily Adams Beck이 쓴 The Story of Oriental Philosophy(1928)를 한국어로 옮긴 것이다.
2. 본문에 달린 각주는 역자가 독자들의 이해를 돕기 위해 단 것이다.

역자 서문: 서양은 동양을 어떻게 이해 또는 오해하는가

「I will」, 「Ob-La-Di, Ob-La-Da」 등 오랫동안 전 세계 음악팬의 사랑을 받았고 명곡이 무려 30곡이나 수록된 앨범 『화이트』는 비틀스 5대 명반 중 하나로 꼽힌다. 한쪽 구석에 눈에 잘 띄지도 않는 작은 글씨로 'The Beatles'라고 쓰여 있을 뿐 온통 새하얀 백지로만 이루어진 표지만큼이나 실험적인 곡으로 가득한 이 앨범은 비틀스가 인도를 여행하며 신비주의에 푹 빠져 있을 때 만든 것으로 유명하다. 인도에서 돌아온 비틀스는 '국제 명상 협회'International Meditation Society에 가입해 요기의 가르침을 받았으며, 조지 해리슨은 하레 크리슈나교로 개종하기까지 했다. 인도사상과 문화에 대한 비틀스의 관심은 서구 사회에 크나큰 영향을 미쳤다.

리처드 기어는 티베트불교에 귀의해 20년째 달라이 라마의 대변자로 활동하면서 티베트불교에 대한 중국 정부의 탄압을 서구 사회에 알리는 데 힘써왔다. 2011년에는 서울 예술의전당에서 사진전을 열고 한국 불교에도 큰 관심을 보였다. '세기의 커플'이라 불리는 브래드 피트와 안젤리나 졸리 부부도 독실한 불교 신자로 유명하다. 브래드 피트는 영화 《티베트에서의 7년》을 촬영하는 과정에서 불교에 귀의했다. 그 밖에도 키아누 리브스, 레오나르도 디카프리오, 기네스 펠트로, 축구선수 베컴 부부 등도 불교 신자이다. 서양 기독교 문화권의 상류층과 지식인층을 중심으로 불교가 점점 더 빠르게 전파되고 있다.

인도와도 바꾸지 않는다는 셰익스피어와 함께 영국의 자존심이라 할 수 있는 비틀스가 불과 20여 년 전까지만 해도 자국의 식민지였던 인도 문화에 그토록 매료된 까닭은 무엇일까? 일제 강점기의 무려 두 배에 달하는 70년이라는 세월 동안 지배당하던 나라가 새삼 무엇으로 옛 지배자들을 사로잡았을까? 현대 자본주의의 성지인 영국과 미국이 그들의 혼이라 할 수 있는 프로테스탄트 정신을 저버리고 그 대척점에 있다 해도 과언이 아닌 불교에 빠져드는 이유는 무엇인가?

최소한 부분적으로는 이 책의 본문에 자세히 소개된 요가와 명상의 힘에 있지 않을까 생각한다. 경지에 오른 요기와 수도승 또는 극심한 고문을 받고 죽어가면서도 오히려 환희에 차는 이슬람 순교자. 그들이 보여주는 놀라운 모습을 과학적으로 이해하려는 노력은 어제오늘 일이 아니다. 왕의 인생에도 고통과 고뇌가 가득하게 마련이다. 외적으로 아무리 많은 것을 이루어도, 아니 그럴수록 진정한 행복은 고운 모래처럼 손가락 사이로 빠져나간다. 그런데 삼매경에 빠진 동양의 이 기이한 사람들은 가진 것 하나 없이 지극한 평화와 환희 속에 살아간다. 참선과 명상을 통해 흔들림 없는 행복을 손에 넣을 수 있다는 희망은 엄격한 프로테스탄트 윤리에 지칠 대로 지친 서양인의 마음을 흔들기에 부족함이 없었을 것이다. 그리고 그 노력은 현재 '긍정 심리학'이라는 형태로 결실을 맺고 있다. 걱정과 불안 등 모든 심리적인 고통은 이성과 논리를 주관하는 영역인 좌뇌가 활성화되었을 때 나타나고, 신체 감각에 집중하거나 무아지경의 명상에 빠졌을 때 활성화되는 우뇌는 마음의 평화를 가져다준다. 긍정 심리학은 우리를 괴롭히는 마음의 상처와 정서적인 고통을 치유하는 방편으로 (요가나 참선까지는 아니어도) 손가락과 발가락을 문지르거나 온몸에 느껴지는 감각에 집중함으로써 우뇌를 활성화하는 훈련을 거듭할 것을 권한다. 이런 최근의 성과가 아니라도 과거에도 니체, 셸링을 비롯한 철학자는 물론 헉슬리와 같은 과학자도 이들의 심오한 사상과 경지에 크나큰 영향을 받았다.

물론 동양사상이 서구 사회에서 주류가 되어가고 있다고 말할 수는 없다. 그러나 서양 상류층과 지식인층의 동양사상에 대한 관심은 결코 일시적인 유행도 아니고 단순한 호기심만도 아니다. 그래야 할 필요가 있고, 또 거기서 많은 것을 얻어왔기 때문에 힘써 연구하고 받아들이는 것이다. 저자는 산업혁명의 결과로 졸부와도 같은 지위에 올라놓고 동양에 대해 오만한 선입견을 품고 있는 서양을 "중국의 정신에 지배당해놓고 오히려 자기들이 중국을 지배했다고 주장하는 침략자들"이라고까지 표현한다.

이 책을 옮기며 곤혹스러웠던 부분 하나는 서구 사회가 아직도 동양사상과 문화에 대해 상당한 오해와 환상을 버리지 못하고 있음을 다시 한 번 확인하게 되었다는 점이다. 비쩍 마른 한국인 유학생이 태권도복을 입고 허리에 검은 띠를 두르면 덩치가 산만 한 미국인들이 겁을 먹고 움츠러든다든지, 오색 휘장이 드리워진 동양의 규방에는 생물학적인 한계를 뛰어넘는 쾌락이 존재한다든지 하는 수준에서 크게 벗어나지 않는 오해와 환상이 그런 사례이다. 저자가 요가와 관련된 인도의 과장된 신화와 전설 등을 대하는 순진한 태도는 당혹스러울 정도였다.

그러나 그보다 더욱 곤혹스러웠던 점은 저자가 신비주의적인 불교에 심취한 독실한 신자임에도 동양철학과 문화에 대해 당사자보다 훨씬 더 체계적이고 치밀한 이론적 이해를 갖추었다는 점이다. 사실 동양학 분야에서 세계 최고 권위를 인정받는 곳은 일본의 도쿄대학교도, 중국의 베이징대학교도 아닌 미국 하버드대학교이다. 아시아와 밀접한 관계를 유지해야 하는 호주의 대학들도 동양학 분야에서 역사와 전통을 자랑한다. 자기 자신을 엄밀하게 이론적으로 이해할 필요가 있겠느냐고 말하기 쉽지만, 그래야 할 필요성은 정신과 의사와 상담가 들이 증명한다고 말할 수도 있다. 동양이 자신들의 지병을 서양이라는 의사에게 진단받고 치료받고 싶지 않다면 말이다.

저자는 고대 인도에서부터 페르시아와 티베트를 거쳐, 중국의 도가 및 유가, 일본의 선 사상에 이르기까지 방대한 사상의 지도를 쉽고 명쾌하게 그리고 생생하게 그려 보여준다. 베다와 초기 불교에 깊이 심취한 저자는 인도의 사유가 인류를 올바른 길로 이끌어줄 유일한 희망이라는 신념을 품고 있다. 만일 중국 등 극동 아시아의 사상이 인도와 티베트 등보다 상대적으로 가볍게 다뤄지고 이해도 부족해 보인다면, 그 이유는 저자의 관심 분야 때문만이 아니다. 이 책은 인도가 아직 영국으로부터 독립하기 전에 쓰였다. 영국인인 저자가 인도에 대해 더 깊이 이해한 것은 당연한 일이다. 지리적으로도 역사적으로도 유럽은 인도, 페르시아와 더 밀접하게 관련되어 있다. 마르코 폴로 이전까지 중국 대륙은 환상과 마법의 땅 혹은 유럽 신화 속 괴물과 악마 들이 꼬리를 말고 도망칠 정도로 무시무시한 몽골족 침략자들이 살고 있는 미지의 땅이었다.

그래서인지 인도 고전을 영어로 번역하는 일보다 중국 고전을 번역하는 데 더 힘들어했던 흔적이 곳곳에 보인다. 서문에서 밝혔듯이 저자가 이 책을 쓰면서 "가장 염두에 두었던 부분은 동양의 표현 방식에 익숙지 않은 서양 독자들에게 내 생각을 분명하게 전달하는 것이었다." 공자에 대한 단락에서는 인용문 하나를 먼저 중국식 표현을 최대한 살려서 옮기고, 그다음 자신의 화법으로 다시 옮겨서 독자가 직접 비교해보도록 하는 노력도 기울인다. 저자의 노력을 존중하고 그 의도를 있는 그대로 전하기 위해, 여기서도 『논어』, 『맹자』, 『노자』, 『장자』 등 동양 고전의 우리말 번역을 따르지 않고 저자의 영역을 다시 우리말로 옮기는 방법을 택했다. 특히 저자가 "영어로 번역하기가 말도 못하게 어려운" 텍스트라고 표현한 『노자』는 우리말로 번역할 때도 말도 못하게 어렵기로 악명이 높다. 국내에 출간된 여러 『노자』 번역서도 서로 의미조차 일치하지 않는 부분이 흔하다. 번역 이전에 해석의 문제이다. 이 책은 동양 고전의 번역이 아니라 동양 고전을 자기 나름대로 이해해 소개하는 영국인 저자의 책을 번역한 것이므로 이를 중역이라고는 할 수 없을 것이다. 또한 당시 저자가 접할 수 있는 자료의 한계로 사실 관계가 잘못된 대목이 더러 있는데, 저자의 동양에 대한 이해와 연결되어 있어 일일이 바로잡지 못했음을 알려둔다.

동양의 사상과 문화를 개괄할 목적으로 이 책을 읽는 것은 어리석은 행동일지도 모른다. 이 책은 동양에 대해 철저히 무지한, 또는 그릇된 선입견을 가진 서양의 일반 독자를 위한 안내서이다. 그러나 이 책은 두 가지 점에서 우리에게도 상당히 흥미롭다. 서양이 동양을 얼마나 잘 이해하고 있는지, 또 얼마나 오해하고 있는지 일별할 수 있다는 점에서 그렇다. 우리 또한 그들을 똑같이 이해하고 똑같이 오해하고 있을 것이다. 연인 사이의 대화가 그렇듯, 서로를 더 잘 이해하려면 먼저 내가 무엇을 이해하고 무엇을 오해하고 있는지 확인하는 과정이 필요하다. 그리고 무엇보다도 자신을 먼저 진지하게 돌아보는 작업이 선행되어야 한다. '나'는 상대가 이해하는 바대로의 존재도 아니지만, 내가 생각하는 그대로의 존재도 아닐 수 있다.

서문: 동서양의 조화로운 이해를 위하여

동양사상과 철학자를 소개하는 이 책을 쓰면서 내가 가장 염두에 두었던 부분은 동양의 표현 방식에 익숙지 않은 서양 독자들에게 내 생각을 분명하게 전달하는 것이었다. 동양의 언어를 영어 표현으로 옮기는 것만으로는 부족하다. 단순한 번역만으로는 동양 고전 원문에 담긴 함축적인 의미를 전할 수 없기 때문이다. 그저 내가 철저히 실패하지는 않았기만을, 그리고 이러한 서술 방식으로 발생한 손실이 크지 않았기만을 바랄 뿐이다.

서양의 지적 성취는 주로 실용적인 면에 치우쳐 있다. 반면 페르시아를 포함한 동양사상은 인간에 대한 성찰이라는 형태로 발전했다. 동서양의 장점을 함께 취하려 한 일본이라는 흥미로운 예외를 제외하면 말이다.

동서양의 가치는 서로 충돌하지 않는다. 상호 보완적이며 서로 장점을 교환할 수도 있다. 각자의 장점을 주고받아 사고가 자유롭게 순환할 때 세상은 좀 더 살기 좋은 곳이 될 것이다. 문학은 한 민족의 지성이며, 종교는 그들의 영혼이다. 이런 인식을 바탕으로 만나지 않으면

서로 다른 두 민족은 영원히 상대를 이해하지 못한다. 그리고 오늘날 서로를 이해하는 것보다 중요한 일은 없다. 독자들은 적어도 인간에 대한 동양의 성찰이 최상의 경지에 이르렀다는 내 생각에 동의하게 될 것이다.

동양 여러 나라와 그 나라 사람들, 그들의 철학에 대해 내가 가진 지식에 더하여, 내가 참고한 수많은 책의 저자와 관련 주제에 관해 많은 이야기를 들려준 동양인 친구들에게 감사를 전한다.

스리랑카에서
애덤스 벡

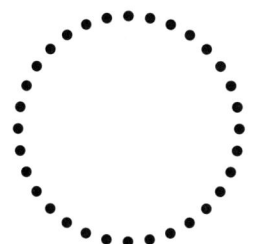

차례

역자 서문: 서양은 동양을 어떻게 이해 또는 오해하는가　　9
서문: 동서양의 조화로운 이해를 위하여　　15

1　　아리아인의 인도 정착　　21
2　　인도의 철학과 사회 조직의 시작　　37
3　　고대의 교육체계　　55
4　　고대 인도의 신화와 우화　　73
5　　위대한 요가 수행자이자 철학자 샹카라　　95
6　　정신 집중의 힘　　113
7　　정신 집중의 효과　　129
8　　바가바드기타　　145
9　　붓다의 위대한 포기　　163
10　　붓다의 생애와 죽음　　183
11　　붓다의 위대한 가르침 (1): 삶과 죽음　　201
12　　붓다의 위대한 가르침 (2): 사상체계　　221
13　　티베트의 눈에 비친 사후 세계　　237
14　　페르시아의 신비로운 사랑　　253

15	공자의 출생	269
16	공자의 성장	281
17	공자의 제자들	297
18	공자의 정치적 성공	315
19	공자의 가르침	329
20	공자의 고뇌와 죽음	341
21	고대 중국의 사회 조직	359
22	중국의 영웅들	377
23	중국의 정신	397
24	중국의 위대한 신비주의자 노자	401
25	장자의 도	419
26	장자의 해학과 역설	437
27	왕을 인도한 맹자	453
28	왕을 위한 안내서	467
29	선禪: 중국과 인도에 전파된 불교 사상과 예술	477

후기: 배척이 아닌 융합을 꿈꾸며　492

아리아인의 인도 정착

1

동양철학의 결정인자 인도철학

이 책에서 내 목표는 아시아와 어떤 관계를 맺거나 대처해야 할 일이 생겨서 동양에 관심을 갖게 된 사람이라면 누구나 쉽게 이해할 수 있도록 동양사상을 단순하게 설명하는 것이다. 동양사상을 이해해야 할 필요성이 다소 폭력적이라고 느낄 수도 있을 정도로 우리에게 강요될 것이라는 점에는 의심의 여지가 없다. 나는 동양사상에 관심을 갖는 것이 그 자체로 뜻 깊다고 보지만 그건 물론 관점의 문제일 것이다.

인도에는 만연한 무지와 사회적 모순이 눈에 띄게 드러나 있다. 잔인하게 제물을 희생시키는 의식과 유아 결혼 등 인도의 어둡고 수치스러운 일면이 그것이다. 인도에 이런 어두운 면이 존재한다는 사실은 부정할 수 없다. 그러나 또 다른 면은 다루어지지도 않았고, 왜 그런 일이 일어나는지 이해할 수 있는 단서도 주어지지 않았다. 나는 용기와 공정함을 겸비한 아시아 지식인도 우리 사회의 어두운 면에 대해 알아가며 우리가 아시아의 어두운 면을 보며 받았던 것과 똑같은 충격을 받으리라 확신한다. 그러나 서양인이건 동양인이건, 현명한 사람이라면 누구나 아직 전부를 본 것은 아니라는 사실을 잊지 않을 것이며 자기가 속한 문화권의 가치관이 다른 모든 문화를 판단하는 기준이 될 수는 없다는 사실도 어느 정도 인식하고 있을 것이다. 그리고 마지막으로 판단을 내리기 전에 자료를 조사하고자 할 것이다. 내가 지금 하려는 것이 바로 그 일이다.

동양철학을 다루겠다고 천명한 책이라면 그 철학이 실제로 어떤 결과를 낳았는지는 다루지 않는다. 철학은 진리가 어떤 유용한 것을 만들어낼 수 있는지 묻는 학문이 아니다. 그것은 이 책에서도 마찬가지이다. 진리 탐구에는 세속적인 목적이 있을 수 없다. 철학이 의식적으로 실용적인 것이 되어갈 때는 반쯤은 자기 이름을 포기하는 셈이다. 이 책은 위대한 사상가들의 철학과 신념을 구체적이고 세밀하게 다루지도 않는다. 그런 일은 도서관에 맡기겠다. 이 책의 목표는 어떤 결정인자를 보여주는 것이므로 인도에서부터 시작하려 한다. 예로부터 인도는 말 그대로 가장 고차원적인 동양사상의 결정인자였기 때문이다. 중국과 같은 예외가 곳곳에 있기는 하지만, 중국도 훗날 인도사상을 수용하고 많은 영향을 받았으므로 그러한 예외를 지나치게 강조해서는 안 될 것이다.

그런 이유로, 지금부터 인도로 떠나보기로 하자.

아리안의 이동

─────── 종교와 철학을 엄격하게 구분하기란 쉽지 않다. 현대에 와서도 그런 기준은 상황에 따라 달라진다. 유대인 이상으로 종교에 심취해, 종교가 삶의 양식을 결정하는 인도에서는 특히 더 어려운

일이다. 인도철학은 종교를 떠나서는 이야기할 수 없다.

처음 인도철학의 틀을 잡은 것은 인도유럽어족에 속하는 앵글로색슨족의 한 지파로서, 당시 매우 강력한 민족이었다. 이들은 자신을 아리아Arya라고 칭했는데, 이는 그들의 언어로 '고귀한 사람'을 뜻한다(이 단어는 독일어에서 'ehre', 영어로는 'honor'라는 형태로 이어지고 있다). 미국이나 영국 같은 곳에서 지금도 여전히 강력한 인종 차별 근거로 작용하는 '피부색에 따른 배척'의 전통에 따라, 이들 아리안Aryan은 정복한 땅의 원주민보다 자기들이 훨씬 우월한 존재라는 자부심을 아주 오랫동안 지니고 있었다.

그렇게도 넓은 땅의 운명을 결정한 아리안 지파가 인도유럽어족에서 갈라져 나온 것은 언제일까? 이 질문에는 아무도 확실한 대답을 할 수 없다. 그러나 비록 분리 시점이 안개에 싸여 있다고는 해도, 유럽인과 아리안 정착자의 조상이 같다는 것만은 분명하다. 현재 학자들은 6만여 년 전 파미르 고원과 북쪽 초원 주변에서 양을 치던 유목민이 유럽인과 아리안의 조상이라는 데 의견을 모은다. 그들로 하여금 파미르 고원을 떠나도록 충동한 중요한 요인은 고원의 인구 증가 그리고 오늘날 후손들에게까지 이어져 대서양 횡단 비행에 도전하고 히말라야 산봉우리들을 정복하게 한 모험 정신이었다. 단 한 번의 민족 대이동이 아니라, 마치 보물을 찾아 모험을 떠나는 동화 속 왕자처럼 각자 무리를 지어 일부는 동쪽으로, 또 한 무리는 서쪽으로 길을 떠났다. 이들은 먼 훗날 손에 무기를 들고 다시 만날 때까지 수없이 기이한 모험을 겪는다.

유럽으로 간 사람들은 필시 러시아 남부를 통해 지금의 폴란드와 오스트리아에 정착했을 것이다. 여기가 지금 우리가 서양이라고 부르는 곳이다. 동쪽으로 방향을 잡은 사람들은 험난한 산맥을 넘어 훗날 침략자들도 밟게 될 다양한 경로로 인도에 도달했다. 그렇게 신성한 인더스 강에 도착한 이들은 그곳이야말로 용감하고 거만한 자신들에게 걸맞은 땅임을 깨닫게 되었다. 힌두스탄 평원이라는 이름은 인더스Indus에서 비롯되었다.

아리안은 동족과 친구를 떠나, 방대한 철학과 관습과 언어에 대해 아는 게 아무것도 없는 곳, 심지어 피부색마저 달라 서로를 분명하게 구분 짓는 곳에 도착했다. 서쪽으로 간 사람들과 동쪽으로 간 사람들이 도저히 지울 수 없는 정체성을 공유하고 있었는데도 서로 완전히 다른 종족이 되어버린 과정 또한 조만간 밝혀질 것이다.

둘 사이에는 언어의 차이로 인한 매우 깊은 사고의 간극이 존재한다. 서로 얼마나 멀리 떨어져 살건 간에 앞으로 인도와 유럽의 철학자들이 반드시 함께 메워나가야 할 간극이다. 지금도 인도유럽어족 철학자들 사이에서, 예컨대 그리스철학자와 인도의 위대한 아리안 사이에서 한 가족처럼 닮은 점을 찾을 수 있다. 초기에는 신화도 매우 비슷했다. 언어의 특징도 같아서 산스크리트어의 'asti', 그리스어의 'esti', 라틴어의 'est', 영어의 'is'로 갈라지기 전부터 있었던 연결 동사를 공유했다. 관계대명사, 정관사와 부정관사도 존재했다. 이런 공통점이 없는 히브리어나 중국어, 일본어와 같은 외국어를 공부해본 사람이라면 이 사실이 함축하는 바를 짐작할 수 있을 것이다. 이게 다가 아니다. 양쪽 모두 동사의 사용에 직설법과 가정법이 있고, 형용사에는 비교급과 최상급이 있으며, 소유격을 사용한다. 더 자세히 설명하면 이야기가 지루해질 수 있다. 그러나 동물의 뼈와 이빨이 같으면 같은 종임을 증명할 수 있듯이, 이는 사고의 근본적인 구조를 밝혀주는 매우 흥미로운 사실이다.

언어학자들은 적어도 기원전 1만 년까지는 인도에 정착한 아리안과 유럽인의 조상언어가 같았으며 그 이후로 엄청나게 발전해왔다고 주장한다. 처음 일별했을 때는 인도의 종교적이고 철학적인 문헌이 아름답고 강렬한 이형異形의 것으로 여겨진다. 이것은 놀라울 정도로 오랜 세월 동안 문자로 기록되지 않고 기억에서 기억으로 전해져 내려오다가 나중에야 성문화되었다. 저명한 동양학자 막스 뮐러Friedrich Max Müller는 기원전 7세기까지 알파벳을 이용한 문학적인 목적의 글쓰기는 이루어지지 않았다고 보았다.

인도와 그리스

철학 용어로 도입된 수많은 기초어가 우리 언어와 밀접하게 관련되어 있다는 것은 매우 신기한 일이다. 마음mind을 뜻하는 산스크리트어 'manas'는 라틴어 'mens'에 해당하고, 영어에서는 '정신상태'mentality를 의미하는 말로 사용된다. 이런 예는 너무 많아서 일일이 열거할 수도 없다. 유럽인과 아리안 사이에는 깊이 감추어진 사고의 지층이 있다. 이는 마치 암초가 수면 아래에서 두 섬을 잇는 다리가 되어 양쪽에 사는 동식물의 불가사의한 유사성을 설명해주는 것과도 같다.

그러나 유럽인과 아리안 공통의 조상이 도달했던 철학적 사고의 수준을 과대평가해서는 안 된다. 인도에서 확인할 수 있듯이, 당시의 철학적 사고는 뛰어나긴 하지만 기초적인 수준이었고 그리스와 인도가 민족이라는 토대 위에 서 있다는 사상을 구축하는 재료가 되었을 뿐이다.

　　아리안과 유럽인이 완전히 분리된 이후에, 그리스가 높은 지적 성취를 이루는 데 인도에 어느 정도 빚을 졌느냐는 질문에는 논란의 여지가 매우 많다. 이 질문에 대한 대답은 그리스철학자들이 가졌던 생각의 차이만큼이나 다양할 것이다. 페르시아인도 아리안 또는 '고귀한 사람들'이었으며 인도에 정착한 사촌들과 깊은 신뢰로 맺어져 있었다. 페르시아인은 자유롭게 그리스에 드나들며 인도사상을 전해주었다. 플라톤과 아리스토텔레스도 페르시아 예언자 조로아스터 또는 자라투스트라의 이름은 익히 들어 알고 있었다. 그리스에서는 기원전 3세기에 벌써 조로아스터 사상에 대한 연구가 이루어졌다.

　　여기서 인도가 그리스에 미친 영향을 증명하려고 하지는 않겠다. 그러나 한 인도철학자가 소크라테스를 방문한 일화는 그냥 지나치고 넘어갈 수 없다. 아리스토세누스에 따르면, 소크라테스가 자신의 철학이 인생에 관한 질문으로 이루어졌다고 말하자 인도철학자는 미소 지으며 신을 이해하지 못하는 사람은 그 어떤 것도 이해할 수 없다고 대답했다. 막스 뮐러는 만일 이 기이하고 심오한 인도인에 관한 일화가 사실이라면 매우 인상적인 일이라고 말했다.

　　이 이야기가 사실이 아니라고 믿을 이유는 없다. 사막을 건너는 상인들이 인도를 드나들었고, 다른 이들도 라다크, 투르키스탄과 카슈미르를 연결하고 중국과 미얀마의 이라와디 강을 잇는 고대 아시아 교역로를 통해 자유롭게 여행했다. 상인들이 사막을 건너 인도로 여행하는 광경은 파키스탄과 아프가니스탄의 국경에 있는 카이바르 고개에서 내가 직접 본 적도 있다. 나는 앞에 열거한 장소에 가보고 고대 아시아 교역로가 단지 식량, 의복, 귀금속 등의 상품만을 이리저리 실어 나르는 통로가 아니었다는 사실을 깨달았다. 태곳적부터 사상과 학문이 이 교역로를 통해 풍부하게 전파되었다고 나는 믿는다.

현자들은 지혜를, 연인들은 아름다운 시와 그들의 사랑 이야기를 전했다. 플라톤이 강력하게 주장했던 윤회 사상이 인도에서 전해졌다고 보는 것도, 그 생각이 순수하게 플라톤의 머리에서 나왔다거나 인도인과 유럽인이 아직 하나이던 시절의 잊힌 유산이라는 가설과 마찬가지로 충분히 가능성 있는 이야기이다. 누가 알겠는가? 사실 그건 별로 중요한 문제가 아니다. 굳이 선택하자면 나는 같은 조상의 지혜가 두 대륙에서 독립적으로 작용하여 각자 세상에 널리 알려진 위대한 철학자들을 낳았다고 생각하고 싶다.

처음에는 다른 유사성도 분명히 눈에 띄었다. 눈에 보이지 않는 존재에 대한 헌신적인 숭배는 훗날 유럽에서 호전적이고 상업적인 재능에 가려 점점 흐려졌다. 반대로 인도는 아리안과 매우 다른 관습을 가진 이민족과 외국의 침략에 고통받으며, 어머니와 아내인 여성을 깊이 존중하는 태도를 잃어갔다. 운명은 두 세계를 갈라놓았고, 혈통에 대해 다음과 같은 현대시가 등장할 정도로 그들은 고향과 동류의식으로부터 멀어졌다.

아, 동양은 동양 서양은 서양, 둘은 절대로 만날 수 없다네.

그러나 시인 키플링은 다음과 같이 훌륭하게 끝을 맺는다.

하지만 동양도 없고 서양도 없어, 국적도 인종도 가문도.
강인한 사내 둘이 얼굴을 맞대고 섰을 때는 말이야, 비록 그들이 세상의 양쪽 끝에서 왔다고 해도.

강인한 사내들은 종종 만나서 사상적으로 혹은 칼로 충돌을 일으켰다. 전자의 경우, 오늘날에는 하루하루 예전보다 훨씬 더 유익한 만남이 되어가고 있다.

아리안의 인도 정착과 변화

동쪽으로 여행한 아리안이 인도에 정착했을 때는 여전히 그들 고유의 전통과 관습이 간직되고 있었다. 거의 모든 고대 문헌에서 아리안이 이방인이자 순례자로서 인도에 첫발을 디뎠음을 암시하는 단서를 발견할 수 있다. 이것은 다른 민족에게서는 찾아보기 어려운 특징이다. 히브리인은 자신들이 '약속의 땅'으로 들어간 역사를 기록했지만, 브리튼과 튜턴 그리고 그리스인은 자신들의 영토에 정착해 나라를 세우기 전 어떤 역사가 있었는지 기록을 갖고 있지 않다. 마음만 먹으면 그들이 원래 어떤 사람이었는지 기억하도록 해줄 원주민이 아주 많은데도 말이다. 때로는 아름답고 때로는 위험스럽기도 한 인도의 전통문화는 원래부터 그곳에 살던 유색인종에 관해 많은 것을 알려주는 단서이다. 원주민은 밀려드는 아리안에 정면으로 대항하기도 하고, 아름다운 여인들을 앞세워 아리안이 그들 민족의 전통에서 벗어나도록 유혹하기도 했지만, 그 과정에서 서서히 미개한 수준에서 벗어나 스스로 새로운 지배자들의 세련된 문화 속으로 스며들었다.

인도의 아리안은 아직도 자신이 귀족이므로 다른 인종을 지배할 자격이 있다는 정서가 확고하다. 그들은 법과 관습에 따라 복종하는 것이야말로 원주민의 정당한 역할이자 의무라고 가르친다. 이런 민족성은 미국과 캐나다, 유럽이 원주민을 지배하는 모든 곳에서 거듭 확인된다.

유럽과 처음 만났을 때는 인도도 비교적 문명화된 국가였다. '눈에 보이지 않는 존재'와의 깊고 진실한 관계 그리고 그것을 은밀히 정당화하는 사회구조를 추구해 이루어나가고 있었다. 아리안은 "종교란 우리를 결정하지만 반대로 우리가 결정할 수는 없는 절대의존의 감정이다"라는 독일 신학자 슐라이어마허Friedrich Schleiermacher의 종교와 철학에 대한 정의를 기꺼이 받아들일 것이다. 그리고 바로 이 점이 종족의 희망과 염원을 한데 모아 인간 존재에 대한 끝없는 질문으로 요약해낸 위대한 현자들의 정신에 전제되어 있다.

그러나 고대 인도의 현자들은 모두 전설 속의 인물이다. 붓다 이전의 현자들은 모두 신화 속의 반신반인半神半人에 가까운 존재로 여겨지며, 심오한 진리를 전해주었으면서도 명성은커녕 그들이 어떤 존재였는지도 알려지지 않았다. 개인과 우주의 융합을 추구하는 경향이 있는 인도가 아니라면 이런 일이 가능할 수 있을까? 유럽인의 정서에는 이 모든 것이 낯설게만 느껴진다. 이제 각각 동쪽과 서쪽으로 방향을 잡았던 형제들이 완전히 분리되어 다른 존재가 되었다고 말해야 할지도 모른다. 서쪽으로 간 자들이 영혼이나 형이상학에는 그다지 관심을 두지 않았던 반면, 동쪽으로 간 자들은 신과 인간의 영원한 관계에 대한 해답을 찾는 데 열정을 불태웠기 때문일 것이다.

이것은 단지 상상일 뿐이다. 그렇지만 서쪽으로 간 자들이 자신의 신념을 발전시키려 하지 않은 탓에 차와 향신료처럼 종교 역시 동쪽에서 가져올 수밖에 없었다는 것만은 분명하다. 서양은 무섭고 탐욕스러운 신에게 인간이나 짐승을 제물로 바치는 의식 말고는 더 받아들이지 않았다. 서양인도 훗날 위대한 그리스철학을 구축하고 낡은 종교는 어리석은 것으로 치부해 멀리 던져버리게 된다. 그러나 국민을 다스리는 정신적인 영감을 얻으려면 여전히 동쪽으로 눈을 돌릴 수밖에 없었다. 그리스, 로마, 고대 갈리아와 브리타니아의 신은 이제 없다. 동양의 신앙을 무너뜨리고 무력과 왕권으로 서양을 지배할 준비가 되자, 에게해의 시대는 "판[1]은 죽었다"라는 절규와 함께 막을 내렸다. 동양에 속했던 갈릴리 지방(서아시아, 팔레스타인 북부)은 그렇게 서양에 정복당하고 말았다.

강제하지 않는 삶의 철학

아시아에서 발전한 동양사상이 물질주의가 팽배한 서양을 구원하고, 유럽인과 아리안이 다시 만나게 될 것으로 믿는 이들이 많다. 지금까지는 두 세계의 은밀한 차이가 건널 수 없는 강이었다. 동양의 오만하고 귀족적이고 종교적이고 초자연적이고 여유만만하고 참을성 있는 신앙 그리고 태양을 중심으로 도는 종교와 철학. 분주하고 열렬하며 현세적이고 실용성과 일시적인 현상에 몰두하고 독선적이고 타인과 그들의 신념을 업신여기고 돈의 쓰임보다 돈 자체를 목적으로 하며 동양에 비해 감각적으로나 정신적으로 한없이 미성숙한 서양. 같은 뿌리에서 갈라져 나온 이 두 줄기의 철학이 도대체 어떤 지점에서 융합할 수 있을까? 아마도 이 책이 희미하게나마 길을 제시할 수 있을 것이다.

종교와 손을 맞잡고 걸을 수 있는 진정한 철학이 성장하려면 먼저

---

1 그리스 신화에 나오는 목신牧神.

극단적인 빈부 격차가 없어지고 평화가 찾아와야 한다. 아리안은 인도가 그들을 위한 철학을 구축할 수 있는 땅임을 깨닫고 그곳에 정착했다. 거대한 산맥이 우뚝 솟아 벽처럼 감싼다. 인도로 들어가는 산길은 지금도 지나기 어려울 정도로 위험하다. 정면에는 거대한 강이 처음 보는 바다로 흘러간다. 광활한 숲은 자연스럽게 비밀로 가득 찬 우주에 대해 명상하는 성소가 되었을 것이다. 기후 또한 자기반성과 수양에 적합했다. 언제든지 일용할 양식을 얻을 수 있는 비옥한 토지 덕분에 상업적 경쟁이라는 개념은 존재하지도 않았다. 그들은 수 세기에 걸쳐 검소한 생활로 만족하는 습성이 몸에 밴 유목민이기도 했다.

그들에게는 피지배자와 결혼하여 공정하고 풍요로운 사회를 건설해야 한다는 과제가 주어졌다. 결혼 정책은 모든 사회 활동의 초석으로, 수준 높은 철학을 발전시키기 위해서도 꼭 필요했다. 그들은 '철학은 과학의 등불이고 모든 일의 수단이며 모든 의무의 증거'라고 말했다.

이들의 철학은 정제되지 않아 연구와 강의에 어려움이 있다. 종교적 경험으로부터 분리된 적이 없는 이들의 철학은 일상생활의 한 부분으로서, 교육받은 특권층의 전유물이 될 수 없었다. '일반인'(원주민)은 그들이 이해할 수 있는 철학을 배우기를 갈망했다. 너무 심오해서 도저히 이해할 수 없는 내용을 접했을 때는 마치 현대 서양인처럼 자신의 생각과 삶에 영향을 끼칠 수 있는 내용에만 몰두했다. 왜 유럽에서는 이런 일이 벌어지지 않았을까? 수많은 고통을 감수하고 마침내 그토록 염원했던 민주주의를 실현하기 시작한 서양 '노동자 계급'의 종교적 열정이, 서양의 교육받은 계층이 도달한 상대적으로 낮은 수준에도 미치지 못하는 이유는 무엇일까? 동양철학의 발전 과정을 연구해보면 그 대답이 자연스럽게 떠오를 것이다.

인도가 누려온 종교의 자유는 최근까지도 서양에 알려지지 않았다. 삶의 원리이자 철학으로 도입된 이후로 기독교는 유럽인에게 거부할 수 없는 막강한 교리로 강요되었다. 교리를 거부하는 자는 그게 어떤 상황이었든 어마어마한 벌을 받아야 했다. '자간나트의 마차'[2]는 아시아보다 유럽에 더 어울리는 전설이다. 자유를 열망한 유럽인은 자연스럽게 독선적인 교리라는 족쇄를 벗어던졌고, 그 결과로 가치 있는 많은 것을 함께 잃어버렸다. 반면에 인도인의 영혼은 마른 빵과 같은 무신론을 선택하건 다양한 신과 여신이 선사하는 성찬을 선택하건 모든 것이 처음부터 자유로웠다. 인도의 수많은 신과 여신은 인도가 항상 마음 깊은 곳에서 숭배해온 절대자의 모습을 어렴풋이나마 드러내 보여준다. 인도의 종교관은 편협하지 않다. 개인이 어떤 선택을 하건 책임을 묻는 일도 없다. 유럽의 아이들이 인간의 이해를 초월할 정도로 변덕스럽고 가혹한 신 앞에 웅크리고 있을 때 인도의 아이들은 가정에서 자유롭게 생활했다.

비록 인도의 시선이 우주의 근본 원리에 고정되어 있기는 했지만, 그들은 모든 지혜가 객관적인 과학에서 시작된다는 점도 잊지 않았다. '고귀한 사람들'은 수학과 공학에도 대단히 뛰어났다. 사르베팔리 라다크리슈난 Sarvapalli Radhakrishnan[3] 교수에 따르면, "아리안은 토지를 측량하고 달력을 만들었으며, 천체도를 작성하고 황도상에 태양과 행성의 운동을 기록했다. 또한 광물의 성분을 분석하고, 동물의 습성과 식물에 대해서도 연구했다."

---

2   자간나트는 인도 신화의 '우주의 여신'으로서 자비와 광포의 양면성을 가졌다. 자간나트의 마차는 엄청난 속도와 힘으로 질주하며 길을 막는 것은 모두 파괴해버린다고 한다. 한번 타면 내릴 수 없다는 점에서 종종 인생에 비유되기도 한다.

3   인도의 철학자이자 정치가. 인도의 철학 사상을 발전시켜 동서 비교철학의 기초를 제공하였으며, 정치가로도 성공하여 부통령을 거쳐 대통령까지 역임했다.

코페르니쿠스가 태어나기 2,000년 전에 쓰인 『아이타레야 브라마나』Aitareya Brahmana [4]에 다음과 같은 내용이 실려 있다.

"태양은 결코 떠오르거나 지지 않는다. 사람들이 해가 진다고 생각할 때는 단지 낮이 끝나고 밤이 시작되는 때로서, 반대편에서는 밤이 끝나고 낮이 시작된다. 사람들은 자기가 아침에 눈을 떴다고 생각하지만, 그는 단지 스스로 밤의 끝에 도달하여 낮을 맞았을 뿐이고, 그때 반대편에서는 밤이 시작된다. 진실로, 태양은 단 한 순간도 지지 않는다."

영국의 산스크리트 학자 모니어윌리엄스Monier Monier-Williams는 인류가 천문학이라는 개념을 어디서 최초로 떠올렸는지에 대해 우리가 어떤 결론을 내리든 대수학을 고안하고 그것을 천문학과 지리학에 응용한 부분은 힌두교도에게 공을 돌려야 할 것이라고 말했다. 아랍인도 숫자체계와 기호, 십진법 개념을 인도로부터 전해 받았다. 이것은 유럽에서 지금도 일상적으로 사용되고 있으며, 과학 발전에도 지대한 공헌을 했다.

또 모니어윌리엄스는 "인도인은 해와 달의 운동을 세심하게 관찰하여 달의 삭망월朔望月과 공전주기를 어떤 그리스인보다 더 정확하게 계산해냈다. 그들은 태양과 달에 목성의 운동까지 도입해 60년을 주기로 하는 달력을 만들고 점성술도 발전시켰다. 인도인은 논리학과 문법에도 관심이 지대했고, 약학과 외과 수술 분야에서도 세계에서 가장 앞서나간 사람들이었다"라고 말했다.

고고학자이자 역사학자인 브레스테드James Henry Brestead 박사는 중국이나 인도의 예술을 '변형된 것'이라고 말했는데, 만일 그가 기원전 4세기 알렉산드로스 대왕이 그리스 문명을 인도에 전했다는 의미로

---

[4] 힌두교 최고最古의 성전인 베다에 딸린 수많은 산문 주석서 중 하나.

'변형'이라는 말을 사용했다면 나는 그 의견에 전적으로 반대한다. 나처럼 페샤와르[5]와 그 부근에서 그리스 불교미술을 연구해본 비평가라면 간다라미술에는 초기 불교미술이 가진 종교적 아름다움과 고결함이 결여되어 있다는 데 동의할 것이다. 억지 미소를 짓고 있는 간다라미술의 석가상은 인도의 아마라바티, 산치, 아잔타의 위엄 있고 정교한 석가상과 극명하게 대비된다. 위대한 민족 예술과 외부에서 들여온 예쁘장한 모사품의 구별은 어려운 일이 아니다. 모사품은 대중을 미소 짓게 할 수는 있지만, 예술 작품에서 한 민족의 신념을 느끼고 이해할 수 있는 사람들까지 현혹할 수는 없다.

이것이 내가 지금부터 자세히 살펴볼 것을 제안하는 이 위대한 민족의 철학이다. 만일 아리안 선조의 유산이 그렇게 멀리 퍼지지 않았고, 그래서 아리안이 처음 인도에 도착해 접했던 전혀 다른 혈통과 뒤섞이지 않았다면, 또는 훗날 수많은 침략과 정복을 통해 섞이도록 강요된 혈통이 없었다면 세상이 어떻게 변해 있을지 상상해보는 것도 매우 흥미로운 일이다.

---

5 파키스탄 북서부 지역.

2 인도의 철학과 사회 조직의 시작

'베다'에 대하여

인도철학은 '베단타'Vedānta(베다Veda의 말미·극치) [1] 에서 시작된다. 베단타에는 우파니샤드Upanisad와 해설서가 모두 포함된다. 베다는 철학의 근원이기는 하지만 여기서는 간략하게 설명하고 넘어가겠다.

베다는 아리안 최초의 기록일 뿐 아니라 인간 정신에 관한 기록 중 가장 오래된 문헌이다. 『리그베다』와 『야주르베다』는 최초의 그리스 문명보다도 시기적으로 훨씬 앞선다. 고대 이집트의 기록이 더 오래되었지만, 그것은 주로 사라진 제국을 연구하는 사람에게만 흥미로운 내용이어서 일반에는 별로 알려지지 않았다. 『베다』는 인간과 삶에 관한 것으로서 리그, 야주르, 사마, 아타르바 4종의 베다가 있다. 『리그베다』가 쓰인 시기는 기원전 6000년경이라는 설과 기원전 15세기경이라는 설로 의견이 나뉜다. 그러나 노래와 기도문은 지어지고 아주 긴 시간이 흐른 다음에야 책으로 엮인다는 사실을 잊어서는 안 된다. 그것들이 문학으로 인정받고 나이를 먹기 시작한 것은 수집되어 모음집으로 편찬된 시점부터이다.

---

1 바라문교波羅門敎(Brāhmanism)의 성전 베다에 소속하며, 시기 및 철학적으로 그 마지막 부분을 형성하기 때문에 베단타라고도 한다.

『리그베다』는 아리안이 인도로 가져간 찬가를 1,000개 이상 엮은 모음집이다. 주로 신에게 제물을 바칠 때 부르던 노래이다.『야주르베다』는 의식의 순서를 제시한다. 베다에는 운문체도 있고 산문체도 있다.『사마베다』는 제관祭官이 부르는 노래이다. 네 베다 중 시기적으로 가장 늦은『아타르바베다』는 마법, 주문, 주술과 같은 흥미로운 내용으로 구성되어 있다. 이를 통해 아리안이 피정복민의 예배 의식에 서서히 섞여 들어가고 있음을 알 수 있다. 그래서『아타르바베다』는 처음에는 다른 베다처럼 높은 위치에 있지 못했다.

베다는 기도문에 해당하는 만트라, 종교적 수칙과 계율을 말하는 브라마나, 철학을 논하는 우파니샤드 세 부분으로 구성되어 있다. 우파니샤드에는 후대 인도사상 전체의 기초가 담겨 있으며, 그 가치는 이루 말할 수 없다. 만트라는 시인 또는 민족의 염원을, 브라마나는 승려 또는 행실의 문제를, 우파니샤드는 철학자 또는 영성에 감화된 지성을 나타낸다. 인류가 행복해지려면 마땅히 그래야 하는 방식으로, 인도의 종교와 철학은 이렇게 밀접하고 자연스럽게 결합되어 있다.

『리그베다』는 많은 부분이 소실되었다. 기도문은 자연신에게 직접 말을 거는 형태이다. 시에 비가 언급되면 비를 주관하는 신에 관해 말하는 것으로 간주된다. 따라서 비indu는 비의 신 인드라Indra가 된다. 마찬가지로 불은 불의 신 아그니Agni이다. '아그니'는 아리안의 먼 사촌쯤 되는 우리 서양인이 무언가에 불을 붙일ignite 때마다 함부로 부르는 이름이기도 하다. 하늘의 주신主神(혹은 '하느님 아버지') 디야우스 피타르Dyaus-Pitar는 주피터Jupiter에 해당한다. 이름의 뒷부분 '피타르'는 서양에서 'father'(아버지)라는 단어로 남았다. 섬겨야 할 신이 점점 많아졌지만, 아리안은 때로 그 많은 신을 단 하나의 진리 또는 단 하나의 신이 다양한 모습으로 현현顯顯하는 것으로 여겼다. 베다의 시인들은 아예 드러내놓고 단 하나의 '신'이 그 모든 이름을 취한다고 이야기한다.

> 현자들은 신을 아그니, 야마Yama, 마타리쉬반Matarishvan이라고 다양하게 부른다.
> 신은 숨 없이 숨 쉰다.
> 그 외에 다른 어떤 것도 존재하지 않을 때부터 그래왔다.

여기서 일신교와 철학의 기원을 찾을 수 있다. 그 밖에도 깊은 자기 성찰로 인간의 본성을 날카롭게 포착한 기도문은 지나간 시대의 신화 속에서 많이 발견할 수 있다.

> 나는 무엇인가?
> 기이하다, 해답을 알고 싶다.

이 한 문장에 철학의 기원이 담겨 있다. 모든 철학은 호기심에서 시작되기 때문이다.

아리안은 신이란 인간에게 베푸는 존재라고 생각했다. 신을 통칭하는 단어 '데바'Deva에는 '베푸는 자'라는 의미가 담겨 있다. 태양의 신은 빛과 온기를 준다. '빛나는 자'라는 의미는 부차적이다. 기독교의 '신'divine의 어원도 여기서 찾을 수 있으며 개념적으로도 깊이 관련되어 있다.

초기의 기도문에서도 이렇게 세상의 근본적인 원인을 찾으려는 노력이 드러난다. 호기심과 사유가 점점 성장해감에 따라 한 단계 더 높아진 인도철학자들의 사고는 훗날 그들이 극복해야 할 유일신 사상의 일부가 되어갔다.

『리그베다』에서는 "승려와 시인은 언어를 통해 숨겨진 실재, 즉 신을 드러낸다"라고 말한다.

막스 뮐러가 말했듯이, "『리그베다』가 완성된 시대가 언제이든지 간에, 남성도 아니고 여성도 아닌, 인간의 한계를 저 높이 초월한 단 하나의 존재가 있다는 믿음은 그보다 훨씬 전에 형성되었다. 베다의 시인들은 삼위일체라는 개념에 도달해 있었다. 훗날 알렉산드리아의 기독교 사상가들이 한 번 더 도달했지만, 기독교인을 자처하는 수많은 사람이 아직도 제대로 이해하지 못하는 바로 그 개념에 말이다."

그러나 대중은 이 철학적인 함축을 이해하지 못하고 신을 '그' 또는 '그것'이라고 부르기도 했다. 하지만 그들은 신에 대해 인간적인 개념을 가지고도 진실한 마음으로 신을 섬길 수 있다고 믿었다. 또한 지혜가 부족한 사람일수록 더 많은 영혼의 양식이 필요하며, 한 사람을 살찌운 양식은 정신적으로 다른 수준에 있는 사람에게는 아무 소용도 없다고 생각했다. 예나 지금이나 인도에서 종교재판 같은 것은 상상도 할 수 없다.

신에게 질문을 던지는 기도문 한 구절을 살펴보자. 쓰인 시기를 생각하면 경이로울 정도이다. 이 글은 창조의 시로서, 여기에는 막스 뮐러의 해석을 그대로 가져왔다.

있지도 않았고 없지도 않았다.
하늘도 없었고 천상도 없었다.
무엇으로 뒤덮였는가?

어디에, 누구의 보금자리에 있었는가?
물은 깊은 심연이었는가?

죽음도 없고, 따라서 불멸의 존재도 없었다.
밤과 낮의 구분도 없었다.
신은 숨 없이 숨 쉰다.
그때부터 오직 신만이 존재했다.

태초에 어둠, 빛이 없는 바다가 있었다.
타오르는 열기에 힘입어 껍질로 뒤덮인 싹에서 신이 태어났다.

신은 처음부터 사랑으로 가득 차 그 정신에서 만물의 씨앗이 태어났다.
지혜로운 시인들은 그들의 마음속에서, 아무것도 없는 곳에서 만물의 씨앗을 찾았다.
그 빛이 사방으로 뻗어나갔다. 신은 아래에 있었는가, 위에 있었는가?
씨앗을 품은 존재, 권능이 있었다. 그 자신의 힘 위에 의지가 있었다.

누가 아는가? 만물이 어디에서 태어났다고 누가 분명히 말했는가?
신들은 그다음에 나타났다.
만물이 어디에서 생겨났는지 누가 아는가?
만물을 낳은 자, 그가 이 모든 것을 만들었는지 아닌지는 오직 천상의 가장 높은 곳에 있는 최고의 예언자만이 아는 일이다. 혹은 그조차도 모른다.

다시 말해 신들조차 수수께끼의 답을 모른다는 이야기다.

이 시는 인격신이 존재하지 않았던 때, 혹은 유한한 이성과 언어를 초월한 절대적인 실재가 아직 드러나지 않았던 시기를 상상하여 그리고 있다. 짐작도 안 될 만큼 오래전에 살았던 이들 고대인은 삶과 죽음을 초월하여 우리가 상상하기도 어려운 경지에 이르렀다. 이렇게 놀랍도록 심오한 성찰을 언명할 수 있었던 이들이 철학과 형이상학의 영역으로 뻗어간 것은 당연한 일이다.

그들의 사상은 참으로 빠르게 성장했다. 그러나 그 내용을 따라가 보기 전에, 사상에 영향을 주고받은 고대 인도의 사회 질서에 관해 먼저 이야기해야 한다. 아리안의 실제 삶을 바탕으로 이해하지 않는 한, 우화의 형태로 전해지는 우파니샤드의 지혜를 깨닫기란 매우 어렵기 때문이다. 따라서 여기서는 먼저 『마누법전』을 다루기로 하겠다. 『마누법전』은 인도에서 최고의 권위를 갖는 법전으로서 고대 아리안 공동체의 삶을 완벽하게 묘사한다. 아리안은 이 법전을 신 마누가 직접 내려주었다고 믿었다.

『마누법전』, 다르마와 카스트

『마누법전』은 법과 관습을 집대성해 무지한 대중도 이해할 수 있도록 쉽게 쓴 책이다. 원본이 어떤 것이었는지는 알 수 없다. 각 조항이 쓰인 시기도 기원전 1200년부터 기원전 500년경까지 다양하다. 사회 문제, 특히 서구 민주주의의 문제점에 관심 있는 사람이라면 이보다 연구할 가치가 큰 책도 아마 없을 것이다. '마누법전'이라고 불리지만 사실 '마나바스 법전'이라고 부르는 것이 더 정확하다. '마누'의 어원은 '생각하다'라는 의미의 동사이다. 이 모음집은 '베다의 정수' 즉 모든 지식의 정수라고들 한다. 『마누법전』은 오늘날까지도 힌두인이 지켜야 할 법, 즉 다르마dharma[2]를 규정하고 있다.

다르마는 인도철학에 수도 없이 등장하는 개념으로, 영어에는 상응하는 단어가 마땅히 없다. 나는 이 개념의 의미를 '한 지역에서 태어난 사람들의 사상과 삶을 다소간 결정지으며 관습, 전통, 행위, 종교를 성별聖別하는 민족정신'이라고 설명하려 한다. 그러나 이러한 민족정신은 민족의 테두리 안에서만 '통합하는 힘'일 뿐, 밖에서는 다른 집단과 구분하는 경계이자 수많은 오해의 원천이 된다. 모든 민족이 자기만의 다르마를 갖는 까닭에 한 민족이 다른 민족을 완전히 이해하거나 그들의 다르마를 차용하기란 불가능하다. 그 기원은 알 수 없지만, 이것을 민족정신이라 칭해도 무리는 없을 것이다.

서양은 인도의 다르마를 구성하는 법과 계율을 겉모습만 보고 오해하기가 쉽다.

『마누법전』은 남녀노소 누구에게나 적용될 수 있도록 삶 전체를 균형 있게 바라보았다. 이 점은 '인생의 4단계'와 '카스트'로 드러난다. 카스트는 인도어로 바르나Varna라고 하는데, 처음에는 피부색을 구분하는 말이었다. 인생의 4단계란 처음엔 학생이었다가, 결혼하여 가장이 되고, 숲에 살며 종교적인 묵상에 헌신하다가 마지막으로 속세를 떠나 수행자가 되는 것을 말한다. 이를 아쉬라마Ashrama라고 하며, 가장이 지탱한다. 가장 없이는 모두가 하나로 결합할 수 없는 까닭이다. 카스트

---

2 '법'法은 산스크리트어 'dharma'의 한역어漢譯語이다. 달마達磨·담마曇摩·담무曇無 등 불교의 중심 관념도 다르마를 음사音寫한 것이다.

는 사제(또는 교사), 전사, 상인, 육체노동자로 구성된다. 앞의 세 계급을 재생족再生族, 즉 '다시 태어난 카스트'라고 한다. 『마누법전』에서는 "그 밖에 다섯 번째 계급은 없다"라고 말한다.

이후 놀랍도록 잔인한 구속이 되어버린 카스트 제도와 이 내용을 비교해보는 것은 흥미로운 일이다. 『마누법전』에서 인간은 태어날 때부터 네 계급 중 하나에 속한다. 그리고 모든 계급이 각자의 가장에 뿌리를 내리고 있다. 가장이 다른 이들의 몸과 마음에 양식을 제공하고 부양하기 때문이다. "그러므로 가장이 가장 높은 지위를 차지한다."

그러나 이제 인도에서 이러한 구분은 그다지 의미가 없다. 브라만은 사제나 교사뿐 아니라 거의 모든 직업에 종사한다. 장인匠人도 마찬가지이다. 인도의 카스트 제도는 서양 사회의 계급과 공통점이 전혀 없다. 하인이 주인보다 더 높은 카스트인 경우도 있다. 신분이 낮은 부자 주인의 딸과 억지로 결혼해야 하는 하인보다 끔찍한 운명도 없을 것이다. 내가 알고 지내는 영락한 브라만 하나는 자기보다 카스트 계급이 훨씬 낮은 왕족 밑에서 관리로 일한다. 그러나 이렇게 뒤틀린 현대 인도의 카스트 제도에서도 다르마의 원형을 발견할 수 있다. 카스트는 그 자체로도 매우 현명한 제도이며, 피부색이 다른 천한 선주先主 종족들보다 아리안이 더 높은 지위를 차지하기 위해 불가피한 것이기도 했다. 카스트 제도는 아리안에게 반드시 필요했고, 지금도 여전히 어떤 가치를 지닌다.

다시 『마누법전』으로 돌아가보자. 카스트의 구분을 통해 모든 이가 삶의 모든 단계에서 가치 있는 경험을 할 수 있다. 맨 처음 베다 시대에는 사람을 피부색으로만 나누었을 뿐 아마도 카스트는 존재하지 않았을 것이다. 그러나 사회가 복잡해지면서 사회구조가 다양한 집단에서 각기 다른 역할을 부여하는 쪽으로 발달하기 시작했다. 처음에는 사제가 종교적인 의식에서 특별한 역할을 하지 않았다. 가장이 직접 신에게 제물을 바치고 봉헌하면 그걸로 끝이었다.

아리안은 이를 그대로 내버려둘 수 없었다. 전문화가 필요하다고 느꼈다. 그래서 브라만이 가장 영예로운 일로 여겨지는 교사라는 직업과 영적인 일을 담당하는 지위를 독차지하기 시작했다. 전사 계급인 크샤트리아는 전쟁, 행정 및 정치, 공공사업 등을 책임졌다. 세 번째 카스트 바이샤가 상공업을, 네 번째 카스트 수드라가 노동을 맡았다. 수드라는 '만인의 발이자 발판'이었다. 일부 학자는 이 네 번째 카스트 수드라가 원주민으로 구성되었을 것이라고 믿는다. 아리안이 인도에 왔을 때 이미 스스로 노동자로서 살고 있었던 사람들이라는 이야기이다. 그러나 그렇게 믿을 만한 확실한 근거는 없다.

더 높은 사고 차원에서는 브라만이 만인의 하인이었다. 수드라는 고차원적인 사유를 할 수 없기 때문에 물질적인 차원에서 공동체의 하인이다.

고대의 카스트 개념에서는 각각의 카스트가 바로 위 단계로 올라가기 위한 학교와도 같은 것이었다. 준비 단계인 저급한 육체노동에서 고급한 정신노동으로 올라서는 것이다.

다르마는 모든 카스트에게 법적 구속력이 있었으며 건설적인 힘으로 작용했다. 평등하지는 않지만 전체가 협력하는 사회구조를 건설한 것이다. 대서사시 『마하바라타』에는 "과일과 구근球根을 먹고 공기를 마시며 숲에서 사는 현명한 자로서의 단계는 다시 태어난 세 계급에 주어진 것이다. 그러나 가장의 단계는 모든 계급에게 주어졌다"라는 구절이 있다.

즉 상위 세 계급도 가정과 나라에 의무를 다한 다음에야 명상의 삶을 시작할 수 있다는 뜻이다. 비록 수준 높은 어휘와 표현을 구사하지는 못했지만, 수드라도 입을 다물고 있지만은 않았다. "악의 없고 진실하고 정직하고 청결하고 자제심을 갖고 사는 것. 그것이 모든 카스트에게 주어진 임무이다." 세속적인 것과 종교적인 것은 엄격히 구분되지 않았다. 카스트의 재앙과도 같은 결말은 그로부터 먼 훗날의 일이다.

카스트에 따른 교육

『마누법전』이 모든 것을 결정했으므로 첫 번째 관심사는 당연히 교육이었다. 교육의 이상理想에는 일종의 금욕주의도 포함된다. 여기서 말하는 금욕주의란 서양의 금욕주의와 전혀 다른, 그래서 더욱 깊이 생각해볼 가치가 있는 개념이다. 여기엔 배울 점이 대단히 많다.

아이들이 교육을 받기 시작하는 시기는 계급마다 달랐다. 지식을 쌓고 널리 전하는 높은 수준의 임무를 맡은 브라만은 다른 계급보다 빨리 시작해야만 했다. 브라만 아이들은 노는 시간도 그만큼 적었다. 그 다음 전사와 관리자 계급(크샤트리아)의 아이들은 육체적으로 튼튼하게 성장하는 것이 무엇보다 중요했으므로 브라만 아이들보다 조금 더 늦게 시작했다. 지적 능력이 부족한 상인 계급(바이샤)의 아이들은 크샤트리아 아이들보다도 더 늦은 나이에 교육을 받기 시작했다.

"브라만은 교사가 되어야 하므로 여덟 살 때부터 성스러운 옷을 입어야 한다. 크샤트리아는 열한 살, 바이샤는 열두 살 때부터 시작한다. 그러나 남달리 지혜로운 브라만 아이, 유난히 건강하고 힘이 센 크샤트리아 아이, 상업적인 진취성과 창의력이 뛰어난 바이샤 아이와 같이 자신의 소명에 특출 난 소질과 열정을 보이는 아이가 있다면 각각 다섯 살, 여섯 살, 여덟 살에 공부를 시작하도록 한다."

교육은 무슨 일이 있어도 계급별로 각각 16세, 22세, 24세가 넘기 전에 시작해야 했다. 그 나이가 지나면 정신의 유연성을 잃기 때문이다.

『마누법전』에 관한 주목할 만한 저서를 남긴 바가반 다스Bhagavan Das는 고대의 교사는 현대의 교사가 겪는 심각한 어려움 하나를 피할 수 있었다고 지적했다. 바로 학생에 따라 무엇을 목표로 가르쳐야 하는지 정확히 알았다는 점이다. 그뿐 아니라 고대의 교사는 현대 사회의 가장 큰 문제점으로부터도 자유로웠다. "현대인의 역설 중 하나는 다양성을 인간 사회의 핵심적인 요소로 강조하는 동시에 모든 인간을 평등하게 만들려는 것이다." 아리안 교사에게는 평등이라는 문제가 아예 존재하지 않았다.

서양 교사들은 학생 하나하나를 개별적으로 분리된 카스트로 다루어야 한다. 학생의 사회적 지위와 직업이 정해져 있지 않기 때문이다. 그러므로 교육의 방향은 학생의 능력에 따라 돈을 가장 잘 벌 수 있는 직업을 갖도록 하는 것이 주가 된다. 학생의 장래 직업이 정해지지 않았다는 점은 교육 문제를 더욱 복잡하게 만든다. 학생이 무엇을 선택할 것인가? 이 빡빡한 시장에서 학생에게 가장 적합한 곳은 어디인가?

인도에서는 카스트 제도가 이 질문에 이미 답을 내려주었다. 카스트 제도가 넓은 경계를 제공해주고, 주어진 직업군에서 각자의 능력에 따라 더 전문화되는 것이다. 그리고 그 결과 실제 교육에 투자할 시간이 더 많아졌다. 카스트에 따라 차이가 있지만 브라만의 교육에 가장 많은 시간이 투자되었다. 브라만은 36년간 스승과 함께 거주하는 것이 이상적이라고 여겨졌다. 베다와 그 외 부수적인 학문을 구성하는 지식을 모두 익히는 데 무려 36년이나 걸리는 것이다! 36년을 투자하기 어려울 때는 18년으로 줄이고, 그것도 어려울 때 허락할 수 있는 최소한의 교육 기간은 9년이었다. 어느 경우이건 필수적인 지식을 다 익힐 때까지 기간이 연장되었다. 기간은 학생에 따라 천차만별이었다.

"인생의 처음 4분의 1을 스승과 함께 지내며, 참된 지식을 이끌어내는 가르침으로 영혼에 축복을 받는다. 재생자는 이런 준비를 마친 다음에야 아내를 얻어 가장이 될 수 있다."

그런 훈련은 삶의 지적이고 정신적이고 육체적인 면, 즉 삶의 모든 측면에 대처할 수 있는 능력을 갖추는 일이기도 했다. 그들은 개인이 타고난 기질이 어떻게 상호작용하는지 이해했으며, 침묵하고 반성하는 법을 배웠다. 병들고 나약한 사상을 낳으니 병들고 나약한 가정을 꾸리는 게 낫다고 믿었다. 그들은 지혜의 대들보가 되었다. 특히 브라만은 지식과 영적인 지혜를 겸비한 사람들로서, 민족의 정신적 지주였다. 정도의 차이는 있지만, 나머지 두 재생자 카스트도 같은 교육체계를 따랐다.

육체적인 힘을 더 중시하는 크샤트리아의 자격 요건은 인내심과 뛰어난 용기였다. 초월적인 힘을 갈고닦는 훈련에는 상대적으로 소홀했지만, 훌륭한 행정가와 지도자가 되는 데 적합하도록 영적인 지혜 또한 연마했다.

상업과 농업에 종사하는 바이샤 역시 그들 삶에 적합한 방식으로 영적 통찰력을 갈고닦았다. 브라만이 지배하지만, 한 계급이 다른 계급을 구성하고 지탱하며 각자가 서로에게 의지하여 완전히 조화를 이루는 고대 인도 사회. 그들의 교육은 한 편의 푸가와도 같았다.

네 번째 계급 수드라에게는 교육이 어떤 의미였을까? 유럽의 군중이 그랬던 것처럼 철저하게 무지한 채로 남아 있었을까? 결코 그렇지 않았다.

수드라는 사회의 어린아이로 여겨졌다. 더 높은 내면의 지혜를 꿈꾸기 어려운 수드라의 현재 지위는 전생의 업보이다. 거칠게 말하면 '환생'이라고도 할 수 있는 이 믿음에 대해서는 다음 장에서 더 자세히 다루겠다. 수드라는 세 재생자 카스트가 교육받기 전 상태에 평생 동안 머문다.

『마누법전』에서는 "모든 인간은 수드라로 태어나며, 베다의 세례를 받아 다시 한 번 태어나기 전까지 그 상태에 머문다"라고 말한다.

따라서 수드라의 교육은 필연적으로 더 높은 카스트에 대한 복종과 가장으로서의 삶을 위한 것일 수밖에 없었다. 그러나 한 가지 중요한 예외가 있었다. 리시Rishi(현자)는 어리석은 대중도 이해할 수 있도록 베다를 쉽게 풀어 설명해주었다. 그런 종류의 성전聖典을 푸라나Purana라고 하는데, 지적 성취를 이루지 못한 이들에 맞추어 베다에 담긴 진리를 동화와 우화의 형식으로 전한다. 푸라나의 목적은 대중으로 하여금 수준 높은 형이상학에 흥미를 느끼게 하는 것이다. 비록 우화와 비유가 그 자체로 궁극적인 진리라는 오해를 낳기도 했지만, 대중을 환기시키려는 목적은 완벽하게 달성되었다. 어려운 교육 내용에 지친 상위 카스트도 이런 대중적인 강의에 모여들어 열정적인 청중이 되었다. 푸라나에는 베다의 핵심적인 지식이 모두 담겨 있었다. 따라서 그 누구도 필수적으로 교육받아야 할 내용에 대해서 무지한 채로 남을 필요가 없었다. 『마누법전』으로 미루어볼 때, 고대 인도에서 수드라의 지위는 현대의 고용인에 비교될 정도로 존중받는 위치였다. 그리고 어느 정도 제한은 있었지만, 뛰어난 성취를 보이는 수드라는 공부를 계속할 수도 있었다.

여기서 매우 특이하고 흥미로운 점을 찾을 수 있다. 지위가 더 높을수록 삶의 짐이 더 무거웠다는 사실이다. 노블레스 오블리주. 수드라가 처벌을 모면할 수 있는 일들에서 다른 카스트들은 도망칠 길이 없었다.

"수드라는 재생자가 지을 수 있는 것과 같은 의미의 모욕적인 죄를 아예 지을 수조차 없다. 이는 수드라가 갖는 이점이다. 수드라에게 불리한 점은 성스러운 의식 때 외우는 비밀스러운 만트라를 배우지 못한다는 것이다. 수드라는 반드시 수행해야 하는 종교적 의무가 없다. 그러나 스스로 원해서 의무를 수행하는 것이 금지되지는 않는다. 다르마의 법령을 배우고자 하거나, 재생자의 덕을 따르고자 하거나, 만트라를 외우지는 못하더라도 매일 다섯 번의 희생제를 드리고자 하는 수드라는 법을 위반하기는커녕 오히려 선의를 인정받고 영예를 얻을 것이다."

여성의 교육

여성의 교육은 어떻게 이루어졌을까?

양성 평등에 관한 문제는 있을 수 없었다. 여러 계급이 각자 다른 임무를 수행하는 사회에서 그런 생각은 떠올릴 수도 없다. 여성은 본질적으로 다른 임무를 가진다는 점에서 분명히 구별되었으며, 교육도 그러한 구분에 따라 이루어졌다. 물론 여성에게도 모든 성례聖禮가 주어졌다. 그러나 수드라와 마찬가지로 여성은 만트라를 외우는 것이 금지되어 있었다. 여성이 열등해서가 아니라 만트라를 올바르게 사용하지 못하게 하는 어떤 차이들에서 연유한다. 그러나 남녀가 결합하는 결혼식을 올릴 때는 만트라가 사용되었다. 이제부터 남편과 함께 살아가며 그의 일부가 될 여성은 남편을 스승으로 모시는 제자의 위치에 올라섰다는 생각에서였다. 그 외에는 대체로 여자도 남자와 똑같은 방식으로 성실하게 양육되고 교육받았다. 『마누법전』에는 여성이 남자 형제들과 똑같이 교육받는 것을 금지하는 조항이 없다. 미술 교육에 조금 더 치중하긴 했지만, 여성도 카스트 계급에 따른 일반적인 교육체계에 따라 공부해야만 했다.

브라만 소녀는 다른 카스트 소녀들보다 더 지적인 교육을 받았다. 크샤트리아 소녀는 육체적인 활동에 치중했으며, 바이샤 소녀는 경제적인 문제에 관해 교육받았다. 다만 그들이 남자들과 똑같은 시간을 교육받은 것은 아니었다. 자연은 여성에게 훨씬 더 어린 나이에 분명한 임무를 수행하도록 요구한다. 그러나 거기에도 또 다른 교육이 섞여들 여지가 있었다. 후대의 철학은 리시의 아내들을 풍부한 지식을 갖춘 여성으로 그리곤 한다. 또 크샤트리아 여성은 남편과 함께 아주 색다른 즐거움을 누렸다. 고대 인도의 서사시 『마하바라타』는 세상에서 가장 아름다운 여인 수바드라 부인과 세상에서 가장 용감한 아르주나 왕자가 벌인 사랑의 도피를 노래한다. 그들이 추격을 피해 마차를 타고 도망칠 때였다.

달콤한 목소리의 수바드라 부인은 흥분한 코끼리의 완력, 질주하는 말과 마차를 보며 아주 즐거워했다. 매우 신이 난 그녀가 아르주나에게 말했다.

"오래전부터 전장 한복판을 누비는 당신의 마차를 몰고 싶었어요. 당신은 옆에서 싸우고 있겠죠. …… 당신의 위대한 정신과 강인한 육체! 오, 프리다의 아들(아르주나)이여, 저를 당신의 마부로 삼아주세요. 저는 마차 모는 훈련을 충실히 받았답니다."

그리고 그렇게 했다. 아르주나는 싸웠고, 그녀는 잘 훈련된 전사 카스트의 여인답게 적들을 향해 거칠게 마차를 몰았으며 둘은 승리를 거두었다. 『마하바라타』의 지혜롭고 강인한 여인들이여! 이 기념비적인 책에 등장하는 고대 여걸들을 보며 단언컨대, 인도는 적을 자기 안방까지 들여도 하등의 문제가 없다. 역사상, 심지어 문학 작품에서조차 그녀들을 뛰어넘는 여성은 존재하지 않는다.

고대의 교육체계

3

예절 교육과 금욕의 강조

상위 세 카스트는 어떤 방법으로 학생을 가르쳤을까? 교육에서 가장 중점을 두었던 것은 인격 형성이다. 지식은 다음 문제였다. 카스트의 특정 지식을 가르치는 지적 교육은 학생이 앞으로 가기로 계획된 길로 직접 나아가도록 하는 것이었다. 어쩌면 훗날 유용하게 쓰일지도 모른다는 이유로 당장 소화하지도 못하는 지식을 닥치는 대로 주입하는 것은 불필요했다. 이들은 뚜렷이 보이는 최종 목적을 위해서만 모든 노력을 기울였다.

"교사는 학생을 최상의 상태로 인도해야 하며, 깨끗하고 순수하며 순결하게 몸을 지키는 도덕과 예절을 가르쳐야 한다. 그리고 불이 희생제와 요리에 어떻게 쓰이는지, 무엇보다도 매일 드리는 기도에서 어떤 역할을 하는지 가르쳐야 한다."

교사의 집이 세상의 전부라는 점은 인격 형성의 한 방편이기도 했다. 학생은 자연스럽게 사회적 지위와 평판이 높은 브라만 교사 가족의 일원이 된다. 전통적으로 스승과 제자 사이에는 부모 자식 간의 애정이 가득했다. 이것은 결코 사소한 부분이 아니다. 자신은 물론이고 때로 스승의 음식까지 탁발로 마련해야 하는 제자의 의무는 인도에서 태곳적부터 신성시되었다.

　탁발에는 굴욕적인 요소가 조금도 없었다. 음식을 나누어주는 것은 시민이 교육에 지는 하나의 의무였다. 탁발승에게 음식을 주는 것은 예나 지금이나 오히려 은혜를 받는 일로 여겨진다. 이것이 제자를 거두어 가르치는 미얀마 탁발승이 무엇을 받아도 감사를 표하지 않는 이유이다. 탁발은 시민에게 부여된 의무일 뿐이다. 아무리 부유한 집 자제라도 학생에게 탁발이란 '가난이라는 부인'과 결혼한 아시시의 성 프란체스코처럼 임하는 수행이었다. 그러나 거기에도 몇 가지 규칙이 있었다.

　"처음에는 어머니나 누이 또는 이모를 찾아가 구걸한다. 수치나 수줍음을 덜 느낄 것이기 때문이다. 어느 정도 시간이 지난 다음에는 가족이나 교사의 친척에게 손을 내밀 수 없다. 베다가 명한 희생제를 충실히 드리는 이웃 마을의 훌륭한 가장들을 찾아가야 한다. 필요한 양보다 더 많이 받아서도 안 된다. 얻은 것은 먼저 스승에게 드리고, 스승이 허락하면 입을 깨끗하게 헹군 다음 동쪽을 바라보며 남은 음식을 먹는다."

　이렇듯 예절을 상당히 강조하고 있다. 오늘날의 교육에서 한심할 정도로 부족한 부분임을 아무도 부인하지 못할 것이다. 인도의 예절 교육은 중국이나 일본처럼 엄밀한 형식을 요구하지는 않지만, 신사가 가져야 할 이타심이나 권위에 대한 순종 등 예절의 근본을 다룬다.

　"진실을 말하되 부드럽고 완곡하게 말하라. 상처가 되도록 진실을 말하는 일은 신념 대신 이기적인 공격성을 드러낼 뿐이므로 결코 무례하게 말해서는 안 된다. 그러나 듣기 좋은 거짓말 또한 결코 해서는 안 된다. 그것이 고대로부터의 법률이다."

"부유함, 좋은 출생과 가정교육, 풍부한 경험을 통한 품위 있는 행동, 지식은 명예를 상징하는 다섯 가지 덕이다. 뒤에 말한 것이 앞에 말한 것보다 더 가치 있다."

예절에 관한 규범에는 윗사람을 공경하고 아랫사람을 포용하며 동년배를 따뜻하게 대하는 것도 포함된다. 일상생활에서나 사업에서나 대인관계에서의 마찰을 피하는 방법이 이렇게 마련되어 있었다. 그 결과 소년들은 지위에 상관없이 자존감을 가질 수 있었다. 건강도 교육에서 매우 중시한 부분이었다. 건강하고 활력 있는 삶을 위해 고안된 것이 요가이다. 요가는 현대인이 이제야 겨우 그 필요성을 서서히 깨닫기 시작한 일종의 금욕주의를 담고 있다. 학생 시절에는 철저한 금욕이 요구되었다. 가장이 되어 자식을 낳고 가정을 꾸리는 육체적 삶의 기간이 학생으로서 금욕하는 기간의 4배에 달하기 때문이다. 『마누법전』은 이 점을 대단히 강조했다.

"베다의 지식을 등한시하고 올바른 지식이 쇠퇴하도록 내버려둔 탓에, 올바른 길 가기를 포기한 탓에, 부정한 음식을 먹고 어리석게도 성욕을 억제하지 못한 탓에 죽음에 굴복하는 것이다."

그래서 식욕과 성욕이라는 인간의 두 가지 원초적인 충동을 다스리는 훈련이 가장 엄격하게 행해졌으며, 이에 관한 지식이 교육에서 중요한 부분을 차지했다. 어떤 음식을 먹어야 하는지와 성욕을 다스리는 방법이 구체적으로 지시되었다.

요가의 체계로 들어가기 전에, 잠시 바가반 다스가 번역한 『마누법전』을 일부 인용하겠다. 학생 신분일 때 금욕해야 한다는 주장의 강력한 근거가 여기에 제시된다.

"(금욕을 통해) 세포 같은 몸의 작은 부분이 더 작게 나누어지는 걸 막으면 그 상태가 무한히 지속되어 거의 불멸에 가까워진다. 창조의 신 브라흐마가 간 길을 따라 걸으면 반드시 그곳에 이르게 된다. 생명과 활력과 힘의 원천, 성 기능과 무한한 생식력 및 증식력의 원천, 앎을 무한히 확장시키는 지식의 근원을 완전한 상태로 축적하는 것이 브라흐마의 길이다."

인도를 빈곤과 쇠락으로 이끈 조혼 제도는 이러한 가르침과 거리가 멀다. 건강에 해로운 것 그리고 정신과 육체의 과실을 너무 일찍 탐하는 행위는 마누의 체계에 발 디딜 틈이 없다. 가장으로서의 임무는 오직 그 사람이 인생의 전성기에 들어섰을 때만 부여된다. 또 다른 소명을 지닌 사람은 더 높은 영역의 임무를 수행할 수 있도록 가장의 의무를 면제받았다. 철저하게 금욕한 수행자들은 민족의 동력원으로서 사람들에게 빛과 에너지를 주었다. 그들은 헤아릴 수 없는 지혜를 가진 스승이었다. 인도인은 지식이 특정 단계를 넘어서면 음식에 내재한 에너지가 단순히 물리적인 작용을 넘어서 더 우수한 지적, 영적 에너지로 변환된다고 가르쳤다. 이 흥미로운 주제는 나중에 더 자세히 다루겠다.

구체적인 교수법을 여기서 모두 다루는 것은 불가능하다. 민족에 전승되는 고전은 물론이고, 세상과 어떻게 관계 맺으며 살아가야 하는지 가르치는 것 또한 교육의 일부였다. 이러한 가르침은 거의 언제나 경구警句를 통해 전해졌다. 잊지 않고 마음에 깊이 새길 수 있도록 치밀하게 구성된 금언체계는 발성과 음향에 깊이 주의를 기울였으며, 문법과 언어학, 생리학에 관해서도 많은 것을 가르쳤다. 수사학, 논리학, 추론 능력도 중요했다. 『마누법전』의 이야기는 공자孔子의 견해와 신기할 정도로 일치한다.

"의미, 관념, 목적, 욕망, 감정, 지식은 모두 말에 담겨 있으며, 말에 뿌리를 두고 사방으로 뻗어나간다. 말을 함부로 하고 언어를 오용하면 만사를 그르친다."

심오한 진리다.

베다 연구는 이렇게 세속적인 주제를 통해 이루어졌으며, 학생이 한 주제에서 다른 주제로 서둘러 넘어가지 않도록 각각의 주제에 할당할 시간이 따로 정해져 있었다. 학생은 두 손을 가슴 위에 포개고 꼿꼿이 서서 가르침을 받아야 했다. 책이 없었기 때문에 기억력과 발성이 크게 발달했으며 시력도 보호되었다. 휴일은 짧지만 자주 있었고, 몇몇 특별한 수업에 매우 큰 영향을 미치는 대기와 지구자기地球磁氣 상태에 따라 정해지는 날이 많았다. 인도에서는 대기와 자기력에 관한 연구가 벌써 주의 깊게 이루어져 있었다.

푸라나에 기록된 격투 훈련, 레슬링, 검술, 궁술, 모의 전투, 달리기와 기마 경주, 말과 낙타와 황소와 코끼리를 부리는 기술 등도 학생 유형에 따라 교육 과정에 적용되었다. 『마누법전』은 사려 깊으면서도 율동적으로 움직이라고 가르친다. "손과 발, 눈동자를 산만하고 구부정하게 움직이지 못하게 하라. 타인을 앞지르거나 해를 끼칠 생각을 하지 못하게 하라."

신체 단련이 신성한 지식의 한 부분으로 여겨졌다는 것은 이해하기 어려운 일이다. 이러한 믿음은 아시아에서 아직 완전히 사라지지 않았다. 예컨대 일본의 유술柔術에는 특이한 초자연적인 면이 있다. 이것은 유술을 수련하는 사람들도 잘 모르는 사실이다.

남녀 관계의 조화

이제 학교를 떠나 어른의 삶을 살펴볼 때가 되었다. 이러한 사회에서 완벽한 가정생활을 위해 무엇을 강조했을지는 쉽게 짐작할 수 있다. 인도에서 생각한 이상적인 가정과 그보다 시기도 수준도 뒤처지는 고대 그리스의 이상을 비교해도 재미있을 것이다.

"남편과 아내는 죽을 때까지 서로에게 화를 내서는 안 되며, 말과 생각과 행동이 서로 달라서도 안 된다. 이러한 의무를 바르게 이행한 부부는 육신이 죽어도 헤어지지 않으며 사후에도 함께할 것이다."

"과부는 브라만의 가르침에 따라 열심히 공부하고 어른들의 보살핌을 받아 정신과 육체를 향상시키도록 하라. 육체를 이겨내고 순결의 길을 가도록 하라."

"아내는 영혼이 고결하고 남편은 그렇지 못했는데도 남편을 위해 스스로 과부로 남고자 한다면, 아내의 위대한 사랑과 희생이 남편의 영혼을 깊은 죄악과 어둠에서 끌어내 빛의 왕국으로 이끌 것이다."

"어머니는 천 명의 아버지보다도 더 숭배받을 자격이 있으며 교육에서도 더 많은 역할을 한다. 훌륭한 여성을 신처럼 공경하고 찬양하라. 진정한 여성의 힘과 은혜가 세 개의 세상을 지탱한다."

남편과 아내는 주변을 밝게 비추는 한 쌍의 불꽃과도 같은 영혼이 되어야 한다. 이것은 부부간의 평등이 아니라 동질성에 관한 문제이다. 『비슈누푸라나』와 『바가바타푸라나』에는 귀족 집안 아이들에게 요구되었던 이상적인 결혼에 관한 시가 실려 있다. 담고 있는 위대한 진리만큼이나 아름다운 시이다.

"아내는 언어이며 남편은 사고思考이다. 아내는 분별이며 남편은 법이다. 남편은 이성이며 아내는 감성이다. 아내는 의무이며 남편은 권리이다. 남편은 작가이며 아내는 작품이다. 남편은 인내이며 아내는 평온이다. 남편은 의지이며 아내는 소망이다. 남편이 동정하면 아내가 선물한다. 남편은 노래이고 아내는 음표이다. 아내는 연료이고 남편은 불이다. 아내는 영광이고 남편은 태양이다. 아내는 운동이고 남편은 바람이다. 남편은 주인이고 아내는 부富이다. 남편은 투쟁이고 아내는 힘이다. 남편은 등불이고 아내는 빛이다. 남편은 낮이고 아내는 밤이다. 남편은 정의이며 아내는 연민이다. 남편은 바다이고 아내는 강이다. 아내는 미美이며 남편은 기운이다. 아내는 몸이며 남편은 영혼이다."

이 놀랍도록 아름다운 구절은 여성의 본성을 남성의 본성과 대비되는 것으로 보면서도 모욕적이기는커녕 오히려 명예로운 것으로 인식하는 통찰을 보여준다.

『마누법전』은 장자 상속권도 독특한 논리로 정당화한다. 장자는 다르마의 아이, 즉 의무와 필요에 의해 태어난 아이이기 때문에 상속권을 갖는다는 것이다. 둘째부터는 세속적인 욕망에 의해 태어난 아이들이다. 따라서 아버지가 없을 때는 장자가 동생들의 아버지가 된다.

우아하고 탄력적인 카스트 제도

현대의 카스트 제도가 경직되어 있는 데 반해, 『마누법전』의 카스트 제도는 뚜렷하게 탄력적이었다. 수드라를 제외한 나머지 세 카스트는 음식과 불을 공유하고, 스승인 브라만의 집에서 함께 거주했으며, 함께 음식을 구걸했다. 구걸 대상은 주로 바이샤의 집이었다. 상인 계급인 바이샤는 공동체와 손님에게 음식을 제공해야 하는 특별한 의무를 지고 있었다. 덕분에 가난 서약을 한 브라만은 오직 정신적인 고통을 겪는 사람들을 위해서만 애쓸 수 있었다. 다만 수드라를 가장 낮은 카스트로 보고 그것을 당연하게 여기는 원칙에는 강제력이 있었다. 수드라는 다른 카스트에게 부과되는 규율을 면제받기 때문이다. 그러나 수드라에 관해서도 지금의 인도를 아는 사람이라면 누구나 깜짝 놀랄 만큼 너그러운 가르침이 있었다.

"농부, 집안의 오랜 친구, 목동, 하인, 이발사는 누구나 주인을 찾아가 쉴 곳과 도움을 청해도 좋다. 음식은 애초에 이들 수드라의 손으로 얻어진 것이다."

주인의 호의와 청결함을 믿을 수 있기에 수드라는 아무 걱정 없이 음식을 받을 수 있다. 이는 현대 인도의 성인 라마크리슈나Ramakrishna Paramahansa를 떠올리게 한다. 그는 자기에게 음식을 준 사람이 영적으로 순결한지 아닌지를 본능적으로 파악하고 음식을 받을 것인지 말 것인지를 결정했다.

"이 음식은 좋은 사람이 준 것이니 먹을 수 있다."

라마크리슈나는 아마도 그렇게 말했을 것이다.

『마누법전』은 다음과 같이 말한다.

"신들이 토론한 결과, 비록 사채업에 종사하는 수드라라고 해도 마음이 너그러우면, 그가 주는 음식은 베다를 모두 깨우치고도 속이 좁은 브라만이 주는 음식과 똑같은 가치를 갖는 것으로 정했다. 수드라가 준 음식은 관대한 마음으로 정화되었지만, 브라만이 준 음식은 호의가 부족해 더럽혀졌기 때문이다."

가족 중 누군가가 죽거나 병에 걸리는 것은 고대 사회에서 하나의 불명예였다. 그럴 때는 가족 전체가 정결 의식을 치러야 했다. 모든 질병은 그 기운에 말려든 이의 건강에 악영향을 미친다는 의미에서 전염성이 있는 것으로 여겨졌다. 강력하고 충격적인 감정은 그것이 선하건 악하건 모두 일종의 전염병이다. 특히 공포와 슬픔은 무시하는 것이 최선이라고 믿었다. 정결 의식을 치르는 기간은 사회적 신뢰도에 따라 브라만 가족은 10일, 크샤트리아 가족은 12일, 바이샤 가족은 15일, 수드라 가족은 30일로 정해졌다.

푸라나의 또 한 가지 특이하면서도 중요한 내용은 초기 유가$^{Yuga\ 1}$ 때 가족이나 부족 전체가 더 높은 카스트로 올라가는 것을 인정했다는 것이다. 카스트가 이제는 너무나 혼란스러워져서, 수드라로 태어난 온화하고 고귀한 영혼은 사실상 더 높은 카스트에 속한다는 사실을 인정하는 의미이다. 고대의 위대한 서사시 『마하바라타』에서 판다바 형제의 장남 유디슈티라는 이렇게 말한다.

"재생자인지 아닌지 결정하는 것은 출생도 성스러운 예식도 학식도 혈통도 아니다. 오직 품성과 행실만이 그것을 결정한다."

『마누법전』도 같은 이야기를 한다.

"만물에 깃든 태초의 씨앗을 잘 다스려 성적으로 분별 있게 행동하는 금욕의 힘으로, 누구나 더 높은 카스트로 올라설 수 있다. 반대로, 금욕하지 않고 방종하며 제멋대로 행동하면 더 낮은 카스트로 전락한다. 브라만이나 다른 재생자들과 함께 살며 끊임없이 그들과 닮아가, 순수하고 더 높은 곳을 지향하며 겸손함과 온화한 말투를 갖춘 사람은 비록 수드라로 태어났다고 해도 더 높은 카스트를 얻게 될 것이다."

지금의 인도는 이러한 우아함을 거의 잃어버렸다. 이미 주어진 조건이 인생을 결정하는 것은 윤회와 업보의 문제가 되었다.

수도자가 자발적으로 가난을 선택하면 사람들은 모두 그를 이해하

---

1 세계는 생성과 괴멸을 되풀이하는데, 그 기간을 4기로 나눈다. 제1기는 크리타 유가, 제2기는 트레타 유가, 제3기는 드바파라 유가, 제4기는 칼리 유가이다. 힌두교 신화에 따르면 현재는 칼리 유가가 5,000년쯤 지난 시기이다. 4기는 신의 1,200년간에 해당하고, 1·2·3기는 각각 그 4·3·2배이다. 신의 1년은 태양력으로 360년으로, 제4기는 태양력으로 43만 2,000년이다.

고 존경했다. '침몰하는 별처럼, 지식을 추구'[2] 하는 일에 몸과 마음과 힘을 다하는 사람이 무슨 수로 부를 쌓는 데 시간을 할애할 수 있겠는가? 따라서 브라만은 생계를 위해 어떤 노력도 할 필요가 없었다. 아이들의 스승이자 제2의 아버지가 되어주는 브라만에게 사회 전체가 공물로 바치는 음식과 옷이 생계수단이었다. 그러나 브라만이 마치 살아 있는 신이나 다름없을 정도로 존경받았다는 사실이 인도 노예화의 발단이라는 것 또한 분명하다. 당시에는 그런 사실을 눈치 채기가 쉽지 않았다. 이론 자체는 고결했다. 삶에 그렇게 많은 유혹이 있지도 않았다. 여론은 매우 한정되어 있어서, 오직 자신의 장엄한 지위를 오해하고 오용하는 브라만을 비판하는 역할만을 수행했다. 하지만 카스트 제도는 결국 인간의 권력욕이 얼마나 큰지 확인시켜주었을 뿐이다. 붓다의 가르침으로 인도는 브라만주의라는 멍에를 벗어던지려는 절망적인 마지막 시도를 하지만 끝내 실패하고 만다. 인도는 무심하게 비운의 운명을 받아들이고 여전히 그것에 지배당하고 있다.

크샤트리아와 사회제도

크샤트리아의 임무는 칼리다사 Kalidasa [3] 가 잘 묘사한다.

"강자로부터 약자를 보호하는 자. 그렇게 하지 않는 자가 어떻게 왕이 될 수 있을까? 구원을 갈구하는 고통 받는 자들의 외면당한 절규와 악평으로 비난받는 자는 어떤 일에 인생을 바쳐야 하는가?"

『마누법전』도 보호, 자선, 희생, 정진하며 쾌락에 빠지지 않는 것이 크샤트리아의 의무라고 가르친다. 그런 이상이 실제로 구현될 수

---

2 영국의 시인 테니슨의 시 「율리시즈」Ulysses의 "인간 사상 극한의 경계를 넘어, 침몰하는 별처럼 지식을 추구한다"를 인용한 표현.
3 '인도의 셰익스피어'로 불리는 5세기경의 인도 시인.

을까? 밀려드는 유혹의 바다에 맞서지 않고서는 불가능할 것이다. 고아나 과부처럼 도움이 필요한 사람들에게 음식과 옷을 주고, 즐거움을 누릴 수 있도록 보살펴주라는 고귀한 가르침은 수없이 많다. 상인 계급이 부담하는 세금은 나라를 지키는 왕과 크샤트리아 계급을 지탱한다. 세율은 상황에 따라 변해서, 평화 시에는 수입의 10분의 1, 상황이 좋지 않을 때는 4분의 1까지 부과되었다. 이 세금으로 관리와 공무원, 시민에게 여흥을 제공하는 단체를 포함한 모든 공공기관이 유지되었다. 브라만과 수도자는 이러한 공공재의 혜택을 받지 못했다.

『마누법전』이 어떤 통치 형태를 권고했는지 살펴보는 것도 흥미로운 일이다. 민주주의는 물론 아니었다. 전제주의와도 거리가 멀다. 크샤트리아 왕은 나라를 전제적으로 통치하지 않았다. 왕은 경험 많고 지혜로운 브라만으로 구성된 의회의 수장과도 같은 존재였다. 나라를 다스림에 왕 자신부터 베다의 가르침에 따라야 했다.

"(베다의 가르침을 적용하기가) 애매하거나 새로운 법률을 제정할 필요가 있을 때는 완벽하게 교육받은 브라만이 언명하는 바가 곧 법이다. 그것이 법이 되어야 한다. 훌륭하게 교육받은 브라만은 올바른 지식을 습득한 자이므로, 물질적이거나 물질을 초월하여 감추어진 진리를 드러내 보여줄 힘을 가졌기 때문이다. 그런 브라만 10명 혹은 최소한 3명이 의회에서 결정한 것은 법으로 제정되어야 한다."

법안을 통과시키기 위한 인원은 훗날 더 늘어났다. 의회에는 각 카스트가 얼마간 포함되었으며, 21명으로 구성된 의회에 수드라 1명이 반드시 참석해야 했다. 제대로 교육받지 못한 유권자가 제대로 훈련되지 않은 입법자를 뽑는 현대의 입법 개념과 이러한 조항들을 대비해보는 것은 대단히 흥미로운 일이다. 서로 다르지만 잘 훈련된 사람들이 협력하는 정부 형태는 다수에 의한 통치와 전혀 다른 개념이다.

　이제 이 고대 사회의 형벌 제도에 관해 알아볼 때가 되었다. 여기에서도 현대 사회와 상당히 동떨어진 관점을 발견하게 된다.

　"결백한 자를 벌주고 죄를 지은 자를 벌하지 않은 왕은 악명을 얻고 장차 지옥에 떨어질 것이다. 왕이 가할 수 있는 형벌의 첫 번째 단계는 말로 경고하는 것이다. 두 번째 단계로 공식적으로 경고하거나 지위를 격하한다. 세 번째 단계는 두 번째 단계에 더하여 벌금을 매기거나 지위를 아예 박탈하는 것이다. 그리고 죽을 때까지 채찍질하는 것부터 감금, 낙인을 찍거나 신체를 절단하는 등 상처를 입히는 것을 포괄하는 신체형이 형벌의 마지막 단계이다."

　보통 사람에게라면 약간의 벌금형이 내려질 만한 잘못이라도 그것을 지위가 높은 사람이 저질렀을 때는 천 배나 무거운 형벌을 내렸다. 같은 잘못을 저질렀을 때 바이샤는 수드라보다 두 배 더 무거운 형벌을 받았으며, 크샤트리아에게는 바이샤의 두 배에 해당하는 형벌이 내려졌다. 브라만은 크샤트리아의 두 배, 때로는 네 배나 무거운 벌을 받았다. 브라만은 "죄악과 공덕이 가져오는 광범위한 결과를 이미 알고 있는 까닭"이다. 어떤 카스트이건 재산을 도둑맞았으면 왕이 되찾아주어야 한다. 그렇게 하지 못했을 때는 도둑의 죄가 왕에게 전가된다. "자백과 뉘우침, 자발적인 고행과 수행, 관용에 의해 죄인과 범죄자도 죄를 씻을 수 있다. 형벌을 다 받은 자는 그가 저지른 죄가 남긴 오점 때문에 죄책감을 느끼지 않아도 된다. 이제 그는 이전 상태를 회복하였으며, 행실이 바른 다른 사람들과 마찬가지로 천국으로 나아간다."

　다시 말해 일단 형벌을 받고 사회적인 신뢰를 한번 잃었으면 이중으로 대가를 치를 필요는 없다는 이야기다. 대가를 치렀으면 대가를 치른 것이다. 영수증을 받고 그때부터 자유로워진다.

처음 범죄를 저지른 사람에게 경고를 주는 제도는 현대 법학에 이르러서야 겨우 다시 등장한다. 악평을 전혀 받지 않는 영국 법의 역사에서도 사소한 범죄를 저지른 청소년 범죄자에게 사형처럼 가혹한 형벌을 내린 악취 나는 기록을 쉽게 찾아볼 수 있다. 이런 일이 18세기까지 계속되었다. 교육받은 사람에게 더 무거운 벌을 주는 원칙에 대해서도 깊이 생각해볼 여지가 있다.

신성시되며 숭배받는 브라만이라 해도 신체형에서 벗어날 수는 없었다. 『마누법전』은 정당방어와 같은 특수한 상황이라면 상대가 브라만이라 해도 죽일 수 있는 권한을 모두에게 부여한다. 한번 지위를 잃은 브라만이 같은 잘못을 반복해서 저지르면 그 벌로 수드라까지 지위가 떨어질 수도 있었다.

바이샤와 수드라의 명예

다양한 직종에 주어지는 명예에 대한 시각도 흥미롭다. 지혜와 통치를 담당하는 브라만과 크샤트리아 다음으로, 바이샤가 하는 일 중에서는 농업을 가장 명예로운 것으로 보았다.

"농업, 목축, 상업."

이 순서는 삶에 필수적인 것을 공급하는 것이 가장 명예로운 일이고, 두 번째부터는 사치라고 보았음을 알 수 있다. 이는 음식에 대한 『마누법전』의 견해도 말해준다. 음식에 관해서는 단지 좋아하느냐 싫어하느냐만이 문제이다. 결국 돈 문제나 다름없어진 오늘날 더욱 깊이 생각해볼 가치가 있는 이야기다.

"엉망이 된 남은 음식을 남에게 주지 마라. 정해진 알맞은 식사 시간 사이에 음식을 먹지 마라. 전에 먹은 음식이 다 소화되기도 전에 또 다른 음식을 먹지 마라. 식사 후 세정식洗淨式을 하지 않았으면 아무 데도 가서는 안 된다. 과식을 조심하라. 건강과 정신의 기능을 해쳐서 천국으로 향하는 고결한 길을 방해한다. 과식은 지나친 열정을 낳으며, 이는 곧 세상 사람들에게 음식이 골고루 공평하게 돌아가야 한다는 원칙에도 반한다.

가능한 한 깨끗하고 핏기 없는 음식을 먹어라. 술과 육식, 성욕과 육체적인 사랑은 정신으로 하여금 세속적인 것을 추구하게 한다. 잘 통제되기만 하면, 특히 크샤트리아와 수드라에게는 육식이 그 자체로 죄악이 되는 것은 아니다. 그러나 육식을 삼가면 더 좋은 결과를 얻는다. 살코기는 동물을 도살하지 않고는 얻을 수 없고, 살아 숨 쉬는 생명을 죽이는 행위는 사람을 천국으로 이끌지 못한다. 그러므로 육식은 삼가야 한다. 죄 없는 생명을 묶고 괴롭히고 죽이려 하지 않고 모두가 행복하기를 바라는 사람은 영원한 환희로 축복받을 것이다. 어떤 생명도 해치지 않은 사람은 그가 생각하고 계획하고 갈망하는 모든 것을 아무 고통 없이 성공적으로 이룰 수 있다."

이 법률에 담긴 통찰은 오직 정신이 특정 수준 이상으로 올라섰을 때만 도달할 수 있는 것임이 분명하다. 살생하며 사는 것은 범죄가 아니라 무지이며, 헤아릴 수 없는 손실이다. 행복은 더 높은 경지에 오른 자의 것이다.

따라서 브라만에게 영혼의 양식을 제공할 임무가 주어지듯이, 바이샤에게는 선의와 공동체에 대한 깊은 책임의식을 가지고 생존을 위한 최소한의 깨끗하고 오염되지 않은 음식을 제공할 의무가 주어진다.

음식 그 자체에 신성함이 있다.

신성하기는 경작자도 마찬가지이다.

"누군가가 행하는 다르마와 선행으로 쌓은 덕은 그 덕을 쌓을 수 있도록 음식을 제공한 자에게 셋이 돌아가고 나머지 하나가 덕을 쌓은 자에게 돌아간다."

경작이 덕을 쌓는 것보다 우위에 있다. 현대의 경작 개념과 얼마나 멀리 떨어져 있는가!

보는 관점에 따라 『마누법전』에도 실수와 어리석은 면이 있을 수 있다. 어떤 주제는 복잡한 현대인의 삶에 적용할 수도 없다. 그러나 사회의 구성에 관한 철학이라는 관점에서 우리 자신을 반성해보는 것은 매우 가치 있는 일이다. 그 철학이란 곧 카스트 4계급 간의 공평한 분배라는 개념이다. 브라만과 크샤트리아는 그 수가 많을 수 없다. 수드라도 최소한으로 제한되어야 한다. 대부분이 농업과 상업에 종사하는 바이샤이어야 한다. 그들이 공동체의 근본적인 요구, 토지와 튼튼한 경제와 과학을 상징하기 때문이다. 바이샤는 현대의 중산층을 상징하기도 한다. 바이샤 또한 수행과 희생과 관용의 정신을 체계적으로 교육받은 재생자로서, 인구의 대부분을 구성한다.

수드라는 공동체의 '어린아이'이다. 그 의무와 권리로 볼 때 어쩌면 그리스의 노예와 비교해도 좋을 것이다. 설사 충분한 능력이 있을지라도 그들에게는 큰 책임을 요구하지 않는다. 다른 생에 위대한 지도자로 태어날 자질이 있을지라도 이번 생에는 아직 아니다.

그러나 『마누법전』에 담긴 민주주의적 이상에서 경계해야 할 부분이 전혀 없는 것은 아니다.

"수드라가 재생자보다 우세한 어리석은 왕국은 손도 쓸 수 없다.

그런 왕국은 오래가지 못하고 멸망할 것이며, 끔찍한 실정으로 고통받을 것이다."

여기서 인도유럽어족의 견해와 그들의 사촌격인 아리안의 견해가 보이는 극명한 차이에 주목하자. 카스트 계급은 영적이고 지적인 성취도를 기준으로 나뉜다. 가장 현명한 자가 집단을 이끈다. 그리스의 위대한 지성 솔론이 유럽에서 처음으로 제정한 법도 공동체를 네 계급으로 나누었지만, 그 기준은 경제적인 수입이었다. 부자가 더 높은 지위를 누리고, 가난한 사람은 지위가 낮았다. 이 현저한 차이가 지금까지도 아시아와 유럽을 구분하는 광활한 정신적 격차의 전조였을 것이다.

플라톤의 공화국보다 더 수준 높은 이상과 법을 가졌음에도 인도의 오늘은 왜 이런 모습일까? 많은 이유가 있을 것이다. 어느 나라나 마찬가지로 경험하는 신념의 저하, 훨씬 저열한 이상을 가진 정복자들의 끝없는 침략, 다양한 민족의 종교와 민족정신의 충돌. 그리고 결코 사소하지 않은 마지막 한 가지로서, 매콜리 Thomas Babington Macaulay 경 [4] 의 이름으로 그들에게 강요된 낯선 교육적 이상이 민족의 천재들에게 전혀 맞지 않았다는 점을 들 수 있다. 매콜리 경은 인도의 교육적 이상에 대해 잘 알지도 못했고 공감하지도 못했다.

---

[4] 19세기 영국의 역사가이자 정치가. 인도 총독 고문으로서, 인도인에게 영어를 가르치도록 하였으며 법 앞에 만인이 평등하다는 사상 아래에 인도 형법전을 작성하였다.

고대 인도의 신화와 우화

4

베다의 논리적 귀결 우파니샤드

인도철학의 태동기로 돌아가보자. 외부의 위협에 대항하고자 꾸준히 힘을 키운 사제 계급의 힘과 권한은 매우 확고해졌다. 브라만은 거의 살아 있는 신이나 다름없는 존재가 되어갔다. 그러나 브라만이 신성한 지혜의 보고였으며 실제로 존엄한 존재였음을 잊어서는 안 된다. 브라만은 인간의 존엄함을 지키는 자였으며, 온 힘과 마음을 다해 이를 소중히 여겼다. 우리가 아는 한, 인류 역사에서 이들처럼 심오하고 보편적인 철학으로 영적인 삶을 살았던 계급은 없었다.

그들은 신화 속에 철학을 내재하는 단계에 이르렀다. 우파니샤드가 베다의 찬가에서 발전했다는 점과 인도의 모든 영적이고 지적인 삶이 우파니샤드에 뿌리를 두고 있다는 사실은 매우 중요하다. 우파니샤드는 베다의 논리적 귀결이자 끝으로서, '베단타'라고 불린다. '우파니샤드'라는 단어는 '가까이 앉음'이라는 뜻으로, 제자들이 리시 주위에 둘러앉아 가르침을 받는 순간을 뜻한다.

우파니샤드가 다른 고대 민족의 성전聖典보다 더 가치 있을까? 나는 그렇다고 확신한다. 유럽 주요 국가들이 배출한 위대한 사상가와 학자도 내 신념을 강하게 지지한다.

다음은 막스 뮐러가 독일철학자 쇼펜하우어의 말을 인용한 것이다.

"세상에 우파니샤드만큼 가치 있고 정신을 고양하는 학문도 없다. 우파니샤드는 내 삶의 위안이었고 내 죽음의 위안이 될 것이다."

막스 뮐러가 여기에 한마디 보탠다.

"쇼펜하우어의 이 말에 보증이 필요하다면, 수많은 철학과 종교를 연구하는 데 오랜 세월을 바친 경험으로 내가 기꺼이 나서리라. 만일 철학이 행복한 죽음을 준비하기 위한 것이라면, 나는 베단타보다 나은 것을 알지 못한다."

동양고전학자 윌리엄 존스William Jones 경도 다음과 같이 말했다.

"베단타의 뛰어난 작품들을 읽으면, 플라톤과 피타고라스가 이들 인도의 현자와 같은 근거로부터 자신들의 이론을 도출해냈다고 믿을 수밖에 없다."

프랑스의 탁월한 역사철학자 빅토르 쿠쟁Victor Cousin은 파리 강연에서 수많은 청중을 앞에 두고 이렇게 말했다.

"시적이고 철학적인 동양 고전들, 특히 인도의 고전을 주의 깊게 읽어보면, 유럽의 천재들이 더 나아가지 못하고 멈추어버려 조악하기만 한 서양철학과 대조되는, 수많은 심오한 진리가 담겨 있음을 알게 됩니다. 이 인류의 발상지가 최고의 철학이 태어난 곳임을 깨닫고 동양철학에 무릎을 꿇을 수밖에 없습니다."

마지막으로 독일에서 가장 위대한 사상가 중 한 사람이었던 프리드리히 폰 슐레겔Friedrich von Schlegel의 이야기를 들어보자.

"고대 그리스의 객관적 관념론과 같은 가장 뛰어난 유럽철학도 동양 유심론唯心論의 풍부한 활력과 생기에 비하면, 쏟아지는 햇살에 대항하는 프로메테우스의 작은 불꽃이나 다름없다. 힘없이 일렁이는, 언제 꺼져도 이상하지 않은 불꽃. 베단타가 다른 모든 철학과 구별되는 점은 이것이 철학인 동시에 종교라는 사실이다. 인도에서는 종교와 철학이 분리될 수 없다."

이쯤 되면 베단타를 연구할 가치가 있음을 인정해야 할 것이다. 그러나 일반 독자를 위해서는 걸러내야 할 부분도 있다. 책이 없던 시절이므로 모든 지식을 확실히 외우게 하려면 같은 이야기를 수도 없이 반복할 수밖에 없었기 때문이다. 영어에서는 그다지 사용되지 않아 사라져버린 원시 언어가 많아, 마땅한 번역어를 찾을 수 없는 산스크리트어 단어도 상당히 많다. 이런 부분은 우파니샤드의 위대한 사상을 서양에 소개하기 전에 마땅히 잘라내야 할 것들이다. 그렇게 하더라도 생과 사의 신비를 소중히 여기는 이들에게 우파니샤드의 장엄함이 전해지지 않을 리 없다.

우파니샤드 중에서도 중요한 10종이 있다.[1] 정확한 성립 시기는 알 수 없으나, 넓게 잡아 기원전 3000년에서 기원전 800년 사이일 것이라는 데는 의견이 일치한다. 기원전 500년경에 활동한 붓다보다 앞선 시기인 것만은 확실하다. 저자가 누구냐는 질문에도 아무도 대답할 수 없다. 현자들은 개인적인 명성 따위에는 신경도 쓰지 않았다. 지혜가 신들이나 신화 속 현자들의 것으로 돌려지는 일은 극히 드물었다. 전기傳記는 그로부터 한참 후에나 등장할 수밖에 없었다. 그러나 몇몇 이름은 우파니샤드를 이야기할 때 끊임없이 등장한다. 대표적인 인물로 비데하 왕국의 왕 자나카와 현자 야지냐발키아 등을 들 수 있다. 인도철학은 모두 우파니샤드에서 태어났다.

---

1 우파니샤드는 약 200여 종이 전해지며 그중 중요한 10여 종을 고古우파니샤드라고 한다.

인도 6파 철학의 핵심 사상

막스 뮐러와 라다크리슈난 교수를 비롯한 많은 학자들이 인도철학체계를 6개로 나눈다. 인도 6파 철학의 배후에는 성스러운 베다에서 뿜어져 나오는 방대한 철학이 흐르고 있다. 6파 철학 사상가들은 주제를 흐릴 뿐인 이야기는 최소한으로 줄이고, 그들의 민족 철학을 바탕으로 사상을 구축했다. 개괄적으로 이해하려면 사상의 큰 흐름을 따라가는 것이 최선이다. 학문적으로 좋은 자세라고는 할 수 없지만, 차이보다는 본질에 집중하는 편이 낫다. 우리 목적은 세상에서 가장 수준 높은 인도의 사고체계에 관해 판단을 내릴 수 있도록 단순하고 분명한 시야를 얻는 것이다. 그리고 여기에는 그 지류인 현대 인도철학도 포함된다. 현대 서구 사회가 제멋대로 추측해 생긴 오해의 소용돌이에 말려든 내용은 제외하고 말이다.

인도철학을 설명하기는 다른 철학을 설명하기보다 더 쉬운 면도 있지만, 다른 면에서는 훨씬 더 어렵기도 하다. 위대한 인도철학자들은 결론의 요약에 그리스철학자들에게서는 찾아볼 수 없는 훌륭한 방법을 사용했다. 짧은 경구를 모아 언제든지 읽을 수 있도록 엮은 것이다. 이런 경전을 '수트라'Sutra라고 하는데, 누구나 이해할 수 있도록 쉽게 쓰였다. 그러나 수트라를 읽는 사람은 우리가 에베레스트라고 부르고 인도에서는 구리샹카르라고 부르는 산 정상보다 더 공기가 희박할 정도로 높은 곳에 오른 듯한 정신 상태에서 명상하는 습관을 들여야만 한다.[2] 이것이 인도철학을 제대로 이해하기 어려운 이유이다.

인도철학자들과 아리스토텔레스 같은 철학자들 사이에는 또 한 가지 심오한 차이점이 있다. 인도철학자들은 단 한 순간도 인간으로서의 삶을 허락하지 않음으로써 의식을 논리적 이성에 붙들어놓을 수 있었

---

2 요가에서 말하는 '구리샹카르 명상' 1단계를 의미한다. 호흡을 올바르게 행하면 혈액 속에 형성된 탄산가스 때문에 마치 에베레스트 정상에 오른 듯한 느낌을 받게 된다고 한다.

다. 인간의 자의식은 우주의 잣대가 될 수 없다. 동물도 의식은 있지만 자의식과는 다르다. 자의식을 가진 평범한 사람이 가장 뛰어난 동물보다 우월한 만큼, 인간의 의식을 초월하여 우주의 질서를 인식할 수 있는 사람은 보통 사람보다 우월하다. 우주의 질서 앞에서 자의식은 눈을 뜨지 못하고 아무것도 듣지 못한다. 인도 6파 철학은 모두 그러한 최상의 경지에 도달해 있었다.

6파 철학에 공통된 핵심 사상에서 출발하도록 하자. 6파 철학 모두 우주가 창조, 유지, 소멸을 반복한다고 믿었다. 그리고 우주에는 시작이 없다고 생각했다.

"태초에 오직 암흑만이 있었다. 오직 브라흐만이 밤중에 홀로 명상하고 있었다."

그 명상으로부터 우주가 뻗어가기 시작했다. 그 기간은 명시되지 않는다. 그리고 마지막에는 태초의 어둠으로 되돌아간다. 훗날 이 개념은 창조의 신 브라흐마, 유지의 신 비슈누, 파괴의 신 시바라는 삼위일체 신화로 상징화되었다. 여기서 말하는 파괴가 영겁의 세월 동안 이어져 온 진전을 무위로 돌리고 태초의 혼란으로 되돌아가도록 하는 것일까? 전혀 그렇지 않다. 이렇게 말해도 좋을지 모르겠지만, 규칙적인 호흡이 갑자기 막혀버리는 '브라흐만의 밤'이 돌아올 때마다 우주는 새롭게 재구성된다. 세상 모든 것은 새롭게 열매를 맺거나 흩어져버린다. 우주의 역사는 이렇게 최초의 활동이 필요에 따라 치밀하게 계획한 후속 활동으로서 끊임없이 반복된다. 이 과정을 올바르게 이해하는 것은 깨달음의 길을 따르는 자가 더 높은 경지에 오르는 방대한 역사의 일부이다. 누가 무엇을 깨닫는다는 말인가? 이 질문에 대답하는 것이 바로 철학의 목표이다.

6파 철학은 같은 목적을 공유했다. 자신이 세상의 일부임을 깨닫도록 하는 것이다. 단순히 자기가 사는 마을, 도시, 혹은 나라의 일부가 아니다. 이 세상 속에서, 인간은 누구나 자신의 다르마를 가지고 있다. 비록 중국의 도가道家가 어느 정도 비슷한 인식에 도달하기는 했지만, 인도가 생각하는 세상 전체의 규모는 그리스나 중국에서 생각했던 것보다 훨씬 거대했다. 공자와 아리스토텔레스는 도덕이란 인간이 적절히 그리고 올바르게 세상에 가득 채워야 할 것으로 보았다. 그 점은 인도도 마찬가지이지만, 그들이 생각하는 세상은 우리가 살고 있는 행성보다 훨씬 더 거대하다.

6파 철학이 공유하는 핵심 사상은 또 있었다. 바로 환생과 전생에 대한 믿음이다. 플라톤도 이런 믿음을 받아들였다. 어쩌면 플라톤은 인도사상의 영향을 받았는지도 모른다. 같은 생각을 한 그리스철학자들은 플라톤 이전에도 이후에도 많이 있었다. 이런 생각은 어쩌면 인간의 본능인지도 모른다. 아시아뿐 아니라 문명화 여부와 관계없이 전 세계 수많은 민족에게서 흔히 발견되기 때문이다. 그 흔적은 아프리카에서도 찾을 수 있다. 카이사르는 갈리아 전쟁을 치르던 중 "드루이드[3]는 영혼이 죽은 다음에도 소멸하지 않고 다른 육체로 전해진다는 것을 핵심 교리로 가르친다. 그들은 이 교리를 통해 죽음을 목전에 두고도 놀랍도록 용맹해질 수 있다고 믿는다"라고 말했다.

웨일스와 아일랜드에도 같은 신앙이 있었다. 웨일스의 유명한 시인 탈리에신Taliesin은 6세기에 다음과 같은 이야기를 남겼다.

나는 언덕 위의 점박이 뱀이었다.
나는 호수에 사는 용이었다.

---

[3] 고대 갈리아와 브리튼 제도 원주민 켈트족이 믿었던 드루이드교의 사제 계급.

나는 목동이었다.

나는 마음에 드는 모습을 얻기 전까지 여러 가지 모습으로 존재했다.

로마에서도 오비디우스Ovidius가 비슷한 이야기를 전한다.

죽음이라고들 부르지만 그것은 낡은 옷을 입는 것.
다채로운 옷을 입고 새로운 방식으로 말하면
비록 내던져지더라도 이 집에서 저 집으로 옮겨 가는 것.
모습만 다를 뿐 영혼은 그대로인 것.

셰익스피어(59번째 소네트)에서 가장 최근의 인물들까지, 서양 근대 시인과 작가를 수없이 인용할 수 있다. 서양의 위대한 지성들도 같은 생각을 가졌다고 말해야 할 것이다. 동양사상의 정서로는 인간의 영혼이 난소가 수정되는 순간 혹은 태어나면서부터 생겨나는 것이라는 생각을 받아들이기란 불가능하다. 먼 옛날 『카타 우파니샤드』는 이렇게 선언했다.

영혼은 태어나지도 않으며 단절되지도 않는다.
시간에 구애받지 않는다. 시작과 끝은 환상일 뿐이다.
영혼은 죽음도 없고 태어남도 없고 변함도 없이 영원히 머문다.
죽음은 범접조차 하지 못한다. 죽음은 영혼이 잠시 머무는 집일 뿐이다.

라다크리슈난도 말한다.

"영혼은 끊임없이 성장한다. 죽음의 세례를 받아 여러 단계로 갈라질지라도."

그러나 지성과 영혼의 눈이 무지에 가려지면 결코 진리를 깨달을 수 없다. 그래서 6파 철학은 다른 모든 철학과 마찬가지로 눈을 가린 붕대를 찢어 버리고 세상을 있는 그대로 바라보도록 하는 것을 목표로 삼는다. 그를 통해 인간은 세상과 자신의 관계를 이해하고 평화를 얻게 된다.

윤리보다 우선하는 진리

6파 철학이 모두 윤리학을 추구하지만, 도덕이 깨달음에 우선할 수는 없다. 도덕 그 자체는 목적이 아니라, 날개를 얻어 필요 없어질 때까지 인간이 반드시 걸어가야 할 길일 뿐이다. 그 길을 닦는 것은 (이기적인 마음의 감옥을 깨뜨리는 최상의 수단인) 사랑, 이타심, 정결한 마음이다. 이 점에 대해서도 6파의 생각은 일치한다. 『마누법전』이 말하는 카스트 제도와 학생, 가장, 수도자로 나뉘는 인생의 단계에 대해서도 마찬가지다.

전 세계적인 영향력을 가진 불교 철학은 별개로 다루어야만 한다. 우리는 우파니샤드, 그중에서도 초기 베단타 우화들에서 시작했다. 설익은 포도 속에 존재하는 와인과 같이, 이들 모두가 인도의 철학이다. 우파니샤드에 근거를 두었지만 지금은 사라져버린 철학도, 비록 그 장엄함을 제대로 표현해내지는 못할지라도 충분히 재구성해낼 수 있다.

우파니샤드는 감각을 통해 인식되는 외부 세계의 밝은 그림으로부터 눈에 보이지 않는 내부 세계로 시선을 돌린다. 이들은 수많은 신의 존재를 부정하지 않지만, 신들 모두가 단 하나의 존재가 다양한 모습으로 현현한 것으로 여긴다.

"신은 감각의 틈을 뚫고 외부로 향한다. 그리하여 인간은 밖을 볼 수 있으나 자신의 안쪽을 들여다볼 수는 없다. 그러나 현명한 자는 불멸을 열망하며 눈을 감고 깊이 숨어 있는 진정한 자신을 바라본다."

이러한 태도 덕분에, 우파니샤드는 형식적이고 의례적인 종교를 그리 중요하게 여기지 않는다. 종교 의식은 그 자체를 목적으로 여기는 사람이 많기 때문에 존재하는 것으로, 어떤 의미에서는 신성한 철학을 구축하기 위한 가교와도 같은 역할을 한다. 그러나 우파니샤드의 현자들은 의식 절차라는 것이 형식을 초월해 의식이 의미를 잃어버린 사람들에게는 일종의 역설이라고 보았다. 대중, 심지어 브라만이 훌륭하게 정립한 종교적 진리조차도 조롱거리로 삼던 때가 있었다. '옴'(AUM 또는 OM)이라는 음절을 예로 들 수 있다. 이 음절은 마술적인 속성을 가졌다고 여겨져 최상의 것으로 숭배되었다. 초기 단계의 우파니샤드 철학은 이러한 숭배와 그것이 상징하는 바를 조롱하고 싶은 만큼 조롱했다.

"'옴'은 개소리다! 바카가 베다를 배우러 갔을 때 그 앞에 흰 개가 한 마리 나타났다. 다른 개들이 흰 개에게 다가가 말했다. '오 주여, 우리에게 많은 음식을 내려달라고 기도해주소서. 우리가 배불리 먹기를 원하나이다.'

흰 개가 대답했다. '내일 아침 나를 다시 찾아와라.'

기도하고자 하는 개들이 모여들었다. 작은 개들이 함께 모여 사제의 행렬처럼 행진하며, 각자 눈앞의 꼬리를 향해 짖어대기 시작했다.

'옴! 먹을 것을 주소서. 옴! 마실 것을 주소서. 옴! 비와 음식을 내려주시는 찬란한 태양이시여, 모든 생명에게 음식을 내려주소서!'"

이런 이야기에는 성직자에 대한 약간의 염려가 담겨 있다.

우파니샤드 현자들의 견해는 매우 독특해서, 보통의 브라만이 우호적으로 생각하는 것을 이렇게 풍자할 수 있었다. 그들은 이상적으로 봉헌한 브라만을 존중하기도 했지만, 브라만이 무엇을 가르치건 간에 카스트를 초월한 어떤 특성을 갖춘 봉헌일 때만 이상적이라고 여기기도 했다. 사티아카마 자발라라는 소년의 기이한 이야기를 들어보자. 손님에게 아내를 바쳐야 했던 머나먼 옛날의 이야기이다.

사티아카마 자발라가 그의 어머니 자발라에게 물었다. "저는 제자로서 브라만의 집에서 살고자 합니다. 저는 어떤 카스트인가요?" (이것은 꼭 알아야 할 필요가 있었다.)

어머니가 대답했다. "아들아, 나도 모르겠구나. 내가 너를 가졌던 젊은 시절에는 남편을 찾아온 손님을 너무나 많이 모셔서 다 물어볼 수가 없었단다. 그래서 네가 어떤 카스트인지 알 수가 없구나. 자발라는 내 이름이고, 사티아카마가 네 이름이다. 그러니 누가 물으면 너는 자발라의 아들 사티아카마라고 대답해라."

사티아카마는 고타마의 하리드루마타를 찾아가서 말했다. "저는 덕망있는 사람들의 이야기를 듣고 당신의 제자로서 함께 살고자 합니다."

스승이 물었다. "너는 어떤 카스트인가?"

사티아카마가 대답했다. "저도 모릅니다. 어머니께서 저를 임신하셨을 때 많은 남자를 모셨다고 말씀하셨습니다. 저는 그저 자발라의 아들 사티아카마라고 하셨습니다!"

그러자 스승이 말했다. "오직 브라만만이 그렇게 대답할 수 있다. 너는 진리에서 떨어져 나오지 않았구나. 나는 너를 브라만으로 키우겠다. 아이야, 가서 희생제에 쓸 나무를 모아 오너라."

우파니샤드 현자들의 눈에는 카스트, 베다의 가르침조차 신성불가침의 영역이 아니었다. 베다는 물론 신성하다. 그러나 인간 자아를 통해 우주 자체를 볼 수 있는 시각이 훨씬 더 신성하다. 우파니샤드 현자들은 같은 느낌을 공유했다. "절대존재를 찬양하는 것이 가장 높은 경지이다. 그다음이 인격을 가진 유일신을 숭배하는 것이다. 라마, 크리슈나, 붓다와 같은 신의 현신을 숭배하는 것이 그다음이다. 그들 아래로 조상, 여러 신, 성현을 숭배하는 자들이 있다. 그리고 가장 낮은 곳에는 하찮은 힘과 영혼을 숭배하는 자들이 있다." 그러고는 "현명한 자는 자기 안에서 신을 찾는다"라고 덧붙인다. 즉 자신이 절대존재의 일부임을 깨달으라는 것이다. 이것이 가장 높은 경지의 지혜이다. 그들은 이렇게 말한다.

"지혜에도 높고 낮음이 있다. 베다에서 얻을 수 있는 것은 낮고, 절대존재를 깨달음으로써 얻어지는 것이 높다."

그래서 우파니샤드는 삶과 죽음의 실체와 그 원인을 주제로 삼는다. 이들은 무한한 존재와 순수한 행복, 즉 끝없는 진리에 이르는 길을 찾으러 분투했다. 널리 알려진 우파니샤드 기도문 하나를 들어보자.

> 우리를 허상에서 진짜 세상으로 이끄소서.
> 어둠에서 빛으로 인도하소서.
> 죽음에서 영생으로 데려가소서.

그러나 훗날 베단타 철학에서는 이러한 높은 이상도 다소 전락하여, '천국'에서 영생을 누린다는 개념이 오직 인격신하고만 연관되어버린다. 우파니샤드의 철학은 더 높고 먼 곳을 바라보고 있었다.

자아의 이해와 절대아

지식은 자아를 철학적으로 이해함으로써 출발한다. 자아를 객관적인 대상으로 보고 판단하는 것이 아니라, 마음속 깊은 곳에 흐릿하게 뒤섞인 주관적인 자아를 지혜로운 직관과 사랑으로 이해해야 한다. 우파니샤드가 염원한 것은 신의 계시가 아니라 철학이다.

"내 안의 영혼. 그것은 옥수수, 보리, 겨자 씨앗, 그 어떤 물질보다 가볍다. 내 안의 영혼은 하늘과 땅과 천국을 모두 합친 것보다 더 크다. 그것은 모든 것을 의도하고 행한다. 그것은 세상을 뒤덮은 달콤한 즙과 향기이다. 고요하며 사람을 차별하지 않는 것, 그것이 바로 내 안의 영혼이다. 이것이 브라흐마이다."

이 개념이 믿음에 근거를 두고 있을 때는 정의를 내릴 필요가 있었다. 『찬도갸 우파니샤드』에 빛의 신들을 대표하는 인드라와 어둠의 신들을 대표하는 비로차나(또는 아수라)가 창조주 프라자파티를 찾아가 진리란 무엇인지, 인간의 육신에 깃든 진정한 자아, 절대아絶對我란 무엇인지 묻는 흥미로운 이야기가 실려 있다. 인격신 프라자파티는 이렇게 대답했다.

"절대아에는 죄도 나이도 죽음도 슬픔도 배고픔도 목마름도 없다. 오직 가치 있는 것만을 원하고, 상상해야 할 것만 상상한다. 우리가 찾는 자아란 바로 그런 것이다. 절대아를 발견하고 이해한 자는 완전한 행복을 얻는다."

인드라와 비로차나는 『마누법전』에 기록된 대로 32년간 프라자파티를 스승으로 섬기며 지혜를 전수받았다. 그 내용을 요약하면 다음과 같다.

프라자파티는 두 제자를 시험코자 자기 눈을 똑바로 쳐다보게 했다. 그리고 지금 보이는 심상이 절대아가 아니냐고 물었다.

두 제자는 사물을 눈으로 보는 인간적인 의미로 스승의 말을 이해하는 대신, 자기들에게 비친 심상을 의미하는 것으로 이해했다. 그러자 프라자파티는 제자들에게 명해 가장 좋은 옷과 장식으로 꾸미고 오게 한 다음 맑은 물에 자기 모습을 비춰보고 무엇을 보았는지 말하게 했다. 둘이 한목소리로 대답했다.

"절대아를 머리카락에서 손톱까지 똑똑히 보았습니다."

프라자파티는 "둘 다 진정한 자아를 보지 못하고 떠났다. 그들의 가르침을 따르면 빛의 신들이건 어둠의 신들이건 모두 사라져버리고 말 것이다"라고 말했다.

피상적인 만족을 안고 떠난 비로차나는 어둠의 신들에게 오직 개인의 자아만이 찬양과 봉사를 받을 자격이 있다고 설파하며 이를 얻은 자만이 현생과 내세에서 최고의 행복을 누릴 수 있다고 말했다. 그러나 인드라는 빛의 신들에게 설교하며 한 가지 어려움에 봉착하고 말았다. 그는 프라자파티를 다시 찾아갔다.

"스승님. 육신을 깨끗하고 아름답게 꾸몄을 때 개인의 자아도 깨끗하고 아름다워지는 것이라면, 소경과 절름발이의 자아 또한 앞을 보지 못하고 다리를 절며, 육신이 소멸하면 함께 소멸한다는 이야기입니다. 그게 무슨 소용이 있는지 모르겠습니다. 이것은 진정한 자아, 절대아가 아닙니다."

(여기서 '절대아'란 인도철학에서 말하는 브라흐마 또는 브라흐만을 말하는 것으로서, 우주의 근본적인 원인이자 유일한 존재를 의미한

다. 창조주 브라흐마와는 다른 개념이다. 그리고 '개인의 자아'란 한 인간의 개별적인 자아를 의미한다.)

프라자파티가 대답했다.

"그렇다. 다시 32년 동안 함께 살도록 하자."

32년이 지나자 프라자파티가 말했다.

"사람이 아주 깊은 잠에 빠지면 아무 꿈도 꾸지 않는다. 그것이 바로 두려움을 모르는 무한한 자아이다. 그것이 브라흐만이다."

인드라는 더욱 현명해졌다.

"스승님께서 말씀하신 사람은 자기가 '자기'라는 것도 모르고 다른 무언가가 존재한다는 사실도 모릅니다. 철저한 소멸뿐입니다. 이게 무슨 소용이 있는지 모르겠습니다."

"여기서 5년만 더 보내면 알게 될 것이다."

다시 5년이 지나자 프라자파티가 인드라에게 말했다.

"육신은 유한하며 언젠가 죽음을 맞는다. 그러나 육신은 형체 없는 불멸의 자아를 담는 점토이다. 육신 속에 있을 때는 '이 몸이 나'라고 생각하며 고통과 쾌락에 속박된다. 그러나 자신이 육체와 별개임을 깨달으면 고통과 쾌락이 더는 범접하지 못한다. 눈은 앞을 보는 도구에 지나지 않는다. '눈아, 이것을 보여다오'라고 말하는 존재가 자아이다. 마음은 영적인 눈일 뿐이다. '마음아, 이것을 생각해다오'라고 말하는 존재가 자아이다. 자아를 알고 이를 이해한 자는 세상 모든 것을 얻는다."

프라자파티는 그렇게 말했다. 그렇다. 프라자파티는 그렇게 말했다.

얼마나 오래된 기록인지 생각해보면 놀라울 따름이다. 막스 뮐러가 지적했듯이 현대 철학자 중에서도 극히 일부만이 '에고'란 무엇인지, 그 실체는 무엇이며 배후엔 무엇이 있는지 생각하기 시작했다. 그 질문과 대답이 이미 여기에 있다. 육체는 정신의 옷일 뿐이다. 나이가 든다는 것은 단지 옷을 갈아입는 것에 지나지 않는다. 생후 8주 된 몸이 80세 노인의 몸으로 변해도 근본은 여전히 같다. '민족'과 같은 외부적 요소는 벗어던져야 할 옷이다. 불멸의 자아는 그러한 것들 배후에 머물며 필연적인 목표를 향해 나아간다.

이것은 삶에 관한 이야기이다. 이제 우파니샤드가 죽음을 어떻게 바라보는지 살펴보자.

나치케타스 이야기

어린 나치케타스의 아버지는 순간의 화를 누르지 못하고 아들을 죽음의 신 야마에게 보내버렸다. 야마는 마침 집을 비우고 멀리 떠나 있었다. 나치케타스는 사흘 동안 음식은커녕 물 한 모금 마시지 못하고 야마를 기다렸다. 집으로 돌아온 야마는 어린 브라만 소년에게 주인으로서의 도리를 다하지 못했음을 알고 몹시 괴로워했다. 신들은 그런 실수를 부끄럽게 여기는 법이다. 야마가 정중하게 말했다.

"오, 브라만이여, 섬김 받아 마땅한 손님이 사흘 동안이나 음식조차 대접받지 못하고 기다렸구나. 너에게 사죄하지 않으면 내 마음이 편치 않다. 주인의 보살핌 없이 지낸 지난 사흘 밤에 대한 보상으로 축복을 내려줄 테니 소원을 세 가지 말해보아라."

나치케타스는 무엇을 선택했을까?

"오, 죽음이시여, 저의 첫 번째 소원은 아버지께서 진노를 가라앉히시고 제가 그의 아들임을 기억하시는 것입니다."

"기꺼이 네 아비가 너를 예전처럼 사랑스러운 아들로 기억하도록 해주겠다. 그의 잠자리가 편안할 것이며, 네가 죽음의 문턱에서 놓여나 돌아갔을 때 화내지 않고 너를 만날 것이다."

나치케타스가 다시 말했다.

"천국에는 그 어떤 두려움도 없습니다. 모든 슬픔을 넘어 오직 기쁨만이 가득합니다. 오, 죽음이시여, 우리를 영원한 천국으로 인도하는 생명의 불 의식에 대해 알고 싶습니다. 두 번째 축복으로서, 불의 의식의 비밀을 알려주십시오."

"나치케타스야, 생명의 불에 대해 알려주마. 그것은 우리의 심장 속에 자리 잡고 있다."

야마가 비밀을 알려주자 나치케타스가 그것을 거듭 말하며 기억했다. 죽음의 신이 만족스러워하며 너그러운 목소리로 말했다.

"축복을 하나 더 내려주마. 너의 이름에 생명의 불이 함께할 것이다. 이 아름다운 목걸이도 가지고 가라. 나치케타스야, 이제 마지막 소원을 말해보아라."

소년이 말했다.

"오랜 의문이 있습니다. 어떤 이는 사람이 죽어도 영혼은 남는다고 말하고, 다른 이는 그렇지 않다고 말하지요. 저는 당신께 그 대답을 듣고 싶습니다. 이것이 저의 세 번째 소원입니다."

나치케타스가 그렇게 말하자 야마는 다시 괴로워했다.

"신들조차 그걸 묻곤 한다. 그런데 그 문제는 너무 미묘해서 이해하기가 대단히 어렵다. 나치케타스야, 부디 다른 소원을 빌도록 해라. 내게 대답을 강요하지 말아다오. 그 소원만은 거두어주려무나."

나치케타스가 대답했다.

"이보다 더한 축복은 없습니다. 당신보다 더 훌륭한 대답을 해줄 수 있는 이는 아무도 없습니다."

죽음의 신이 간곡히 설득했다.

"네 자손이 100세까지 살게 해달라고 빌어라. 수많은 양, 코끼리, 황금, 말을 달라고 해라. 드넓은 토지를 달라고 하고, 네가 몇 살까지 살고 싶은지 말해라. 왕이 되게 해달라고 해라. 세상 모든 쾌락을 다 누리도록 해주마. 그게 아니면 천국에서 가장 아름다운 처녀를 악단과 함께 마차에 태워 보내주마. 그들이 네게 봉사할 것이다. 너에게 그 모두를 주겠다. 제발 사후 세계에 대해서만은 묻지 말아다오."

나치케타스는 이 엄청난 유혹에 굴복했을까? 그가 대답했다.

"모두 예전에나 바라던 것들입니다. 오, 신이시여! 인생은 짧고 감각적인 기쁨은 언젠가 사라지고 맙니다. 부와 환락은 당신이 가지십시오. 부귀영화를 누린다고 행복해지겠습니까? 아무리 돈이 많아도 언젠가는 죽는데 어떻게 기쁜 마음으로 살 수 있겠습니까? 다른 소원은 없습니다. 인간은 모두 늙어 죽는데, 신은 변함없이 영원함을 보면서 세속적인 아름다움과 사랑에 기뻐하며 오래 살기를 바라겠습니까? 저는 영혼에 대해 아는 것 말고는 원하는 게 아무것도 없습니다. 제게 비밀을 알려주십시오."

소년을 바라보며 잠시 생각에 잠겨 있던 야마가 마침내 비밀을 털어놓았다.

"선善과 쾌락은 별개이지만, 둘 다 인간을 구속한다. 현자는 선을 선택하지만, 어리석은 자는 쾌락에 빠져 인간의 목적을 잊는다. 나치케타스여, 그대는 욕망의 본질을 알고 그것을 거부했다. 영락으로 이끄는 부귀영화의 길에서 내려섰다. 그대는 오직 지혜만을 원한다. 영혼보다 더 미묘한 것은 상상할 수도 없다. 아무리 열심히 생각해도 결코 그것에 도달할 수 없으며, 오직 스승이 가르쳐줘야만 알 수 있다. 그러나 친애하는 친구여, 그대는 변함없이 진리를 추구하는구나. 나치케타스 같은 자가 또 있을 것인가!

나치케타스 그대는 쉽게 만나기 어려운 진정한 구도자이다. 신비속에 사는 자. 마음속 동굴, 들어갈 수 없는 덤불 속에 은거하는 자. 이 이야기를 듣고 옳고 그름을 벗어던지면, 그리하여 그 미묘함에 도달하면 진정한 기쁨을 느끼리라. 그대 나치케타스는 영혼을 향한 문이 활짝 열린 곳에 살고 있도다."

나치케타스가 말했다.

"그럼 이제 선과 악, 원인과 결과, 과거와 현재와 미래를 넘어선 그것을 제게 알려주십시오."

야마가 대답했다.

"영혼은 태어나지도 죽지도 않는다. 누군가에게서 태어난 것도 아니고 누군가를 낳지도 않는다. 영혼은 아직 태어나지도 않았고, 끊임이 없으며, 시간을 초월하여 태곳적부터 존재했다. 영혼은 육체가 죽어도 소멸하지 않는다. 죽는 자가 죽임을 당한다고 여기거나, 죽이는 자가 죽인다고 여기는 것은 둘 다 착각이다. 영혼은 소멸하지도, 소멸시키지도 않는다.

인간의 자아는 가장 작은 것보다 작고 가장 큰 것보다 크다. 영면에 든 자는 자아를 만나고 슬픔에서 놓여나 그 고요함 속에서 찬란한 절대아를 만난다. 신성한 자아를 만나는 것보다 더 큰 기쁨은 없다. 절대아는 육체 속에 있으나 육체가 없으며, 덧없는 육체에 깃들어 있으나 영속하며, 모든 곳에 스며든다. 영혼은 육체라는 마차의 승객이고 지성은 마부이며 마음은 고삐이다. 감각은 말이고 감각의 대상이 길이다. 지혜와 자제심이 없는 인간은 사나운 말이 끄는 마차와도 같다.

어리석고 부도덕한 인간은 집으로 돌아가지 못하고 생과 사의 길을 달린다. 지혜롭게 집으로 돌아온 인간은 다시 태어나지 않는다.

감각보다 감각의 대상이 우위에 있다. 감각의 대상보다 마음이, 마음보다 지성이, 지성보다 절대아가 우위에 있다. 절대아보다 '분명하게 나타나지 않는 것'이 우위에 있으며 그보다도 우위에 있는 것이 바로 영혼이다. 영혼보다 우위에 있는 것은 아무것도 없다! 그것이 끝이다.

일어나라! 깨어나라! 축복을 받아라. 깨달아라! 험하고 가파른 길이지만, 깨달은 자는 죽음에서 벗어난다."

죽음의 신이 나치케타스에게 해준 이 영원한 진리를 말하고 듣는 현자는 브라흐마(즉 프라자바티)의 세계에서 영광을 누리리라.

놀라운 통찰력과 지혜가 담긴 이 위대한 이야기는 여기서 끝이 난다. 경이로울 정도로 신비로운 이 이야기는 어느 정도 설명이 필요하다. 죽음의 신 야마를 만난 나치케타스는 위대한 사상과 철학의 기초가 된다. 죽음이 나치케타스에게 전해준 가르침은 '해와 달은 지고 불은 꺼지며, 자아만이 진정한 빛'이라는 것이다. 왜 그럴까?

영원한 지혜

우파니샤드의 또 다른 짧은 우화가 말해주는 것처럼, 영혼 그 자체가 보편자普遍者이기 때문이다. 영혼은 신이 낳은 아이가 아니라 신 자신이다. 육신에 갇혀 있지만 변하지 않는 불멸의 신이다. 우파니샤드의 짧은 우화로 이 장을 마무리하기로 하자.

아버지가 아들에게 말했다.
"이구율수尼拘律樹 나무 열매를 가지고 오너라."
"예, 여기 있습니다."
"쪼개라."
"쪼갰습니다."
"무엇이 보이느냐?"
"아주 작은 씨앗이 보입니다."
"하나 쪼개보아라."
"쪼갰습니다."
"무엇이 보이느냐?"
"아무것도 보이지 않습니다."
그러자 아버지가 말했다.
"아들아, 네가 알아차리지 못한 미묘한 것이 이 커다란 이구율수 나무의 진정한 본질이다. 내 말을 믿어라. 자아란 모든 존재하는 것이 가진 미묘한 본질이다. 내 아들 쉬베타케투야, 그것이 절대아이며 바로 너 자신이다."

이 영원한 지혜에 비하면 그리스 로마 시대 이후의 유럽은 핏기 없는 유령과도 같은 세계이다. 위대한 인도사상가의 말대로, "태어나고 죽는 것은 그저 환상일 뿐이다. 영혼은 오지도 가지도 않는다. 영혼으로 가득 찬 이 우주에 갈 곳이 어디 있단 말인가? 모든 시간이 영혼 속에 있는데 영혼이 도대체 언제 오고 언제 간다는 말인가?" 나치케타스 신화는 베단타 최고의 가르침일 뿐 아니라 부활에 관한 가장 오래되고 아름다운 이야기이다. 죽어서 죽음의 신 야마의 집에 머물다가, 새로운 탄생에 관한 지혜를 전해주기 위해 부활했다.

또 동양철학에는 대중을 위한 공개적인 의미와 교육받은 소수를 위한 숨겨진 의미가 공존한다는 사실도 잊어서는 안 된다. 베단타는 물론이고 붓다의 가르침에도 그런 부분이 분명히 있다.

인도, 스리랑카, 미얀마, 일본에 가보면 이러한 의미들이 얼마나 철저히 비전秘傳되는지, 그리고 매우 호의적인 상황일 때가 아니면 외부인이 그것을 접하기가 얼마나 어려운지 알고 충격을 받게 된다. 그러나 그 의미들은 아직 그곳에 있으며, 껍질 아래로 뚫고 들어갈 수만 있다면 언제든 배울 수 있다.

위대한 요가 수행자이자 철학자 샹카라

5

신에 대한 이해

"우리는 신의 조각난 빛에 불과하다."[1] 이것이 위대한 사상가들이 이루어낸 우파니샤드 철학의 핵심이라고 해도 과언이 아니다. 그런데 인간의 경험을 마치 조각난 빛처럼 비추는 '영원히 변치 않는 빛'이란 과연 무엇일까? 인간이란 무엇인지 정의하기 전에 먼저 던져야 할 질문이다. 그 질문에 먼저 답해야 하는 이유는 앞선 장에서 인용했던 일화에서 찾을 수 있다. 자신의 철학이 인간 삶에 관한 질문으로 이루어져 있다고 말하는 위대한 그리스철학자 소크라테스에게 인도철학자가 했던 대답이 그것이다.

"신을 이해하지 못하면 인간에 대해서도 이해할 수 없다."

그 이해가 우파니샤드의 목적이다.

베다에 실린 죽음에 관한 이야기에서, 죽어서 최고신 브라흐마의 왕좌 앞에 선 사람이 "그대는 절대아이며, 바로 나 자신"이라고 당당하고 엄숙하게 말하는 장면을 볼 수 있다. 존재는 단 하나뿐이다.

브라흐마는 중성이다. 모든 성적인 관념을 초월하는 개념이기 때문이다. 그러나 오늘날의 유럽과 마찬가지로 인도에도 넓은 의미의 인

---

[1] 영국의 시인 테니슨의 시 「신의 강한 아들」Strong Son of God의 한 구절 "그것들은 단지 당신의 부서진 조각에 지나지 않습니다"에서 따온 표현.

성을 가진 유일신 혹은 신들을 떠올리는 다소 수준 낮은 사고가 예나 지금이나 널리 퍼져 있다. 인격신은 사랑, 동정, 분노, 질투, 복수 등 수많은 인간적인 감정을 느끼며, 어떤 형태를 띤 존재로 이해된다. 가장 난해한 신학 이론도 그러한 신을 포괄한다. 인성이 인성에 찬양받을 만한 의미를 부여하는 것이다. 예컨대 그리스의 정통파 교부 철학자 아타나시우스의 복잡한 미로와도 같은 삼위일체 교리에서도 성부聖父는 절대권력을 가진 군주로, 성자聖子는 막강한 권력을 부드럽게 조화시키는 사랑으로, 성령聖靈은 무한한 영감과 위로와 같은 존재로 그려진다.

인도에서 이러한 개념은 수준 높은 베단타 철학을 이해하지 못하는 대중을 위한 것이었다. 시바, 브라흐마, 비슈누가 대표적인 인격신으로서, 셋은 하나이며 하나가 곧 셋이다. 브라흐마는 창조, 비슈누는 유지, 시바는 파괴를 담당한다. 창조, 유지, 파괴는 세상이 만들어지고 지탱되며 종국에는 파멸하여 다른 형태로 변해가는 필연적인 과정을 상징한다. 지적이고 겸손한 사람이라면 기독교의 삼위일체 하느님과 성부·성자·성령의 역할이 여기 모두 담겨 있음을 인정할 것이다. 더 높은 사고에 도달한 사람들도 이런 개념을 비난하지 않는다.

힌두교 경전에 "누가 어떤 길을 통했건, 내게 도달한 자는 필사적으로 걸어온 자이다"라는 구절이 있다. 우파니샤드는 이러한 진리를 확실히 이해하고 있었다. 우파니샤드는 진정한 깨달음의 순간이 오면 모든 의혹, 사소한 사랑과 혼란이 사라지고, 자기 자신이 바로 신이며 그 외엔 아무것도 존재하지 않는다는 진리를 되찾게 된다고 주장한다.

또한 우파니샤드는 절대자는 어떤 말로도 정의할 수 없다고 가르친다. 절대자는 원인 없이 존재한다. 어떤 속성, 행동, 지성이건 간에 일단 무한한 존재와 연관지으려고 하면, 진리를 깨달은 사람들은 고개를 저으며 "이렇지도 않고 저렇지도 않다"라고 말한다. 신에 대해 애매한 고정관념을 가진 사람이 도달할 수 있는 이해는 기껏해야 서양에 알려진 불교의 일심一心² 개념 정도다. 진리에 도달했던 사람도 세속으로 돌아오면 표현할 말을 찾을 수가 없다. 세속의 언어는 진리 인식을 감당할 수 없기 때문이다. 사도 바울의 이야기도 같은 의미이다.

"그에게 육체가 있는지 없는지 나는 말할 수 없다. 오직 신만이 아신다. 그를 따라 천국에 가서 들은 이야기는 인간의 말로 옮길 방도가 없다."

우주의 원리, 브라흐만의 본성을 설명하라는 바시칼리 왕의 명령을 받고도 침묵할 수밖에 없었던 현자의 이야기도 같은 맥락이다. 왕이 거듭 묻자 현자는 "저는 침묵으로 대답했으나 당신은 이해하지 못했습니다. 브라흐만은 평온이며 침묵입니다"라고 대답했다.

이 위대한 사상은 어떻게 시작되었을까? 인간의 의식이 성장함에 따라 어떤 사상이 어떻게 형태를 갖추기 시작했느냐는 질문이 과연 학자가 아닌 일반인에게 큰 의미가 있을까? 절대적 실체 브라만의 존재를 알아차리려면 먼저 그것에 대해 알아야 한다. 그러한 지식에 어떤 마음가짐으로 다가가야 하는가? 어떻게 지금까지 유한한 피조물로 인식하던 것을 무한하다고, 잠시 착각에 빠져 서로 다른 존재라는 잘못된 믿음을 갖게 되었을 뿐인 무한한 대양의 파도라고 확신할 수 있는가?

우파니샤드는 이에 대해 아주 명확한 답을 제시한다.

지성만으로는 실체라는 개념을 완전히 이해하지 못한다. 사상 표면의 거품과도 같은 단편적인 생각, 신조, 교리 등에 기대어 생각하기 때문이다. 지성은 인간의 두뇌 작용이며 이 또한 유한한 피조물일 뿐이다. 말하자면 기계적인 작용이라고도 할 수 있다. 지성은 언어와 마찬

---

2 불교가 만유의 실체라고 말하는 참마음眞如. 중국 화엄종은 '절대진리'라는 뜻으로 이해하지만, 인도 대승불교는 '오직 마음뿐'이라는 의미로 이해한다. 『대승기신론』大乘起信論은 둘은 사실 다르지 않으며 어느 쪽을 더 강조하는지의 문제일 뿐이라고 주장한다.

가지로 실재 앞에서는 무용지물이다. 지성과 언어는 모두 실재에 의존하지만, 범주가 달라 함께 협력하지도 못한다. 그 본질이 서로 다른 까닭이다. 우리가 "자아란 바로 당신"이라고 말할 수 있는 것은 지성이나 언어 덕분도 아니고 그것들을 통해서도 아니다. 우리를 둘러싼 유한한 세계에 대해서는 언어와 지성이 어떤 역할을 할 수 있지만, 그 배후에 있는 진리에 대해서는 아무것도 하지 못한다.

이 이야기가 현대 과학의 관점에서도 아주 잘 들어맞는다는 것은 매우 흥미롭다. "베일을 한 꺼풀 벗기면 그 바깥에 또 다른 베일이 나타난다. 그러나 안쪽에도 또 다른 베일이 반드시 존재한다"는 주장을 현대 과학자들이 인정하지 않을 리가 있을까?

과학은 단 한 순간도 궁극적인 원인에 도달한 적이 없으며, 현대 물리학이 걷는 길을 따라서는 앞으로도 무언가를 이루어내지 못할 것이다. 유일한 희망은 우파니샤드가 제시한 대로 인간의 의식을 발전시키는 데 있다. 우파니샤드가 주장하듯이, 인간 안에 실재가 있으므로 그것을 상상할 수 있는 능력은 오직 인간에게만 있다. 그 신성한 능력은 이성을 초월한다. 그것은 '참', '거짓', '무지', '지식'과 같은 단어를 사용하지 않는다. 그런 단어들은 모두 이성을 위해 존재하는 것으로서, 오직 이성이 감당할 수 있는 곳에서만 제 역할을 해낸다. 그게 전부이다. 실재를 인식한 사람이 할 수 있는 것은 오직 "내가 바로 그것"이라는 말뿐이다.

이 점에서 우파니샤드는 기독교의 가르침보다 앞선다. 우파니샤드는 이성의 틀을 벗어나지 않으면 직관은 불가능하다고 말한다.

"브라만 계급으로 하여금 배움을 포기하고 어린아이가 되게 하라."

"절대아는 학습을 통해 얻어지는 것이 아니다. 천재적인 재능과 방대한 지식도 아무 소용이 없다."

"아는 자는 알지 못할 것이고, 알지 못하는 자는 알게 될 것이다."

우리가 훗날 붓다와 예수의 삶과 가르침에서 보게 되는 신성한 철학도 삶과 세계에 대한 이러한 관념에 기초를 두고 있다. 붓다도 예수도 배움을 통해 자신의 인식에 도달하지는 않았다. 사도 바울은 배움의 길을 걸은 사람이지만, 그의 인식 경험은 그 경로로 얻은 것이 아니다. 그의 깨달음은 다마스쿠스로 가는 길에 강렬한 빛을 보고 눈이 먼 덕에, 의식이 오랜 세월 갈고닦아온 내면의 단순화 과정을 향함으로써 가능했던 것이다.

"그것은 종교일 뿐이다. 철학은 다르지 않은가?"라는 반론도 물론 가능하다. 인도철학자라면 이렇게 반문할 것이다. "신을 이해하지 못하는 자가 인간의 삶에 대해 도대체 무엇을 알 수 있겠는가?"

이런 지식도 인간 지성과 대립하지는 않는다. 오히려 새로운 시각을 더해주어 지금까지 알려지지 않은 방향으로 지성을 더욱 확장해왔다. 덕분에 우리는 서로 충돌하는 철학적 견해를 조화시킬 수 있고, 빛과 어둠, 앎과 무지, 선과 악이 만나는 지점을 알게 되며, 그것들을 모두 포괄하며 초월하는 무언가를 발견하게 된다. 몽매한 의식은 그 속에서도 아무것도 인식하지 못한다.

진정한 통찰력을 갖춘 사람이라면 알라, 시바, 야훼 등 인격신을 향한 숭배를 관대하게 바라볼 것이다. 그러한 믿음도 모두 어느 정도는 진실하다는 것을 알기 때문이다. 비록 완전한 진리는 아니지만, 인격신에 대한 신앙은 진정한 통찰에 이르려 여행하며 지친 영혼이 다시 더 높은 곳으로 나아갈 수 있도록 밤에 잠시 머무는 여관과도 같은 지점, 성찰의 또 다른 단계라고 할 수 있다. 물론 지적 능력만으로도 약속의 장소에 도달할 수는 있을 것이다. 그러나 그것은 정답과는 거리가 멀다. 독단적인 지성으로 쌓은 철옹성 같은 윤리학을 따르느니, 순박한 신앙에 따라 애정 어린 어리석음을 행하는 편이 낫다.

신이라는 관념의 의미

"삶을! 삶을 더욱더!" 우파니샤드는 삶 전체에 새로운 의미를 부여해 보편적인 수준으로 끌어올리고, 같은 생명력을 가진 인류의 생각과 행동을 우주에서 가장 장대한 행성의 궤도로 끌어올리려는 열망을 품고 있었다. 행성이 혼돈에서 조화와 질서로 나아가듯이, 인류의 삶이 정신적으로 성숙함에 따라 영혼도 조화롭게 통합되기를 희망했다.

훗날 일부 불교 종파의 가르침과 같이 인도의 이 위대한 현자들도 세상이 한 줌 모래처럼 스러질 환상일 뿐이라고 믿었을까? 그렇지 않다.

현자들은 만물을 일체로 인식했다. 그 어떤 것도 홀로 따로 존재하지 않는다. 보는 자와 보이는 것은 하나이다. 주체가 곧 객체이다. 인도는 붓다 이전부터, 플라톤보다 훨씬 더 전에 철학은 물론이고 과학의 기초이기도 한 이 확고한 진리를 깨닫고 있었다.

독일철학자 도이센Paul Deussen의 이야기는 새겨들을 가치가 있다.

"베단타의 상당히 비유적이고 과장된 이 이야기들에 담긴 복잡한 사상을 모두 잊어버리고, 신과 영혼 그리고 '절대아'와 '개인적인 자아'가 모두 하나라는 철학적인 단순성에만 주의를 집중하면 우파니샤드가 쓰인 시대와 지역을 멀리 초월하는 의미를 발견하게 될 것이다. 아니,

인류 전체에게 이루 말할 수 없는 가치가 있다고 단언한다.

아무도 미래를 알 수 없다. 인류의 호기심이 어떤 비밀을 밝혀내고 무엇을 발견하게 될 것인지 그 누구도 모른다. 그러나 단 한 가지는 확신할 수 있다. 앞으로의 철학이 얼마나 새롭고 놀라운 길을 가게 되든지 간에, 이 원리만은 흔들림 없이 남아 있을 것이다. 이 원리에서 벗어난 그 어떤 것도 이것을 대신하지 못할 것이다.

만물의 본질을 드러내는 위대한 수수께끼에 보편적인 해답이 존재한다면, 그 해답에 도달해 우리의 지식을 더욱 넓힐 수 있는 열쇠는 오직 우주의 비밀이 우리를 향해 활짝 열려 있는 곳, 다시 말해 우리 마음 가장 깊은 곳에서만 발견할 수 있을 것이다. 그곳이 바로 영예로운 우파니샤드 철학자들이 맨 처음 인간의 가장 깊은 내면과 자아, 우주의 모든 외형과 내면이 하나임을 발견한 곳이다."

신이라는 관념은 모두 이러한 내면의 존재를 감지하도록 이끄는 본능에서 도출된 것이다. 신은 우리를 둘러싼 모든 현상 속에 존재한다. 그러므로 현상세계란 (유럽에서 '환영'을 뜻하는 말로 잘못 사용되고 있는 단어) '마야'maya가 아니라는 것이야말로 우파니샤드의 가장 심오한 가르침이라고 할 수 있다. 완전한 지식으로도 현상세계를 완전히 나타낼 수 없다. 따라서 정확히 보고 말할 수도 없으며, 그것은 또 다른 문제이기도 하다. 『신약성서』의 사도 바울도 새롭게 눈을 뜬 다음 "우리는 지금은 희미하게 본다"라고 말한다.

이것은 베단타에서 가장 흥미로운 부분으로서, 현대 과학이 제안하는 개념이나 직관적인 추측과도 아주 잘 맞아떨어진다. 게오르크 리만Georg Friedrich Bernhard Riemann, 찰스 하워드 힌턴Charles Howard Hinton, 니콜라이 로바체프스키Nikolai Lobachevsky의 족적을 따르는 알베르트 아인슈타인과 같은 수학자들이 희미하게 새로운 공간적 의식을 인식한다.

여기서 이런 내용을 깊이 다루려는 것은 아니다. 그러나 이러한 점들이 베단타 사상을 떠나 흘러온 우리 역사의 암흑을 뚫고 어렴풋이 드러남에 따라, 그것을 알아차린 독자도 분명히 있을 것이다. 내면의 존재를 관통하는 사상은 그 존재를 우주의 동력으로 보고, 인간 또한 그 일부로 바라본다. 부분은 전체에 속하지만 종속된 것은 아니다. 근원 그 자체와 같이 변하지 않고 소멸하지 않고 영원히 역동적이다. 이러한 개념과 그로부터 인도철학자들이 도달한 결론을 서구 세계는 아직도 완전히 이해하지 못하고 있다.

인도철학자들은 모든 차원, 모든 존재에 작용하는 순수한 본질이자 행복, 아름다움, 지혜, 즉각적이고 자발적이면서도 하나의 과정인 절대적인 존재를 인정한다. 그렇게 함으로써 발견의 문턱에서 그저 "이렇지도 않고 저렇지도 않다"라고 반복해서 말할 수밖에 없게 되는 것이다. 표현할 수 없는 것을 표현하려는 노력이 얼마나 헛된 일인지 알기 때문이다.

정말로 위대한 사람들이었다. 이 우주에서 인간이 진정 어떤 위치에 있는지 인식함으로써 진리를 깨달은 그들은 그 지혜 덕분에 인도에서 반쯤 신격화되었다.

현자 샹카라

─────── 이쯤에서 우파니샤드를 해석하고 가르친 현자 샹카라의 일생에 대해 이야기하기로 하자. 나는 그에 관한 이야기를 읽으며 어떤 사건들에 대해 그냥 웃어버리는 것은 어리석은 짓이라는 느낌

을 받았다. 이해할 수 없는 무언가를 비웃기는 쉬우며, 우리는 그들이 밟았던 길을 따라가본 적이 없기 때문이다. 우리는 그런 일들이 불가능하다고 믿지만, 그것을 가능하게 하는 조건을 충족시킨 적도 없다. 서양의 신비주의자들도 비슷한 이야기를 하며, 우리가 인정하는 성전도 몇몇 중요한 점을 방증하기도 한다. 어쨌거나 인도는 우리가 한 번도 시도해보지 않은 생각과 훈련으로 영혼에 관한 학문을 연구해왔다.

샹카라의 정확한 출생연도는 알 수 없지만, 학자들은 대체로 그가 788년에 태어났다고 이야기한다.

샹카라는 인도 남서부 말라바르의 브라만으로서, 어린 나이에 베다를 배우러 떠나 보편적인 자아에 관해 깨닫기 시작했다. 힌두교 신자들은 샹카라가 아주 어렸을 때부터 기적에 가까운 학문적 재능을 가지고 성자의 눈으로 세상을 보았다고 믿는다. 샹카라는 두 살 때 글을 읽고, 세 살 때 푸라나를 배우며 직관적으로 많은 부분을 깨우쳤다고 한다. 샹카라의 어머니는 신의 은총으로 아들을 갖게 되기까지 엄격한 금욕생활을 했다. 샹카라도 어머니에게 대단히 헌신적이었다. 샹카라는 민중을 진리로 이끌 운명을 타고난 예언자이자 요가 수행자였으며 최고의 석학이기도 했다.

샹카라는 일곱 살 때 스승을 떠나 집으로 돌아왔다. 그리고 얼마 지나지 않아 어머니가 심각한 병에 걸렸다. 어머니가 고열로 정신을 잃자, 샹카라는 배워서 습득했다기보다 직관적으로 알고 있던 요가의 힘으로 강물을 끌어올려 열을 식혀주었다고 한다.

어린 성자이자 요가 수행자의 명성은 인도 전역으로 퍼져나갔다. 그 명성은 오늘날에도 여전하다.

케랄라 왕은 막대한 재물을 주어 샹카라를 왕궁으로 초대하려 했다. 그리고 신하를 보내는 것으로 만족하지 못하고 직접 찾아가 무릎 꿇고 경배하며 아들을 낳게 해달라고 간청했다. 샹카라가 요가의 힘으로 소원을 들어줄 것이라 기대한 것이다. 샹카라는 왕에게 몇 가지 수련법을 알려주었다. 『브리하다란야카 우파니샤드』의 한 장이 그 내용을 상세히 다루고 있으며, 산스크리트어뿐 아니라 라틴어로도 번역되어 있다. 여기에는 음식을 먹을 때 행하는 의식 절차와 기도문을 암송하는 방법 그리고 아이가 태어나기 전과 후에 어떤 의식을 행해야 하는지가 담겨 있다. 모두 공개적으로 가르치지 않는 비전으로 스승이 제자에게 구전하는 내용이다.

그 무렵 한 위대한 성자가 샹카라는 32세 젊은 나이에 세상을 떠날 것이라고 예언했다. 아마 이것이 샹카라가 가정생활을 포기하고 떠돌이 산야신(수행자)이 되어 금욕적이고 성스러운 사색의 삶을 살기로 한 이유일 것이다. 그것은 요가 수행자가 지켜야 할 규율의 일부이기도 하다. 아들이 속세를 떠나 침묵의 삶을 시작하기 전에 결혼해서 손자를 낳기를 원했던 어머니는 크게 슬퍼했다. 어머니가 욕심을 버리고 아들이 산야신이 되도록 허락하게 하려면 기적이 일어나야 했다. 그리고 기적이 일어났다.

어느 날 강에서 목욕하던 샹카라가 악어에게 발을 물렸다. 샹카라와 행인들은 어머니에게 아들이 산야신이 되도록 허락하지 않으면 악어가 그를 놓아주지 않을 것이라고 말했다. 어머니는 몹시 슬퍼하면서도 아들이 산야신이 되도록 허락할 수밖에 없었다. 샹카라는 자신이 지금은 비록 인도의 수백만 수행자 속으로 사라지지만, 그가 필요할 때면 언제든지 돌아오겠다고 약속하며 어머니를 위로했다.[3]

그렇게 그의 짧은 인생에서 가장 흥미진진한 시기가 시작되었다.

---

3   이때 샹카라는 여덟 살이었다고 한다.

동냥 그릇을 들고 언덕과 강을 지나 이 마을에서 저 마을로, 이 숲에서 저 숲으로 떠돌던 그는 마침내 성자 고빈다가 은거하는 나르바다 강둑 위의 한 동굴에 이르렀다. 샹카라는 그의 제자가 되어 브라흐만이라 불리는 우주의 원리를 배웠다. 고빈다의 가르침은 단 네 문장이었다.

"앎이란 브라흐만이다. 영혼이란 브라흐만이다. 네가 그것이다. 나는 브라흐만이다."

여기서 그는 또 한 번 위대한 요가의 힘을 보여주었다. 어느 날 고빈다가 참선 중에 무아지경에 빠지자 샹카라는 갑자기 불어닥친 사나운 폭풍을 조용히 잠재웠다. 얼마 후 정신을 차린 고빈다는 매우 기뻐하며 샹카라를 성스러운 도시 베나레스로 보내 신의 축복을 받게 했다.

어린 샹카라는 황색 수도복을 입고 힌두교 성지순례의 종착지를 향해 길을 떠났다. 그의 얼굴은 평화와 권능으로 빛나고 있었다. 그는 그곳에서 신비로운 일들을 경험했다. 사랑하는 친구이자 제자인 파드마파다도 그곳에서 만났다. 샹카라는 그에게 자신의 심오한 사상을 전수했다.

두 사람의 우정에 관해 서양인에게는 낯설게만 들리는 신비로운 이야기가 전해진다. 샹카라가 갠지스 강둑에서 반대쪽 기슭에 있는 파드마파다를 불렀다. 파드마파다는 망설임 없이 반짝이는 수면 위로 걸음을 내디뎠다. 그러자 파드마파다가 발을 딛는 곳마다 물속에서 연꽃이 솟아올라 물에 빠지지 않게 해주었다. 이 아름다운 일화로 인해 파드마파다는 '연꽃 발'이라 불리게 되었다.

샹카라는 베나레스에서 『브라흐마 수트라』 해설서를 집필했다. 서양에도 소개되어 널리 사랑받는 『바가바드기타』와 우파니샤드 주석도 그곳에서 완성했다.

이 주석들이 막스 뮐러와 라다크리슈난과 같은 학자들의 역작보다 먼저 쓰였음에도 서양의 철학자들은 아직도 샹카라의 사상을 확실히 이해하지 못하고 있다. 요가의 힘으로 의식이 높은 경지에 이르지 않으면 그의 방대한 학문을 이해할 수 없다. 요가와 철학의 이러한 결합 때문에 샹카라는 인도의 다른 철학자와 요가 수행자와도 분명히 구별된다. 샹카라는 자기 자신 속에서 모든 지식과 통찰을 결합시켰다.

사람들은 샹카라가 고대의 전설적인 성자 비야사의 환생이라고 믿었다. 그는 자기가 『브라흐마 수트라』에 단 주석에서 모순을 찾아 제거하려고 다른 지식인들과 토론을 벌이곤 했다. 누구도 샹카라를 굴복시키지 못했다. 교회에서 사람들의 질문에 답하고 모든 것을 정당화했던 예수처럼, 토론에서 승리한 샹카라는 그 대가로 운명이 허락했던 수명에서 16년을 더 얻어 예언대로 32세까지 살게 되었다.

샹카라의 논쟁

샹카라는 베나레스를 떠나 철학자 만다나 미슈라를 찾아가서 열띤 논쟁을 벌였다. 만다나 미슈라의 아내가 심판이었는데, 이는 당시 여성이 얼마나 높은 지위를 누렸는지 보여주는 일화이기도 하다. 그녀는 사람들이 지혜의 여신 사라스와티의 현신이라고 믿을 정도로 현명했다. 그녀는 횃불을 들고 첫 번째 토론이 끝날 때까지 기다렸다가, 이번에는 자신이 직접 샹카라와 논쟁을 벌였다.

아름다운 여인과 젊은 학자가 심각한 토론을 벌이는 장면을 상상해보라. 냉정하고 침착한 젊은이, 당황하고 흥분하여 상대의 빛나는 갑옷에서 빈틈을 찾아내려 안간힘을 쓰는 여인. 여성 특유의 재치로 마침내 빈틈을 찾아내자 여인의 검이 번뜩였다. 젊은 고행자가 세속적인 사랑의 본성에 대해 무엇을 알겠는가? 베다가 가르치는 정신적인 사랑에 관한 이야기였다면 샹카라가 간단하게 그녀를 제압했을 것이다. 그러나 그녀의 이야기는 남녀 간의 사랑에 관한 것이었다.

여인이 질문을 던지자 젊은이는 입을 열지 못했다. 샹카라에게는 대답할 말이 없었다. 생애 최초로 패배를 맛본 그는 여인의 질문에 대한 답을 찾고자 그곳을 떠나 한 달 동안 구걸하며 지냈다. 그가 처한 곤경은 다소 우스꽝스러운 것이었다.

샹카라는 도대체 무슨 생각을 했던 걸까? 성적인 욕망을 더 높고 불가해한 힘으로 전환한 요가 수행자가 그런 질문에 어떻게 대답할 수 있단 말인가? 새로운 술을 담은 잔처럼 정결한 그의 육체가 어떻게 일반인의 저속한 의식에나 걸맞은 세속적인 경험으로 더럽혀질 수 있단 말인가? 하지만 완전한 지식에 경험하지 못하고 설명할 수 없는 부분이 남아 있을 수 있을까? 이 질문에 인도의 심오한 요가가 내놓은 대답은 서양의 사고방식으로는 매우 이해하기 어려운 것이다.

사라스와티의 질문을 생각하며 숲을 헤매던 샹카라는 사람들이 커다란 나무 아래에 모여 왕의 죽음을 슬퍼하는 모습을 보았다. 그 즉시 샹카라의 마음에 해답을 찾을 방법이 떠올랐다.

이 책의 다른 장에서 보게 되겠지만, 경지에 오른 요가 수행자는 자신의 영혼을 다른 이의 몸으로 옮겨갈 수 있다고 한다. 샹카라는 죽은 왕의 몸으로 들어가면 아무 잘못도 저지르지 않고 왕의 경험을 공유할 수 있다는 걸 깨달았다. 그는 자신의 텅 빈 껍데기를 제자에게 맡기고 왕의 시체로 영혼을 옮겨갔다. 지상에 살았던 사람 중에서 가장 고귀한 영혼을 받아들인 왕이 다시 눈을 뜨자, 사람들은 아무것도 모르고 크게 기뻐했다. 그의 과거는 샹카라와는 관계없는 것이었다. 사람들은 기뻐 노래하며 그를 왕궁으로 데려갔다.

왕비는 남편의 지성과 정신이 변한 것을 눈치 채고 어리둥절해했다. 그러나 다른 사람이라고 의심하지는 않았다. 왕과 왕비로서 재회한 두 사람은 사랑과 기쁨으로 밝게 빛났다. 그곳에서 샹카라는 영혼이 성장하는 한 단계이기도 한 속세의 사랑에 대해 배웠다. 그리하여 사라스와티의 질문에 답할 수 있게 되었다. 샹카라는 거기서 그치지 않고 이 신비롭고 매력적인 주제에 대한 논문도 썼다. 덕분에 인도는 이 주제를 전 세계 어떤 나라보다도 더 섬세하게 연구할 수 있었다.

그러나 왕비가 의심을 하게 되었고 신하들도 왕의 새로운 면목을 알아차리기 시작했다. 왕비는 나라 전체를 뒤져 시체란 시체는 모두 불태우라고 명령하고는 왕에게는 철저히 비밀로 하도록 했다. 천상의 새를 새장에 가두어, 왕국에 찾아온 영광과 행운이 왔던 곳으로 돌아가 버리지 못하게 하려는 것이었다. 그가 육체를 되찾기 전에 불태워버려야 했다.

샹카라의 귀환과 죽음

수제자 파드마파다를 비롯한 제자들은 스승이 돌아오기만을 간절히 기다리고 있었다. 샹카라 없이는 살 수 없던 그들은 스승이 왕비의 품에 안겨 자신들을 잊어버리지는 않았는지 걱정하고 있었다. 제자들은 악단으로 꾸미고 왕궁을 찾아가기로 했다. 청원이 받아들여져 제자들은 화려한 옷과 머리 장식, 베일로 얼굴과 몸을 가린 채 연회장에 들어섰다. 그들은 왕궁 전체에 음악이 울려 퍼지기를 기대하며 모두가 마음을 빼앗길 때까지 천상의 노래를 불렀다. 마치 왕궁이 빛의 신들의 왕 인드라의 집이 된 것만 같았다.

왕이 노래를 들었다. 왕은 아무 말도 없이 큰 상을 내리고 악단을 돌려보냈다. 제자들은 몹시 실망하여 왕궁에서 물러갔다. 그러나 밤이 되자 왕은 다시는 새벽을 볼 수 없는 깊은 잠에 빠지고 대신 샹카라의 육체가 눈을 떴다. 제자들은 인간이 할 수 있는 경험을 모두 하고 전보다 더 현명해져서 돌아온 스승을 보고 매우 기뻐했다. 샹카라는 제자들과 함께 다시 사라스와티를 찾아가 질문에 답하고 그곳을 떠났다.

얼마 후 샹카라는 요가의 힘으로 어머니가 위독하다는 사실을 알았다. 그는 요가의 힘으로 마치 죽음과 경주라도 하듯 어머니 곁으로 달려갔다. 어머니는 그에게 빛을 나누어달라고 간청했다. 샹카라는 무지한 어머니에게 죽음은 아무것도 아니라는 사실과 위대한 브라흐만의 지식을 차근차근 가르쳐주었다. 어머니는 우주의 원리 기저에 사랑이 있다는 것 말고는 아무것도 이해하지 못했다. 그녀로서는 샹카라의 지식과 경험을 이해하기란 불가능한 일이었지만 조용히 아들의 손을 잡고 평화롭게 잠들었다.

그리고 난관이 찾아왔다. 그리스 신들이 그렇듯이, 요가 수행자 또는 산야신은 죽음과 직접 접촉하여 순결을 더럽혀서는 안 된다. 그러나 어머니를 지극히 사랑한 샹카라는 끝내 임종을 지키려고 했고, 이웃과 친구들은 그것을 허락하지 않았다. 샹카라가 그 자신이 신이며, 불길 속에서 모든 불결함이 시체와 함께 소멸한다는 사실을 몰랐을까? 그가 오른손을 들자 불꽃이 일어 어머니의 시신을 재로 만들어버렸다. 그러자 아무도 입을 열지 못했다.

샹카라는 토론하며 베다의 지식을 전파하고, 이적을 일으키며 이곳저곳을 떠돌면서 우파니샤드 주석을 점점 더 명료하게 다듬었다. 그러던 중 카슈미르의 한 사원을 찾아갔다. 네 개의 문 중 남쪽으로 난 문이 단 한 번도 열린 적이 없는 사원이었다.

사제들은 이 젊고 수수한 학자를 시험해보고는 거리낌 없이 그를 안으로 들였다. 그들로서는 아무런 결함도 발견할 수 없었다. 그러나 샹카라가 사원에 들어서자 여신 사라스와티의 목소리가 들려왔다.

"모든 것을 아는 자여. 네가 모르는 것은 존재하지 않는다. 그러나 이 신성한 장소에 들어오려면 그것만으로는 부족하다. 여인의 품에 안긴 적이 없는 자만이 이 성소에 들어올 수 있다. 너는 어떠한가?"

샹카라가 눈을 내리깐 채로 대답했다.

"이 몸은 순결합니다. 여인의 품에 단 한 번도 안긴 적이 없습니다. 머리끝부터 발끝까지 깨끗합니다."

그러고는 성소로 걸어 들어갔다.

역경은 아직 남아 있었다. 이번 현신에 허락된 삶이 끝나는 32세에 접어든 것이다. 베다 철학자 아난다기리Anandagiri가 그의 마지막에 대해 이야기했다.

"그는 용서의 도시 칸치에서 앉은 채로 육신을 떠나 위대한 존재가 되었다. 그러고는 그마저도 파괴하고 순수한 이성이 되었다. 그는 완전한 행복 속에서 이시바라 신의 세계에 이르렀다. 그는 우주에 편재하는 지성 속으로 들어섰으며, 여전히 그곳에 존재한다. 칸치의 브라만, 그의 제자들, 그 제자들의 제자들이 우파니샤드와 『바가바드기타』와 『브라흐마 수트라』를 암송하며 정결한 곳에 무덤을 파 그의 육신을 안장했다."

샹카라의 시체를 화장하지 않고 매장한 이유는 그의 육체가 너무나 순결하여 정화의 불꽃이 필요치 않았기 때문이다.

서양 학자들은 젊은 금욕주의자의 학문에만 국한하여 조심스럽게 이야기하지만, 나는 그 방식을 따르지 않고 인도에서 전해지는 대로 모두 이야기했다. 그렇게 해야만 전달되는 면이 있다. 누군가에게는 더 많은 의미가 전해졌을 것이다. 그러나 나는 그저 샹카라의 고향에서 사랑과 존경을 담아 이야기하는 대로 전하고 싶었을 뿐이다. 한 사람의 철학자에 관하여 이보다 더 기이한 이야기는 없을 것이다. 내가 여기서 베다와 초기 베단타 시대로부터 한참이 지난 시대의 이야기를 한 이유는 샹카라가 우리에게 빚을 지운 사람들의 전형이기 때문이다. 그들과 같은 삶은 두 번 다시 없을 것이다. 오직 내가 인용했거나 인용하지 않은 우파니샤드의 놀라운 이야기 속에만 있을 뿐이다. 그러나 샹카라만은 그와 유사한 삶을 살았다.

샹카라 철학을 공부하는 학생들을 위해 그의 말을 인용하며 이 장을 맺도록 하겠다.

"밧줄을 황혼 무렵에 보면 뱀처럼 보인다. 마찬가지로 불행 또한 단지 인식의 문제이다. 친구가 이야기해주어 뱀의 환상이 사라지면 익숙한 밧줄만이 남는다. '나 자신이라는 스승'의 가르침으로 나는 이제 한 사람의 영혼이 아니라 변치 않는 자아, 즉 '바라보는 자'가 되었다. 나는 지고의 행복이다. 그런 이의 삶은 복되다. 기쁨과 슬픔, 소유와 상실 등 모든 대비로부터 자유롭기 때문이다. 영원히 순수하게, '나'와 '나의 것'이라는 관념을 떠나 항상 만족하고 동요하지 않으며, 끊임없이 사유하고 어떤 환상에도 사로잡히지 않는다."

그의 저서 『시의 시대』Century of Verses는 매우 아름답고 종교적이다. 샹카라의 철학은 최고의 지성을 얻기 위한 훈련이라고 할 수 있다.

정신 집중의 힘 6

요가와 요기

이제 베단타에서도 가장 놀라운 부분을 살펴볼 때가 되었다. 어떤 이에게는 믿기 어려운 이야기일 수도 있지만, 여기엔 인도철학과 현대 심리학 분야에서 이제 막 초보적인 단계에 접어들기 시작한 서구 세계의 관심을 끌 만한 심오한 의미가 담겨 있다.

요가 수행자를 뜻하는 단어 '요기'yogi는 서양에서 '떠돌이 사기꾼'을 연상시키는 말로 알려져 있다. 돈에 눈이 멀어 물구나무선 채로 10년 넘게 버티고, 속이고 거짓말하고 조작하는 사람. 서양인은 그들을 경멸하면서도 다른 한편으로는 재물이나 연애운을 봐주는 점쟁이처럼 마법의 힘을 가진 존재로 여기며 두려워한다. 요기는 피리로 뱀을 부리는 곡예사 같은 사람들과 혼동되기도 한다.

진정한 요기는 서양의 어떤 심리학자보다 더 높은 성취를 이룬 고대 심리학체계의 주창자라고 할 수 있다. 5세기경 인도에 설립된 나란다대학에서 초자연적인 학문을 연구한 이들을 대변하는 사람들이다. 감각적인 삶의 비밀을 섭렵한 그들은 우리를 죽음에서 실재로 나아가도록 인도한다. 인도에는 아직 요기가 남아 있지만 쉽게 찾을 수는 없다. 티베트에서는 그들이 붓다의 가장 내밀한 가르침에 다가가는 열쇠를 쥐고 있다고 믿는다. 즉 요기는 베단타가 말하는 그런 이들이라고 할 수 있다.

인도는 사유와 경험의 내면과 외면에 대한 통찰을 가지고 두려움 없이 똑바로 나아갔다. 남들이 믿거나 말거나 신경 쓰지 않는다. 그들은 그것을 경험했고 또 알고 있다고 거리낌 없이 주장한다. 그들과 같은 정신 수준에 도달한다면 누구나 그렇게 말할 것이다. 그러나 그 수준에 오르지 못하고 그들을 비난한다고 해도, 그들이 말하는 것이 대단히 놀랍고 믿기 어려워서 불가능하다고 단언한다고 해도, 정신이 육체보다 우위에 있음을 부정한다고 해도, 인도는 그저 웃어넘길 뿐이다.

요가란 무엇인가? 인도의 위대한 요기에는 누가 있는가?

'요가'라는 단어의 의미는 맥락에 따라 달라진다. 본래 의미는 이성을 초월한 것을 지각하는 '방법'이고 실제로 그런 의미로 사용되기도 한다. 때로는 샹카라 철학이 말하는 절대아와 결합한다는 의미에서 '결합'을 의미하기도 한다. 감각과 감정을 다스리려 열심히 꾸준하게 애쓴다는 의미에서 '노력'을 의미할 때도 있다. 그런 노력을 통해 감각과 감정의 노예와도 같은 인간이 자유로워지며, 샹카라가 강조했던 대로 위대한 존재와 일체감을 느낄 수 있게 된다. 또 자의식에서 벗어난다는 의미에서 '분리'를 의미하기도 한다.

라자 요가는 육체적인 면보다 높고 고귀하며 광범위한 목표를 추구한다. 육체는 물론이고 이성과 논리적 사고도 순종적인 개처럼 굴복시켜야 할 대상이다. 따라서 감각을 절대적인 고요 속으로 이끄는 것은 필수적이다. 그 결과 신경을 자극하고 신진대사를 막는 불순한 것들이 제거된다. 그렇게 생각하면 고된 훈련도 즐거운 일이다. 정신적인 자유를 얻는 데는 건강하게 오래 사는 것 또한 대단히 중요하다.

만트라 요가는 일종의 주문과도 같은 만트라를 통해 치유하는 것으로, 특히 마음의 평정을 얻는 데 매우 효과적이다. 하타 요가는 지나치게 의학에 치중한 탓에 널리 인정받지는 못한다. 요가에는 이 밖에도 여러 종류가 있지만, 파탄잘리Pantanjali가 고안한 라자 요가보다 중요한 것은 없다.

요가는 베단타에 기초하고 있으며 샹카라의 베단타 철학과 밀접한 관계를 맺고 있다. 붓다는 그 단어의 의미를 가장 깊고 철저하게 만족시킨 요가였다. 붓다의 스승 알라라 칼라마는 모든 학문에 통달한 사람이었다. 붓다는 그의 제자가 되어 극단적인 금욕생활을 경험했다. 명상을 통해 이를 극복한 붓다는 '힘'을 얻게 되었다. 불교 요가에 관해서는 붓다를 다루는 장에서 다시 이야기하도록 하겠다.

요가가 언제부터 시작되었는지는 아무도 모른다. 가장 오래된 문헌인 『리그베다』에 다소 거칠게나마 무아지경의 황홀경에 대한 가능성이 언급되어 있기는 하다. 우파니샤드는 요가 수행을 실재에 이르는 진정한 지식을 추구하는 방법으로 인정한다. 『카타 우파니샤드』는 지성과 감성이 하나로 묶여 움직이지 않는 상태가 요가 최고의 경지라고 말한다.

"이를 아는 자는 불멸한다. 마음과 오감이 하나가 되고 이성이 잠잘 때 이르는 상태에 이르러야 한다."

"요가란 감각을 굳게 억누르는 것이다."

요가를 수련하는 방법을 가능한 한 간단명료하게 이야기해보겠다.

훗날 다른 학자들이 보완하기는 했지만, 요가는 기원전 2세기경에 파탄잘리가 처음으로 고안했다고 전해진다. 논란의 여지는 있지만, 파탄잘리는 산스크리트어 문법서 『마하바스야』Mahabhashya의 저자로도 인정받는다. 어쨌거나 요가 이론 모음집은 저자도 시대도 알 수가 없다.

요가 이론 모음집은 네 부분(혹은 단계)으로 구성되어 있다. 첫째, 도달해야 할 경지의 본질을 다룬다. 둘째, 그곳에 도달하는 방법이다. 셋째, 요가를 통해 얻는 초자연적인 힘에 대한 설명이다. 그리고 마지막으로 요가의 최종 목표인 해방된 영혼의 본성을 이야기한다. 파탄잘리가 요가의 창시자로 알려져 있기 때문에 그를 중심으로 이야기할 수밖에 없지만, 요가가 결코 파탄잘리 한 사람이 만들어낸 체계가 아님은 반드시 기억해야 한다.

요가의 경구

첫 번째 부분의 일곱째 경구는 주의 깊게 기억해두어야 한다. 요가를 이해하고 수련할 때 가져야 할 정신을 놀랍도록 세련되게 이야기한다.

"직접 지각, 추론, 믿을 만한 증거가 있다면 올바른 지식임이 증명된 것이다."

이런 이야기를 하는 이유는 이어질 내용이 철학이라는 간판 아래에서는 우스꽝스럽게 느껴질 수도 있기 때문이다. 막스 뮐러도 나와 같은 생각이었다.

"이 주제를 연구하며 유념해야 할 것은 우리가 단번에 이해할 수 없거나 공상적이고 비이성적이라는 이유로 거부해서는 안 된다는 점이다. 내 경험을 이야기하자면, 아주 오랫동안 아무 의미도 없었던, 아니 우스꽝스럽게만 여겨졌던 내용이 어느 날 갑자기 상상조차 하지 못했던 심오한 의미로 다가오는 일이 얼마나 자주 있는지 모른다."

라다크리슈난도 요가를 존중한다.

파탄잘리의 두 번째 경구로 이야기를 시작해보자. 여기서는 라마크리슈나의 제자이자 종교가인 비베카난다Vivekananda의 설명도 요약해서 제시하도록 하겠다.

"요가란 정신이 다른 형태를 취하지 않도록 통제하는 것이다."

다시 말해서 정신을 완전히 지배하라는 뜻이다. 정신은 맑고 고요한 호수와 같아서, 외부 요인이나 사고의 영향을 받으면 수면에 파도와 잔물결이 인다. 그 물결이 우리의 현상세계를 형성한다. 즉 우주 자체가 우리 감각이 만들어낸 산물이다. 이 물결을 그치게 할 수 있으면 사고와 이성을 넘어 절대적인 경지에 오를 수 있다.

이러한 물결을 통제하거나 외면하는 것이 불가능하다고 여겨지는가? 그렇지 않다. 그런 일은 매일 우연히 일어난다. 어떤 일에 깊이 몰두하거나 어떤 감정에 사로잡혀 있을 때, 거리의 소음이 전혀 들리지 않거나 아무것도 느끼지 못한 경험이 누구나 한 번쯤은 있을 것이다. 그것이 바로 마음 뒤에 있는, 그 순간을 떠난 진정한 '자신'이다. 마음은 어딘가에서 분주한데, 정신은 어떤 것도 느끼지 못한 채 평정을 유지한다. 이것이 정신이 마음을 다스릴 수 있다는 증거이다. 그러나 보통은 잡념에 싸여 심오한 작업이나 명상에 몰두하지 못하고, 외풍에 휘말려 정신이 사그라지고 수면은 어리석음으로 탁해지곤 한다.

정신을 잔잔한 호수와 같이 유지하려면 호수 밑바닥으로 내려가야 한다. 그곳에 진리가, 절대적인 자아가 있다. 물이 맑고 잔잔하지 않으면 절대로 바닥을 볼 수 없다. 정도의 차이는 있으나 모든 생명체에는 정신이 깃들어 있다. 그러나 우리가 아는 한 지성으로 정신에 영감을 불어넣을 수 있는 존재는 인간뿐이다. 오직 인간만이 지성을 도구로 요가의 여러 단계를 거쳐 영혼의 해방을 이룰 수 있다.

세 번째 경구. "정신을 집중하면 불변하는 내면에서 평온하게 잠든다."

정신을 집중하여 마음을 차분하게 다스리면 자신을 인식할 필요가 없다는 뜻이다. 이것은 호수에 물결이 그치는 것과도 같다. 이로써 맑고 고요한 수면 아래를 들여다볼 수 있게 된다.

네 번째 경구. "정신을 집중하지 않으면 변하는 마음을 자신으로 인식하게 된다."

슬픔에 빠져 마음속에 파도가 일면 호수 밑바닥에 있는 진정한 자아를 들여다볼 수 없다. 진정한 자아는 슬픔의 파도에 아무런 방해도 받지 않는다. 변치 않는 진정한 자아를 시야에서 놓치면 슬픔에 이리저리 휘둘리는 정신을 자신으로 인식하게 된다.

다섯 번째 경구. "마음의 파도에는 다섯 가지 종류가 있으며, 거기엔 고통스러운 것도 있고 그렇지 않은 것도 있다."

여섯 번째 경구. "지식, 무분별함, 언어의 오해, 잠, 기억이 그 다섯 가지이다."

일곱 번째 경구. "직접 지각, 추론, 믿을 만한 증거가 있다면 올바른 지식임이 증명된 것이다."

기억, 잠, 꿈 등 정신을 뒤흔드는 마음의 파도에 관한 경구들이 뒤를 잇는다.

열두 번째 경구. "무착無着과 수행을 통해 그것을 다스릴 수 있다."

같은 종류의 수많은 감각이 마음속에 남는 것은 습관 탓이다. 따라서 이러한 수행이 필요하다. 자신이 들인 습관이므로 스스로 고칠 수도 있다는 점에서 위안이 되는 이야기이다. 인격이란 반복된 습관일 뿐이다.

열세 번째 경구. "수행이란 파도를 완벽하게 다스리려 끝없이 노력하는 것이다."

열다섯 번째 경구. "감각적인 욕망을 포기하고 스스로 욕망을 다스리는 힘을 갖춘 정신 상태가 무착이다."

무착이란 마음에 파도를 일으키려는 외부 자극에 굴하지 않고 마음의 평정을 유지하는 것을 의미한다. 오직 금욕만이 무착에 이르는 유일한 방법이다. 마음속에 분노의 파도가 일어나면 온 힘을 다해 그것을 물리쳐야 한다. 충동은 멀리 던져버려라. 물론 대단히 어려운 일이다. 그러나 그렇게 마음을 잔잔하게 유지하는 것이 바로 금욕이다. 관능적인 쾌락은 무지가 주는 선물이다. 그런 쾌락을 거부하고 마음을 어지럽히지 못하도록 하는 것이 금욕이다. 마음속에 이는 파도와 잔물결을 다스리지 못하면 그것들이 우리를 다스린다. 그것을 다스리면 비로소 힘을 얻는다.

열일곱 번째 경구. "완전한 지식이라 불리는 정신 집중은 차이를 구별하는 이성, 행복, 철저한 이기주의에서 아직 완전히 벗어나지 못한 것이다."

이 경구는 대단히 흥미롭다. 요가에는 삼매경 또는 황홀경이라는 또 다른 경지가 존재한다는 의미이다. 이 경구가 말하는 것은 더 낮고 위험한 경지이다. 이 경지에 오르면 명상하는 대상이 속한 범주, 그 본질을 구성하는 요소 등 모든 것을 완벽하게 깨우치게 된다.

삼매경이라 불리는 첫 번째 단계에서는 영혼이 아직 완전히 자유롭지 못하다. 삼매경은 아직도 분별력과 자기중심주의에서 벗어나지 못한 단계이다. 정신적인 본능을 떨쳐내지 못한 자는 결코 삼매경에 도달할 수 없다. 그 경지에 이르렀다는 것은 육체의 한계를 벗어나 순수한 지성이 되었다는 뜻이다.

열여덟 번째 경구. "모든 정신 활동을 중단하는 수행을 멈추지 않아 불분명한 감각만을 차단하면 또 다른 삼매경에 도달한다."

이것은 요가로 이를 수 있는 가장 높은 경지이다. 모든 권능과 완전한 자유를 얻고 절대존재와 온전히 결합하는, 베단타가 말하는 완벽한 초의식이다. 이 경지에 이르면 영원히 그곳에 머물며 다시 태어나지 않는다. 절대존재의 일부로서 모든 것을 초월한 그에게 재생은 필요치 않다. 이 경지에 이르는 길은 모든 감각과 사고를 떠나 마음을 철저히 비우는 것이다.

서양 사람에게는 토마스 브라운Thomas Browne 경의 영시 한 편이 그 이유를 더 설득력 있게 말해준다.

텅 빈 껍데기처럼,
그대 자신을 텅 비울 수만 있다면,
신이 그 자리를 가득 채워줄 것이다.
허나 그대는 그대 자신으로 가득하고,
분주하게 움직이니,
신이 그대에게 말하길,
"됐다. 네 속에 네가 가득해 내가 들어갈 곳이 없구나."

모든 행위와 '무의미한 정신 활동'을 그만두어야 한다. 더 높은 곳, 아니 '유일한 곳'에 이르기 전까지는 이성과 사유를 몰아내고 움직임

없는 정적 속에 머물러야 한다. 더 낮은 경지에서는 마음의 파도와 물결이 기질이라는 형태로 남아 있다. 가장 높은 경지에 이르면 기질조차 없어지고 윤회의 씨앗이 말끔히 사라진다.

앎과 의식을 초월하면 무엇이 남을까? 앎과 의식이란 그 배후에 있는 것에 비하면 저열한 상태다. 그것은 너무나 거대하여, 무지한 마음에는 마치 아무것도 없는 것처럼 보일 것이다. 대기의 가장 미세한 떨림도 볼 수 없지만 아주 높은 곳 또한 마찬가지이다. 그러나 하나는 암흑이고, 다른 하나는 완전한 빛이다.

비베카난다의 말을 다시 한 번 인용하면, "무지는 가장 낮고 앎은 가장 높은 경지이지만, 앎을 초월한 경지와 무지는 비슷한 모습이다. …… 위대한 영혼은 삶도 죽음도 없음을 알고, 천상도 지상도 바라지 않는다. 가지도 않고 오지도 않는다. 그것은 단지 지나쳐 가는 현상일 뿐이다. 그 자신 속에서 변하고 움직이는. …… 자유로운 영혼은 명령할 뿐 간청하지 않는다. 그가 바라는 것은 충족될 것이다. 원하는 것은 무엇이든 할 수 있다."

스무 번째 경구. "믿음, 기억, 활력, 정신 집중을 통해 삼매경에 이른다."

스물한 번째 경구. "갈망하는 자는 더 빨리 삼매경이 이른다."

요가의 호흡 수련

많은 경구를 건너뛰고 곧바로 육체적인 수련법으로 들어가겠다.

가장 먼저 마음가짐을 고쳐야 한다. 인도에서는 이것을 육체적인 단계로 본다. 마음도 감각이 만들어낸 현상세계에 속하기 때문이다. 마음은 선의로 가득해야 한다. "세상에 평화를, 인간에게는 선의를." 악의에 악의로 대응하지 않으면 좋은 기운으로 가득 차게 된다.

다음으로, 호흡을 다스려야 한다. 경구에서는 이것을 '프라나'prana라고 표현한다. 프라나란 우주의 기운 전체를 의미한다. 생명을 가진 모든 것(어쩌면 생명이 없는 것들도)이 프라나이다. 파탄잘리에 따르면 만물은 프라나와 편재하는 실재 '대공'大空의 조합이다. 그러나 프라나가 곧 호흡은 아니다. 호흡을 일으키는 무언가이다. 정신은 프라나, 즉 생명력을 빨아들여 육체를 보호하는 다양한 정신력을 만들어낸다. 호흡을 조절하면 신체활동과 감각을 통제할 수 있다. 이것이 요가의 첫걸음이다.

후세 요기들은 육체에는 세 종류의 기운의 흐름이 있다고 말한다. 하나는 척추 오른쪽, 또 하나는 왼쪽, 마지막 하나는 척추 한가운데를 관통한다. 척추 좌우로 흐르는 기운이 없으면 인간은 어떠한 활동도 할 수 없다. 척추 한가운데를 관통하는 기운도 모든 인간에게 잠재되어 있지만, 그것을 활용할 수 있는 것은 오직 요기뿐이다.

요가를 수련함에 따라 신체와 그 능력이 변해간다. 마치 기운이 흐르는 새로운 통로가 뚫린 것처럼 느껴진다. 같은 원리로, 뇌에 새로운 경로가 생긴 것처럼 습관도 저절로 변하게 된다. 꾸준한 수행을 위해서는 당연히 몸과 마음에 새로운 습관을 들여야 한다. 깊고 규칙적인 호흡과 극도의 소식은 현대 의학도 점점 더 강력하게 권하는 바이다. 현대 의학은 호흡과 소식의 효과를 직접 경험하고 권할 뿐, 왜 그래야 하는지는 아직 대답하지 못하고 있지만 요가와 현대 의학의 의견이 일치된다는 점은 분명히 인상적이다.

호흡은 어떻게 해야 하는가? 얕은 호흡에 익숙한 사람이 처음부터 갑자기 변할 수는 없다. 호흡계통을 관장하는 중추는 신경계통도 통제하며, 흉부 반대편 척추 속에 자리하고 있다.

이것이 라자 요가가 호흡법을 가르치는 이유이다. 규칙적으로 호흡하면 신체의 모든 분자가 같은 방향으로 흐르게 된다. 집중했을 때 신경계통이 전기의 흐름과 유사하게 변하게 하려면 반드시 필요한 일이다. 신경이 전류의 흐름이라는 것은 이미 증명된 사실이다. 이는 의지가 신경계통으로 전환되면 전기와 같은 힘을 얻게 된다는 사실을 시사한다. 규칙적으로 호흡하면 신체가 무한한 의지를 동력으로 삼게 되는 것이다. 요기들은 그렇게 함으로써 척수 맨 아래, 단전에 잠재된 엄청난 힘을 이끌어낼 수 있다고 말한다.

이제 논점은 이끌어낸 힘을 활용하는 방법이다.

신경계통은 두 가지 작용을 한다. 하나는 감각을 전달하는 것이고, 다른 하나는 운동을 가능하게 하는 것이다. 전자는 내부로, 후자는 외부로 향하는 작용이라고 할 수 있다. 외부로부터 주어진 감각을 뇌로 전달하고, 뇌가 보내는 신호를 신체 각 부위로 전달하는 것이다. 그러나 양자 모두 뇌와 직접 관련되어 있다. 전기 운동은 분자가 모두 같은 방향으로 흐를 때만 생성된다. 단전에서 눈을 뜬 힘은 척추 한가운데를 타고 뇌에 도달한다. 이는 요가에서 말하는 '대상 없는 인식'에 이를 수 있도록 도와준다.

모든 감각과 운동은 신경망을 통해 뇌에 전달된다. 척추 좌우가 원심성 신경과 구심성 신경이 흐르는 주된 통로이다. 그러나 요가는 척추 좌우에 의존하는 나쁜 습관을 버리면 신경망을 통하지 않고 직접 신호를 보낼 수 있다고 가르친다. 척추 중앙을 활용하는 훈련을 거듭하면 그렇게 할 수 있다. 해방된 힘이 뇌로 흘러가면 그 효과는 말로 다 할 수 없다. 지각 중추가 놀랍도록 빛난다.

수련 방법은 다음과 같다.

먼저 자세가 중요하다. 몸을 예민하게 의식해야 하기 때문이다. 가슴, 목, 머리가 일직선이 되도록 똑바로 앉아 숨을 규칙적으로 들이마시고 내쉰다. 마음이 편안해지면 마음속으로 성스러운 단어를 반복해서 암송한다. 암송을 반복하면 일정한 리듬과 진동이 생기므로 권장할 만하다. 인도에서는 신비로운 의미를 지닌 단어 '옴'을 선택했다. '옴'은 세상 모든 소리를 요약하는 훌륭한 음절이다. 불어식으로 발음되는 첫 번째 기호 'A'는 혀와 입천장에 닿지 않고 소리를 낼 수 있다. 두 번째 기호 'U'는 소리를 입의 공명판 끝까지 전달하는 역할을 한다. 마지막으로 'M'이 입술을 닫고 소리의 연쇄를 끝낸다. 이런 사실과 삼위일체 신앙 덕분에 '옴'은 인도 종교의 교리에서 핵심적인 단어로 자리 잡았다.

규칙적인 리듬, 정신 집중, 숙련된 호흡은 모두 요가 이론이 주장하는 바에 방해되는 질병, 나태, 의심, 무관심, 쾌락 추구, 만취, 잘못된 지각, 산란한 마음, 동요 등을 제거하는 데 도움이 된다. 슬픔, 심적 고통, 경련, 불규칙한 호흡도 사라진다.

정신 집중 훈련이 잘 이루어지면 몸과 마음이 완전한 휴식을 얻을 수 있다.

자, 이제 첫 번째 수업으로 규칙적인 호흡법을 익혔다.

'옴'이라는 단어가 들숨과 날숨에 규칙적으로 따라 흐르도록 하라. 호흡을 고르기 위해 숫자를 세는 것 대신이다. 점점 잠을 자는 것보다 더 편안하게 느껴질 것이다.

첫 번째 수업에 익숙해졌으면 콧구멍을 번갈아 사용해 규칙적으로 숨을 쉬는 두 번째 수업으로 들어갈 차례다. 오른쪽 콧구멍을 막고 왼쪽 콧구멍으로 천천히 공기를 들이마신다. 폐가 공기로 가득 차면 왼쪽 콧구멍을 막고 오른쪽 콧구멍으로 천천히 내쉰다. 이 과정을 좌우 콧구멍 역할을 바꾸어가며 반복한다. 더 수준 높은 호흡법을 익히기 전에 상당히 많은 시간을 할애해야 하는 훈련이다.

이 훈련을 하면 깊은 주름살이 사라지고 마음이 차분해진다. 목소리도 매우 좋아진다.

세 번째 수업이다. 왼쪽 콧구멍으로 숨을 가득 들이쉬며 그때 이루어지는 신경의 흐름에 정신을 집중한다. 자신이 신경 신호를 놀라운 힘이 잠들어 있는 척추 밑바닥 망상조직까지 보내고 있음을 믿어라. (실제로 그렇다.) 잠시 그대로 있다가 호흡 신경이 천천히 반대쪽으로 흐르는 것이 느껴지면 오른쪽 콧구멍으로 천천히 내쉰다. 왼쪽 콧구멍만으로 숨을 들이쉬는 것은 매우 어려우니 오른쪽 콧구멍을 엄지로 막는다. 척추 아래로 내려 보낸 신경이 단전에 내재한 힘에 닿는 걸 느낄 때까지 엄지와 검지로 양쪽 콧구멍을 모두 막는다. 그다음 왼쪽 콧구멍을 막은 채 엄지만 떼어 오른쪽 콧구멍으로 숨을 내쉰다. 콧구멍의 역할을 바꾸어 같은 과정을 반복한다.

처음에는 4초간 숨을 머금는 것으로 시작한다. 그다음 4초간 숨을 들이쉬고 16초 동안 참으며 8초간 내쉰다. 너무 부담스러우면 시간을 조금씩 줄여도 좋다. 왼쪽에서 시작해 왼쪽에서 끝낸다. 이런 호흡법을 조식調息이라고 한다. 단전에 모인 힘에 집중하는 것을 잊지 말아야 한다. 전체 과정이 극도로 천천히 이루어지도록 하라.

다음 단계는 천천히 들이쉰 다음 숨을 참지 말고 곧바로 천천히 내

쉬는 것이다. 앞선 단계에서 숨을 들이쉴 때 '옴'을 암송했던 횟수와 같아서는 안 된다. 이 훈련들은 모두 처음에는 4초로 시작한다.

언젠가 단전의 힘이 깨어나 그것을 활용할 수 있는 날이 올 것이다. 세상이 변하고, 지혜의 책이 펼쳐질 것이다. 육체의 궁극적인 힘은 '오자'ojas이다. 오자는 뇌에 축적되며 그 양에 따라 지성과 영성이 결정된다. 육체의 활력은 낭비되어 사라지지 않는 한 모두 오자가 된다. 특히 성욕과 생식력을 조절하면 가장 쉽게 오자로 변환한다. 그래서 순결과 금욕이 요가의 핵심적인 부분이 된 것이다.

모든 종교가 사제에게 성적인 금욕을 권고한 정도가 아니라 강제했다는 사실에 주목해야 한다. 서양의 수도원은 본능의 결과였지만, 인도에서는 과학의 산물이었다. 요가는 과학적인 종교 이론이다. 여기서 이 주제를 더 깊이 파고들 수는 없지만, 시간을 들여 생각해볼 가치는 충분하다고 생각한다. 요가는 히폴리투스[1] 나 갤러해드[2] 와 같이 순결을 지키라고 고집스럽게 요구하며 그렇지 못했을 때의 위험을 경고한다.

정신 집중은 서양인에게는 매우 어려운 일이다. 그러나 반드시 필요한 일이기도 하다. 카이절링Hermann Alexander Keyserling 백작도 저서 『한 철학자의 여행 일기』Das Reisetagebuch eines Philosophen에서 유럽 학교에서 요가를 가르칠 것을 제안한다. 내 경험에 비추어 말해도 된다면, 그렇게 하는 것은 매우 유용하다. 마음은 나무 위 원숭이처럼 뛰어다닌다. 한 생각이 다른 생각을 흐트러뜨린다. 생각이 꼬리를 물고, 다음 순간엔 무의식적으로 또 다른 생각을 하고 있다. 정신 집중이란 불가능하다! 그러나 우리는 이것을 통제할 수 있다.

자리에 앉아 마음이 제멋대로 뛰놀도록 내버려두자. 원숭이가 뛰

---

1 그리스 신화 속 인물. 테세우스의 아들로 계모인 페드라의 유혹을 거절하고 모함에 빠져 포세이돈에게 살해된다.
2 아서 왕 전설에 등장하는 원탁의 기사. 순결한 기사만이 찾을 수 있다는 성배를 찾는다.

어오른다. 녀석이 무슨 장난을 치는지 눈여겨보자. 끔찍한 생각도 스쳐 지나갈 것이다. 가만히 지켜보자. 그러나 생각에서 떨어져 나와 방관자로서 바라보아야 한다. 마음은 물결 치고 파도치고 요동쳐 물에 비치는 상을 왜곡한다. 그것은 당신이 아니다. 무엇이 다른지 알게 될 것이다. 계속 바라보고 있으면 마음의 요동이 서서히 누그러지기 시작할 것이다. 생각도 덜 복잡하고, 덜 혼란스럽다. 그리고 굳은 다짐의 결과로, 서서히 고요해진다. 마침내 마음을 통제할 수 있게 된 것이다. 그러면 이제 집중할 수 있다. 이 과정은 마음의 눈으로 그 자신, 마음을 바라보고 분석하는 것으로서, 정신이 거의 언제나 객관적인 외부 대상을 향하는 서양인에게는 극히 어려운 일이다.

나는 세상에 널리 행해지는 기도에도 한 가지 장점이 있다고 생각한다. 아무리 약하고 가난해도, 아무리 무가치한 것을 바란다고 해도, 그것은 일종의 정신 집중이다. 거기에도 위대한 영적인 진리가 존재한다.

당연한 이야기이지만, 무엇보다도 꾸준하고 아무 방해도 받지 않는 수행이 필요하다. 그 대가는 말할 수 없이 크지만 파탄잘리의 경고에도 귀를 기울여야 한다. 최고의 영성과 스승의 가르침 없이는 그 어떤 것도 이룰 수 없다는 것을.

7 정신 집중의 효과

만물과 동일시하는 힘 사미아마

마음이 흔들릴 때는 어느 한 점을 선택해 집중하도록 한다. 신체의 한 부분에서 시작해보자. 좋은 냄새를 맡았을 때는 코에 집중하고, 색다른 맛을 느꼈을 때는 혀에, 아름다운 소리나 빛을 인식했을 때는 눈과 귀에 집중한다. 어떤 것도 당연한 것으로 받아들이지 말라는 요가의 가르침에 따라 그것이 진정한 경험이었는지 검토한다. 그런 다음에 더 높고 성스러운 무언가에 정신을 집중해야 한다. 선택해야 할 가장 중요한 것이 무엇인지 누구나 알게 될 것이다.

사실 요가 전체가 선택적이다. 사람마다 각자 다른 부분에 끌릴 것이다. 그것을 따라가라. 그러나 모두에게 공통된 규칙도 있다. 소식, 채식, 금주는 필수적이다. 그런 식생활의 장점을 나도 여러 해에 걸쳐 직접 체험했다.

몸이 정화되어갈수록 해로운 것들을 조심해야 한다. "티끌은 깨끗한 유리잔에 묻었을 때 제일 잘 보인다." 마찬가지로, 섬세한 조직일수록 외부의 공격에 취약하며 쉽게 고장이 나버린다. 그러나 그 대가는 적지 않으며, 요가 수행을 본격적으로 시작하기 전부터 얻을 수 있다. 식생활을 간소하게 하고 해로운 음식을 최대한 멀리하는 것 자체가 하나의 효과적인 요가 수행이다.

정신 집중과 명상하는 습관에 체계가 잡히면 그것만으로도 이미 더 높은 경지에 오른 셈이다. 명상에도 세 개의 차원이 있다. 첫째는 신체를 대상으로 하는 것이고, 정신과 지적인 것을 대상으로 삼는 것이 그보다 위다. 가장 높은 경지는 절대적인 존재에 대한 것인데, 처음에는 단 하나뿐이고 변치 않는 실체의 여러 다양한 모습에서부터 시작한다. 붉은색 유리 뒤편의 물체가 붉게 보이듯, 명상 중인 요기는 명상 대상의 일부가 된다. 대상의 본성을 공유하며 그 힘을 흡수하는 것이다.

금욕이 지나쳐 요가의 최종 목표를 이루지 못하는 일도 있다. 붓다가 대표적인 예이다. 그러나 여기서 그런 면까지 다룰 수는 없다. 요가 수련법을 더 상세하게 검토하지 못하는 것을 유감스럽게 생각한다.

이제 해방된 영혼이 지닌 힘에 대해 이야기해보자. 서양 독자들에게는 무척 곤혹스러운 부분이다. 막스 뮐러도 이에 대해서는 "경이로운 느낌"이라고 말했을 정도이다.

이 힘을 '싯디'siddhis 또는 '실지'悉地라고 하지만, 여기서는 생소한 용어는 피하기로 하자. 이 힘은 현상세계와 직접 관계된 것으로, 낮은 차원의 황홀경에 속한다.

파탄잘리는 현상세계에서 전지전능하다고 해서 힘의 근원과 하나가 되었거나, 윤회의 고리를 벗어나 자유로운 영혼이 된 것은 아니라고 말했다. 그러므로 이 힘이 아무리 흥미롭다고 해도 요가의 궁극적인 목표와는 거리가 멀다.

수행을 거듭하면 자신을 만물과 동일시하는 힘 사미아마samyama를 얻는다. 만물이 모두 그 안에 힘을 가지고 있다는 것을 아는 것이다. 이 단어에 대해서는 달리 마땅한 번역어를 찾을 수도 없고, 더 나은 설명도 지금으로서는 어려울 것 같다.

파탄잘리는 "사미아마에 이른 요기는 동물의 언어를 이해"할 수 있다고 말한다. 인간이건 동물이건 가리지 않고 모든 소리의 의미를 이해할 수 있다는 것이다. 『신약성서』「사도행전」에도 비슷한 장면이 나온다. 예수의 제자들은 전 세계 여러 나라에서 각자 자신의 모국어로 설교하고 군중은 그것을 이해한다. 인도인에게는 신기한 이야기도 아니다. 그들은 아마 12사도가 군중에게 사미아마를 행했다고 말할 것이다.

요기도 다른 사람에게 자신의 언어를 이해하게 하고, 그들의 마음속으로 들어가 모든 지식을 취할 수도 있다. 이 경지에 이른 요기는 대상의 형태를 대상으로부터 분리시킬 수 있다. 따라서 사미아마를 자기 몸에 행하면, 인식되는 형태를 떼어내 눈앞에서 사라질 수 있다. 요기가 정말로 사라지는 건 아니다. 신체가 잠시 현상에서 벗어나는 것이다. 사미아마를 다른 사람의 시력에 행하여 자신을 보지 못하게 할 수도 있다. 『성서』에도 사람이 눈앞에서 사라지는 장면이 여러 번 등장한다.

요가는 사물을 사라지게 하고 언어를 초월하여 대화하는 능력을 이런 식으로 설명한다. 요기는 상대가 무엇을 느끼고 있으며 또 무엇을 느끼려 하는지 알고, 그의 수명이 정확히 얼마나 남았는지도 알 수 있다고 한다. 힌두교는 언제 죽을지 미리 아는 것을 매우 중요하게 여긴다. 『바가바드기타』에 따르면 육체와 영혼이 분리되는 순간에 하는 생각이 환생하기 전 중간 단계에 중대한 영향을 끼치기 때문이다. 『티베트 사자의 서』라는 기묘한 책도 이런 믿음을 드러낸다.

붓다는 '일점집중' 상태에 도달하는 구체적이고 분명한 지침을 남겼다. 심오한 그의 수행법을 요약하면 다음과 같다.

"덕을 쌓고 감각을 넘어서 맑은 의식으로 가득 차려면 아무도 없는 곳에서 혼자 살아야 한다. 가부좌를 틀고 똑바로 앉아 마음을 수양한다. 현혹되기 쉬운 오감을 벗어나 생각하고 반성하면 행복과 황홀감이 가득한 첫 번째 삼매경에 든다.

그런 다음 생각과 반성마저 벗어나면 내적인 평화를 이루고 마음이 하나가 된다. 이것이 두 번째 삼매경이다.

그런 다음 황홀감을 억제하고 평정에 이르면 세 번째 삼매경에 든다.

더욱 정진하여 고통과 쾌락을 거부하면 마음이 아무 색깔도 없이 깨끗해진다. 이것이 네 번째 삼매경이다. 이것이 진정한 삼매이다.

삼매에 들면 만물의 실체를 깨닫게 된다. 그것은 형태와 느낌과 주관적인 구별과 의식을 떠나 일어난다."

이보다 더 훌륭한 설명은 있을 수 없다.

사미아마의 힘

요기가 사미아마를 통해 힘을 발휘한 이야기는 수없이 전해진다.

큰 힘을 써야 할 때는 자신을 코끼리와 동일시한다. 다른 사람들의 여력을 취해 무한한 힘을 발휘할 수도 있다. 『구약성서』를 떠올려보자. 삼손의 괴력도 요가의 힘이었다고 생각해보라. 다듬지 않은 긴 머리도 인도인을 떠올리게 한다. 데리다가 삼손을 타락시킨 것도 인도 정서로 설명할 수 있다. 그 힘의 비밀이 머리카락에 있다고 믿고 그것을 잘라서가 아니라, 쾌락에 빠뜨려 사미아마보다 훨씬 아래 단계로 떨어뜨린 것이다. 사미아마로 태양과 하나가 되면 산 너머 아주 먼 곳에서 일어나는 일도 알 수 있다. 경지에 오른 요기에게 불가능이란 없다. 모든 실체는 하나이므로, 모든 것에 적용할 수 있다.

목구멍과 하나가 되면 갈증과 배고픔을 잠재울 수 있다. 호흡과 심장박동도 멈출 수 있다. 『신약성서』의 놀라운 기적도 인도에서는 잠시 생명을 멈추었다가 되살아나는 사미아마의 힘으로 이해할 것이다.

영혼의 자유를 얻은 요기는 타인의 몸에 들어갈 수도 있다. 샹카라 이야기가 전형적인 예이다. 죽은 자의 몸뿐 아니라, 산 사람의 정신과 신체 활동을 막고 그 몸에 들어갈 수도 있다. 사미아마의 힘으로 상대와 일체가 되면 그만이다. 인간의 영혼과 마음도 실체는 모두 하나이기 때문이다. 개인의 마음은 우주의 마음의 일부이므로, 그것을 경험으로 깨달은 자는 어디에나 작용할 수 있다. '신내림'이라는 것도 낮은 수준의 삼매경에 이른 사람이 이런 힘을 잘못 사용한 경우가 아닐까?

신경계통을 지배해 폐를 비롯한 상반신을 통제하면 물에 가라앉지 않는다. 가시밭과 칼날 위를 걷고, 원한다면 삶을 떠날 수도 있다. 보통 사람이라면 끔찍하게 고통스러울 상황에서 오히려 쾌락을 느끼는 순교자도 이렇게 설명할 수 있을 것이다.

사미아마로 대공大空과 귀를 연결하면 아무리 멀리 떨어진 곳의 소리라도 다 들을 수 있다. 대공과 몸을 연결하면 공중에 몸을 띄워 하늘을 난다. 『신약성서』에도 비슷한 사례가 곳곳에 등장한다. 사미아마를 통해 보편적인 힘과 일체가 되면 궁극의 해답을 들을 수도 있을까? 요기라면 망설임 없이 그렇다고 대답할 것이다.

이 힘으로 신체를 강하고 아름답고 튼튼하게 만들 수 있다. "시간의 막대를 부수어 자신의 몸으로 영원히 살 수 있다." 신체 재생의 근본적인 비밀을 아는 자에게 죽음과 질병은 없다. 이것은 요기가 시간을 우리와는 다른 시각으로 인식한다는 의미이다. 그들은 한순간에서 다음 순간으로 끝없이 변하는 흐름이 아니라 영원히 변하지 않는 속성을 인식한다. 우리가 논리적인 이성의 힘으로 생각하는 3차원 이상을 인식하고 이용하는 것이다.

그렇게 얻은 지식으로, 요기는 우리의 평범한 인식이 허락하는 것보다 더 높은 차원에 있는 존재를 인식한다.

기적을 일으키는 정신

요기가 천국에 가기를 열망하지 않는다는 것은 말할 필요도 없을 것이다. 천국은 그것이 존재한다고 말하는 한 이미 한정된 상태이며, 윤회의 고리에서 진정으로 벗어나는 것이 아니다.

이 주제를 맺기 전에, 육체를 가진 채 불멸하는 방법에 대한 특이한 견해를 하나 살펴보자. 요가는 이를 화학적인 방법으로 이룰 수 있다고 주장한다. 요가를 신봉하는 인도의 한 종파는 완전한 지식을 얻은 자의 죽음을 개탄했다. 정신이 몸을 생성하는데, 그것을 유지하고 계속 소유하면 안 되는 이유가 있는가? 그들은 특히 수은과 유황을 적절히 조합하면 목적을 이룰 수 있다고 믿었다. 비베카난다는 오늘날 인도의 많은 약품, 특히 금속을 약으로 사용하는 관행이 이 종파에서 비롯되었다고 말한다.

그보다 수준이 낮은 요기들은 아편과 자기 최면을 사용한다.

자기 종파의 창시자가 아직 죽지 않고 자기 육체 속에 머문다고 믿는 요기들이 적지 않다. 이 주제에 자연스럽게 접근했던 막스 뮐러에 얽힌 일화가 있다. 그가 덧붙인 말을 요약해보겠다.

"가장 난해한 철학적 질문을 이해하는 사람이 동시에 자기 스승이 앉은 채로 공중에 떠오르는 걸 봤다고 확신에 차 이야기한다.

나와 친분이 있는 그 작가는 자기 스승 사바파티의 일대기를 썼는데, 거기엔 사바파티가 많은 사람 앞에서 행한 기적이 기록되어 있다. 1840년 마드라스에서 태어난 사바파티가 29세 되던 해, 무한한 영혼이 그에게 찾아와 말했다.

'오, 사바파티여, 무한한 영혼인 나는 만물 안에 있으며, 만물이 내 안에 있다. 너는 나와 따로 떨어져 있지 않으며 독립적인 영혼이 아니다. 너를 제자로 받아들이겠다. 너를 아가스티야 아쉬라마에게 보내 성자이자 요기의 모습 속에 있는 진정한 '나'를 발견하게 해주마.'

한밤중에 이런 환영을 본 사바파티는 집에서 7마일 떨어진 마하데바 신전으로 떠났다. 사바파니는 그곳에서 사흘 밤, 사흘 낮 동안 깊은 명상에 잠겨 있다가, 이제 아가스티야 아쉬라마를 찾아가라는 명령을 들었다. 그는 천신만고 끝에 어느 동굴에서 200세가 넘은 요기가 성스러운 미소를 띤 채 빛나는 얼굴로 앉아 있는 것을 발견했다. 사바파티는 그의 제자가 되어, 7일 동안 아무것도 먹지 않고 버틸 수 있을 때까지 브라흐만에 관한 지식을 전수받으며 삼매경에 드는 훈련을 받았다. 그렇게 7년이 지나자 스승은 신비로운 이야기를 들려주며 사바파티를 돌려보냈다.

'내게서 배운 진리를 퍼뜨려 세상에 선을 행하라. 가장들에게 이로운 진리를 아낌없이 전하라. 그러나 기적을 보여달라는 끈질긴 요구에 굴복하거나 자만심이 너를 이끌지 않도록 조심해야 한다.'

사바파티는 주요 도시에서 가르침을 베풀고 몇 권의 책을 펴냈지만, 기적을 보여달라는 요구는 모두 거절했다. 1880년에 그는 라오르에서 살고 있었다. 기적을 보여달라는 청은 거절했지만, 같은 종파 사람 하나가 일으킨 어떤 기적에 대해서는 이야기해주었다.

약 180년 전, 마이소르를 지나던 한 요기가 왕자에게 극진한 대접을 받았다. 그때 무굴제국의 아르코트 지방 통치자가 마이소르를 방문해 왕자 일행이 그들을 맞이했다.

이슬람교로 개종한 통치자가 요기에게 물었다.

'성스러운 인간을 사칭하고 다닐 만큼 놀라운 힘이 있는가?'

요기는 그렇다고 대답하며, 막대기 하나에 힘을 실어 하늘로 던졌다. 막대기는 화살 수백만 개로 변해 과일나무 가지를 잘게 잘라 떨어뜨렸다. 뒤이어 천둥번개가 치고 폭우가 쏟아졌다. 그 와중에 요기의 목소리가 들려왔다.

'내가 좀 더 힘을 썼다면 세상이 멸망했을 것이다.'

사람들이 이 난리를 잠재워달라고 간청했다. 요기가 청을 받아들이자 하늘이 전과 같이 잠잠해졌다."

막스 뮐러는 이렇게 덧붙인다.

"나는 이 이야기가 너무나 소박하고 강한 확신에 차 있다는 사실에 큰 충격을 받았다. 물론 이들이 말하는 기적은 당연히 불가능하다. 이런 일들이 아무 의심 없이 믿어졌으며, 지금도 믿어지고 있다는 사실이야말로 엄청난 기적일지도 모른다. 그러나 그와는 별개로, 정신이 몸에 미치는 영향과 몸이 정신에 미치는 영향은 아직 절반도 밝혀지지 않았다는 사실 또한 반드시 기억해야 한다. 인도, 특히 현대의 요기들에게서 인위적으로 최면 상태를 일으키는 방법을 찾을 수 있으며, 그런 상태가 일상생활에 초자연적인 힘이 개입한 탓에 일어난다고 해석할 만한 여지도 충분히 있다."

이렇게 긴 이야기를 인용한 이유는 인도철학과 관련된 문제에서 막스 뮐러만큼 존경과 신뢰를 받는 학자도 없으며, 그가 극도로 신중하게 주장을 펼치기 때문이다. 앞에 인용한 내용만 봐도 충분히 느낄 수 있을 것이다. 나는 막스 뮐러가 기적에 관한 요기의 견해와 관련해 '초자연적'이라는 어휘를 썼다는 점을 지적하고자 한다. 진정한 요기는 이러한 일들이 초자연적이라고 말하지 않는다. '초자연적'이라는 표현은 자연의 법칙을 깨뜨리거나 멈춘다는 의미를 함축하기 때문이다. 그런 일은 절대로 일어날 수 없다. 기적이란 '인지로 헤아릴 수 없는 것'이라고 말해야 한다. 평범하고 자연스러운 것을 넘어선, 그러나 더 높은 차원의 지식에 철저히 들어맞는 것이다.

프랑스 식민지였던 찬데르나고르에서 판사를 역임한 루이 자콜리오Louis Jacolliot가 인도에서 여러 해를 보내며 관찰하고 기록한 내용이 막스 뮐러의 것보다 더 명쾌하고 조심스럽다. 그는 아무런 편견 없이 그저 눈으로 본 대로 기록했다고 말한다.

시간을 넘어서는 영원불멸

요가에서 말하는 '시간'이라는 개념에 관해서, 비베카난다가 파탄잘리의 경구를 해설한 내용도 그냥 지나칠 수 없다. 현대 물리학의 시간 개념과 밀접하게 관계되어 있다는 점에서 매우 흥미로운 이야기이다.

"파탄잘리는 시간의 연속성을 이야기한다. 그는 '연속성'이란 우리가 생각에 빠져 있는 동안 일어나는 변화라고 정의한다. 순간마다 생각이 변하지만, 우리는 그 연쇄가 끝났을 때만 그것을 인식한다. 그것이 바로 연속성이다. 존재의 편재遍在를 깨달은 자에게 연속성이란 있을 수 없다. 과거와 미래는 사라지고 오직 현재만이 존재한다. 그것이 시간이며, 모든 지식은 한순간에 이루어진다."

비베카난다는 자기가 말하고자 하는 바를 제대로 표현하지 못했다. 그는 '과거와 미래가 사라진다'고 말하지 말았어야 했다. 비베카난다가 말하고자 했던 바는 과거, 현재, 미래가 하나임을 인식했을 때 영원한 '지금'만이 남는다는 것이다. '한순간'이라는 표현도 적절하지 못하다. '순간'이란 시간의 현상적인 연쇄의 분할이기 때문이다. 그러나 나는 비베카난다의 해설이 파탄잘리의 경구를 충분히 명료하게 보여주었다고 생각한다.

우파니샤드에서는 요가가 어떠한 철학 위에 구축되었는지 보여주는 이야기를 많이 찾아볼 수 있다. 비록 아직 시작 단계이지만, 요가의 철학은 아주 오래전부터 존재했다.

『스베타스바타라 우파니샤드』에 이런 이야기가 실려 있다.

"(희생제를 위해) 불을 피우거나 (요가 수련으로) 공기를 조종하면 마음이 완전해진다.

머리와 목과 가슴을 반듯하게 하고, 정신을 가다듬어 장기를 확실히 자리 잡게 하면, 브라흐만의 뗏목을 타고 슬기가 무서운 무지의 강을 건너온다.

올바르게 수행한 자는 프라나를 지배하고, 잠잠해지면 코로 내뿜는다. 현자는 마부가 사나운 말을 다스리듯이 자기 마음을 다스린다.

바람이 잠잠하고 바닥이 평평하며, 모래와 자갈이 없고 불이 날 염려가 없으며, 빗소리나 사람들이 내는 소음에 방해받지 않는 동굴, 마음과 눈을 쉴 수 있는 곳에 은거하면 마음이 요가와 하나가 된다.

눈, 연기, 태양, 바람, 불, 반딧불이, 번개, 수정, 달과 같은 모습으로, 서서히 요가 속에서 브라흐만이 드러난다.

땅과 물, 빛과 공기 그리고 대기로부터 요가의 인식이 수행자 앞에 나타나면, 요가의 불길로 만든 육체를 갖게 되고 모든 병과 노화, 죽음에서 벗어난다.

몸이 가볍고 건강해지고, 갈증이 사라지고 얼굴색이 좋아지며, 목소리가 아름답게 변하고, 몸에서 향기가 나며, 배설물이 적어지는 것이 요가에 들어서는 첫 번째 징후이다.

금과 은이 온 땅을 뒤덮어 반짝이듯이, 만물이 하나라는 진리에 도달한 자는 모든 것을 성취하고 고통에서 놓여난다."

다음은 샹카라가 『브리하다란야카 우파니샤드』에서 인용한 부분이다. 대화 상대인 여성의 이름은 가르기이다.

"규칙에 따라 올바른 자세로 수행하면 모든 것을 이룬다. 사슴이나 호랑이 가죽 위에 앉아, 설탕과 과일로 가나파티 신께 경배하라. 그런 다음 동쪽이나 북쪽을 향해 편안한 자세를 취하고 오른쪽 손바닥을 왼쪽 손바닥에 포갠다. 목과 머리를 일직선에 두고, 입을 굳게 다물고 시선을 코끝에 고정한 채 움직이지 않는다.

음식은 적게 먹거나 금식한다. 그러지 않으면 모든 수행이 물거품이 된다. 스승의 가르침에 따라 3년에서 4년, 혹은 3개월에서 4개월 동안 꾸준히 비밀스럽게 수련한다. 매일 아침, 점심, 저녁, 한밤중에 아무도 없는 방 안에서 마음이 정화될 때까지 수련한다. 몸이 가벼워지고 얼굴색이 좋아지며 입맛이 도는 것이 마음이 정화되는 징후이다."

계속해서 호흡법 등이 이어진다.

육체의 건강은 요가에 필수적이다. 이것이 요가의 기본 원리이다. 육체를 통제하기 위해서이지 고문하기 위해서가 아니다. 따라서 자극적인 약이나 음식, 음료를 엄격하게 금해야 한다. 심장 기능을 강화하는 호흡 훈련은 의사들도 강력하게 권하는 바이다. 그러나 다음 단계로 넘어갈수록 엄청난 인내를 요구하며 절대로 혼자서 수행해서는 안 된다는 사실 또한 명심해야 한다. 스승 역시 요가에 필수적인 요소이다.

요가는 인도 정서에만 맞는 철학이 아니다. 인도-아리안의 정신을 간직한 위대한 철학자 셸링Friedrich Wilhelm Joseph Schelling의 이야기를 들어보자.

"우리를 시간의 흐름에서 자유롭게 해주는 신비로운 힘이 우리 모두에게 깃들어 있다. 외부 세계에서 벗어나 우리 자신 속에 변치 않는 영원함이 존재함을 발견하게 해주는 힘이다. 우리 자신이 우리 자신에게 드러나는 경험은 가장 진실한 개인적 경험이다. 감각을 초월한 세계에 관해 우리가 아는 모든 것이 그 경험으로부터 나온다. 어떤 것이 진정한 존재인지, 그리고 나머지는 모두 허상에 불과하다는 사실을 처음으로 알게 해준다. 그 순간 우리는 시간을 무찌른다. 이제 우리는 시간 속에 있지 않다. 시간이, 아니 영원불멸함이 우리 속에 있다. 외부 세계는 이제 아무것도 아니다."

이것은 요가 그 자체이다.

앞서 이야기했듯이, 요가에도 여러 형태가 있고 창시자에 따라 지침도 다양하다. 그러나 어느 것이든 힘 자체에는 아무런 가치도 두지 않는다는 것을 다시 한 번 강조한다. 요가에서 성취를 이루는 길이 단 하나뿐인 것은 아니다. 앞서 설명한 방법 말고도 완전한 영혼의 자유에 이르는 길이 세 개 더 있다. 다른 책에서 자세히 다루었으므로 여기서는 아주 간단히 이야기하도록 하겠다.

카르마 요가: 가족과 사회에 헌신하고 선한 일을 하며 사는 것.
바크티 요가: 사랑에 온전하고 열정적으로 헌신하는 것. 사랑은 이기심과 거짓된 개성이라는 감옥을 부수는 가장 강력한 힘이므로 완전한 자유로 이끈다.
즈냐나 요가: 순수한 이성의 차가운 불꽃으로 정신의 약점과 무지, 어리석음을 찾아 부순다.

그러나 파탄잘리가 말한 방법이 자유에 도달하는 가장 빠른 길이다.

요가에 관한 이 두 장에 담긴 내용이 자기 최면이나 속임수라고 생각하는 사람도 많을 것이다. 인도에도 파탄잘리의 요가를 힌두교 광신자 집단의 원류로 여기는 사람들이 있으며, 사기꾼은 동서양을 막론하고 어디에나 있다는 점도 무시해서는 안 된다. 그러나 그럼에도 나는 요가를 인도철학의 고귀한 핵심이라고 믿는다. 미신에 지나지 않는다고 아무리 평가절하당해도, 그것을 빼놓고는 인도철학을 이야기할 수 없다. 요가는 신앙과 명상이 인간 의식의 한계를 초월하게 할 수 있다고 가르치며, 진정한 세상은 그 한계 너머에 있음을 깨닫게 해준다고 말한다.

이것은 매우 어려운 주제이다. 오직 훈련된 자만이 배후의 진리에 도달할 수 있음을 상징하는 말이기도 하다. 요가는 여러 가지 면에서 인도철학의 가장 심오한 가르침을 이해하는 열쇠임을 잊어서는 안 된다. 불교 철학도 예외는 아니다. 어쩌면 스리랑카와 미얀마의 불교는 예외일지도 모른다. 붓다가 그 제자들로부터 아무것도 이끌어내지 못했다고 주장했기 때문이다. 사실이다. 그러나 그 제자들도 육식이 아기들에게 적합하다고 생각하지는 않았다. 티베트 같은 곳에서는 태곳적부터 스승이 제자에게 불교 신앙을 전해왔다. 나란다대학에서는 각 지역 고유의 비술을 체계적으로 연구하기도 했다.

서양에 요가의 가치를 전하려 애쓴 라다크리슈난의 말로 이 장을 맺도록 하겠다. 우리는 인도가 준 커다란 선물을 이제 막 깨닫기 시작했을 뿐이다. 우리는 인도에 감사해야 한다. 나는 라다크리슈난의 말에 전적으로 동의한다.

"이 고대 사상가들은 영혼이 고요한 고독에 머물러야 함을 깨달으라고, 번뜩였다가 이내 희미해지는 깨달음의 순간을 변함없는 빛으로 탈바꿈시켜 삶을 빛나게 하라고 우리에게 말해준다."

『바가바드기타』 8

『마하바라타』와 우주적 의식

베단타 철학이 말하는 '영혼의 해방'이 무엇을 의미하는지는 인도에서조차 오해가 난무한다. 해방은 정화된 인식으로 마음속에서 진리를 찾음으로써 이루어진다. 서양철학도 이 주제를 탐구하기 시작했다. 리처드 버크Richard Maurice Bucke는 『우주적 의식』Cosmic Consciousness이라는 제목으로 만물이 하나라는 주제를 다루었다. 베단타에 대한 이해가 아직 일반 독자 수준에 머물러 있는 다른 작가들도 점점 이 주제를 언급하는 일이 잦아졌다.

『바가바드기타』를 이야기하며 '우주적 의식'을 그냥 지나칠 수 없다. 이 아름답기로 유명한 책은 우주적 의식에 이르는 방법과 그 의미를 가장 잘 설명하고 있다.

전설적인 인물이나 민족의 영웅을 구현한다는 점에서 호메로스에 비교될 만한 인도 서사시가 두 편 있다. 어쩌면 이 서사시들 덕분에 등장인물들이 그런 지위에 오를 수 있었는지도 모른다. 그러나 호메로스의 서사시와 인도의 서사시 사이에는 큰 차이가 있다. 인도 서사시는 단순히 역사와 애국심뿐 아니라 종교와 철학도 담고 있다.

호메로스의 서사시와 마찬가지로 인도 서사시에도 신의 혈통을 직접 이어받은 주인공들이 신들과 함께 종종 등장한다. 그러나 인도 서사시는 마치 경전과 같은 무게로 윤리와 철학을 다룬다. 인도 양대 서사시 『마하바라타』와 『라마야나』는 인도의 『성서』라 칭할 만하다. 『마하바라타』는 때로 다섯 번째 베다라 불리기도 한다.

나는 이야기의 보고라 할 만한 두 서사시를 거의 매일같이 읽었다. 끝없이 펼쳐지는 방대하고 아름다운 사랑 이야기도 감탄스럽지만, 가장 위대한 점은 이야기에 담긴 고결한 사상이다. 눈에 보이지 않는, 영원히 아름다운 존재를 향한 열정. 남녀를 불문하고 마음속에 간직한 그 열정은 예나 지금이나 인도의 정신이라 할 수 있다.

『마하바라타』는 10만 개에 달하는 법문으로 이루어진 방대한 시이다. 이것을 한 사람이 저술했다고는 생각할 수 없다. 엄밀히 말하면 『마하바라타』는 모음집도 아니다. 관련된 전설, 우화, 성찰이 모여 스스로 성장한 것처럼 보일 정도이다.

핵심적인 이야기는 기원전 3,000여 년 전에 시작된 것으로 보인다. 줌나 강과 수틀레지 강 사이, 지금은 시르힌드라 불리는 지역의 패권을 다툰 두 종족의 이야기가 주된 내용이다. 이야기의 시작은 트로이 전쟁과 헬레나의 이야기만큼 단순하지만 점점 더 풍부해진다. 책이 너무 두꺼워질 테니 여기서 전체 이야기를 따라갈 수는 없다. 방대하지만 잘 알려지지 않은 이 서사시에는 아름다운 왕비와 왕의 매혹적인 사랑 이야기가 끝없이 이어지고, 진정한 사랑을 원하는 사람들만이 느낄 수 있는 매력으로 가득 차 있다. 연대에 대해서는 의견이 분분하지만 대략 기원전 5세기경 작품인 것으로 추정한다. 훔볼트Wilhelm von Humboldt는 이 서사시가 "모든 언어를 통틀어, 존재하는 가장 아름답고 진정한 철학적인 시"라고 단언했다.

줄거리는 대략 이렇다. 선과 악, 정의와 불의가 투쟁을 벌인다. 유디스티라 왕을 비롯한 판다바 다섯 형제가 선을 대변하고, 그들의 아내 드라우파디는 가장 고귀하며 아름다운 여인을 상징한다. 그리고 판다바 형제의 사촌 쿠루 형제가 악을 대변한다.

수많은 모험과 갈등 끝에 크루크세트라 지방의 패권을 가리는 전투가 극단으로 치닫는다. 신의 활 간디바의 주인이자 판다바 형제의 셋째인 아르주나는 가장 위대하고 사랑스러운 인간이다. 아르주나는 파괴의 신처럼 싸우고, 그의 친구이자 인도에서 가장 사랑받는 신인 크리슈나는 그의 마부가 되어 영예를 더해준다.

아르주나가 크리슈나에게 외친다.

"내가 누구와 싸워야 하는지 볼 수 있게 양군 한가운데로 마차를 몰아주십시오."

결전이 눈앞에 다가왔다. 아르주나는 전장을 살펴보고 장남 유디스티라 왕이 군을 이끌고 있다는 걸 확인했다. 반대편에는 판다바 형제의 권리를 부정하고 왕국에서 내쫓은 증오스러운 두료다나가 보인다. 그러나 그곳에는 경애하는 비시마를 비롯해 아르주나가 사랑하고 존경하는 친구들과 사촌들도 있었다. 갑작스럽게 전쟁의 공포가, 무엇보다도 일가친척끼리 피를 흘려야 한다는 슬픔이 엄습해 심리학자들이 '영혼의 어두운 밤'[1]이라고 부르는 위기가 찾아온다. 그때부터 아르주나는 『구약성서』의 욥처럼 인류의 영원한 질문을 상징하게 된다. 아르주나는 적대하는 양군 사이로 마차를 몰고 간 크리슈나 신에게 말한다.

"오, 크리슈나여. 친척들이 서로 싸우려는 걸 보니 팔다리에 힘이 들어가지 않습니다. 온몸이 떨리고 머리털이 주뼛 서는군요.

---

1 주로 정신적으로 성숙하거나 종교적인 수련을 하는 사람에게서 나타나는 병리 현상으로서, 황홀경과 같은 절정 체험을 한 뒤에 그 환희의 순간을 간절히 그리워하는 정신 상태를 말한다.

내 활 간디바를 들지도 못하겠고 피부가 타들어가는 것 같아 서 있기도 버겁습니다. 마음이 어지럽습니다.

오, 현자여. 이건 옳지 않습니다. 누가 친척들 간의 싸움을 축복하겠습니까?

오, 크리슈나여. 나는 승리도 왕위도 기쁨도 원하지 않습니다. 왕위가 도대체 무슨 소용이란 말입니까?

스승들이며 아버지들이며 아들들이며 손자들이란 말입니다! 그들이 나를 치더라도 나는 그들을 치지 않겠습니다.

정녕 동족을 해하는 죄를 깨달을 수는 없는 것입니까?

우리는 큰 죄를 짓고 있습니다. 달콤한 권력을 좇아 동족을 살해하려 애쓰고 있단 말입니다.

내 친구들이 무기를 들어 굳이 나를 치려 한다면 저항하지 않겠습니다."

아르주나는 그렇게 말하고는 활과 화살을 내려놓고 마차에 주저앉았다. 그의 마음엔 슬픔이 가득했다.

이 장에는 '아르주나가 절망한 까닭'이라는 소제목이 붙어 있다. 다음 장은 '신성한 크리슈나와 아르주나의 대화'이다.

아르주나와 크리슈나의 대화

──────────────── 크리슈나가 말했다.

"오, 아르주나여. 무지한 자들이나 할 만한 어리석은 생각에 빠진 이유가 무엇인가? 용맹한 자여! 어서 기운을 차려라!"

아르주나가 대답했다.

"내가 어떻게 감히 명예로운 비시마와 드로나를 적대하겠습니까?

고귀한 스승을 살육하느니 음식을 구걸해 먹는 게 훨씬 더 복될 것입니다.

우리는 우리가 승리하는 게 좋은지, 저들이 승리하는 게 좋은지도 모르고 있습니다.

마음이 약해져 갈피를 못 잡겠습니다. 무엇이 옳은지도 모르겠습니다. 저는 당신의 제자입니다. 어떤 길이 더 복된 길인지 분명하게 말씀해주십시오. 제게 가르침을 주십시오!"

아르주나는 무리의 지도자에게 자신은 싸우지 않겠다고 외치고는 말을 맺었다. 크리슈나가 절망에 빠져 앉아 있는 아르주나를 향해 부드럽게 웃으며 입을 열었다.

"그대는 얼토당토않은 슬픔에 빠져 있다. 그런 비탄은 산 자에게나 죽은 자에게나 아무 의미도 없다.

나는 존재한 적도 없다. 그대 또한 마찬가지다. 우리가 존재하지도 않으니 슬픔은 있을 수도 없다.

육신에 잠시 머무는 영혼이 그 몸속에서 유아기를 지나 어른이 되고 늙어가며, 같은 과정을 또 다른 몸에서 반복한다.

모든 것이 그저 냉기와 온기, 쾌락과 고통을 느끼는 감각이 만들어내는 환상일 뿐이다. 왔다가 사라지며 한곳에 머물지 않는 것이다. 견뎌내라! 프리다의 아들이여!

만물에 스며든 '그것'만이 영원하다는 것을 알아야 한다. 어떤 것도 그 변치 않는 존재를 부술 수 없다. 육신은 그저 영원히 변치 않는 영혼의 집일 뿐이며, 언젠가는 끝을 맞게 되어 있다. 그러니 어서 싸워라!

누군가는 죽이고 누군가는 죽는다고 생각한다면 착각이다. 영혼은 결코 소멸시키지도, 소멸하지도 않는다.

영혼은 태어나지도 않고 죽지도 않으며, 한순간도 존재하지 않을 수가 없다. 육체가 소멸한다고 사라지는 것이 아니다. 사람이 낡은 옷을 벗고 새 옷을 입는 것처럼, 영혼도 낡은 육신을 떠나 새 육신으로 들어가는 것이다.

그대는 의미 없는 슬픔에 괴로워하고 있다. 전사에게 정당한 투쟁보다 복된 일은 없다.

오, 프리다의 아들이여. 예기치 않은 전투란 전사에게 천국의 문을 열어주는 행복이다. 쾌락과 고통, 득과 실, 승리와 패배를 떠나 싸움에 임하라! 그것은 전혀 죄악이 아니다.

성공과 실패는 그대 행위와 무관하다. 그저 원칙에 따르라. 여기서는 전투에서의 용맹함이 원칙이다."

아르주나는 의혹을 떨치지 못하고 원칙이 어떤 것인지 알려달라고 간청한다. 이런 문제에서 어떤 말을 해야 하는가? 무엇을 해야 하는가? 크리슈나가 이에 대답한다. 전장 한복판에서 이런 대화를 나누는 것은 참으로 기이한 광경이지만, 마치 이 극적인 대화가 끝나기를 기다리기라도 하는 것처럼 모두가 꼼짝도 하지 않는다.

"아무 욕심도 없고, 자신에게 닥친 어떤 것도 사랑하거나 미워하지 않는 이는 지혜로운 사람이다.

거북이가 껍질 속에 숨는 것처럼 감각의 촉수를 감추는 이는 확고한 지혜를 가진 사람이다.

감각 대상을 향한 욕망을 완전히 거두는 자만이 근본적인 지혜를 얻을 수 있다.

'나' 또는 '내 것'이라는 욕망을 멀리 던져버리면 평온함을 느끼게 된다.

오, 프리다의 아들이여. 그것이 바로 브라흐만 속에 머무는 것이다. 그곳에 이른 자에게 혼란이란 없다. 그곳에 들어가는 순간 브라흐만과 하나가 된다."

영혼은 몸과 마음의 투쟁을 조용히 지켜보는, 순수하고 때 묻지 않은 방관자이다. 옳고 그름 사이의 투쟁이라는 관념은 감각이 지배하는 현상세계에 한정된다. 그것은 꿈, 아니 단지 왜곡일 뿐이다. 그러나 아르주나는 아직도 평온함을 찾지 못하고 전투를 주저한다. 그는 크리슈나에게 선과 악이 뒤얽힌 이 끔찍한 상황에서 어떻게 확실히 승리할 수 있는지 묻는다. 크리슈나가 대답했다.

"이 세상의 토대는 양면적이다. 지혜의 원리 그리고 선한 행위에 매이지 않는 선한 행위의 원리가 있다.

누구도 게을러져서는 안 되니 규칙에 따라 행동하라. 무언가를 하는 것이 게으름을 피우는 것보다 낫다.

희생을 목적으로 하지 않는 한 모든 행위는 이 세상을 구속한다. 그러니 그대의 행위를 희생으로 가득 채우고 집착에서 벗어나도록 하라."

이어서 크리슈나는 이 모든 것을 아는 인간의 형상을 한 자신이 이 세상에서 어떻게 살아가는지, 그리고 그렇게 하지 않으면 어떤 재앙이 닥칠지 이야기한다. 그는 변치 않는 영원한 존재다. 여기 있는 인격신의 형상은 인간의 마음에 비친 왜곡된 심상일 뿐이다. 실체는 변치 않는 절대자이다. 다시 말해서 그는 절대진리를 나타내지만, 한편으로는 더 높은 성취를 이룰 때까지 이 세상에서 살아가야 하는 인간을 위한 부분적인 진리이기도 하다.

"이 삼계三界² 에서 내가 반드시 해야 하는 일도, 하지 말아야 하는 일도 없다. 그러나 나는 여기 이렇게 행한다.

행위는 자연의 기분으로 이루어진다. 나는 기분과 행위의 질서에 따라 카스트 4계급을 만들었다. 나는 그 행위의 주체이다. 그러나 나는 아무 행위도 하지 않는다. 나는 변하지 않는다.

행위는 현현한 자연이 하는 것이지만, '나'라는 관념에 사로잡힌 자는 자신이 '행위자'라고 착각한다.

행위의 양면성이라는 진리를 깨우친 자는 현상이 단지 현상 속에 머무를 뿐임을 알고 집착하지 않는다.

모든 행위를 진정한 자신 너머로 던져버리고, 유일한 절대 자아만을 바라보며, '나' 또는 '나의 것'이라는 관념과 모든 욕망을 버려라. 그리고 싸워라!

내 가르침을 따르면 행위로부터 자유로워진다."

그러나 아직도 속세의 미망에서 벗어나지 못한 아르주나는 또다시 질문을 던진다.

"그러면 인간으로 하여금 자신의 의지에 반하는 죄악으로 빠뜨리는 것은 무엇입니까?"

크리슈나가 대답한다.

"불타는 욕망에서 비롯되는 사랑과 분노, 식탐과 사악함이다. 연기 속에서 바라보듯이, 더러운 거울에 비추어 보듯이 세상을 바라보는 것이다.

모습을 바꾸며 나타나는 이런 것들이 지혜의 영원한 적이다.

그것들이 감각기관, 마음, 이성에 자리 잡고 영혼을 어지럽히며 지

---

2 욕계欲界·색계色界·무색계無色界. 불교의 세계관에서 중생이 생사유전生死流轉한다는 3단계의 미망迷妄의 세계.

혜를 가로막는다.

　진정한 자아가 이성보다 더 높음을 깨닫고 이 무서운 적을 무찔러라."

　계속해서 선한 행위의 원리, 지혜의 원리, 요기가 지켜야 할 수칙, 신을 향한 애정 어린 헌신을 아우르는 아름다운 법문이 이어진다. 그것들이 감각이 보여주는 거짓된 환상을 쳐부수는 전사들이다. 기꺼이 금욕하는 정신에 더없는 행복이 있다. 그러나 그것들조차 넘어서 모든 것을 포기했을 때, 모든 것을 초월한 진정한 깨달음에 이르렀을 때 더 큰 행복이 찾아온다.

　"이제 깨어나 법칙을 깨닫고. 지혜의 칼을 들어 진정한 자아 속에서 불신을 베어버려라. 불신은 무지한 네 마음속에 도사리고 있다."

　아르주나는 아직도 이해하지 못한다. 선한 행위보다 더 높은 경지가 어떻게 가능하다는 말인가? 크리슈나가 참을성 있게 자세히 설명해 준다.

　"진리를 깨달은 자는 보고 먹고 자고 일어나고 숨을 쉬면서도 진실은 자신이 아무것도 하지 않음을 안다. 감각기관조차 감각기관의 대상임을 기억하기 때문이다."

　(그러므로 감각기관도 감각과 마찬가지로 환상에 지나지 않는다.)

　"신은 죄악도 선행도 인정하지 않는다.

　현명한 브라만 계급이건 나머지 계급이건 관계없이, '내'가 곧 '그' 임을 아는 자는 평화를 얻는다."

　이어서 "아무도 없는 곳에 은거하며 모든 욕망과 소유를 버려 마음을 완전히 가라앉히고, 순결 서약을 지키며 영혼의 평안을 얻은" 요기에 관한 신비로운 법문이 이어진다.

"만물 속의 '나', '내' 안의 만물을 보는 자는 결코 진정한 자신을 잃지 않는다."

그러나 아르주나는 여전히 인식의 경계 너머로 나아가기를 망설인다. 변덕스럽고 덧없는 인간의 마음이 어떻게 확고한 진리 속에 머물 수 있겠는가? 아르주나가 그걸 시도하고도 인간적인 선행과 사상에서 벗어나는 바람에 궁극의 진리에 도달하지 못했다고 해보자. 하찮은 죽한 그릇에 그의 모든 권리를 팔아넘겨 버리는 건 아닐까? 누가 감히 자신이 높은 경지에 도달한다고, 끔찍한 결과를 가져오는 것이 아니라고 확신할 수 있는가?

크리슈나가 그에게 영원한 행복을 약속한다.

"프리다의 아들이여. 정의를 추구하는 자를 해할 수 있는 것은 세상 어느 곳에도 없다.

완전한 성취를 이루지 못하더라도 여러 해 동안 덕을 쌓으면 순수하고 올바른 가정에서 다시 태어나며, 전생에 가졌던 훌륭한 지식도 잃지 않는다."

다시 말해, 인식의 경계를 넘어서려 시도해도 아무것도 잃지 않는다는 뜻이다. 새로운 시도를 위한 축복받은 장소를 마련할 뿐이다.

"전생의 분투가 현생의 의지와 상관없이 인간을 앞으로 이끈다."

내면의 자아가 인간을 자신에게 이끌기 때문에, 언젠가는 절대 진리를 깨닫게 된다.

"나보다 더 높은 존재는 없다. 세상 만물이 목걸이에 꿰인 보석처럼 내 앞에 모습을 드러낸다.

나는 물의 맛이며, 해와 달의 빛이며, 베다의 '옴'이며, 모든 남자의 남성성이다.

강한 자의 힘이며, 불의 열기이며, 현명한 자의 지혜이며, 장대한 것의 아름다움이다.

선과 우울과 흥분, 세 가지 기분이 내게서 나온다. 내가 그들 속에 있는 것이 아니고, 그것들이 내 안에 있다.

그러므로 세 가지 기분에 흔들려서는 내가 깔고 앉은 불변의 세상 만물을 이해할 수 없다.

기분이 부리는 마법은 극복하기가 매우 어렵지만, 나를 따르는 자는 그것을 초월한다."

이 이야기를 들은 아르주나는 비로소 공空에 한걸음 다가간다. 이제 그는 깨달음의 경계 위에서 고민한다.

"브라흐만이 무엇입니까? 무엇이 진정한 자아입니까?"

크리슈나가 질문에 대답한다.

"불변하는 최고의 것이다. 그러나 존재에 생명을 부여하는 창조의 힘은 행위라는 이름으로 나타난다.

세상은 왔다가 사라지지만, 자기 자신에 도달한 자는 다시 태어나지 않는다.

이 세상은 형태 없는 나로 가득하다. 순환이 끝나면 모든 존재는 다시 나의 본성 속으로 돌아온다. 순환이 다시 시작되면 나는 그것을 새롭게 만든다.

그러나 나는 행위에 구속되지 않는다. 나는 행위에 무관심하고 집착하지 않기 때문이다. 그러나 나를 갈망하는 자들에게는 그것을 얻고 지켜낼 힘을 준다.

다른 신들을 믿고 찬양하는 자들도 정해진 규칙을 따르지 않을 뿐, 사실은 나를 경배하는 것이다. 내가 곧 모든 희생제의 주인이기 때문이다.

간절히 원하는 자가 내게 꽃과 잎과 물을 바치면 나는 그것으로 만족한다.

죄악에 물든 자도 내게로 돌아오면 천상의 길로 들어설 수 있다."

아르주나는 마침내 지혜의 불꽃을 깨닫고 울부짖기 시작한다.

"당신은 최상의 존재이며 최상의 영광입니다! 순결한 권능입니다!"

아르주나는 계속되는 신비로운 노래를 들으며 전장과 자기 자신을 비롯한 모든 것을 잊어버린다. 그는 최상의 존재가 가지는 최상의 의식을 보여달라고 간청한다.

"당신의 변치 않는 자아를 보여주십시오!"

마치 1,000개의 태양이 갑자기 떠오른 것처럼 하늘이 밝아졌다.

(아르주나 앞에 펼쳐진 놀라운 환상은 여기에 다 옮기지 않겠다.)

머리카락이 쭈뼛 설 만큼 충격을 받은 아르주나는 두 손을 모으고 고개를 숙이며 말했다.

"신이시여, 그대 안에서 다른 모든 신을 보았습니다. 나방이 있는 힘껏 날아와 불에 뛰어들듯이, 당신은 이 세상을 게걸스레 집어삼킵니다."

유한한 인간인 아르주나가 천둥의 물결 속에 있는 신을 보고 벌벌 떨면서 하는 이야기는 생략하기로 하자. 크리슈나가 말한다.

"나는 때가 되었을 때 세계를 파괴하는 '시간'이다. 네가 치지 않는다 해도 저 전사들이 어떻게 살아남을 수 있겠는가! 내가 저들을 파멸로 이끈다. 일어나라! 싸워라!"

모든 것을 이해한 아르주나가 대답한다.

"방황은 끝났습니다. 당신이 지혜를 주신 덕분입니다. 이제 의심은 없습니다. 명령에 따르겠습니다."

아르주나는 전장에 뛰어들어 맹활약을 펼친다.

이상은 『바가바드기타』의 극히 일부를 요약해서 이야기한 것이다.

깨달음에서 오는 빛

『바가바드기타』를 읽으려는 사람은 절대자가 어떻게 인격신과 같은 제한된 존재로 나타나느냐는 문제에 대하여 논리적인 해답을 기대해서는 안 된다. 이 세계에는 논리가 발 디딜 곳이 없다. 오직 아르주나가 그것을 깨달았다는 사실만이 유일한 대답이다. 그는 인간의 형상에서 신을 보았다. 어쩌면 그가 본 것은 반신반인이었다고 해야 할지도 모른다. 아르주나가 눈을 떠 절대자를 인식하자 모든 문제가 해결되었다. 아니 문제 자체가 사라져버렸다.

『바가바드기타』는 종교와 철학을 하나로 묶은 가장 뛰어난 작품이다. 네 요가를 이보다 더 훌륭하게 설명할 수는 없다. 네 개의 길은 사실 하나이며 서로 분리될 수 없다. 『바가바드기타』에는 앞서 언급했던 '마야'(환상)라는 단어가 여러 번 나타나는데, '부분적 의식'이라고 번역하는 것이 가장 적절할 것 같다. 그것은 쉽게 왜곡되어 세상이 실제로 무엇으로 이루어져 있는지를 보여주는 것으로 완전히 오해되기도 하며, 때로는 최상의 존재가 부리는 '마법' 같은 것을 암시하기도 한다.

아르주나가 받은 보편적 의식의 섬광은 유한한 빛을 넘어서는 형태였음을 잊어서는 안 된다. 『바가바드기타』는 그 빛을 다음과 같이 설명한다.

"또 다른 태양, 또 다른 달이 빛난다!

황혼도 새벽도 한낮도 아닌 또 다른 빛이다.

그 빛을 한번 본 사람은 다시 태어나지 않으며 삶에서 얻을 수 있는 최상의 행복과 평온함에 이른다."

그러나 처음에는 너무나 눈이 부시다. 베단타는 "그것은 내면과 외면의 빛, 빛 그 자체이며 그 무엇보다 신성하다. 스스로 빛나며 모든 빛을 비추는 빛이다. 그것은 자아의 빛이다"라고 말한다.

1886년에 사망한 인도의 성자 라마크리슈나는 그 빛을 보고 갑작스러운 영광에 모든 감각을 잃어 이웃마을 옥수수밭으로 걸어 들어갔다고 한다. 그는 한참 후에야 자신이 본 것을 이야기할 수 있었다.

"살아 있는 빛은 불타지 않는다. 부드럽고 차갑게 빛나는, 마치 보석과도 같은 빛이다. 활활 타오르지 않는다. 그 빛은 평화와 행복을 가져다준다."

이런 경험은 다른 양상으로 나타날 수도 있다. 사도 바울은 타는 듯한 빛을 보고 시력을 잃었다. 그러나 그것은 바울이 예전에 행했던 폭력과 박해로 설명할 수 있을 것이다. 그의 영혼은 충분히 준비되지 않았다.

이슬람교의 창시자 무함마드도 메카에서 9마일쯤 떨어진 헤라 산 동굴에서 홀로 명상하던 중에 비슷한 경험을 했다. 한밤중에 망토를 뒤집어쓰고 잠자리에 들었는데 그를 부르는 목소리가 들렸다. 머리를 내밀자 천상의 빛이 견딜 수 없을 만큼 쏟아져 내려 그만 기절해버렸다. 그것은 깨달음의 빛이었다. 무함마드는 "신의 계율을 보았다."

계시는 때로 엄청난 기쁨으로 다가오기도 한다. 인도에서는 그런 경우를 두고 "존재, 지식 그리고 절대적인 행복은 불가분"이라고 말한다. 이 빛나는 대양에 흠뻑 젖은 사람은 두 번 다시 슬픔과 혼란에 빠지지 않는다.

인도에서는 이런 의식에 관련된 모든 길이 한곳으로 통한다. 수백만 신도가 매일같이 똑같은 기도를 반복한다.

"서로 다른 수원에서 출발한, 똑바르거나 구불거리는 서로 다른 물줄기가 같은 바다에서 만나듯이, 우리가 각자 걷는 모든 길이 당신에게로 향합니다."

그러한 의식에 도달하면 "인식이란 무지와 반대되는 지혜를 의미하며, 선과 악은 아무것도 아니"라는 베단타의 깨달음을 얻게 된다.

이 위대한 의식과 진정한 초인성에 비하면 니체의 초인 사상은 얼마나 초라한지 모른다. 유럽의 영적인 인식은 피상적일 뿐이며, 자기 고유의 것조차 아니다. 공자는 2,000년 전에 벌써 초인에 대해 이야기했다. 인도도 베다와 불교 체계에서 인간이 다다라야 할 최고의 경지를 제시했다.

그러나 니체도 '노예의 도덕'이라는 개념만은 인도와 중국에 빚지지 않았다. 이것은 동정심 가득한 기사도정신을 간직하고 있다. 니체는 이 불균형한 면을 생략하는 편이 더 나았다. 니체가 인식에 도달한 자인 것처럼 보이게 하는 문장들도 있지만, 그는 시계추처럼 언제나 어둠 속으로 되돌아간다.

니체는 불쌍한 약자를 경멸한다. 베단타와 붓다와 예수는 자기 연민 또는 자신의 나약함에 너그러운 것을 경멸했다. 그들의 윤리에는 자기 연민이 들어설 자리가 없었다. 그들은 또한 힘을 갈망했다. 다른 이들을 이끌고 통제하려면 힘을 축적해야 하기 때문이다. 장님은 다른 이를 이끌 수 없다. 그러나 이들은 결코 힘과 덕을 동일시하지 않았다. 힘은 덕의 한 부분일 뿐이다.

현대 사회에는 니체와 같은 부류의 오만한 우월의식이 발을 디딜 틈이 없다. 더 높은 가치를 알지 못했던 니체는 과학과 철학이 하나로 묶이는 다가올 역사에 기록되지 못할 것이다. 니체 스스로 자신이 하찮은 이기심을 중시하는 타락한 자라고 말했다.

다른 철학자들의 이야기를 다 생략하고 니체만을 언급한 이유는 어떤 의미에서 니체가 베단타에 대한 유럽의 대답이기 때문이다. 니체가 자신의 뛰어난 재능으로 베단타를 더 철저히 공부했다면, 초인이 아직 태어나지 않았다든지 "확률에 반하는 기대는 하지 마라"와 같은 어리석은 이야기는 하지 않았을 것이다. 니체에게서는 아무런 발전도 찾아볼 수가 없다. 그의 방식은 시대에 뒤떨어졌다. "고인의 명복을 빕니다." 유럽은 유럽의 '비극적인 낙관주의'의 그늘에서 벗어나야 한다!

베단타에 기초를 둔 6개 학파에 대하여 자세히 알 필요는 없다. 일반 독자에게는 사고 과정을 이해하는 것보다 그 결과를 아는 것이 더 중요하다고 생각한다. 그러나 더 깊이 공부하고자 하는 사람이라면 6개 학파에 대해 살펴볼 필요가 있다.

미맘사 학파는 세상 모든 것이 단지 '말의 의미'일 뿐이라는 심오한 사상을 펼친다. 다시 말하면, 오직 관념만이 실재한다는 것이다. 비슈누 학파는 모든 감각을 동원해 신을 흠모해야 하며, 그렇게 함으로써 모든 세속적인 열정이 신성한 것으로 전환된다고 주장한다. 이 학파들이 서로 모순되는 것처럼 보일지라도 그들의 마음은 세속의 때가 전혀 묻지 않았다. 자비심을 극한까지 추구하는 자이나 학파, 불교의 회의주의를 논박하는 니야야 학파의 논리적 명쾌함을 보라. 이들 모두가 각각 베다의 팔다리이다. 니야야처럼 현실적인 학파도 다른 5개 학파와 마찬가지로 영적인 삶에 이바지한다.

    샹카라의 지식과 이성적인 사고는 그가 더 높은 철학과 종교에 도달하는 데 아무런 도움도 되지 않았다. 『바가바드기타』가 숨 쉬는 곳에서 니야야 학파는 숨을 거둔다. 그러나 6개 학파를 공부하는 것이 그만큼 덜 중요하다는 뜻은 아니다. 동서양을 막론하고 6개 학파를 모르고서는 아무런 말도 할 수 없다. 베단타 학파의 시조 바다라야나Badarayana나 라마누자Ramanuja와 같은 중요한 인물에 대해서 이야기하지 못한 것은 이 책의 목적이 방대한 주제에 관한 대중적인 조감도를 제시하는 것이므로 어쩔 수 없는 일이었다. 그러나 이 책이 몇몇 구도자들을 철학의 근원으로 안내하고, 마음이 만든 이 세상이 겉으로 드러난 모습이 아니라 관념으로서 영원히 지속함을 깨닫도록 해주리라는 희망도 버리지는 않겠다.

# 9

붓다의 위대한 포기

붓다의 위대한 포기

불교는 인류 역사상 가장 심오한 철학 중 하나일 뿐만 아니라 위대한 종교이기도 하다. 불교는 수없이 많은 이의 삶을 뒤흔들었다. 현대 과학과도 신기할 정도로 잘 어우러진다는 점에서 불교는 앞으로 더욱 크게 발전해나갈 것이다. 불교는 베단타가 낳은 자식이라고 할 수 있다. 그러나 네팔을 제외하면 인도에서 불교는 점차 사라져가고 있다. 기존 사상체계와 유사한 부분은 기존의 것에 흡수되고, 『마누법전』에 배치되는 반사회적인 경향을 보이는 부분은 배척당했다.

그러나 불교는 인도에 머물지 않고 티베트, 중국, 한국, 일본, 미얀마, 인도네시아, 스리랑카, 태국 등지로 널리 퍼져 나가 동양인의 영혼을 사로잡았다. 그리고 이제 기독교 교리만으로는 평안을 찾지 못하던 서양인의 영혼까지 뒤흔들기 시작했다. 기독교의 가르침에 대해서는 더 언급하지 않겠다. 그것은 여기서 다룰 문제가 아니다.

붓다의 철학을 이야기하기 전에 먼저 그의 삶을 살펴보기로 하자. 붓다는 기원전 6세기경 인도 북부 지방 카필라 성에서 샤키야족

족장 슈도다나와 마야 부인의 아들로 태어났다. 즉 붓다는 크샤트리아 계급이었다. 태어난 지 일주일 만에 어머니가 세상을 떠나는 바람에 어머니의 친동생이자 아버지의 또 다른 아내이기도 했던 마하프라자파티의 손에 자랐다. 붓다는 '완전한 깨달음'이라는 뜻으로 후에 붙여진 이름이다. 본래 성은 고타마, 이름은 '목적을 이룬 자'라는 뜻의 싯다르타이다. 붓다는 태자로서 왕위를 계승하기로 되어 있었다.

붓다는 종교적으로 예수에 필적하는 유일한 인간이다. 두 사람 다 도저히 설명할 수 없는 힘으로 사람들의 마음을 뒤흔들었으며, 자연스럽게 금욕 생활을 시작해 궁극적인 평화를 추구하도록 이끌었다.

프랜시스 베이컨Francis Bacon은 그런 변칙이 이들 종교의 가장 큰 장점이라고 생각했다. 따뜻하고 안락한 삶을 포기하라고 요구하면 불평이 생기지만, 국가나 신념과 같은 이상을 위해 목숨을 바치라고 말하면 사람들은 기꺼이 고통과 죽음을 감수한다. 붓다는 누구에게도 고행을 요구하지 않았다.

아리안 귀족 가문의 젊고 잘생긴 왕자로서 막대한 부와 권력을 물려받을 외아들이었던 싯다르타는 놀라운 재능까지 타고났다. 아름다운 여인과 결혼해 아들도 낳았다. 그러나 싯다르타는 조금도 행복하지 않았다. 싯다르타의 눈에는 그가 가진 세속적인 모든 것이 무의미한 족쇄에 지나지 않았다.

싯다르타가 매사에 무관심하고 우울해하자, 아버지는 하나뿐인 아들이 모든 것을 버리고 은둔자의 삶을 선택할까봐 몹시 걱정스러웠다. 왕은 왕국이 엉뚱한 자의 손에 넘어갈까 두려워 아들이 슬픔을 느낄 만한 요인을 아예 감추어버리기로 했다. 그는 싯다르타가 질병, 노화, 죽음에 대해 알지 못하도록 주변을 철저하게 단속했다.

그런 노력에도 싯다르타는 우연히 노인, 고열에 시달리는 환자, 흐느끼는 장례 행렬 속의 시체를 보고 말았다. 싯다르타는 더 깊은 슬픔에 빠졌다. 삶은 불의로 가득 찬 끔찍한 악몽이 되어버렸다. 싯다르타는 무자비한 신의 변덕을 이해하고자 만물의 원리를 찾기로 마음먹었다.

생로병사에 대해 알게 된 싯다르타를 왕궁에 계속 가두어둘 필요는 없었다. 내내 깊은 슬픔에 잠겨 지내던 싯다르타는 어느 날 마차를 타고 아버지 영토를 둘러보았다.

불볕더위 속에서 힘들게 일하는 남녀노소 노동자와 황소를 본 붓다는 더욱 큰 고통에 빠졌다. 싯다르타는 인간과 동물이 고통받는 광경을 견디지 못하고 주저앉아 말했다.

"이 세상엔 고통과 괴로움뿐이다. 길은 어디에 있는가? 나는 절망의 동굴 속에 갇혀 있다."

싯다르타는 홀로 앉아 탈출구도 없이 고통에 허덕이는 인간과 짐승을 동정심 가득한 눈으로 바라보았다. 그때 멀리서 노란 승복을 입은 사람이 동냥 그릇을 들고 걸어왔다. 잠시 후 두 사람의 눈이 마주쳤다. 탁발승을 한 번도 본 적이 없었던 싯다르타가 자리에서 일어나며 생각했다.

'이 사람은 누굴까? 얼굴과 눈에 비친 영혼이 평안하기 이를 데 없구나. 손에 든 그릇은 또 무엇일까?'

탁발승은 싯다르타의 생각을 읽기라도 한 듯 공손하게 인사하며 말했다.

"저는 인생의 괴로움에 떨다가 모든 것이 덧없음을 깨닫고, 가족의 굴레를 뒤로하고 변치 않는 진정한 행복을 찾아 떠도는 탁발승입니다. 친구와 적을 같은 마음으로 대하고 재물과 미인에게 마음을 빼앗기지 않습니다. 그것만이 저를 만족하게 해줄 유일한 행복입니다."

싯다르타는 자기 마음과 똑같은 이야기에 깜짝 놀라며 물었다.

"현자여! 당신은 그것을 어디에서 찾습니까?"

"적막한 깊은 숲 속, 고독 속에서 찾습니다. 이 동냥 그릇을 가지고 다니며 호의를 구하지요. 오직 그것만이 제가 세상에 바라는 것입니다. 이제 서둘러야겠군요. 깨달음이 저를 기다리는 산속으로 돌아가야겠습니다."

탁발승이 떠나자 싯다르타는 깊은 생각에 잠겨 왕궁으로 돌아왔다.

그는 아버지에게 아리안의 전통에 따라 자신과 사랑하는 이와 세상을 구원할 길을 찾으러 떠나겠다고 선언했다.

싯다르타는 부인에게도 자신의 결심을 이야기했다. 그러나 감시를 피해 왕궁을 떠나려면 준비가 필요했다. 그러던 어느 날 밤 싯다르타는 바람결에 신비로운 목소리를 듣고 때가 되었음을 확신했다.

"위대한 자여, 위대한 자여,
이것이 현자들이 걸었던 길,
바로 그 길입니다!
당장 일어나서 떠나십시오.
빛을 찾아서,
사람들에게 나누어주십시오.
과거에 인간을 위해 고뇌하던 그대,
이제 다시 나아가
승리를 거머쥐십시오."

싯다르타는 마부를 불러 백마 칸타카에 안장을 싣게 하고는 아내와 아이가 잠든 방에 숨죽이고 들어갔다. 그는 두 사람을 껴안으려고 두 번이나 팔을 뻗었다가, 잠에서 깨워봤자 언젠가 느낄 고통을 괜히 더 빨리 전해줄 뿐이므로 두 번 모두 그냥 거두어들였다. 아내의 발에 입을 맞추고 허리를 굽혀 아내와 아이가 내쉰 숨을 한 번 들이마시고는 방에서 나왔다. 그의 나이 29세 때였다. 그는 말에 올라타며 말했다.

"전장에서 두려움 없이 싸우던 용감한 말아, 오늘 밤 나는 인간뿐 아니라 너와 같은 이들까지 모두 구원할 길을 찾으러 떠난다. 그러니 나를 멀리 데려가 다오!"

그렇게 성문을 나선 다음에는 돌아서서 조용히 말했다.

"병과 노화와 죽음과 슬픔을 정복하기 전까지는 절대로 돌아오지 않겠다."

칸타카는 큰 숲에 이르러서야 걸음을 멈췄다. 싯다르타가 말에서 내려 칸타카의 눈을 들여다보며 말했다.

"너는 나를 위해 태어났구나."

그러고는 마부를 향했다.

"충직한 종아. 전에도 네가 정직한 자라는 건 알았으나 오늘 더 많은 걸 알게 되었다. 이익을 따르지 않고, 위험과 처벌을 감수하면서까지 내 곁을 지켜주었으니 말이다. 절대로 잊지 않겠다. 이제 칸타카를 데리고 돌아가거라."

싯다르타는 마부에게 귀한 보석 목걸이를 주고, 자기 터번에 달린 보석을 아버지에게 전해달라고 부탁했다. 아내에게는 차마 아무 말도 남기지 못했다. 마부는 가족을 버려선 안 된다며 애원했지만 아무 소용이 없었다.

"가족이 무엇이냐? 어차피 언젠가 수명이 다하면 그들을 떠나야만

한다. 세상이 말하는 친족이라는 것은 밤에 한 나무에서 잠자고 새벽이 오면 흩어지는 새떼와도 같다. 도를 깨닫기 전에는 돌아가지 않겠다."

싯다르타는 그렇게 말하고 발 앞에 엎드린 칸타카에게 몸을 돌려 머리를 쓰다듬어주었다.

"착한 말아, 네가 쌓은 덕은 반드시 보상받을 것이다. 장담하건대 너에게 고통스러운 윤회는 없다. 기뻐하거라."

그러고는 보석이 박힌 검을 뽑아 아리안의 높은 신분을 상징하는 상투를 잘라버렸다. 그때 마침 허름한 옷을 입은 사냥꾼이 지나갔다. 싯다르타는 사냥꾼에게 값비싼 옷을 벗어주고 사냥꾼의 옷을 입었다. 마지막으로 말없이 마부의 눈을 들여다보다가 나뭇가지를 헤치며 숲으로 들어갔다. 이윽고 그의 모습이 완전히 사라져버렸다. 붓다의 출가를 동양에서는 '위대한 포기'라 부른다.

깨달음에 이르는 과정

싯다르타는 황야에서 고행을 포기하라는 마라Mara의 유혹을 받는다. 마라는 악마라기보다 인간 욕망의 결정체에 가까운 존재이다. 유혹을 견뎌낸 붓다는 마가다 왕국의 왕사성지王舍城址 라자그리하로 떠났다. 라자그리하는 지금도 많은 수행자가 붓다를 따라 동굴에서 은둔하며 고대 인도철학을 연구하는 곳이다. 싯다르타는 명성이 자자한 현자 알라라가 은거한 동굴을 찾아갔다.

알라라는 요가의 연꽃 자세로 명상에 빠져 있었다. 싯다르타는 예의를 지켜 적당히 떨어진 자리에 앉아, 알라라가 깨달음을 얻어 그에게 말해주기를 기다렸다.

알라라는 싯다르타가 베다와 우파니샤드의 가르침을 배워야 한다고 생각했다. 그는 싯다르타에게 현인들이 주창한 규칙을 알려주고, 그에 따라 수행하고 금욕했을 때 어떤 성과를 거둘 수 있는지 이야기해주었다. 알라라는 영혼이 고행을 통해 천국에서 다시 태어나며, 음울한 윤회의 고리로 되돌아가기 전에 수백만 년 동안 행복을 누린다고 말했다.

싯다르타도 다른 고행자들처럼 동굴 하나를 차지하고 그 안에서 수행했다. 고행자들은 세상을 저버리고 영적인 삶을 추구하는 젊은 싯다르타의 고요하고 고귀한 모습에 경탄했다. 싯다르타의 아버지는 몇 번이나 사람을 보내 아들을 데려가려 했지만 어떤 협박이나 회유도 아무 소용이 없었다. 속세의 싯다르타는 죽은 것이나 다름없었다.

싯다르타는 매일 황색 승려복을 입고 라자그리하에 동냥하러 내려갔다. 그러던 어느 날 마가다 왕국의 왕 빔비사라가 우연히 싯다르타를 보고 말했다.

"저 사람을 보라. 아리안 태생의 특징을 모두 가진 아름답고 순수한 자이다. 눈동자에 흔들림이라고는 없다. 침착하고 평화로운 은자로다. 저 수도승이 어디로 가는지 물어보아라."

빔비사라는 싯다르타의 뒤를 따르며 그의 이력을 들었다. 싯다르타가 세상을 등진 이야기를 들은 빔비사라는 몹시 안타까워하며 자기 왕국 일부를 떼어줄 테니 다시 돌아오라고 간청했다. 싯다르타가 대답했다.

"덕망 있는 아리안의 후예여, 말씀은 감사합니다. 왕은 정의롭고 축복받은 길을 가나, 저는 오욕五欲[1]을 버리고 그저 앞으로 나아갈 뿐입니다. 뱀 아가리에서 도망친 토끼가 되돌아가 잡아먹히겠습니까? 그

---

1 눈·귀·코·혀·몸, 즉 오근五根이 각각 색色·성聲·향香·미味·촉觸의 다섯 가지 감각 대상, 즉 오경五境에 집착해 생기는 5가지 욕망. 세속적인 욕망 전반을 의미한다.

러나 현명한 왕이여, 당신은 왕궁으로 돌아가십시오. 만사가 형통할 것입니다."

"그대는 반드시 목적을 이룰 것입니다."

왕은 그렇게 대답하며 정중히 배웅하고는 신하들과 함께 돌아갔다.

싯다르타는 알라라의 지도를 받으며 끈기 있게 정진했다. 알라라를 따르는 많은 고행자들이 이를 보고 싯다르타의 제자가 되기를 원했다. 알라라의 가르침에 훌륭한 가치가 있다는 것은 분명했다. 그러나 몇 년이 지나자 싯다르타는 개인적인 영성을 향상시키는 것이 문제의 해답이 될 수는 없다고 확신하게 되었다. 영적으로 남들보다 우월한 수준에 오르는 것은 고통스러운 병에 대한 처방일 뿐, 병을 없애는 길은 아니기 때문이다. 생로병사의 영원한 순환을 낳는 병의 근원은 여전했다. 싯다르타는 슬픈 마음으로 다른 스승을 찾아 떠나 선인仙人 우다카를 만났으나 이번에도 실망하기는 마찬가지였다. 그는 비옥한 목초지가 황폐해질 때까지 끈기 있게 수행했지만 끝내 아무것도 얻지 못했다.

우다카를 떠난 싯다르타는 우르벨라를 찾아가 극한에 이르도록 고행했다. 육체가 철저히 파괴될 정도가 되면 영혼이 자유로워지리라 생각한 것이다. 맑은 강가에서 끔찍한 배고픔과 갈증을 참아냈다. 지칠 대로 지친 싯다르타는 마음속으로 이렇게 말했다.

"잠을 이루지 못하는 이에게 밤은 길다. 지친 이에게는 십 리 길도 멀다. 도를 모르는 자에게 인생은 길다."

싯다르타는 매일 조금씩 음식을 줄여 사람이 살 수 있을지 의심스러울 만큼 극도로 적게 먹었다. 아무 말도 하지 않고 앉아서 움직이지도 않으며, 호흡마저도 절제했다. 얼마나 고요했는지 산짐승과 날짐승이 겁내지 않고 주위를 오갔다. 싯다르타는 위대한 요기로서 이름이 널리 알려졌다. 훗날 그가 제자들에게 말했다.

"하루에 야생 능금 한 알만 먹던 시절이 있었다. 낱알 한 개를 삼키던 시절이 있었다. 팔다리는 마른 나뭇가지 같았고, 엉덩이는 낙타 혹 같았으며, 등뼈는 땋은 머리 같았다. 눈은 눈두덩 속으로 거의 숨어 버렸다. 그러나 그런 고행을 통해서도 진리에 다가가지 못했다."

고행을 이어가던 싯다르타는 결국 아무 생각도 할 수 없고 뇌가 기능을 멈출 지경에 이르렀다.

"저 강물까지 기어갈 수만 있다면 원기를 회복해 사고력을 되찾을 수 있을 것이다."

그는 바닥을 기어 가까스로 물가에 이르러서는 따뜻한 물에 몸을 담그고 축 처져버렸다. 싯다르타의 명성을 듣고 찾아온 고행자 다섯 명은 모두 그가 곧 죽으리라 믿었다.

잠시 후 어느 정도 원기를 회복한 싯다르타가 나뭇가지를 잡고 힘겹게 기어 나왔다.

"고행으로 도를 깨우치는 것은 완전히 실패했다. 육체가 정신을 따라가지 못하는구나. 먹고 마셔서 체력을 회복해야겠다. 지난 6년간의 분투는 진정한 깨달음에 이르기 위한 준비였다."

근처에 한 재력가의 젊은 아내가 살고 있었다. 아기를 갖게 해달라고 숲에서 간절히 기도하다가 마침내 아들을 낳고 매우 기뻐하던 참이었다.

그녀는 깨끗한 쌀과 질 좋은 우유로 손수 음식을 만들었다. 수자타라는 이름의 이 여인은 숲의 정령인 나무에 감사제를 드릴 준비가 잘 되고 있는지 확인하라고 하녀를 보냈다. 그 나무는 싯다르타가 앉아 있던 곳이었다. 싯다르타가 숲의 정령이라고 믿은 하녀는 주인에게 달려갔다. 수자타는 좋은 소식을 전한 상으로 하녀에게 보석을 주고 황금 그릇에 음식을 담아 싯다르타에게 가져갔다. 이 일화는 매우 아름답게 묘사되어 전해진다.

"새벽에 여인이 동트기 전 구름 색깔과 같은 회색 옷을 입고 강둑으로 갔다. 가는 손목에는 새하얀 옥으로 만든 팔찌를 차고 있었다. 강에 이는 물거품을 연상케 하는 회색과 흰색을 몸에 걸친 여인이 사뿐사뿐 걸어갔다."

수자타는 싯다르타를 보자마자 숲의 정령이 아니라 탈진한 수행자임을 알아차렸다. 동정과 존경심이 마음을 흔들었다. 수자타는 두 손으로 그릇을 받들고 공손히 음식을 바쳤다. 그녀는 싯다르타가 정결한 음식을 먹는 모습을 보며 마치 자기 자식이 음식을 먹는 걸 보는 것처럼 기쁨을 느꼈다. 싯다르타에게 그 음식은 꺼지기 직전 램프에 기름을 붓는 것과도 같았다. 여인은 싯다르타에게 꼭 성취를 이루기를 기원하며 황금 접시도 그냥 놔두고 돌아갔다. 그 모습을 본 수행자들은 몹시 화를 냈다.

"수행자 고타마는 타락했다. 그에게서 배울 건 하나도 없다. 성지 베나레스로 돌아가자!"

완전히 원기를 회복한 싯다르타는 자신이 깨달음을 얻은 나무 앞으로 힘차게 걸어갔다.

싯다르타는 가축을 먹이려고 풀을 자르는 사내에게 신선하고 부드러운 풀을 한 아름 얻어 나뭇잎으로 된 탑을 연상시키는 나무 아래에 넓게 펼쳤다. 그 위에 손과 발을 포개고 앉아 깨달음을 얻을 때까지 그곳을 떠나지 않기로 결심했다. 이윽고 밤이 내려 그의 모습을 감추었다.

완전한 깨달음과 전달

끔찍한 밤이었다. 몸과 마음이 분리되고 합쳐지기를 반복하고, 인간이 참기 어려운 유혹이 계속되었다. 부와 권력과 사랑을 모두 가졌던 날들의 환상이 그를 괴롭혔다. 의심과 고뇌가 마음을 흔들었다. 혼란스러운 꿈과 망상이 눈처럼 그를 뒤덮었다. 그러나 고통에 찬 인류에 대한 깊은 동정과 사랑이 그를 굳건하게 했다. 튼튼한 배가 폭풍을 뚫고 나아가듯이 끝내 목적을 잃지 않았다.

어둠이 걷히고 동쪽 하늘이 희미하게 회색빛으로 물들 무렵, 그는 마침내 깨달음을 얻었다. 부분적인 깨달음이 아니었다. 잠깐 왔다가 사라지는 것이 아닌 분명하고 영원하며 완전한 깨달음이었다. 최상의 인식에 도달한 것이다.

그는 과거와 현재와 미래를 하나로 보았다. 삶과 죽음과 재생再生의 비밀, 진정한 인과를 보았다. 이기심 또는 개인성이라 불리는 것을 옷에서 풀린 실밥과도 같이 전체의 한 부분으로 보았다. 그곳에는 불멸도 지속도 없었다. 그리고 그는 진리를, 해탈의 길을 보았다. 완전한 깨달음을 얻은 붓다는 지혜의 빛에 둘러싸여 우주를 그 자체로 바라보며 열반涅槃[2]에 들었다. 더없는 행복에 잠긴 붓다의 주위로는 밤도 낮도 없었다.

행복한 만족감에 젖어 앉아 있는데, 문득 방금 깨달은 진리를 세상에 널리 알릴 수 있을까라는 생각이 들었다.

그때 발리카와 타풋사라는 상인 두 사람이 붓다가 있는 곳을 지나가다가 그에게 공양을 드렸다. 붓다는 그 둘을 첫 번째 제자로 받아들였다. 붓다는 성지 베나레스에 가서 자신을 비웃고 떠난 다섯 수도자를 찾아 눈을 뜨게 해주기로 마음먹었다. 스승이었던 알라라와 우다카는

---

[2] 진리를 깨달아 미혹과 집착을 버리고 일체의 속박에서 해탈한 최고의 경지. 해탈이 '참자유'라면, 열반은 해탈로 깨우친 진리로서 '참평화'라고 말하기도 한다.

이미 세상을 떠난 뒤였다. 베나레스로 가는 길에 붓다는 젊고 자신만만한 브라만 청년을 만났다. 그의 관심사는 오직 지나가는 수도승이 얼마나 대단한 사람인지뿐이었다. 청년은 붓다를 보고 소리쳤다.

"이보시오, 선생! 진정한 브라만은 어떤 덕목을 갖추어야 합니까?"

붓다가 대답했다.

"악을 몰아내고, 말과 행동과 생각을 순수하게 하는 것이오. 그렇게 하는 자가 브라만이오."

예상치 못한 대답에 거만한 청년도 적잖이 당황했다. 그가 서둘러 말했다.

"당신 얼굴은 어떻게 그렇게 아름답습니까? 잔잔한 물에 비친 달처럼 빛나는군요. 당신을 감싼 평화는 어디서 온 것입니까? 당신은 어느 문파에서 오신 분이지요? 스승님은 누구십니까? 이 나라 모든 사람이 답을 찾으려 애쓰는데, 당신이 찾은 답은 무엇입니까?"

붓다가 대답했다.

"진리를 깨달은 자에게 행복이 있소. 이 넓은 세상에서 악의를 품지도 않고 규제당하지도 않는 자가 행복하오. 최고의 행복은 '나는 나'라는 생각에서 벗어나는 것이오. 나에겐 문파도 없고 스승도 없다오. 나는 혼자이며 그것에 만족하오."

자존심에 상처를 입은 청년은 "가던 길 가시오, 성자여"라고 퉁명스럽게 대답하고는 반대 방향으로 가버렸다.

베나레스에 도착한 붓다는 곧장 다섯 수도승을 찾아갔다. 붓다가 오는 것을 보고 수도승들이 자기들끼리 수군거리기 시작했다.

"저기 값비싼 음식을 먹고 향락에 빠져 사는 고타마가 온다. 일어나서 맞이할 것도 없다. 아무 데나 앉고 싶은 곳에 앉으라고 하지."

그러나 붓다가 가까이 다가오자 그 위풍당당함에 압도되어 아무도 결심을 지키지 못했다. 모두 자리에서 일어나 저마다 망토와 동냥 그릇을 받아 들고 의자와 물을 가져오느라 분주했다. 붓다는 자리에 앉아 발을 씻었다.

붓다의 첫 번째 설법을 들은 다섯 수도승은 깨달음을 얻어 환희에 찼다. 그들은 붓다에게 자신들을 제자로 받아달라고 간청했다. 붓다가 대답했다.

"가르침은 잘 전해졌다. 모든 고통의 끝에 도달하도록 청정한 길을 걸어라."

소문은 삽시간에 퍼져 연일 유력한 가문의 젊은이들이 구름처럼 몰려들었다. 상류사회의 쾌락에 싫증이 나 진정한 기쁨을 얻으려는 자들이었다. 그중 야사라는 이름의 청년에 관한 이야기는 특히 음미할 가치가 있다. 야사는 원하는 걸 모두 가질 수 있을 정도로 부유했지만 쾌락뿐인 삶에 몹시 지쳐 있었다.

언제나처럼 여자들 사이에 누워 쾌락에 욕지기를 느끼던 어느 밤이었다. 그는 일어나 달이 은은하게 빛나는 조용한 정원으로 나가 큰 소리로 외쳤다.

"아, 괴롭다! 내 영혼은 말할 수 없이 지쳤다!"

야사는 그렇게 한탄하며 정처 없이 거닐었다. 달빛 속에서 명상 중이던 붓다가 그의 목소리를 들었다. 붓다 자신이 한때 야사처럼 부유한 귀족이었으므로 그의 마음을 누구보다 잘 이해할 수 있었다. 붓다가 말했다.

"여보게, 젊은이, 몹시 지쳐 있군. 이리 와서 내 이야기를 듣게. 여기에는 괴로움도 비참함도 없다네."

야사는 신발을 벗어던지고 이 낯선 수행자 곁에 앉았다. 붓다는 먼저 쾌락과 극도의 고행이 모두 쓸모없음을 이야기하고 진정한 법法을 전해주었다. 야사의 마음속에서 삶에 대한 혐오감이 즉시 사라지고 그 자리를 지혜의 물결이 채웠다. 새벽이 되자 야사가 일어서서 말했다.

"이제 도저히 어리석고 무의미한 삶으로 되돌아갈 수 없습니다. 삶은 광인이 들려주는 이야기와 같습니다. 저를 제자로 받아주십시오. 계를 받아 일생을 깨달음을 얻는 데 바치겠습니다."

붓다가 대답했다.

"잘 왔구나. 가르침은 잘 전해졌다. 지금부터 새 삶을 살도록 해라."

얼마 후 야사의 아버지가 없어진 아들을 찾으러 와서 혹시 비슷한 사람을 보지 못했느냐고 물었다. 그리고 아버지도 붓다의 가르침에 사로잡혔다. 그가 감격하여 말했다.

"어둠 속의 등불과도 같은 말씀입니다. 저를 제자로 받아주십시오!"

야사의 아버지는 계를 받아 출가하지 않고 속세에서 수행하는 우바새優婆塞가 되었다. 그때 황금과 보석을 벗어던지고 대신 노란 승복을 입은 야사가 나타났다. 붓다가 아버지에게 물었다.

"저 고결한 젊은이가 속세의 쾌락으로 돌아갈 수 있겠습니까?"

아버지가 대답했다.

"그럴 수 없습니다. 야사는 이미 자유를 얻었습니다."

이 일이 있고 난 후에는 부유한 자와 가난한 자를 가리지 않고 붓다에게 군중이 몰려들었다. 붓다는 계급과 성별을 가리지 않고 모두 받아주었다.

창부 암라팔리 이야기도 대단히 인상적이다. 암라팔리는 붓다를 유혹해 타락시킬 속셈이었다. 세상에 이름난 성인들이 모두 그녀 앞에서 욕망에 무릎을 꿇었었다. 그러나 그녀가 찾아갔을 때 붓다는 그늘에 앉아 정좌하고 마음으로 세상을 꿰뚫어보고 있었다.

암라팔리 마음속의 단단한 바위가 녹아 강이 되어 눈물로 흘러내렸다. 그녀는 얼굴을 땅바닥에 대고 붓다의 발 앞에 엎드렸다. 암라팔리는 붓다의 가르침을 받고 출가해 지금도 전해지는 아름다운 찬가를 남겼다.

아름다움은 영원하지 않음을 깨닫고, 슬픔과 두려움을 벗어던진 여승들이 남긴 찬가는 매우 아름답고 섬세하다. 여기서는 다루지 않겠지만 깊이 연구해볼 가치가 있다.

가족과의 재회

너무 많은 사람이 몰려들자 붓다는 제자 60명을 보내 세상에 그의 가르침을 널리 전하게 했다. 그리고 자신은 몇몇 제자를 데리고 고향에 가서 가족을 만날 준비를 시작했다.

아들의 명성을 전해들은 아버지는 이제 체념하고 현실을 받아들이기로 했다. 그러나 부유한 크샤트리아 계급 아버지가 원하는 것에서 너무나 멀리 떨어져 버린 아들을 견뎌내기는 어려웠다. 사람들은 어리둥절했지만 그만큼 기쁨도 컸다. 그들은 붓다에게 줄 화환과 선물을 준비하며 생각했다.

"이런 일이 또 어디 있을까? 그는 장엄한 행렬을 이끌고 돌아올 것이다."

붓다의 아버지는 아들을 기다리는 사람들에게 둘러싸여, 남루한 승복에 동냥 그릇 하나를 들고 멀리서 걸어오는 젊은 승려를 보았다. 이 집 저 집에서 음식을 구걸해, 주는 대로 얌전히 받고 주지 않으면 순순히 물러나면서 천천히 다가오는 승려가 바로 아들 싯다르타였다.

부끄러움과 사랑과 분노가 마구 뒤섞여 아버지의 마음을 갈기갈기 찢어놓았다. 그는 가슴을 움켜쥐고 울부짖었다.

"이렇게 수치스러울 수가! 내 아들이 거지라니! 우리 가문은 부끄러워 얼굴을 들 수가 없다!"

"아버지. 이것은 우리 가문의 전통입니다."

아들의 말에 아버지는 더욱 분노했다.

"우리 조상 중에는 단 한 분도 먹을 것을 구걸한 사람이 없다!"

붓다가 대답했다.

"왕이시여, 당신은 가문의 조상이 왕들이라고 말씀하시지만 저는 깨달음을 얻은 이들을 말합니다. 저는 그들이 했던 대로 따를 뿐입니다."

아버지가 여전히 슬픔과 분노에 빠져 있는 걸 본 붓다가 다시 말했다.

"아들을 위해 아버지 마음이 찢어지고 슬픔에 슬픔을 더하는 것을 어찌 모르겠습니까? 그러나 이제 세속적인 사랑의 끈을 늦추어야 합니다. 훨씬 더 높은 가치가 있습니다. 다른 어떤 아들도 드릴 수 없는 마음의 양식을 드릴 수 있게 해주십시오."

붓다는 아버지 손을 잡고 궁전으로 들어갔다. 그러는 동안 붓다는 아내를 생각했다. 그러나 아내는 어디에도 보이지 않았다. 세월을 견디지 못해 늙어버린 모습을 보여주기 싫었던 것이다. 그녀는 남편이 자기 아들의 어머니로서 어떤 가치를 인정한다면 자신을 찾아오리라고 생각했다.

붓다는 두 제자와 아버지를 이끌고 아내를 찾아갔다. 그가 제자들에게 말했다.

"계율에는 어긋나지만, 이 여인이 나를 끌어안아도 제지하지 마라."

스승의 얼굴에서 동정심을 읽은 두 제자는 고개를 숙였다.

방에 들어서자 부인이 머리를 깎고 남루한 승복을 입고 서 있었다. 남편을 본 아내는 자랑스러움과 사랑이 마음속에 교차했다. 남편은 아내가 도저히 이해할 수 없는 평온한 얼굴로 서 있었다. 아내는 애처로운 눈으로 남편을 바라보다가 달려가 엎드려 두 발을 감싸 안고 구슬프게 흐느꼈다. 침묵이 흘렀다. 아무도 그녀를 막지 않았다. 그녀는 한동안 그대로 엎드려 있었다.

그러나 잠시 후 아내는 둘 사이에 하늘과 땅만큼 거리가 있음을 상기했다. 붓다의 아버지가 그동안 며느리가 얼마나 슬프고 힘겹게 살아왔는지, 모든 것을 버리고 남편을 따라 얼마나 엄격하게 살아왔는지 이야기하는 동안, 그녀는 슬그머니 일어나서 공손히 떨어져 섰다. 이야기를 들은 붓다가 시선을 아내에게 고정한 채로 천천히 입을 열었다.

"이 여인은 이전의 삶에서도 엄청난 덕을 쌓았습니다. 내 아들의 어머니여, 내가 연 이 길은 또한 그대를 위한 것이오. 이리 와서 들으시오."

붓다는 그날 저녁 강가에 앉아 가족들 앞에서 설법했다. 아내는 아무도 자기 눈을 보지 못하도록 가리고 이야기를 들으며 조금씩 진리를 깨달았다. 시간이라는 환상을 걷어내자 사랑을 버린 게 아니라 절대자아와 함께 영원히 지속한다는 것을 깨달았다. 그녀를 괴롭히던 '자기'라는 인식이 사라지고 기쁨이 넘쳤다. 그녀는 진리를 알게 되었다. 아버지를 비롯한 다른 가족들도 마찬가지였다.

다음 날 아내가 아들을 불러 붓다에게 가서 상속에 대해 물어보게 했다. 그녀는 아들을 창가로 데려가 남편을 가리켰다.

"얼굴이 태양처럼 빛나는 저분이 네 아버지다. 가서 네가 받을 것을 달라고 해라."

아들은 달려가서 기쁨의 눈물을 흘리며 아버지 옷자락을 잡았다. 그러나 붓다는 아들을 시험하려 한동안 입을 열지 않다가 한참이 지나서야 제자를 보고 웃으며 물었다.

"어떻게 생각하느냐? 세속의 부는 사라지지만, 이것은 남는다. 이 아이에게 계를 주도록 하자."

아내는 아들의 출가를 크게 기뻐했다.

인도 서부 아잔타라는 마을에는 이루 말할 수 없이 아름다운 고대 벽화가 남아 있다. 가족을 만난 붓다를 그린 것으로, 별이 모두 지고 달만 홀로 밤하늘을 비추듯 고요한 모습이다. 아내와 아들이 붓다를 올려다보며 경애심 가득한 얼굴로 설법을 듣고 있다. 세상에서 제일 좋은 것을 얻는 표정이다.

붓다는 아내의 영혼에 기쁨과 평화, 측량할 수 없는 만족을 주고 떠났다. 붓다가 가족의 마음속에서 슬픔을 물리치고 기쁨을 남겨준 이 일은 세상에 널리 알려졌다.

10 붓다의 생애와 죽음

사랑과 삶의 고리

이제 붓다의 삶에서 가장 흥미로운 시기와 그 시기에 창시한 철학적인 종교에 대하여 이야기할 차례다. 어느 날 붓다는 그를 키워준 이모, 아내를 비롯한 여러 훌륭한 여성들로부터 편지를 받았다.

"도를 깨우치는 자유로운 삶에 가장 큰 걸림돌이 되는 것은 가장의 임무입니다. 그러니 여성도 가정에 얽매이지 않고 당신의 가르침에 따라 평화롭게 살 수 있도록 출가를 허락해주십시오."

붓다는 답장을 보내지 않다가 여자들이 두 번째로 부탁을 해오자 그제야 이들이 진정으로 평화를 갈망한다는 것을 인정했다. 이모 프라자파티는 직접 찾아와 울면서 애원할 정도였다. 그러나 붓다는 받아들이지 않았다.

"그만하면 됐습니다. 이제 그만하십시오."

붓다는 여자들의 부탁을 거절하고 방랑하며 설법하다가 바이샬리 지방에 들렀다. 이모를 비롯해 머리 깎고 승복을 입은 여성들이 뒤를 따랐다. 그들은 붓다가 나오기를 기다리며 문 앞에서 기다렸다. 붓다가

총애하는 제자이자 사촌인 아난다가 긴 여행에 지쳐 발이 부르트고 먼지를 뒤집어쓴 채 울고 있는 여자들을 보고 이유를 물었다. 사정을 들은 아난다는 붓다에게 이 여인들을 받아달라고 애원했으나 아무리 사정해도 허사였다. 그러나 동정심 가득한 아난다도 굴복하지 않았다.

"스승님. 여성도 출가해서 수행하면 모든 고통에서 벗어나 아라한阿羅漢[1]의 자리에 이를 수 있습니까?"

붓다가 그렇다고 대답하자 아난다가 기뻐하며 다시 말했다.

"그렇다면 프라자파티 님을 다시 한 번 생각해주십시오! 그는 스승님의 이모이며 스승님께서는 그분의 젖을 먹고 자라지 않으셨습니까? 그들을 받아주십시오. 그들이 모든 고통을 끝낼 수 있는데도 받아주지 않으시겠습니까?"

붓다가 대답했다.

"만일 그들이 여덟 가지 무거운 계율을 지키고, 계를 받아 그에 따라 살아간다면 내가 어찌 그들을 받아들이지 않을 수 있겠느냐?"

문밖에서 기다리며 슬픔에 젖어 있던 여인들은 이 소식을 듣고 크게 기뻐하며 계를 받았다. 붓다는 훗날 이 일에 대해 이렇게 말했다.

"아난다야, 만일 그때 여인들이 내게서 계를 받지 못했다면 불교가 인도에서 1천 년은 이어졌을 것이다. 그러나 이제 팔계조차도 지켜지지 않게 될 것이다."

네팔을 제외하면 인도에서는 실제로 그렇게 되었다. 그러나 그밖에 다른 지역에서는 거목처럼 크게 자라났다.

깨달음을 얻은 붓다가 초자연적인 힘을 얻게 되었음은 말할 필요도 없다. 그러나 붓다는 그 힘을 즐겨 사용하지 않았다. 이 세상은 진정한 실재의 결함투성이가 모사품일 뿐이며, 현자는 기적이란 존재하지 않

---

1   불제자들이 도달하는 최고의 계위階位. 더 이상 배우고 닦을 것이 없는 경지를 말한다.

음을 안다. 상위의 법칙을 모르는 무지한 자들에게나 기적으로 보일 뿐이다. 붓다는 깨달음을 얻은 이에게 시간과 공간의 제약이란 없다고 가르쳤다. 그러나 두려움이나 탐욕을 품은 무지한 이들에게 이적을 보여주는 것은 위험하고 쓸모없는 짓이라고 강조했다. 그럼에도 몇몇 기록은 남아 있다.

풍채가 좋은 제자 카사파와 함께 라자그리하에 갔을 때였다. 라자그리하 시민들은 누가 스승이고 누가 제자인지 혼란스러워했다. 붓다는 카사파에게 영광을 돌리는 한편 진리를 전하려고 왕과 사람들 앞에서 제자에게 말했다.

"어서 오십시오, 위대한 스승이여. 환영합니다! 진리를 깨닫고 고통을 초월하는 모습을 보여주십시오!"

카사파는 즉시 삼매경에 들어 몸을 공중으로 띄웠다. 놀라운 광경을 목격한 사람들은 붓다를 더욱 높이 평가하며 가르침을 청했다. 붓다는 훗날 제타바나 사원에서 비를 피하며 이 일화를 이야기했다.

그때 붓다의 이야기를 다시 듣고 싶어 하는 신앙심 깊은 제자가 그를 만나러 와서 배를 타고 강을 건너려 했다. 그러나 사공마저 붓다의 이야기를 들으러 가버려서 배가 없었다. 제자는 기쁨의 명상으로 모든 것을 버리고 물 위를 걸었다. 마치 마른 땅 위를 걷는 듯 발이 물에 빠지지 않았다. 그러나 반쯤 건너다가 무심코 물결을 보고는 덜컥 겁이 났다. 두려움은 환상이 득세하는 현상세계의 족쇄이어서 기쁨과 함께 발이 가라앉기 시작했다. 그는 간신히 명상에 집중해 내면의 영혼을 강화하여 무사히 강을 건넜다. 제타바나에 도착한 제자는 붓다에게 예를 올리고 그 옆에 공손히 앉았다. 붓다가 물었다.

"오느라 힘들었느냐? 밥을 굶지는 않았느냐?"

"기쁨의 명상 속에서 충만했습니다. 물 위를 걸어도 가라앉지 않았습니다."

"그것도 다 지난 일이다."

둑에 서 있던 붓다가 범람한 강을 넘어 순식간에 반대편 둑으로 건너간 이야기도 전해진다. 함께 있던 이들도 모두 똑같이 뒤를 따랐다.

말년에 아난다에게 한 이야기도 있다.

"귀족 수백 명이 모여 있을 때 내가 그들을 어떻게 지도하고 기쁘게 해주었는지 기억나는구나. 그들은 '이렇게 말하는 사람은 도대체 누구인가? 인간인가, 신인가?'라고 말했지. 내가 사라져버리면 '이렇게 사라져버리다니! 인간인가, 신인가?'라고 했었다."

붓다는 드물게 이적을 행했지만, 『신약성서』에는 비슷한 이야기가 훨씬 많이 실려 있다. 붓다에게 이런 종류의 이야기는 부차적인 문제일 뿐이므로 자주 등장할 이유가 없었다. 그는 무지한 사람들에게 기적을 보여주어야 할 때도 있기는 하지만 그것은 매우 드물며, 깨달음을 얻은 이들에게는 이러한 힘이 사막에 부는 모래 바람 속의 낱알만큼도 의미가 없다고 말했다.

붓다의 말년을 지켜본 사람들의 이야기를 들어보자.

"그는 나이가 들어서도 변치 않고 아름다웠다. 수많은 이가 그의 발 앞에 엎드려 그에게서 평안을 찾았다. 그의 얼굴은 왕실의 상아처럼 평온했고, 고귀한 아리안 혈통의 왕자 출신임을 말해주듯 짙푸른 눈동자에 콧날도 오뚝하게 서 있었다."

왼손엔 지혜가, 오른손엔 사랑이, 그리고 성스러운 빛이 주위를 감싸고 있었다.

그는 살아 숨 쉬는 모든 동물을 동정하고 사랑했다. 빔비사라 왕이 염소로 희생제를 드리려는데 붓다가 나서서 말린 적도 있다. 붓다는 동물들의 업보와 더 높은 곳으로 가기 위한 부단한 노력, 사랑, 아름다움을 이해하고 사랑했다. 진정으로 붓다를 따르는 사람들은 생명을 해치거나 희생제를 드리는 일이 절대로 없었다. 붓다가 그것을 철저하게 금했기 때문이다.

신비로운 이야기를 들려주어 어리석은 이들을 인도하기도 했다. 대표적으로 '메추라기의 발원'으로 알려진 이야기를 들 수 있다.

하루는 붓다가 제자들과 함께 숲 속을 걷고 있는데 근처에서 큰불이 사납게 일어났다. 붓다의 힘을 모르는 몇몇 수도승들은 맞불을 놓아 진화하려고 했다. 그러나 불은 붓다가 있는 곳 바로 앞까지 다가와서는 마치 물을 끼얹기라도 한 것처럼 저절로 꺼졌다. 수도승들은 소리 높여 붓다를 칭송했으나 그는 고개를 저었다.

"이것은 내 힘이 아니라 여기 살던 작은 메추라기의 소망이었네. 한번 들어보게."

아난다가 옷을 벗어 붓다가 앉을 자리를 마련해주자 붓다가 자리에 앉으며 이야기를 시작했다.

"옛날 바로 이 자리에 어린 메추라기 한 마리가 있었지. 어미 새가 아직 걷지도 날지도 못해 둥지에서 떠나지 못하는 새끼를 먹여 살렸네. 그때 큰 산불이 났네. 새들은 모두 멀리 도망쳤지. 어미 새조차 새끼를 버리고 날아가버렸어. 홀로 남은 어린 메추라기는 이렇게 생각했네.

'내가 날거나 걸을 수만 있다면 살 수 있을 텐데, 그럴 수가 없구나. 스스로 살아남지도 못하고 남이 구해주지도 못한다. 그럼 이제 무엇을 해야 할까?'

메추라기는 더 깊이 생각에 잠겼네.

'이 세상에서도 진정한 실체를 찾을 수 있어. 그것을 깨달으면 모든 생명을 사랑하는 사람(붓다)들이 다른 사람들에게 그것을 가르쳐줄 수 있을 거야. 이렇게 하찮은 내 안에도 실체가 있고, 거기에 힘이 있다는 믿음이 있어. 신념에 따라 행동해볼 만한 가치가 있다. 불을 되돌려서 나와 다른 이들이 안전해지도록 하자.'

어린 메추라기는 마음속 진리의 힘을 상기하며 엄숙하게 이야기했네.

'날개가 있으나 날지 못하고,
다리가 있으나 걷지 못한다.
부모님도 나를 버렸다.
탐욕스러운 불아, 물러가라!'

이렇게 신념에 찬 행동 앞에 불이 굴복하고 꺼져버렸네. 메추라기는 숲에서 자기 명을 다 누렸지. 그의 믿음 때문에 불은 앞으로도 영원히 바로 이 자리에서 꺼지게 되어 있네."

붓다는 이야기를 다시 한 번 요약해 들려주고 의미를 설명해주었다.

"내가 그 메추라기이고, 그 어미 새들이 지금의 내 부모님이다."

사랑과 삶의 고리는 끊어지지 않고 우주를 관통한다. 어떤 생명도 다른 생명과 따로 떨어져 있지 않다. 붓다의 위대한 삶에는 두려움이라고는 없었다. 그는 누구도 반박할 수 없는 소크라테스의 산파술과 같은 논리로 진리를 전했다. 모든 위대한 영혼이 그렇듯 그는 홀로 걸었다. 만년설이 쌓인 고지대를 여행할 수 있는 자는 많지 않으므로. 『법구경』法句經에 실린 붓다의 이야기를 들어보자.

"길 없는 길을 가라.

걱정과 두려움을 버리고
무소의 뿔처럼 혼자서 가라.
소리에 놀라지 않는 사자와 같이
바람에 걸리지 않는 바람과 같이
흙탕물에 더럽혀지지 않는 연꽃과 같이
무소의 뿔처럼 혼자서 가라."

붓다 생애의 모든 일화를 다 다룰 수는 없으므로 이쯤에서 그의 입멸入滅로 넘어가기로 하자. 이 또한 매우 아름답고 교훈적인 이야기이다.

붓다의 죽음

붓다는 한평생 가르침을 전하며 이곳에서 저곳으로 떠돌아다녔다. 우기에만 수도원에서 비를 피했다. 그는 개인이라는 환상, 무지, 욕망, 의심, 제례에 대한 믿음, 감각의 힘, 타자를 향한 악의라는 족쇄를 깨뜨렸다. 그러나 그는 강요하거나 위협하는 법이 없었다.

깨달음을 얻은 자는 자기가 형제를 이끌 자라고 여기지 않는다. 오직 꾸준히 도를 추구하며 태양처럼 밝게 빛나 사람들이 그 길을 따르면 기뻐한다. 그러나 결코 그 길을 따르라고 강요하지는 않는다. 고통을 감수하거나 받아들이라고 가르치지도 않는다. 오히려 붓다는 고통은 무지의 결과라고 생각했다.

"내가 누누이 말하지만, 고통과 고통의 원인은 사실 하나이다."

그래서 붓다의 철학에는 기쁨과 확신이 가득하다. 붓다를 따르는 이들도 그것을 잘 알고 있었다. "소유를 버리면 행복에 젖어 신처럼 빛난다."

알라비에서는 의미심장한 만남이 있었다. 붓다가 숲 속에서 낙엽 위에 앉아 지친 몸을 쉬고 있는데, 지나가던 청년이 정중하게 인사하고 옆에 앉으며 물었다.

"당신은 행복하게 살았습니까?"

"그렇소, 젊은이. 나는 행복한 사람입니다."

청년은 문득 늙은 현자에게 동정심이 일었다.

"겨울밤은 춥습니다. 이제 곧 서리가 낄 겁니다. 가축이 밟고 다니는 이 땅은 몹시 딱딱한데, 나뭇잎으로 만든 이 자리도 수도복도 차가운 겨울바람을 견디기에는 너무나 얇습니다."

붓다가 미소 지으며 대답했다.

"그렇지만, 나는 행복한 사람입니다."

여든 살이 되어 쇠약해진 붓다는 몹시 지쳐 있었다. 마지막까지 고통스러운 세상에 기쁨의 빛을 나누어주고픈 열망에 설법을 쉬지 않는 강행군을 계속하다가 그만 병을 얻고 말았다. 그는 죽음에 이를 수도 있는 고통스러운 병을 견디며 한마디 불평도 하지 않았다.

"죽을 때까지 계를 떠나서도, 설법을 멈추어서도 안 된다"라며 병과 싸우며 버텨냈다.

병이 차도를 보이자 그는 사원 밖으로 나가서 자리를 잡고 앉았다. 제자들이 모여들고 아난다가 곁에 앉자 붓다가 말했다.

"나는 축복받은 이가 어떻게 고통받을 수 있는지 지켜보았다. 그러는 동안 몸은 쇠약해졌지만, 축복받은 이는 전해야 할 계율이 남아 있는 동안에는 절대로 죽지 않는다는 생각에 마음은 편안했다.

아난다야. 아직도 내게 가르침을 바라느냐? 깨달음을 얻은 자는 스스로 남을 이끌 자라 여기지도 않고 계가 자신에게 있다 여기지도 않는다. 나는 이제 늙었다. 내 여행은 이제 끝나려 한다. 낡은 수레를 움직이려면 특별히 신경을 써야 하듯이, 내 몸도 예전 같지 않다. 명상에 푹 빠졌을 때만 편안함을 느끼는구나."

붓다가 잠시 숨을 고르고 다시 말을 이었다.

"그러니 저마다 자기 자신을 등불로 삼고 자신을 의지하도록 하라. 진리에 의지하여라. 그 밖에 다른 곳에서 안식을 찾아서는 안 된다."

이때 붓다는 아난다와 많은 이야기를 나누었다. 그중에는 파탄잘리가 주창한 요가의 힘에 대한 내용도 있다.

"누구든지 네 가지 힘의 길(네 단계 요가)을 따라 경지에 오르면 육체의 제약을 벗어나 선의 힘을 발휘할 수 있다. 원한다면 늙지 않고 같은 나이에 머물 수도 있다."

붓다는 그 힘의 덕을 보지 못했지만, 매우 흥미로운 이야기이다.

그렇게 점점 쇠약해져가는 몸으로 방랑을 계속하다가 가까운 제자들을 데리고 바이샬리에 갔다. 그는 아난다를 시켜 그곳에 사는 제자들을 불러오게 했다. 제자들이 모이자 붓다가 자리에 앉아 설법을 시작했다.

"내 가르침에 따라 수행하고 명상하여 진리를 널리 전하라. 더 많은 이가 기쁨과 행복을 누릴 것이다.

보라. 모든 것은 덧없이 사라진다. 게으름 피우지 말고 부지런히 정진하라. 나는 석 달 후에 죽을 것이다. 나는 떠난다. 나는 오직 나 자신에게만 의지하여 떠난다. 정직하도록 순수하도록 침착하도록 하라. 꾸준히 정진하라. 자기 마음에서 눈을 돌리지 마라. 게으름 피우지 않고 부지런히 법을 따르면 생명의 바다를 건너 슬픔을 끝낼 수 있을 것이다."

붓다가 말을 마치자 제자들은 조용히 흩어졌다.

붓다는 다음 날 아침 일찍 스스로 옷을 챙겨 입고 동냥 그릇을 챙겨 구걸하러 나갔다. 밥을 얻어먹고 돌아오면서 그가 문득 추억이 깃든 도시 바이샬리를 바라보며 말했다.

"아난다야. 이번이 내가 바이샬리를 보는 마지막이다. 탑과 궁전의 도시 바이샬리여, 그대는 얼마나 아름다운가! 산비탈은 얼마나 쾌적하고 목초지는 마음을 얼마나 기쁘게 하는지! 강은 또 얼마나 눈부시게 빛나는지! 이제 더는 볼 수가 없구나. 아난다야. 이제 우리 반다가마로 가자!"

반다가마에 가서도 잠시 휴식을 취한 다음 신도들에게 강론을 펼쳤다.

"진리를 깨닫지 못했기에 지금껏 나와 그대들은 긴 세월에 걸쳐 힘겹게 윤회하였다. 그러나 행실을 바로 하고 명상하며 성스러운 진리를 깨달으면, 존재를 벗어나 윤회의 사슬을 끊고 두 번 다시 태어나지 않는다."

붓다가 네 가지 진리에 대하여 이야기한 것이 바로 이 강론이다. 강론을 마친 붓다는 아난다를 비롯한 제자들을 데리고 파바[2]라는 마을로 가서 순타라는 이름의 대장장이에게 공양을 받았다.

순타는 기쁨과 공경으로 그를 맞이했다. 붓다는 그에게 많은 이야기를 들려주었고, 순타는 제자들까지 모시고자 했다. 붓다는 침묵으로 그의 호의를 받아들였다. 순타는 훌륭한 음식을 아낌없이 준비했다. 거친 음식만 먹던 수도승들에게는 너무나 기름진 음식이었다. 붓다는 그걸 알고도 음식 준비가 끝나자 음식을 들었다.

---

2 붓다가 입멸하기 전 순타의 공양을 받은 지명으로, '죄악'이라는 뜻으로 쓰인다.

그러다 결국 탈이 나고 말았다. 붓다는 아무 불평 없이 고통을 참으며 아난다에게 쿠시나가라로 떠나자고 말했다. 붓다는 얼마 못 가서 지쳐서 쉬고, 또 멈추어 쉬기를 반복하면서 천천히 힘겹게 나아갔다. 갈증이 심했지만, 마침 황소가 끄는 마차 500대가 강을 건너며 물을 더럽히는 바람에 마실 물이 없었다. 붓다는 굴하지 않고 계속 걸어가 마침내 깨끗한 물을 찾았다. 아난다가 크게 기뻐했다.

"잘됐습니다! 얼마나 다행인지요! 어서 물을 가져다 드립시다."

물은 마셨지만 별다른 차도가 없었다. 붓다는 그런 몸으로도 젊은 브라만 풋쿠사에게 가르침을 전했다. 가르침을 받은 풋쿠사는 기쁜 마음으로 그의 제자가 되어 전통에 따라 스승에게 옷 두 벌을 바쳤다. 붓다는 한 벌을 아난다에게 주었다. 나머지 한 벌은 붓다가 깔고 누울 수 있도록 아난다가 바닥에 펼쳤다. 그러자 붓다의 몸에서 밝은 빛이 뿜어져 나왔다. 아난다가 깜짝 놀라 말했다.

"스승님. 스승님 몸이 기이한 빛을 띱니다. 너무나 깨끗하고 측량할 수 없이 눈부십니다."

"그래, 아난다야. 내가 깨달음을 얻은 날 밤과 같이, 내가 떠나는 날도 밝고 맑게 빛난다."

쿠시나가라에 다다르자 붓다는 완전히 지쳐서 아난다에게 대신 옷을 깔아 자리를 마련해달라고 말했다. 그러고는 아난다 오른쪽에 앉아 조용히 명상에 잠겼다. 그 모습에는 한 사람의 성자로서뿐 아니라 고귀한 왕자로서의 아름다움과 위엄이 서려 있었다. 그가 아난다에게 말했다.

"대장장이 순타에게 내가 그의 음식을 먹었기 때문에 화를 입었다며 죄를 묻는 이가 있을지도 모른다. 그러나 아난다야, 그 일을 회한으로 남기지 말도록 해라. 순타에게 내가 그의 음식을 먹고 '대장장이 순타는 큰 덕을 쌓아 장수하고 부와 명예를 누리며 극락왕생할 것'이라 말했다고 전해라."

그러고는 다시 일어나 고통스러운 순례를 계속해 마침내 쿠시나가라에 도착했다. 제자들이 살라나무 그늘에 자리를 마련했다. 살라나무 꽃이 마치 눈물처럼 붓다 위로 떨어졌다. 붓다는 만년설이 쌓인 히말라야로 머리를 향하고 누웠다. 아난다가 시신을 어떻게 처리하면 좋을지 묻자 붓다가 대답했다.

"그런 일에 신경 쓰지 말고 오직 진리만을 추구해라. 대신 해줄 사람들이 있을 것이다."

아난다는 끝내 슬픔을 참지 못하고 붓다가 보지 못하도록 멀찍이 가서 조용히 흐느꼈다. 아직 배워야 할 것이 많은데 스승이 떠나버리려 하니 슬픔을 주체할 수 없었다.

붓다는 어떻게 알았는지 아난다를 불러 말했다.

"울지 마라. 모든 것은 사라지게 마련이라고 내가 누차 이야기하지 않았더냐? 한번 모인 것은 흩어지기 마련이다. 오랫동안 내 곁에서 참 잘해주었다. 꾸준히 노력하면 너도 곧 완전한 깨달음을 얻게 될 것이다."

그러고는 자기가 이제 곧 죽을 테니 마지막으로 와서 보도록 사람들을 불러오라고 말했다.

"가서 '축복받은 이의 마지막을 지켜보지 못했다고 후회하는 일이 없도록' 하라고 전하라."

그의 임종을 지키려 수많은 사람이 몰려와 슬피 울며 차례로 붓다의 축복을 받았다.

붓다의 자비로운 행동은 그게 마지막이 아니었다. 붓다의 열반이 임박했다는 소식을 듣고 서둘러 달려온 수행자 수밧다에게 가르침을 전하기 전까지 붓다는 세상을 떠날 수가 없었다. 그리고 끝내 수밧다에게 진리를 전했다.

마지막 순간을 눈앞에 둔 붓다가 말했다.

"아난다야, 이제 너를 이끌어줄 이가 없으리라 생각하느냐? 절대로 그렇지 않다. 내가 떠나면 법과 계율이 너의 스승이다.

아직도 마음속에 의심이 남아 있는 이가 있다면 주저하지 말고 어서 물어보아라. 나와 얼굴을 맞대고 물어볼 수 있을 때 그러지 못했음을 후회하는 일이 없도록 하라."

아무도 입을 열지 않자 붓다는 세 번이나 반복해서 질문하도록 종용했다. 그래도 아무도 질문하지 않자 그가 제자들을 아끼는 마음으로 말했다.

"스승을 공경하는 마음에 질문하지 못하는 게로구나. 그렇다면, 친구 대 친구로 이야기하자."

그래도 아무도 감히 입을 떼지 못하자 아난다가 말했다.

"스승님. 이 많은 사람 중에 아무도 의심을 품거나 가르침을 잘못 이해한 이가 없습니다."

붓다의 목소리가 더욱 가늘어졌다.

"신념에 찬 목소리로구나, 아난다야. 내가 깨달은 확고한 진리를 이들 중 가장 뒤처진 자도 깨달았으니, 모두 고통에서 벗어나 다시 태어나지 않으며 궁극의 평화를 누리게 될 것이다."

아난다는 이별이 다가왔음을 알고 무릎을 꿇으며 고개 숙였다. 붓다는 평온하게 눈을 감고 깊은 침묵에 빠졌다. 그러나 잠시 후 그의 눈

꺼풀이 열렸다. 제자들은 그의 마지막 목소리를 들었다.

"보라. 나는 이제 떠난다. 모든 것은 덧없이 사라지니 게으름 없이 정진하라."

붓다는 삼매경의 첫 번째 단계에서 두 번째 단계로, 그리고 세 번째와 네 번째 단계를 지나 무한의 세계로 떠났다. 그곳에서 다시 무한의 인식으로, 다시 공의 세계로, 마침내 모든 번뇌가 끝나는 곳에 도달했다.

붓다의 사후

아난다가 슬픔을 견디지 못하고 울부짖자, 붓다의 제자이자 샤키아족 왕자였던 아누룻다가 붓다는 모든 번뇌를 끝내셨을 뿐이라며 그를 위로했다.

붓다가 열반에 드는 순간 하늘을 쪼갤 듯이 천둥번개가 치며 엄청난 지진이 일어났다. 그 위로 창조신 브라흐만의 목소리가 울려 퍼졌다.

"모든 존재는 소멸한다. 비교할 바 없는 힘을 가진 자조차 열반에 들었다."

신들의 왕 인드라의 목소리도 들렸다.

"모든 것은 덧없어라. 태어난 것은 죽게 마련이니."

완전한 성인 아누룻다가 말했다.

"그분의 인생이 끝나고, 확고부동한 마음이 죽음의 고통을 견뎌내시어 마침내 모든 속박을 끊어버리셨다."

그러나 아난다는 여전히 고통스럽게 울부짖었다.

"너무나 끔찍해서 머리털이 곤두섭니다! 위대한 붓다께서 돌아가셨습니다!"

아직 완전한 깨달음을 얻지 못한 제자들이 함께 흐느꼈다. 아누룻다가 그들의 슬픔을 달랬다.

"세상 모든 것은 덧없습니다. 소멸할 수밖에 없답니다."

그날 밤 아누룻다가 또 다른 제자 사리푸타와 함께 붓다의 깨달음을 전하는 강론을 펼쳤지만 아난다의 슬픔은 가라앉지 않았다. 아침이 되자 아누룻다가 모두에게 다시 한 번 말했다.

"형제들이여, 그만하면 됐습니다. 울음을 그치십시오. 세상 모든 것은 덧없습니다. 소멸할 수밖에 없습니다."

그러고는 아난다를 말라스에 보내 붓다의 죽음을 전하게 했다. 비통에 찬 사람들이 호화로운 장례를 준비해왔다. 붓다에게 새 옷을 입히고 양털 이불을 깐 관에 눕히고, 꽃과 향료를 바치는 등 무엇 하나 부족한 게 없었다.

고타마 싯다르타가 크샤트리아 계급이었으므로, 화장이 끝난 다음 유골은 창과 활로 둘러싸였다. 사람들은 칠 일 동안 춤과 노래와 화환과 향료를 바쳐 그에게 경의를 표했다.

여러 곳에서 유골을 보내달라고 요구해왔다.

마가다 왕은 붓다와 자신이 모두 크샤트리아 계급이므로 신성한 탑을 세우고 엄숙한 추도식을 열겠노라고 말했다. 붓다의 친족인 샤키아족도 그가 가문의 자랑이라며 유골을 맡을 자격이 있다고 주장했다. 그들도 탑을 세우고 추도식을 열겠노라고 말했다. 결국 유골은 여러 곳으로 나뉘어 보내져 여러 곳에서 숭배되었다. 아난다도 마침내 사랑이라는 속박에서 벗어나 슬픔을 털어버렸다.

원전을 읽어본 사람이라면 내가 얼마나 많은 이야기를 생략했는지, 붓다의 삶이 얼마나 사랑으로 가득 차고 아름다웠는지 알 것이다. 다음 장으로 넘어가기 전에, 아무도 그의 연구에 토를 달지 못할 위대한 불교학자 한 사람의 이야기를 인용하고자 한다.

"역사를 통틀어 인류애라는 사상에 이보다 더 어마어마한 영향을 끼친 사람은 없을 것이다. 그는 무려 2,500년 전에 정신적으로 정점에 이르렀다. 갠지스 강가 숲 속에 은둔하며, 인간이 생각할 수 있는 최고의 사상에 도달한 것이다."

그의 장엄하고 아름다운 생애를 보고 보탤 수 있는 한마디는 붓다도 베단타의 아이라는 사실이다. 이들의 사상은 철학에 이미 셀 수 없이 많은 것을 가져다주었으며, 앞으로도 그러할 것이다.

5

11

붓다의 위대한 가르침 (1):
삶과 죽음

철학의 전승

수많은 사람을 사로잡았을 뿐 아니라, 가장 위대한 철학을 구축한 붓다의 가르침은 어떤 것이었을까? 불교 철학은 현대 심리학과도 조화를 이루며 어떤 면에서는 물리학과도 대단히 밀접하게 연관되어 있다. 이 점은 서구 사회를 지배한 물리주의에 밀려 눈에 띄게 힘을 잃어가는 기독교 교리 대신 불교가 새로운 마음의 안식처가 되어줄지도 모른다는 희망을 싹트게 한다.

극단적으로 적게 먹으며 살아가려는 사람들도 있지만, "사람은 빵만으로는 살 수 없다." 먼저 붓다의 철학을 살펴보자. 다음은 불교학자 라이스 데이비스Thomas William Rhys Davids가 붓다의 대화에 관해 한 논평이다.

"철학적인 시각으로 볼 때 그는 소크라테스의 산파술을 사용한다. 고상하고 진심 어린 말투와 탁월한 논리는 당시의 문화와 사고방식을 말해준다. 이들의 대화를 보면 끊임없이 플라톤의 대화를 떠올리게 된다. 가능한 한 빨리 고타마의 대화들을 모아 정확히 이해하고 번역하여, 플라톤과 같은 수준으로 학교에서 가르쳐야 할 것이다."

데이비스는 남아시아 지역의 이른바 남방불교가 고대 인도의 통속어 팔리어로 쓰인 경전의 세 부분 중 하나를 법규로 삼았음을 넌지시 암시한다. 붓다가 사망하자 불교 교리를 확정하는 회의가 라자그리하에서 열렸다. 수제자 카사파가 붓다의 형이상학적인 가르침을 반복해서 강론했다. 가장 나이 많은 제자 우팔리는 붓다의 법과 율을 이야기했다. 아난다는 붓다가 들려주었던 이야기와 우화를 되풀이했다. 믿기 어려운 일이지만, 기억을 더듬는 이러한 노력은 인도에서 전혀 특별한 일이 아니며 지금도 여전히 계속되고 있다.

세 제자의 이야기는 '삼장'三藏[1]이라 불리는 불교의 성전聖典이 되었다. 삼장은 계속 구전되다가 기원전 80년 처음으로 기록되었다.

"삼장과 그에 관해 뛰어난 비구들이 남긴 주석은 입에서 입으로 전해졌지만, 대중이 점점 정론에서 멀어져가는 것을 보고 비구들이 모여 정통 교리를 책으로 정리했다."

스리랑카 불교사를 기록한 책 『마하방사』Mahavamsa에 기록된 내용이다.

삼장은 다시 여러 부분으로 세분된다. 삼장 중 세 번째에 속하는 논장은 다시 다섯 부분으로 나뉘는데 그중 넷은 붓다의 대화를 모은 것으로서, 불교를 연구하는 학생들이 먼저 관심을 기울여야 할 부분이다.

논장의 다섯 번째는 '밀린다 왕의 물음'이라는 뜻의 『밀린다팡하』Milinda-pañha로, 종종 팔리어 경전에 포함되기도 한다. 기원전 125년에서 95년까지 서북 인도를 지배한 그리스의 메난드로스(즉 밀린다)와 인도의 고승 나가세나가 나눈 철학적인 담론이다. 나로서는 이 책에 대해서는 따로 덧붙일 말도 없고, 초기 불교의 교리를 깨우친 것으로 보기도 어렵다. 나가세나는 치밀한 논리를 좋아해서 현란한 역설을 즐기는 사

---

1 경장經藏·율장律藏·논장論藏으로 이루어진다.

람이었다. 그의 극단적인 이성주의는 인간 존재의 심층적인 의식과 신비로운 면에 대한 이해를 배제한다. 붓다가 침묵한 부분에 대한 유물론적 발전이라고도 할 수 있다. 나가세나는 그의 스승이 절대로 허용하지 않을 방향으로 가르침을 해석한다. 이는 오늘날의 사고방식과 평행선상에 있는 대단히 현대적인 사고방식으로서, 변증법적 논리에 쉽게 현혹되는 사람들에게 많은 찬사를 받았다. 이 책에 붓다의 가르침이 담겼다고 인정하는 학자와 학생이 많고, 스리랑카에서도 권위를 누리고 있지만 나는 이 책에 큰 장점이 없다고 생각한다. 이 책은 붓다가 죽은 지 무려 사백 년이나 지난 다음에 쓰였다.

고통에서 벗어나는 방법

붓다가 활동하던 시기에는 미신이 만연하고 우화가 범람했으며 세부적인 이야기들이 지나치게 강조되어 베단타의 순수한 가르침이 활짝 피지 못했다. 의식과 의례가 모든 것인 시기였다. 훗날 예수가 바늘 끝에서 천사 몇 명이 춤을 출 수 있는지와 같은 논의를 거부했듯이, 인도의 현자들은 치밀한 형이상학을 쓸모없는 것으로 여기고 거부했다. 그러나 대중은 희생제야말로 신의 노여움을 달래고 속죄하는 최선의 방법이라고 믿었다. 중세 유럽의 모습과도 같았다.

의심과 불안의 시대였다. 사회 계층을 정당화한 『마누법전』이 아직 성문화되기도 전에, 브라만 계급은 벌써 다른 카스트의 행복에 큰 위협이 될 기미를 보이고 있었다. 사회 전체가 큰 위기에 빠져 있었다. 누군가 나서서 물질과 정신의 균형과 도덕을 회복해주어야 했다. 도움을 청하는 울부짖음이 항상 응답받는 것은 아니다. 그러나 인도에서는 영광스럽게도 붓다가 해답을 제시해주었다.

그는 먼저 속세에서 세력을 떨치려는 성직자들 그리고 의례와 의식을 비판했다. 그렇게 하는 것에 영원한 가치가 있을까? 초자연적인 것이 무엇 때문에 필요한가? '초자연적'이라는 말이 어떻게 사용되건 간에 그 말 자체가 무질서, 혼란과 굴종을 가져온다.

붓다는 특별한 체험을 제공해야만 했다. 먼저 그 자신이 놀라운 체험을 통해 절망과 의심을 털어버렸다. 다른 이들도 같은 과정을 밟았으며 스스로 판단을 내렸다. 붓다의 말이 옳았음을 검증한 것이다. 요가에서 그렇듯이 붓다의 가르침에서도 체험이 방법의 효과를 증명한다. "너 자신이 너의 등불이 되어라." 누구도 깨달음을 얻으려는 자에게 빛이 되어줄 수 없으며, 희생제에 바치는 동물의 피가 대안이 될 수도 없다.

붓다의 신념에는 타협의 여지가 없었다. 누구든 사물을 있는 그대로 바라본다면 그림자 쫓기를 멈추고 정의로운 실체를 헤치며 나아갈 것이다.

붓다의 사상은 우파니샤드에서 비롯되었다고 보아야 한다. 후세의 주석가들을 당황하게 했던 그의 침묵조차 우파니샤드를 통해 이해할 수 있다. 붓다는 쉽게 오해될 소지가 있는 것들에 대해서는 말하지 않았다. 베단타 철학자들이 보기에는 붓다가 넓은 의미에서 무엇을 말하고자 했는지 의심의 여지도 없다. 붓다는 아리안의 전통과 우파니샤드로부터 업과 열반에 대한 확신을 이끌어냈다.

크샤트리아 계급 왕자였던 붓다는 가능한 한 브라만 계급을 존중하려 애썼다. 따라서 붓다의 가르침에 뭔가 의혹이 있으면 우파니샤드를 고려해야 한다. 그가 우파니샤드에 내용을 더하거나 시야를 확장하지 못한 것도 아니며, 그리 독창적이지 못했다고 말할 수도 없다. 그러나 역사상 가장 위대한 사상가 붓다의 사고방식은 근본적으로 우파니샤드적이었다.

붓다가 세상에서 가장 심각한 비관주의자였다고 말하는 사람들도 있지만 이는 공정하지 못하다.

"고통과 고통의 원인은 사실 하나이다."

누구도 이 세상이 고통으로 가득 차 있음을 부정하지 못한다. 인간과 동물과 곤충과 식물을 지배하는 자연의 법칙은 잔인하기 이를 데 없다. 모든 철학과 신념이 슬픔으로 가득하며, 해답을 찾으려는 시도로 이루어져 있다.

그러나 붓다는 움츠러들지 않았다. 그는 병을 자세히 분석해 진단하고 처방을 내렸다. 병을 정확히 인식하는 것은 치료의 한 부분이다. 다음은 그가 한 말 중 가장 심하게 비관적으로 들릴 만한 이야기이다.

"순례는 영원으로 들어가는 첫 걸음이다. 그러나 무지의 미로에 갇혀 입구를 찾지 못하고 방황하며 떠돈다. 기나긴 순례 중에 고통스럽게 방황하며, 사랑하는 것은 그대의 것이 아니고 대신 혐오하는 것이 그대의 몫이어서 흘리는 눈물이 저 바다보다 적을까? 일생에 걸친 슬픔에 그대가 흘리는 눈물이 저 바다보다 적을까?"

우리를 감싼 끔찍한 고통에서 눈을 돌리고 순간적인 행복만을 추구하는 이기적인 사람이 아니라면 저 말을 부인할 수 없을 것이다. 어떠한 기쁨이라도 질병, 노화와 죽음을 맞아 느닷없이 끝나버린다. 이것이 지나치게 비관적이라고 할 수 있는가? 그러나 비록 기쁨이 만족할 만큼 오래가지는 않는다고 하더라도 그 안에 해답의 열쇠가 있음은 분명하다. 그리고 어떤 희망을 품은 이야기를 철저히 비관적이라고 말할 수도 없는 노릇이다.

열쇠는 "무지의 미로에 갇혀"라는 표현 속에 있다. 무지를 몰아낼 수 있을까? 붓다는 그렇게 할 수 있다고 대답한다. 그 결과로 평화와 행복이 찾아온다. 이것이 비관론인가?

붓다의 철학은 4개의 명제에서 시작한다.

1. 고통이 존재한다.
2. 고통의 원인이 존재한다.
3. 그 원인은 제거할 수 있다.
4. 그것을 이루는 방법은 존재를 끝내는 것이다.

인류는 세상에 만연한 비참함을 만들어낸 장본인인 인격신에게 자비를 구하기를 거의 포기했다. 섬기는 신이 인간을 도와주었다는 이야기는 쉽게 들을 수 없다. 우리 인식 아래의 세계, 예컨대 곤충의 세계는 훨씬 더 잔인하고 끔찍하다. 그보다 더 작은 미생물의 세계는 한결 더하다. 흰개미에 대해 이야기한 마테를링크Maurice-Polydore-Marie-Bernard Maeterlinck의 저서 『개미의 생활』을 읽어보면 거의 구역질이 날 지경이다. 그런 일들이 실제로 일어날까? 그렇다. 매일, 매 순간, 바로 우리 주변에서 일어나며, 그 속에서 행복해지려면 눈을 감는 수밖에 없다. 원인과 결과를 확실히 인식하지 않는 한 말이다.

물론 사회에 질서가 선 것과 같은 발전도 있었다. 그러나 그런 질서는 흰개미 사회에도 존재한다. 지적인 삶도 존재하지만 매우 드물다. 영적인 삶도 가능하다. 붓다는 거기서 생각을 멈춘다. 그 또한 극히 소수에게만 허락된 것이기 때문이다. 대다수 평범한 삶에도 가능한 다른 무언가가 있지 않을까? 그것이 바로 붓다의 철학, 법과 율이 지향하는 바이다.

가장 먼저 해야 할 일은 누구나 찬성할 만한 도덕의 기초를 제시하는 것이었다. 이성으로 도달할 수 있는 곳보다 더 높고 넓은 의식의 경지를 제시할 수 없었기 때문이 아니다. 그러한 경지는 정신이 엄청난 승리를 거두었을 때만 도달할 수 있다. 반면 이성은 누구에게나 열려 있다. 이성은 철학의 시녀이며, 동시에 그 이상이다. 붓다의 궁극적인 목적은 이성을 비롯한 모든 가치가 도덕을 위해 존재함을 보여주는 것이었다.

덕을 쌓아라. 그것이 시작이자 핵심이다. 초자연적인 종교의 관점에서 교육받은 사제들은 샘 많고 잔인한 신들을 달래려고 고행하며 희생제를 드렸다. 붓다의 철학은 사제와 신이 아무런 의미도 없는 종교를 탄생시켰다. 희생제와 고행은 새벽을 맞은 어둠과 같이 사라졌다. 영혼은 자유로워야 한다. 어떤 사제도, 그 누구도 타인의 영혼을 자유롭게 하지는 못했다.

의무에 대한 끝없는 헌신, 드높은 인류애, 완벽한 자기 통제. 이것들이 깨달음의 산에 오르는 자가 디뎌야 할 발걸음이다. 그러나 붓다는 유물론자도 이성주의자도 아니었다. 그의 체계를 구축하는 핵심 명제는 이성이 이성주의를 넘어서도록 이끄는 것이었다.

세속적인 쾌락이라는 무지를 경험하고 그것을 포기해보았기에, 붓다만큼 가르치는 데 적합한 사람도 없었다. 붓다는 깨달음의 빛 속에서 무지가 소멸하여 모든 모순과 번뇌가 사라지는 경험을 한 사람이다. 그는 "알고 있었다." 그의 깨달음이 말로 전달될 수 있는 것이었을까? 처음에는 그도 회의적이었다. 그는 인류에게 '길'을 열어줄 방법을 찾기를 간절히 원했다.

붓다의 철학은 마음가짐을 바로 하는 것에서 시작한다. 이 점이 다른 철학체계와의 가장 큰 차이점이다. 마음을 순수하게 하는 것이 먼저다. 어떤 명제도 진리라는 권위에 기대지 않는다. 붓다 자신의 말조차 권위적으로 강요되지 않는다. 그는 누구나 이성적으로 판단할 수 있는 원칙을 제시했다. 사람들은 그의 말을 받아들이기 전에 의심하고 추론하고 비교해본다. 깊이 연구하고 직접 체험해보아야 한다. 붓다의 철학은 단순한 이론에 머물지 않으며, 그러므로 원인과 결과를 완전히 이해할 때까지 판단을 미루어야 한다.

사실 이것은 완전히 과학적인 정신이다. 2천 년이라는 세월을 초월해, 붓다는 뉴턴과 아인슈타인 같은 과학자들과 교감을 나눈다. 우리가 현대 과학이라고 부르는 복음서의 신실한 사도들이다. 그 자체가 지혜이므로 이 고귀한 불가지론은 언젠가 진리를 정복하고 말 것이다.

현대적인 탐구 정신과 공통점도 있지만, 큰 차이도 있다. 그 차이점 덕분에 붓다의 철학에서 세계적인 종교가 탄생할 수 있었다. 붓다는 이성만으로는 도달할 수 없는 가장 높은 경지에 오른 수행자이기도 했다. 그는 인간의 지적인 능력을 훨씬 초월하여 이전과는 전혀 다른 방식으로 의식의 확장을 가져왔다.

따라서 단지 붓다의 말에 따라 자신을 돌아본 사람은 달리 자신을 불교신자라고 말하지 않는다. '불교신자'라는 말은 아무것도 깨닫지 못한 채 위대한 스승을 묵묵히 따르는 것을 암시하기 때문이다. 이들은 스스로 정견正見하는, 즉 '바르게 이해하는' 자라고 한다. 어떤 의미에서 그들 하나하나가 붓다 즉 '깨달음을 얻은 자'이다. 붓다 자신의 깨달음은 이들에게 아무 쓸모도 없다. 각자가 자기 경험에 비추어 자유롭게 평가하고 받아들일 수 있는 특정한 원칙을 제시하지 않는 한 말이다.

그들은 고통과 '악'을 거부하고 제거해 더 나은 삶을 이룬 사람들이다.

원인 없이 홀로 존재하는 것

이제 붓다의 가르침에 담긴 철학을 살펴보자.

붓다는 세상을 끝없는 변화의 과정으로 보았다. '지금'이란 존재하지 않는다. 변화 과정이 길거나 짧거나 간에 그 순간을 포착할 수는 없다. 신도 인간도 영원하지 않다. 이것이 붓다 철학의 기반이다. 붓다가 제자들에게 들려준 이야기를 들어보자. (서양인도 쉽게 이해할 수 있도록 표현을 가다듬었다.)

"이 세상은 이중적이다. 어떤 것은 그것일 수도, 그것이 아닐 수도 있다. 그러나 깨달음을 얻은 자는 '그것이 아님'도 없고 '그것임'도 없음을 안다. 진리는 그 가운데에 있다."

다시 말해서, 흐르는 강물처럼 모든 것이 순간순간 새로워진다는 뜻이다.

어떤 일이건 앞서 일어난 원인의 피할 수 없는 결과라는 이야기가 이어진다. 따라서 법이 곧 세계이고 세계가 곧 법이다. 이는 우리 몸, 마음, 영혼에도 똑같이 적용된다. 이 모든 것이 세상 만물과 같이 힘이며 연쇄이며 과정이다. 어떤 것도 따로 홀로 떨어져 있지 않다.

생각은 어떤가? 사고는 쉽게 흔들리고 중단되며 재빨리 스쳐 지나간다. 언제나 무언가가 되어가는 과정일 뿐 무언가가 되지는 않는다. 명상을 통해 삼매경에 들었을 때를 제외하면 사고는 절대로 정지하지 않는다.

우리가 이러한 끊임없는 변화의 일부분이라면 우리는 도대체 어떻게 눈을 감고 사물을 고정되고 변치 않는 것으로 인식할 수 있는 것일까? 여기에는 몇 가지 이유가 있다. 첫 번째 이유는 길이, 넓이, 높이라는 세 가지 틀로 규정된 감각 세계에서 시간의 진정한 의미를 깨닫기는 어렵기 때문이다. 진짜 시간은 우리 감각이 말해주는 것과 상당히 거리가 있다.

두 번째 이유는 앞서 인용한 붓다의 이야기 속에서 찾을 수 있다. 우리는 '부분과 전체', '선과 악' 등을 상반된 개념으로 이해한다. 그러나 이것들은 상대적인 개념이며 반소경이나 다름없는 우리 눈앞에 펼쳐지는 현상세계에서만 작동한다. 우리가 한순간이라도 영원한 변화의 과정을 인식할 수 있다면, 변화라는 측면을 배제하고는 어떤 개념도 생각할 수 없으며 감정이 뒤흔들리는 일도 없을 것이다. 무언가에 대해 생각하는 동안 그것은 사라진다. 심지어 '시간'을 서양적인 관념으로 생각했을 때도 마찬가지다. 몇 시냐는 질문에 대답하는 동안 그 순간은 지나가버린다.

생명이란 끝없이 다른 형태로 변해가는 흐름이다. 소멸하는 것이 아니라 다른 형태로 변하는 것이다. 단지 그 에너지가 다른 수로에서 흐를 뿐이다. 그러나 모든 변화 과정 속에서 에너지 일부는 흩어져버리기 때문에 그 섭리를 다 따라잡을 수 없다.

그렇다면 인간이란 무엇일까? 한 인간을 조금 전과 같은 존재로 인식하는 것은 필름 한 장 한 장이 만들어내는 영화 속 등장인물의 행동을 보는 것과 같다. 요람 속 아기가 노인이 되는 것도 단지 수많은 상태의 연쇄일 뿐이다. 불타는 나무 막대기를 빨리 돌리면 하나의 동그란 불덩어리처럼 보이는 것과도 같다. 우리가 이 영원히 변하는 존재를

'존'이나 '메리'라고 부르는 것은 단지 그게 편리하기 때문이다.

이런 생각은 우파니샤드를 따른 것이다. 우파니샤드는 우리 감각이 만들어낸 현상세계가 왜곡되어 있다고 말한다. 붓다는 여기서 특정한 사실을 새롭게 강조하고 거기에서 결론을 이끌어낸다.

"존재하는 모든 것에는 원인이 있으며, 어떤 관점에서 보아도 일시적이다.

수레바퀴가 굴러갈 때나 멈춰 있을 때나 땅에 닿는 부분은 단 한 점뿐이듯, 삶도 단 하나의 생각이 스쳐가는 동안만 지속된다. 그 생각이 끝나자마자 삶은 끝난다. (그리고 새로운 삶이 시작된다.)"

그러나 이러한 변화와 소멸의 기저에는 변치 않는 주체가 있다. 각각의 변화를 일으키는 원인은 자기 안에 있는 속성, 따를 수밖에 없는 법칙이다. 이것은 임의적인 속성이 아니라 확고한 질서이다. 붓다는 이 논점에 대해 분석하거나 설명하기를 거부하면서도 여러 차례 언급했다.

"원인 없이 홀로 존재하는 것이 있다. 그것이 없다면 이 세상에서 벗어날 길도 없었을 것이다."

끝없이 변하는 현상세계 배후에 변치 않는 실체가 있다는 뜻이다.

이상이 붓다가 말하는 법이다. 당시에는 존재조차 인지하지 못했던 거대한 천체에서 눈에 보이지 않는 미생물에 이르기까지 이 법에서 자유로운 것은 없다. 돌, 식물, 곤충, 동물, 인간을 막론하고 모든 존재는 하나이다.

도대체 무엇이 이 과정을 시작되게 하였는가? 이 질문은 모든 종교와 철학에 주어진 영원한 숙제이다. 우파니샤드는 '그것' 안에서 욕망이 깨어난다고 말했다. 붓다는 현명한 침묵을 택했다. 그는 두 가지 이유에서 이 질문이 무의미하다고 말했다. 첫째, 진리를 말로 설명할 수도 없지만, 설명할 수 있다고 하더라도 인간의 유한한 정신으로는 그것을 이해할 수 없기 때문이다. 둘째, 우리가 관심을 기울여야 할 것은 오직 법에 부합되게 살아서 고통을 끝내는 것이기 때문이다. 그렇게 하면 붓다와 다른 현자들이 그랬던 것처럼 완전한 인식에 도달할 수 있다.

이 가르침은 '각자의 자아'라고 믿던 것이 사실은 의식의 껍데기에 불과함을 함축한다. 그것은 삶이 계속해서 변하는 동안 그리고 죽음에 이르렀을 때 흩어져버리고 만다.

"우리 몸, 느낌, 감각, 기질 그리고 지적 능력은 모두 덧없이 사라지므로 선이라 할 수 없다. 영원한 영혼은 덧없이 변하지 않는다. 그러므로 물질적인 것은 과거나 현재나 미래나, 주관적이거나 객관적이거나, 천하거나 귀하거나 간에 '내 것이 아니다. 나는 이것이 아니다'라고 말해야 한다. 그것은 영원한 영혼이 아니다!"

붓다는 이에 관해 깊이 분석하고 논의하지 않았다는 비판을 끊임없이 받아왔다. 그러나 불가능한 일을 하지 않았다고 비판하는 것은 매우 비합리적이다. 설명해야 할 것이 우파니샤드가 '브라흐만'이라 부른 것의 일부라도 그렇다. 이것은 다정한가? 현명한가? 영원한가? 어떤 질문에도 우리가 할 수 있는 대답은 "그게 아니다"뿐이다. 그것을 기술할 방법이 없기 때문이다. 우리는 이해할 수 없다. 의식을 '절대존재'에까지 뻗지 못해 인격신에게로 되돌아간 사람만이 끝내 그것을 이해하려 애쓴다.

붓다가 현자라 인정하고 자주 칭찬했던 여승 담마딘나는 "어리석은 자는 '자기'가 육신 혹은 육신을 가진 무언가라고 생각한다. 혹은 어떤 느낌이나 그 느낌을 가지는 존재라고 생각한다"라고 말했다. 그러나 깨달음을 얻은 자에게는 그것이 죽음과 함께 사라질 덩어리에 불과하다. 그리고 붓다는 그 덩어리 배후에 존재하는 보편적인 원리에 대해 침묵한다.

붓다는 곧 사라져버릴 감각의 다발만을 가져다주는 무지와 영혼이 인격을 가진 채 불멸한다는 믿음을 혐오했다. 그의 어조가 가장 격렬했을 때는 항상 개체에 대한 믿음을 반박할 때였다. 그런 믿음이 모든 탐욕과 이기심과 잔인함을 낳기 때문이다. 그의 교리는 모두 이 하찮은 감옥을 깨부수기 위한 것이었다. 우리가 인간이라고 부르는 의식의 덩어리가 독립적으로 존재하며 불멸할 수 있다는 믿음 말이다. 그런 것은 존재하지 않는다. 모든 것은 끊임없이 변한다. 붓다는 마치 의사가 증상을 묘사하듯이 이야기한다. 개체란 진정한 자아를 연기하는 배우이다. 그러나 사실은 그때그때 변하는 기분에 따라 연기하는 배우일 뿐이다.

"불쌍한 배우가 겉으로는 당당하게, 속으로는 안달하며 무대에 오른다.

그러나 이제 바보들이 지어낸 아무 의미 없는 이야기에 아무도 귀를 기울이지 않는다."

불교는 각자가 자신의 자아, 영혼이라고 믿는 덩어리를 이렇게 바라본다. 그것을 믿고, 충동과 욕구에 따라 행동하며, 가르침을 잘못 이해하고 오용하는 사람은 슬픔의 바다에 깊이 빠진다.

절대아의 존재

이 무언극의 배후에는 아무것도 없을까? 죽음이 무대의 막을 내리는가? 이것이 학자들이 오랫동안 논쟁을 벌이고 불교를 여러 종파로 갈라지게 한, 불교의 가르침에서 가장 중요한 부분이다. 우파니샤드의 입장을 견지하고 붓다의 침묵을 인정하는 나는 여기에서 어떤 난점도 찾을 수 없다. 떠돌이 수행자 왓차고타가 붓다와 나눈 문답을 통해 이야기해보자.

왓차고타가 물었다.

"고타마여, 절대아가 있습니까?"

붓다는 대답하지 않았다.

"그러면 절대아는 없습니까?"

붓다는 여전히 침묵했다.

왓차고타가 혼란에 빠져 그곳을 떠나자 아난다가 질문에 대답하지 않은 이유를 물었다. 붓다의 대답을 요약하면 다음과 같다.

"내가 만일 절대아가 있다고 대답한다면 덧없는 것이 영원히 지속한다는 거짓 믿음을 심어주는 것이 된다. 절대아가 없다고 대답한다면 죽음과 함께 완전한 소멸이 찾아온다는 믿음을 심어주게 된다."

붓다는 둘 다 인정할 수 없었다. 철학에는 한계가 있다. 그동안 우리는 말로 설명할 수 없는 것을 설명하려 한 것이다. 절대아는 어떤 식으로도 정의 내릴 수 없다. 붓다는 그 존재를 부인하지도, 설명하지도 않았다. 그는 설명을 시도했을 때 어떤 결과가 나타날지 걱정하며 현명한 침묵을 고수했다. 한편으로는 그의 그 조심스러움이 종파의 분립을 가져왔지만, 또 다른 한편으로는 그 덕분에 그의 철학체계를 지켜낼 수 있었다. 만일 붓다가 우파니샤드의 가르침대로 모든 현상과 존재 배후에 절대적 자아가 있음을 인정했다면, 그는 우리 각자에게도 절대적인 무언가가 존재함을 인정해야 했을 것이다.

만약 그가 이것을 설명하려고 했다면 어떻게 말했을까? 우파니샤드의 현자들은 그것을 포기했다. 어떤 말로도 무한을 담아낼 수 없음을 알고 있었기 때문이다. "그것은 영원하며 자애롭고 정의로운가?" 현자들은 "그렇지는 않다"라고 대답했다. 그런 속성들은 인성을 표현하는 데 한정된다. 위대한 지성을 지닌 붓다조차도 자아와 사후 세계에 대해서는 아무 말도 하지 못했다. 그것을 전달할 방법이 없었다. 장님이 붉은색과 푸른색을 구별하지 못하는 것과 마찬가지다. 깨달음을 얻은 붓다의 제자들도 인간의 범주를 벗어난 질문은 하지 않았다. 이 점은 여러 일화에서 분명히 드러난다. 모두 우파니샤드의 가르침을 재확인하게 되는 일화들이다.

승려 야마카는 덕을 쌓으면 사후에 완전히 소멸해 더는 존재하지 않게 된다고 믿었다. 동료 승려들이 그런 이단적인 사상을 버리게 하려고 애썼지만 소용이 없었다. 그러다가 그 이야기가 불교 여명기의 사도 바울과 같은 인물인 사리푸타의 귀에 들어갔다. 사리푸타가 야마카에게 말했다.

"형제여, 소멸에 관한 이단적인 생각이 그대 마음속에서 일어났습니까?"

"그렇습니다. 저는 스승님 말씀을 완전히 이해했습니다."

"그러면 그분은 성인聖人이셨습니까? 그분의 감각, 지각, 성향은 성인과 아무 관계도 없는 것입니까?"

"물론 그렇지 않습니다."

"만일 그것들이 성인과 아무 관계도 없는 것이 아니라면 그것들이 모여 성인이 되는 것입니까?"

"그렇지 않습니다."

"이 세상에 존재했던 성인에 대해서도 아무것도 증명할 수 없는데 성인이 죽음 뒤에 완전히 소멸해서 더는 존재하지 않는다고 주장하는 것이 이치에 맞습니까?"

다시 말해서 존재도 증명할 수 없는데 소멸을 어떻게 증명할 수 있느냐는 뜻이다. 야마카는 부끄러워 고개를 숙이고 주장을 철회했다.

또 붓다 사후에 코살라 왕국의 왕이 여승 케마를 만난 일화도 있다. 왕이 물었다.

"완전한 분께서 돌아가셨습니다. 그분은 사후에도 존재하십니까?"

"왕이시여. 스승님께서는 그렇게 말씀하시지 않았습니다."

"그러면 이제 존재하시지 않는군요."

"스승님께서는 그렇게 말씀하시지도 않았습니다."

"그러면 도대체 어떻게 된 겁니까? 존재하시는 겁니까, 존재하시지 않는 겁니까?"

"인간의 능력으로 측량할 수 있다면 그분은 존재하십니다. 육신에 깃들었던 것은 모두 사라졌습니다. 그 뿌리가 없어졌으니까요. 그것들은 이제 더는 싹트지 못합니다. 모든 가능성에서 놓여나셨기에 이제 인간이 가진 수단으로는 측량할 수 없습니다. 이제 그분은 측량할 수 없이 깊고 불가해한 바다와도 같습니다. 존재하거나 존재하지 않는다는 말은 그분께 맞지 않습니다."

왕은 고개를 끄덕이며 그곳을 떠났다.

열반은 소멸이 아니다. 영속하는 무언가가 있으며 그것은 시간을 비롯해 모든 제약을 벗어난 존재이다. 붓다는 '불멸' 또는 '영생'과 같은 표현을 우파니샤드가 말하는 의미로 사용한 바 있다. "나는 이 암흑 세계에서 불멸을 외치겠다"라는 이야기나 "나는 불멸을 정복했다"와 같은 이야기가 그것이다.

그러나 존재하지도 않는 '나'의 덩어리에 불멸이란 아무 의미도 아니다. 최후의 구원은 지금 또는 사후에 열반에 드는 것이다.

"나는 자유로워졌다. 이제 다시는 이 세상에 태어나지 않는다."

붓다는 육체와 뇌에 의존하는 자아가 죽음을 이겨낼 수 있다고 믿는 것은 어리석다고 말했다. 그것은 불가능하다. 이는 유럽의 몇몇 뛰어난 실증주의자들의 결론과도 같다. 어떤 형태로든 불멸의 가능성을 완전히 닫아버렸다. 유럽 실증주의자들에게 그 질문은 확정된 것이다. 그러나 붓다와 그의 제자들은 여전히 죽지 않는 무언가가 있지만, 그것을 인간의 사고로는 표현할 수 없다고 가르친다.

이제 막 걸음마를 떼기 시작한 서양의 정신과학과 베단타 철학자는 이 견해에 모두 동의할 것이다. 동양사상을 진지하게 공부하는 학생 중에 '자아'라 불리는 덩어리로서 불멸을 꿈꾸는 이는 없을 것이다. 그러나 붓다의 이러한 입장을 완전히 받아들이면, 그의 침묵이 함축한 바가 치솟아 올라 우리가 무한을 이해할 때까지 끝없는 질문으로 남는다. 이제 우리 자신의 무한을 인식했기 때문이다.

일부 불교계에서는 붓다를 무신론자이자 허무주의자로 보고 다른 견해는 모두 이단으로 치부한다. 그런 배타적인 태도는 철학에서건 종교에서건 서양에서 수입된 것이다. 인도의 위대한 사상가들이 태곳적부터 보여주었던, 그리고 인도 최초의 통일대제국을 건설한 불교를 장려했던 아소카 왕이 보여주었던 철학적 관용을 모델로 삼는 편이 훨씬 나을 것이다.

육신은 비록 아무것도 아니지만 붓다는 혹독한 금욕을 허락하지 않았다. 그 자신이 그 길을 걸어보았으나 쓸모없음을 깨달았기 때문이다. 육체도 정신적인 발전의 한 요인이므로 사려 깊게 돌보아야 한다. 제멋대로 굴려서도 안 된다.

"화살에 맞으면 상처에 기름을 바르고 붕대를 감는다. 그것은 상처를 사랑하기 때문인가?"

"아닙니다."

"마찬가지다. 진정한 수행자는 자신의 몸을 사랑해서가 아니라 더 많은 수행을 위해 몸을 아낀다."

카스트 제도에 대한 태도에 대해서도 이야기해보자. 인도 아리안 왕족이었던 그는 카스트 제도를 우습게 보지 않았다. 서양의 혈통과도 같은 것으로서, 영국에서나 미국에서나 카스트와 같은 신분 제도는 숨 쉬는 공기와도 같다. 동서를 막론하고 혈통에 대한 관념은 인간이라는 종에 깊이 각인되어 있다. 그러나 붓다는 카스트 제도를 실용적이고 윤리적인 입장에서 바라보았다.

"태생은 중요하지 않다. 행실에 따라 브라만이 되고 또 수드라가 된다."

귀족과 부자와 지식인이 몰려들었지만, 붓다는 카스트 계급과 상관없이 누구나 제자로 삼아 최고의 경지에 이르게 해주었다. 그의 가르침이 지성주의라는 비판도 감수해야 한다. 그러나 이 점은 오직 훌륭한 법이 다스리는 행복한 나라, 인도에서만 제대로 이해될 수 있다는 사실을 절대로 잊어서는 안 된다. 비록 붓다 자신이 그곳에서 이렇게 말하기도 했지만 말이다.

"왓차고타여, 이것은 너무나 심오하고 깊어서 이해하기 어렵다. 논리만으로는 도달할 수 없다. 오직 현자만이 이해할 수 있다. 다른 원리, 다른 신념, 다른 신앙을 가진 네가 배우기에는 너무 어려운 이야기이다. 가서 다른 스승을 찾도록 해라."

12 붓다의 위대한 가르침 (2): 사상체계

불교 철학의 카르마 사상

불교 철학은 우파니샤드의 카르마[業] 사상을 바탕으로 세워졌다.

카르마 사상은 죽음을 영혼이 다른 경험으로 넘어가는 고리로 보는 것으로, 그 자체로 하나의 역학 법칙이다. 자기 그림자로부터 도망칠 수 없듯, 원인으로부터 주어지는 결과를 모면하기란 불가능하다. 카르마란 삶을 결정짓는 인과율이다.

인간은 자기 삶을 스스로 설계한다. 전생에 자기가 직접 지은 집에서 사는 셈이다. 이로써 불평등과 고통 등이 모두 설명된다. 그러나 이 사상은 조금 더 주의 깊게 살펴볼 필요가 있다. 부가 시련이고 불행이며, 가난이 오히려 축복일 수도 있다. 오직 그 사람의 가장 깊은 내면을 통해서만 판단할 수 있다. 따라서 자신의 행동과 생각이 가져온 모든 것을 판단할 수 있는 것은 오로지 자기 자신뿐이다.

우파니샤드의 카르마 사상은 여러 철학체계에 다양한 방식으로 채택되었다. 붓다의 카르마 사상을 살펴봄으로써 다른 체계와 어떻게 다른지 이야기해보자. 붓다는 카르마 사상을 현대 심리학자들도 받아들일 수 있을 만큼 과학적으로 구축했다. 붓다와 우파니샤드 모두 카르마가 어떤 도덕적인 에너지가 보존되는 법칙으로 여긴다. 카르마는 태양력과 같이 실질적인 힘이며, 실제로 작용하는 역학 법칙이다. 성장하고, 발전하며, 의식이 더 높은 경지로 오를 수 있는 모든 피조물이 그것을 작동시킨다. 모든 피조물은 자기 운명을 책임진다는 의미에서 자유로운 존재이다. 절제나 계율은 지키지 않으면 그만이다. 인과율은 우주의 원리이므로 개인은 물론 온 세상에 영향을 끼친다. 아무리 작은 파도라도 대양의 일부이다. 인간은 우주의 일부이기 때문에, 바르게 행동하건 그르게 행동하건 세상에 영향을 끼치지 않을 수 없다. 원자 하나도 행성의 운동에 영향을 미치는 법이다.

불교 철학이 우파니샤드에서 태어났다는 사실에는 의심의 여지가 없다. 그러나 아주 특별한 차이점도 있다.

우파니샤드는 "위대한 영혼이 갈구하는 바를 깨닫지 못하고 이 세상을 떠난 이는 억압받는 삶을 살고, 깨닫고 떠난 이의 파편은 자유롭게 산다"라고 가르친다.

다시 말해 윤회의 고리를 끊고 완전히 해방될 때까지 한 인간의 개체성이 계속 유지된다는 뜻이다. 죽은 사람과 다시 태어난 사람이 다른 피부를 입은 같은 사람이라는 이야기이다. 『바가바드기타』는 이를 영혼이 낡은 옷을 벗고 새 옷을 입는 것이라고 표현한다. 플라톤도 이 윤회 사상을 받아들였다. 우파니샤드의 인과 법칙은 동서양에 고루 중대한 영향을 끼쳤다.

그러나 초기 불교의 가르침은 달랐다. 계속 유지되는 무언가가 있기는 하지만, 그것이 개체성을 갖는 것은 아니다. 많은 후기 불교 철학 학파들이 이 가르침에 수정을 가했다. 아주 특출한 사람이 아니면 그것이 의미하는 바를 완전히 이해할 수 없었고, 아주 순진한 사람이 아니면 의심 없이 받아들이지도 못했기 때문이다. 어찌 되었건 이런 사상은 서양에서 과학적인 관심사가 되고 있다.

만일 붓다의 가르침대로 인간이라는 덩어리는 죽어서 분해되어도 그 배후에 존재하는 절대적인 무언가는 아무 영향도 받지 않는다면, 죽은 자에게서 새로운 몸으로 옮겨가 이 현상세계에서 계속 활동하는 그것은 도대체 무엇인가? 이것은 불교 철학의 오래된 난제이지만 매우 흥미롭고 중요한 문제이다. 그 해답이 현대 과학이 품은 수많은 난제를 설명해줄 수도 있다.

붓다의 가르침에 따르면 우리 모두가 카르마 법칙의 지배를 받고 있다. 우리 모두 그 법칙과 우주의 일부이므로, 어떤 인간도 완전히 독립적으로 존재할 수 없다. 좀 더 쉽게 이야기해보자. 한 사람의 성격은 그의 가족과 깊이 연관되어 있다. 도덕적으로 문제가 있는 사람은 자녀의 성격에 악영향을 끼칠 수밖에 없다. 독배 한 잔을 나누어 마시는 것과 같다. 누구도 타인을 완전히 결정할 수는 없지만 이렇듯 깊이 연관되어 있다. 한 사람 한 사람의 특성이 모여 민족성을 이룬다. 사도 바울이 믿었던 것처럼, 우리는 모두 우리 중 한 사람이다. 사도 바울이 말하고자 했던 것보다 더 심오한 의미이기는 하지만, 각자의 성향이 모여 전체의 성향을 이룬다.

따라서 옳은 일을 행하고 깨달음을 얻으려 애쓰라는 붓다의 가르침에 따르는 것은 어떤 의미에서도 이기적인 길일 수가 없다. 이기적인 마음을 품고서는 깨달음을 얻을 수 없다. 그 길을 가는 목적은 세상을 좀 더 행복하게 하는 것이다. 산호충 하나가 산호를 눈에 보이지도 않을 만큼 크게 만든다. 산호충이 생명 활동을 마치면 그 위로 다른 산호충이 같은 일을 반복한다. 산호는 계속 성장해 물 위로 모습을 드러낸다. 그 위로 하늘을 나는 새가 씨앗을 떨어뜨린다. 거기서 나무가 자라고 꽃이 핀다. 첫 번째 산호충의 개체성은 벌써 사라지고 없다. 그러나 그의 분투는 다른 생명으로 전해져 더 나은 세상을 만들었다. 이것이 붓다가 말하는 카르마이다. 인간은 죽지만 다른 사람이 뒤를 잇는다. 앞선 이가 이룬 것과 한계를 자신의 일부로 받아들이고, 그것을 계속 이어나가 현상세계에서 더 높은 곳으로 조금씩 나아가는 것이다. 일시적으로 더 낮은 곳으로 내려갈 때도 있다. 그러나 아무리 느리고 때로는 뒷걸음질 친다 해도 전진은 계속된다. 한 개인으로서의 인간은 기껏해야 자기 자신밖에는 개선할 수 없다. 그러나 세상의 일부로서 아주 작은 역할이라도 해내면 결국에는 열매를 맺게 되는 것이다.

여기서 주목해야 할 것이 있다. 바로 카르마는 철저히 현상세계와 관련된 법칙이라는 사실이다. 우리 안의 절대적이고 범우주적인 뭔가와는 전혀 관계가 없다. 그것은 멀찍이 떨어져 앉아서 카르마가 이 세상에서 만드는 드라마, 즉 앞선 자의 책임을 뒤이은 자가 이어받아 수행하는 모습을 이해하고 미소 지으며 바라본다. 우리는 이해할 수 없다. 현상세계에서는 감각이 진실을 왜곡하기 때문이다. 우리 내부의 진정한 자아는 왔다가 사라지지도, 태어나지도 죽지도 않는다.

카르마는 현상세계를 완전히 지배하며 이 세계의 모든 것을 구현하는 법칙이다. 이것은 현대 심리학 이론과도 잘 맞아떨어지며, 영국 소설가 조지 엘리엇George Eliot의 희망과도 공명한다. 그녀는 사람은 죽어서 고통에 빠진 누군가의 영혼을 달래주는 힘이 된다고 믿었다. 인간은 누구나 자기가 아는 한 최선의 행동을 하기 때문이다. 우리가 뿌린 씨앗을 타인이 거두어들인다 해도 그 수확은 우리 모두의 것이다.

카르마에 관해서는 우파니샤드의 가르침을 따르는 불교신자가 훨씬 더 많다. 이 소박한 가르침은 이해할 수 없는 것도 아니고 나쁘게 보이지도 않는다. 더 높은 경지에 이르려면 최선의 행동을 해야 하는 이유를 설명해주는 이야기다. 모든 생각과 행동에는 반드시 결과가 따른다. 그리고 우리는 모두에게 이로운 법칙 아래에서 살고 있다. 선한 행동과 생각 하나하나가 잔물결이 되어 온 세상으로 퍼져가는 것이다. 그렇게 세상에 오직 순수한 선만이 남으면 마침내 윤회의 고리가 끊어진다. 붓다도 우파니샤드도 구체적으로 이야기하지 않은, 본 적도 들은 적도 없는 상태가 되는 것이다.

그런데 왜 그러한 생명력이 다른 개체로 다시 태어나는 것일까? 왜 인간이 죽어서 그 형태가 소멸한 다음에도 다른 신발을 신고 계속 걸어가는 것일까?

그것은 우리가 '개체'라고 부르는 것이 사실은 세상 전체의 거대한 생명력의 일부이기 때문이다. 개체가 가진 특성은 열이나 빛과 같이 실제적인 힘이다. 행위와 사고는 에너지가 생성한다. 모든 힘은 하나이다. 우리가 '개인'이라고 부르는 존재가 죽음을 맞아 소멸하고 덩어리가 흩어져버려도 그의 행동과 사고가 세상에 남긴 인상은 어떤 힘의 형태로 살아남는다. 다소 거친 표현이지만, 그것을 '개성'이라 지칭해도 좋을 것이다. 여기서 말하는 개성이란 일종의 화학적인 단위로서, 가까이 있는 자신과 닮은 무언가와 융합하여 옛것을 새로이 더욱 깊이 있게 재생산한다. 그런 의미로 볼 때 아이들은 자기가 물려받은 성향을 계속 이어가는 것이라고 볼 수 있다. 아이는 아버지가 아니지만, 한편으로는 아버지이기도 하며 아버지 없이는 존재할 수조차 없다.

불교는 이러한 전달을 불이 옮겨 붙는 것으로 표현한다. 나는 한 악기가 다른 악기를 울려 비슷한 소리를 내는 것이라는 중국식 표현을 더 좋아한다. 소리는 그렇게 점점 더 크고 분명해진다. 이것이 하나의 개성이 다른 개체로 전해지는 모습이다.

물론 카르마 철학을 분명하게 설명하는 것은 불가능하다. 그러나 이런 비유들이 이해를 돕는 하나의 상징으로서 유용하다는 점은 부인할 수 없다. 행동과 사고에 책임감을 느끼게 하는 데도 큰 역할을 한다. 정신적인 성취도에 따라 붓다와 우파니샤드의 카르마 이론 중 어느 쪽에 더 끌릴지 결정될 것이다. 그러나 서양은 이러한 철학이 부재했던 탓에 이미 회복할 수 없을 정도로 정신적인 손상을 입었다고 해도 과언이 아니다.

카르마란 탈출로 없는 운명 또는 숙명이라는 잘못된 믿음은 버려야 한다. 카르마는 숭고한 책임과 자유의지의 원칙이며, 과학조차 이것의 일부라고 해야 할 논리적 필연이다. 특정 신앙을 전제하지도 않으며 오직 자기 규제와 각자의 통찰만으로 도달할 수 있는 결론이다. 나는 서양이 카르마 이론에서 인과율의 새로운 출발점을 찾을 수 있기를 기대한다. 내가 이 방대한 철학을 얼마나 거칠고 불완전하게 설명했는지는 잘 알고 있다. 이 글을 읽고 '개인'이 이 세상에 대하여 갖는 책임을 더 깊이 생각해보는 사람이 단 몇이라도 생긴다면 그것으로 만족한다. 카르마란 흔히 알고 있듯 '영혼이 환생하는' 것과는 거리가 멀다는 사실을 깨닫게 될 것이다.

깨달음을 얻기 위한 길

이제 붓다가 설파한 '팔정도'八正道에 대해 이야기할 차례이다.

사람은 극단에 치우쳐서는 안 된다. 욕망과 쾌락만을 탐닉하는 삶은 천하고 아무 가치도 없으며, 파멸의 지름길이다. 스스로 고통과 슬픔에 빠지는 고행의 삶 또한 무의미하며 아무것도 이루어낼 수 없다. 깨달음을 얻어 열반에 들려면 현명하게 절제하고 묵상하는 중도의 길을 가야 한다. 다음은 그 길의 여덟 단계이다.

1. 바른 견해(정견正見): 불확실한 견해와 단순한 추측은 금물이다. 영원한 것과 덧없는 것을 분명히 구별할 수 있어야 한다. 가려진 진실을 보아야 한다. 진리의 필요성을 인식하면 올바른 견해를 갖게 된다.

2. 바른 결의(정사유正思惟): 깨달음을 얻을 수 있다는 사실을 인식한 다음에 도달하게 되는 단계이다.

3. 바른 말(정어正語): 자기 규율의 첫 걸음이다. 경솔하거나 남을 비방하거나 비난하는 말은 삼가야 한다. 불친절하고 불순하고 진실하지 못한 말은 어떤 상황에서도 허락될 수 없다. 여기까지 오면 꽤 많이 온 셈이다.

4. 바른 행동(정업正業): 행동은 호불호에 의해 결정되어서는 안 된다. 인과의 법칙을 깨닫고, 그 법칙 아래에서 세상이 한 걸음 더 나아가도록 행동해야 한다. 사랑과 자비가 최고의 원칙이다. 모든 행동은 한없이 자비로워야 한다. 사랑은 우리를 가두는 자의식이라는 감옥에서 탈출하는 최상의 문이다.

5. 바른 생활(정명正命): 올바른 직업을 선택하는 것도 여기에 포함

된다. 마음속의 영원한 보물을 해치지 않고서는 지킬 수 없는 직업도 있기 때문이다. 인간이나 짐승에게 잔인해질 수밖에 없는 직업은 피해야 한다. 부정을 저지르게 되는 직업도 마찬가지이다. 이 단계에 이른 사람은 판단 능력을 갖추게 된다.

　6. 바른 노력(정정진正精進): 깨달음을 얻은 사람은 자기 행위의 목표를 이해하고 최종 목적을 이루려고 온 힘을 다하게 된다. 그가 하는 모든 행동은 법과 조화를 이룬다. 건강한 사람이 자기 심장 박동을 살피지 않듯, 이 단계에 이른 사람은 자기가 올바른 길을 가고 있는지 걱정하지 않는다.

　7. 바른 의식(정념正念): 환상과 미망을 떨쳐내고 올바른 지각을 얻어 마음이 평화로운 상태이다. 진정한 실체를 정면으로 마주 본다.

　8. 바른 마음(정정正定): 지상에서 도달하는 열반이다. 사후에 드는 열반과는 구별되는 것으로, 완전한 깨달음을 얻어 마음의 평정을 이룬 상태이다. 죽음이 말로 옮길 수 없는 신비의 문을 열 때까지 지상에서 누릴 수 있는 최고의 경지이다.

　이것이 사성제四聖諦(고苦·집集·멸滅·도道)에 기반을 둔 팔정도이다.
　불교에도 기독교의 십계명과 같은 십중계(十重戒)가 있다. 계를 받은 승려들은 이 계율에 철저하게 매인다. (승려가 계율을 지키지 않고 속세로 돌아가는 일은 매우 드물다.) 처음 5계만이 평신도에게도 적용된다.[1]

　1　오늘날 널리 알려진 십중계는 『범망경』梵網經에 기록된 것으로, 앞의 5계는 위와 같으나, 나머지 5계는 다음과 같이 차이가 있다.
　　6계: 사부대중의 허물을 말하지 말라.
　　7계: 스스로를 높이고 남을 헐뜯지 말라.
　　8계: 인색하여 중생을 괴롭게 하지 말라.
　　9계: 화내는 마음으로 참회를 거절하지 말라.
　　10계: 삼보三寶를 비방하지 말라.

1계: 죽이지 말라.

2계: 훔치지 말라.

3계: 음란한 언행을 하지 말라.

4계: 거짓말하지 말라.

5계: 술을 팔지 말라.

6계: 적당히 먹되 정오 이후에는 금식하라.

7계: 춤추고 노래하지 말라.

8계: 화려한 옷과 장신구를 걸치지 말고 향료를 쓰지 말라.

9계: 사치스러운 침대에서 잠자지 말라.

10계: 재물을 받지 말라.

사람들의 마음속에서 진정한 자아를 가장하는 거짓 자아에 관한 붓다의 유명한 설법을 소개하며 인도사상에 관한 이야기를 마치려 한다. 의미를 해치지 않는 선에서 간단하게 줄여서 이야기하겠다.

"마음과 생각, 모든 감각은 생과 사의 법칙을 따른다. 그것들이 어떻게 뒤섞이는지 깨달으면 '나'라는 생각이 들어설 자리가 없어진다. '나'라는 생각이 모든 고통의 근원이며 우리를 이 거짓 세상에 붙들어 맨다는 것을 알게 되기 때문이다. '나'라는 것은 존재하지 않음을 깨달으면 그러한 속박이 사라진다.

'나'라는 거짓된 믿음을 가진 사람들은 그것이 죽음을 견뎌낸다고도 말하고 사라져버린다고도 말한다. 둘 다 틀린 이야기다. 그것은 애초에 존재하지도 않는다. 그것이 환상임을 깨달은 사람은 자신과 같기도 하고 다르기도 한, 씨앗에서 난 싹처럼 하나이자 하나가 아닌 다른 생명으로 전해진다. 그러므로 '나'란 존재하지 않음을 알고, 그런 환상이 진정으로 영원한 존재를 감춘다는 것을 깨달아라."

고대 인도의 생활상을 선명하게 보여주고, 긍지 높은 아리안 귀족들이 붓다의 가르침에 얼마나 순식간에 감화되었는지 말해주는 장면이 있다. 붓다의 가르침은 누구에게나 열려 있었지만, 지적으로 뛰어난 상위 카스트들이 고양되는 장면에 특별한 절제미가 있는 것이 사실이다.

최초로 붓다에게 귀의한 다섯 승려 중 한 사람인 아사지가 음식을 구하러 마을에 갔을 때였다. 어깨가 드러난 황색 승복을 입고 그늘로 걸어가고 있었다. 브라만 청년 사리푸타가 아사지의 평온한 모습에 마음이 끌렸다.

"저 사람은 순수함의 법도를 깨달은 게 틀림없다. 지금은 저 사람이 음식을 구하고 계시니 조금 기다렸다가 가서 물어봐야겠다."

사리푸타는 잠시 기다렸다가 아사지에게 다가가 인사했다.

"친구여, 당신의 눈이 밝게 빛나는군요. 피부도 순수하고 깨끗합니다. 정말 멋진 모습입니다. 어떤 스승님을 따라 출가하셨습니까?"

"제 스승님은 샤키아족 왕의 아들이십니다. 저는 이제 막 입문했을 뿐입니다. 아직 법을 이야기할 수준은 못 되지만 그 정신은 이야기할 수 있습니다."

그렇게 말하고 잠시 침묵하던 아사지가 다시 입을 열었다.

"깨달음을 얻으신 우리 스승님께서는 각자 별개로 보이는 존재들이 서로에게 의존하며, 모두 단 하나의 원인에서 비롯된다고 가르쳐주셨습니다. 그것들을 따로 떨어져 있는 것으로 보는 것은 원인에 대해 무지하기 때문입니다. 그런 존재들이 사라지고 하나로 통합될 수 있다고 하셨습니다."

아사지의 말을 들은 사리푸타는 그 안에 함축된 모든 의미를 한순간에 깨달았다. 깊은 감명을 받은 사리푸타는 아사지에게 이제 모든 고통을 끝낼 수 있다고 말하고는 친구 목갈라나에게 달려갔다. 목갈라나가 사리푸타를 보고 외쳤다.

"자네 눈이 밝게 빛나는군! 죽음에서 구원받는 길을 찾았나?"

"찾았네! 찾았다고!"

사리푸타는 숨도 돌리지 않고 아사지에게 들은 이야기를 친구에게 전했다.

목갈라나의 뛰어난 지성도 곧바로 진리를 깨달았다. 둘은 지체하지 않고 붓다와 제자들이 있는 숲으로 달려갔다. 헐레벌떡 뛰어오는 두 사람을 본 붓다가 제자들에게 말했다.

"저들을 반갑게 맞아라. 한 사람은 비할 바 없이 지혜롭고, 또 한 사람은 비범한 힘을 가졌다."

그리고 두 사람에게 말했다.

"가르침은 잘 전해졌다. 순수하게 살아 고통을 끝내도록 하라."

이 이야기가 널리 퍼지자 상류 계층에는 심각한 불안감이 감돌았다. 수도승 고타마가 젊은이를 데려가 가정을 파괴한다는 것이었다. 다음은 당시에 유행하던 노래 한 구절이다.

'위대한 수도승이 숲길을 걸어오네.

그가 언덕 위에 앉았네.

자, 다음엔 누굴 훔쳐갈까?

이번엔 누구를 고를까?'

화가 난 제자들이 이 노래를 들려주자 붓다가 웃으며 말했다.

"며칠도 못 가 수그러들 이야기다. 하지만 만일 누가 그 노래로 너희를 조롱하면 이렇게 답하여라."

'진리를 따르는 자들.

누가 이들을 잘못됐다 하는가?

진리를 전했다고 붓다를 비난할 것인가?'

붓다가 예견한 대로 노래는 며칠도 못 가 잊히고 엄청난 사람이 그를 따랐다.

붓다는 요가에 대해서도 이야기했다. "어리석거나 마음이 흐린 자에게는 호흡법을 통해 명상에 잠기는 법을 가르쳐주지 않는다." 또 "잠깐이라도 호흡법을 익히면 정신을 집중할 수 있다. 잠깐만 연습해도 큰 효과가 있는데, 오랫동안 꾸준히 수행하면 그 효과가 얼마나 크겠는가?"

불교의 영향과 변화

불교는 영원한 가치의 일부이므로 언제까지고 사라지지 않을 것이다. 그러나 불교가 전한 진리의 아주 작은 부분만 이해한 사람들에 의해 그 고귀한 엄격함이 변질되는 것은 피할 수 없다. 모든 위대한 사상은 언제나 왜곡되는 법이다. 모두가 아난다나 사리푸타와 같을 수는 없다. 인도에서 불교는 점차 사제의 인도 없이는 불가능한 브라만주의 제례로 되돌아갔다. 붓다가 비슈누의 현신으로 인식될 정도였다. 영악한 브라만 계급이 승리한 것이다.

불교는 배척당했다기보다 흡수당했다. 그러나 그 가치는 여전히 인도사상에 일부 남아 있다. 어리석고 감상적이며 저열한 사고로부터 인도를 구해내야 할 수준 높은 인식과 지적 활동은 중단되었지만 말이다. 네팔에 남은 인도 북부 불교는 아시아 전체의 사상과 철학, 종교,

예술에 큰 영향을 끼쳤다. 그러나 여기서도 평범한 사람들의 요구에 맞게 많은 변화를 거쳤다. 불교의 수준 높은 과학적 가치를 평가할 수 있을 만한 지식이 존재하지 않았기 때문이다. 이제 서양이 그때를 맞았다.

티베트, 중국, 일본의 불교는 원래 형태에서 상당히 많이 변한 것이다. 인간성을 배제하고 순수한 지성을 강조하며 상당히 절제된 예술을 발전시킨 일본의 선(禪)불교가 그나마 원래 모습을 간직하고 있다. 여기에 대해서는 후에 다시 이야기하도록 하겠다. 미얀마와 실론(지금의 스리랑카가 아니라 옛 실론)에서는 사랑과 자비의 정신은 이어졌으나 수준 높은 철학은 몇몇 학자에게만 남아 있다.

철학과 종교는 분리될 수 없다. 그리고 종교로서의 불교는 현대 사회에도 계속 이어지고 있다. 동서양이 서로의 장점을 나누고 종합할 수만 있다면, 나는 불교가 서양에서 최상의 형태로 재탄생하리라 믿는다. 그러나 그러기에는 이미 물질주의가 너무나 멀리 퍼져버렸는지도 모른다.

인도의 위대한 철학은 인도 아리안이 세상에 남겨준 유산이다. 인도유럽어족이 그것을 받아들일 수 있을까? 그러나 이들 철학을 연구해온 사람들이 보기에 이것은 인간 지성이 도달할 수 있는 최상의 경지이다.

사상과 지혜와 영성이 가치를 회복할 때 인도는 그들의 적과 이야기를 나눌 수 있다. 인도가 '인간이란 육체를 가진 영혼'이라고 가르칠 때 서양은 '인간이란 영혼을 가진 육체'라는 개념을 가지고 있었다. 인도는 육체를 떠나 진정한 실체를 인식하는 법을 가르쳤다. 인도는 그들 국경 안이 가장 위대한 장소라는 점을 모른다는 점에서 스스로 눈을 가리고 있다고 해도 과언이 아니다. 그들의 발은 더럽고 상처투성이지만, 이마에는 영원히 빛나는 왕관을 쓰고 있다.

13 티베트의 눈에 비친 사후 세계

죽은 자를 위한 책 『티베트 사자의 서』

동양사상을 이야기하면서 티베트와 몽골을 빼놓을 수는 없다. 영국의 종교학자 에번스 웬츠Walter Yeeling Evans-Wentz가 최근에 소개한 『티베트 사자의 서』를 이야기하지 않는다면 이 책이 동양사상을 다룬다고 말할 수도 없을 것이다. 여기서 요약한 내용을 보고 많은 사람이 원전을 읽어보면 좋겠다. 이 책은 동양이 서양에 준 가장 인상적인 선물 중 하나이기 때문이다. 이 책을 읽고 죽음에 대해 달리 생각하게 될 사람이 많을 것이다.

이 책은 초기 티베트불교 문헌을 번역한 것이다. 이 낯선 나라에서는 불교보다 먼저 재생에 관한 이론과 독특한 장례문화를 가진 고유 종교인 본교Bon敎가 있었다.

불교는 손챈감포 왕 때 두 종류가 티베트에 전해졌다. 손챈감포 왕은 당나라 태종의 딸 문성공주와 네팔 국왕의 딸 티쓴을 왕비로 맞았는데 둘 다 불교신자였다. 두 왕비가 각각 인도와 중국의 불교를 티베트에 들여온 것이다. 손챈감포의 아들이 왕위를 이어받은 후에 왕실에 초대되어 '보배 같은 스승'이라 불린 파드마삼바바Padmasambhava가 티베트에 불교를 널리 전파했다. 파드마삼바바는 인도 나란다대학에서 요가를 가르쳤으며 밀교密教의 대가로 명성이 자자했다. 그 덕분에 티베트는 밀교의 나라가 되었다.

파드마삼바바는 비술에 관한 저술을 많이 남겼는데 모두 일반 독자를 위한 책은 아니다. 일부는 지금도 티베트 사원에 보존되고 있는데 『티베트 사자의 서』가 그중 한 권이다. 이 책은 파드마삼바바가 활동했던 초기 라마교(티베트불교) 또는 그가 죽고 그리 오래 지나지 않아 후세가 엮은 것으로 여겨진다. 파드마삼바바는 인도 여덟 구루Guru[1]의 도움을 받았다고 전해진다. 여덟 구루는 각각 파드마삼바바가 설파한 각기 다른 교설을 대표한다.

에번스 웬츠가 편집해서 서양에 소개한 이 책은 티베트 학승 라마 카지 다와삼둡이 영어로 번역한 것이다. 다와삼둡은 달라이 라마[2]를 수행해 인도에 가서 캘커타대학에서 티베트에 관해 강의하다가 1922년 그곳에서 생을 마쳤다. 에번스 웬츠와 옥스퍼드대학교의 존 우드로프John George Woodroffe 경은 이 젊은 학승을 극찬했다. 에번스 웬츠는 자신이 다와삼둡의 대변자이자 영어사전일 뿐이었다고 말했다. 그러나 에번스 웬츠가 쓴 서문을 읽어보면 그렇지만도 않다는 것을 알게 된다. 그는 동양의 학자들 사이에서 다양한 경험을 했다. 우리는 아직 그에게 많은 것을 기대한다. 에번스 웬츠는 아직 번역되지 않은 문헌을 많이 가지고 있다.

나는 여기서 티베트불교 용어를 사용하지 않으려 한다. 동양인이나 서양의 학자에게는 자연스럽고 아름답게 들릴지라도, 진리를 찾으려는 서양인에게는 무의미하게 들릴 것이기 때문이다. 누구나 이해할 수 있는 말로 가능한 한 쉽게 풀어서 『티베트 사자의 서』를 요약해보겠

---

1 힌두교, 불교, 시크교 등에서 스승을 일컫는 말.
2 티베트불교(라마교)의 가장 대표적 종파인 갤룩파의 수장音長인 법왕法王의 호칭. 현 14대 달라이 라마는 텐진 갸초Tenzin Gyatso로 티베트 망명 정부를 세운 인물이다.

다. 이 책은 죽음을 과학적으로 설명한다. 서양의 한 저술가는 이렇게 말했다.

"이것이 가장 유익한 과학임을 알아야 한다. 다른 모든 과학에 전해져 죽음에 대해 배우게 해야 한다. 누구나 자기가 죽는다는 것을 안다. 하지만 죽음이 무엇인지 깨달을 수 있을 만큼 지혜로운 사람은 거의 없다. 이 신비로운 가르침을 통해 영혼을 건강하게 하고 모든 가치의 기반을 확립해야 한다."

이것이 『티베트 사자의 서』가 목표로 하는 것이다. 이 책은 죽은 사람이 다시 환생하거나 신과 융합하기 전에 49일 동안 머무는 중간계 바르도Bardo에 대한 안내서라고도 할 수 있다.

이 책의 내용은 파드마삼바바가 죽어서 다시 환생하기 전 49일 동안 직접 경험한 것을 기록한 것이다. 지난 삶이 고스란히 드러나는 시련을 겪어야 할 사자死者를 위한 안내서이다.

바르도에서 보내는 시간은 세 단계로 나뉘는데, 전적으로 그가 지난 삶에서 했던 생각과 행동에 따라 결정된다. 먼저 황홀한 무아지경 또는 기절 상태에 빠졌다가 깨어난다. 그리고 바르도가 끝날 때까지 세 번째 단계가 계속된다. 두 번째 단계에서 사자는 생전에 했던 사고와 행동이 만들어내는 환상을 만나게 된다. 지난 삶이 눈앞에 고요하고 장엄한 파노라마처럼 펼쳐진다. 만일 미리 교육받지 않으면 그것을 현실로 인식하게 된다. 자기가 여전히 육체를 가지고 있다고 착각하는 것이다. 그렇지 않다는 것을 깨달으면 환생을 갈망하는 세 번째 단계로 들어간다. 세상으로 돌아오고 싶다는 열정에 이끌려 다시 태어나고 중간계가 끝나는 것이다.

해방을 위한 안내

이 설명을 시작으로 『티베트 사자의 서』를 요약해보겠다.

우리가 티베트의 한 가정을 방문했다고 생각해보자. 집주인은 지금 막 임종을 맞고 있으며, 우리가 그에 대해 아는 것이라고는 그게 전부이다. 영혼은 새 삶을 시작하기 직전이며 몸은 곧 썩어서 없어진다. 탄생이 영혼에 인간의 모습을 주었고, 이제 죽음이 그것을 흩어버리려 한다. 그의 새로운 출발이 행복한 일이라는 사실 그리고 다시 태어나거나 세속적인 삶과 죽음을 끝내는 승리의 기쁨을 누리기 전에 거칠 신비로운 과정이 안전하게 인도되리라는 사실을 확인하는 과정을 밟아야 한다. 그러려면 라마(승려)의 도움이 필요하다.

먼저 숨이 끊어지려고 할 때 목의 경동맥을 부드럽게 눌러서 죽어가는 사람이 적절한 의식 상태를 유지하게 한다. 가능하면 생명이 머리를 통해 빠져나가도록 한다. 요가에 따르면 척추를 통해 의식을 온몸으로 보내는 중추가 머리이기 때문이다. 생명이 그런 식으로 빠져나가면 머리 아래가 먼저 죽어서 머리가 특별한 역할에 집중할 수 있게 된다. 파드마삼바바는 이 과정을 상세하게 기록했다. 서양에서도 임사체험을 한 사람이 그가 무엇을 경험했는지 이야기하는 일은 드물지 않다. 나도 그런 이야기를 체험자에게 직접 들은 적이 있다.

영혼과 몸이 분리되면 대상에 대한 의식이 사라진다. 이 단계는 황홀경이라고도 할 수 있는데, 베단타와 불교에서 말하는 고차원적인 의식의 빛을 인식하는 상태라고 할 수 있다. 그 의식과의 융합을 받아들이면 두 번 다시 태어나지 않는다. 그렇게 할 수 없는 '무지한 존재'는 이 세상에서 순례를 계속해야 한다. 이 빛은 죽음을 맞으면 누구나 보게 된다. 따라서 그 빛을 받아들일 자격을 갖추기만 하면 누구에게나 해방될 기회가 있는 셈이다. 사실 그 빛이라는 것이 자기 안의 신성이 발산된 것이므로 당연한 일이다.

『티베트 사자의 서』는 이 눈부신 빛을 말로 다 할 수 없이 황홀한 내적 경험이라고 표현한다. 그러나 광채가 너무 밝아서 사자는 공포를 느끼고 좀 더 어두운 곳이나 그림자 속으로 날아가 버릴 수도 있다. 여전히 세속적인 경험에 사로잡힌 채 죽어가는 사람이 그 빛이 자기 자신임을 깨닫고 자유를 얻을 수 있을까? 너무 눈이 부셔서 더 어두운 곳, 다시 세상으로 돌아오는 방향을 향하게 되지 않을까? 만일 그가 제대로 된 성취를 이루었다면 축복의 바다로 들어가게 될 것이다.

그것이 라마가 죽어가는 사람 곁에 앉아 귓가에 대고 『바르도 퇴돌』Bardo Thodol [3] 을 읽어주는 이유이다.

"존귀한 자여, 진짜 길을 찾아야 할 때가 왔습니다. 이제 숨이 끊어지려고 합니다.

당신 스승이 가르쳐주었던 빛을 구름 한 점 없는 하늘처럼 텅 빈 곳에서 이제 곧 실제로 경험하게 될 것입니다. 그리고 오점 하나 없는 순수한 지성은 중심도 테두리도 없는 투명한 공간과도 같아질 것입니다.

그때가 되면 진정한 자신을 깨닫고 그곳에 머물도록 하십시오."

이것을 숨이 끊어지기 직전까지 반복해서 읽어준다. 그다음 임종을 맞은 이를 오른쪽으로 뒤집어 눕혀 붓다가 '사자獅子가 누운 자세'라고 표현한 자세를 취하게 한다. 그리고 라마의 이야기가 이어진다.

"존귀한 자여, 죽음이라 불리는 존재가 다가옵니다. 이렇게 다짐하십시오. '자, 이제 죽음의 시간이다! 이때를 틈타 완전한 깨달음을 얻어 모든 지각 있는 존재를 이롭게 하자. 그들을 향한 사랑과 동정으

---

[3] '티베트 사자의 서'의 원제목이다.

로, 그리고 나 자신이 완전해지도록 모든 노력을 기울여서.'"

임종을 맞은 이가 방황하지 않도록, 이 이야기가 마음속에 완전히 각인될 때까지 반복한다. 호흡이 멎은 다음에도 잠결에 들고 마음을 굳히도록 이야기를 계속한다.

"지금 당신은 완전한 빛을 경험하고 있습니다. 그곳에 머물도록 애쓰십시오. 깨달으십시오. 오, 존귀한 자여, 제 말을 들으십시오!

지금 당신의 지성이 진정한 실체이자 완전한 선입니다. 당신 지성의 공허함을 인식하십시오. 그것이 깨달음입니다. 그리고 붓다의 신성한 마음속에 머무십시오."

이제 바르도의 첫 번째 단계인 황홀경에서 깨어나 두 번째 단계에 이른 사자가 자신이 죽었는지 살았는지 생각한다. 흐느끼는 친구들이 눈에 들어온다. 사람들이 옷을 벗기고 수의를 입히는 모습도 보인다. 이제 필요 없어진 침상이 치워진다. 라마가 계속해서 귓가에 속삭인다.

"오, 존귀한 자여, 이것을 명심하십시오.

죽음은 누구에게나 찾아옵니다. 어리석고 나약하게도 삶에 매달리지 마십시오. 당신에게는 이곳에 남을 힘이 없습니다. 이 세상에 의미를 두지 마십시오. 약해지지 마십시오. 붓다와 법과 율이 하나임을 기억하십시오. 이 이야기들을 마음에 품고 앞으로 나아가십시오."

그다음엔 죽은 자에게 다음과 같은 찬양을 바치도록 한다.

"아! 실체의 경험이 내 모든 두려움과 함께 내게도 찾아왔을 때, 나는 눈앞에 펼쳐진 광경이 내 의식의 반영임을 깨달으리라. 그 가장 중요한 순간에 내 생각이 만들어낸 군대에 겁먹지 않으리라."

그리고 라마의 안내가 다시 시작된다.

"육체와 영혼이 분리되었을 때 당신은 끝없는 생명이 약동하는 봄날의 대지를 가로지르는 듯한 환상 속에서 순수한 진리를 잠시 경험했습니다. 겁먹거나 놀라지 마십시오. 그것은 당신의 진정한 본성이 발하는 빛입니다. 깨달으십시오!

그 빛 한가운데서 실체가 1천 개의 천둥처럼 포효하며 다가올 것입니다. 그것은 당신의 진정한 자아가 내는 소리입니다. 겁먹지 마십시오.

이제 당신에게는 육신이 없으므로 소리도 빛도 광선도 당신을 해하지 못합니다. 유령은 모두 당신의 생각이 만들어낸 것입니다.

아직도 깨닫지 못했다면 빛이 당신을 겁먹게 할 것입니다. 소리가 당신을 놀라게 할 것입니다. 광선이 당신을 두려움에 떨게 할 것입니다. 이것을 이해하지 못한다면 당신은 다시 태어나 또다시 방황하게 될 것입니다."

영혼은 멀리서 그 이야기를 들으며 힘을 얻는 것으로 여겨진다. 장례가 끝나면 애정의 표시로 죽은 사람의 목각 인형을 만들어 생전에 입던 옷을 입히고 종이에 얼굴을 그려서 붙이고는 다음과 같은 글을 새긴다.

'세상을 떠난 나 아무개는 기쁜 마음으로 안식을 찾았다. 신들은 모두 온화한 동시에 사납다. 자비로운 신이 전생에 내가 쌓은 죄와 불순함을 용서하시고 더 좋은 세상으로 가는 길을 보여주시리라.'

『티베트 사자의 서』는 죽은 자의 영혼을 이렇게 바라본다.

의식이 깊은 황홀경에 빠졌을 때 그를 올바로 인도해야 한다. 그는 아무 형태도 없는 푸른 공간에서 눈을 뜰 것이다. 성스러운 형상이 그에게 다가온다. 그 장엄한 광경이 전생의 자기 사고가 만들어낸 산물임을 기억하게 하고 두려움 없이 똑바로 빛을 바라보게 해야 한다. 자기 내면의 푸른빛에서 한순간도 눈을 돌려선 안 된다. 그것은 붓다가 될 자의 빛, 지혜의 빛이기 때문이다. 죽은 사람은 이것을 굳게 믿고 의심하지 않으며 마음과 힘을 다해 다음과 같이 기도해야 한다.

"무한한 공간의 어머니 신께서 내 뒤를 지켜주시리라.

무서운 바르도의 덤불을 무사히 건너도록 이끌어주시리라.

그리하여 완전한 깨달음에 머물리라."

단순한 지성의 둔탁한 빛에 이끌리지 않도록 해야 한다. 그 빛은 위험천만한 재생으로 이끌어 절대자와 융합하는 것을 방해할 뿐이다. 이 세상은 눈앞에 그냥 스쳐 지나가도록 해야 한다. 신성하고 두려운 현상은 그가 생전에 쌓은 사고의 산물이다. 아름답고 끔찍하고 경이로운 광경이 영화처럼 줄지어 지나간다. 그것은 단지 현상세계의 환상일 뿐이고, 우주엔 오직 단 하나의 존재만 있으며 그것이 바로 그 자신임을 끊임없이 죽은 자 내면의 존재에게 전해주어야 한다. 그것을 깨달은 자는 진리를 볼 것인지 고통스럽게 다시 이 세상에서 방황할 것인지 결정하는 이 위험한 과도기를 무사히 지나칠 수 있다. 이 모든 것을 끝까지 바라보게 하여, 미추에 현혹되지 않고 이 우주에 오직 자신뿐이라는 믿음으로 이끌도록 한다. 이 과정을 되풀이하고 또 되풀이한다. 그런 다음 라마는 죽은 자 내면에 잠든 요가의 힘을 깨우려 노력한다. 죽은 자는 더 이상 육체에 구속되지 않는 4차원의 세계에 있다.

"존귀한 자여, 이제 당신은 몸이 없습니다. 언덕과 산과 땅과 집을 통과해 어디로든 갈 수 있습니다.

당신에겐 놀라운 힘이 주어졌습니다. 수행이나 삼매경의 결과가 아니라 자연스럽게 생긴 힘입니다.

어디든 원하는 곳에 즉시 도달할 수 있습니다.

그러나 이 힘을 함부로 사용하지 마십시오."

이 세상에서는 오직 경지에 다다른 요기만 소유할 수 있는 힘이다. 요기에게 순수한 깨달음을 얻기 전까지 이 힘을 함부로 사용하지 않도록 경고하듯이, 중간계를 여행하는 자에게도 완벽하게 아름다운 영성이 내면에 흘러넘치기 전까지 그 힘을 사용하지 말라고 경고한다. 그 힘이 당장 도움이 될 것처럼 여겨지더라도 말이다. 지금 그는 눈앞에 보이는 허상의 정체를 깨달아 아무런 두려움이 없다. 공연을 보는 관객처럼 모든 것이 곧 지나갈 것임을 안다. 그리고 청정한 실체의 세계로 발을 디딜 것이다. 그러나 만일 아직도 환상이 실제라고 믿는다면 감각의 덫에 걸려 다시 이 세상으로 곤두박질칠 것이다. 환상을 만든 것이 바로 속세의 삶이기 때문이다.

신이나 천사의 형상에도 미혹되어서는 안 된다. 그것들도 사고가 낳은 현상일 뿐이다. 꾸준하고 굳건하게 기도에 집중하며 절대자를 열망해야 한다. 다음 단계에서는 모든 저열한 본능과 열망이 이 세상에 다시 태어나도록 잡아끈다. 영혼의 순수한 통찰과 불타는 열정이 치열한 사투를 벌인다. 탐욕을 누르고 승리를 거두는 일은 매우 드물다. 별이 빛나는 하늘은 외롭고, 난롯가는 따뜻하다. 그리고 불완전한 카르마의 거친 바람이 영혼을 이 땅으로 다시 밀어붙인다. 더 높은 곳에 오르려 분투하는 영혼도 예외는 아니다. 그러므로 이렇게 기도해야 한다.

"오, 자비로운 신이시여. 고통스러운 세상으로 돌아가지 않게 하소서."

라마가 계속해서 독려한다.

"존귀한 자여, 지금 느끼는 고통은 당신의 카르마에서 오는 것입니다.

진정으로 기도하십시오. 세상의 쾌락은 잊으십시오.

그것들을 모두 보배로운 삼위일체와 당신 스승께 바친다고 생각하십시오.

불경한 생각을 하지 마십시오. 기도하십시오!"

그런 다음 그를 세상에 다시 태어나게 할 자궁을 닫아버리는 비술을 행한다. 이것은 재생에서 탈출하려는 마지막 발악이다. 그가 다시 끔찍한 수태의 순간으로 돌아가고 있기 때문이다. 청명하던 빛이 탁해지고 세속적인 욕망이 점점 강해진다. 죽은 자의 귀에 다시 라마의 목소리가 울린다.

"주의를 흐트러뜨리지 마십시오.

지금 여기가 위로 올라갈 것인지 아래로 떨어질 것인지의 경계선입니다.

한순간이라도 망설이면 당신은 비참한 고통을 맛보게 될 것입니다.

바로 지금입니다.

단 하나의 목적에 매달리십시오.

끝까지 올바르게 행동하십시오."

그럼에도 사자는 점점 더 지상에 가까이 내려와 세상으로 통하는 자궁의 문을 향한다. 남자로 태어날 영혼은 남성성을 가지기 시작하며 미래의 아버지에게는 혐오감을, 어머니에게는 사랑을 느낀다. 그리고 여자로 태어날 영혼은 정반대로 느낀다. (프로이트 이론과 놀랍도록 흡사한 이야기이다.) 이제 다시 황홀경이 찾아온다. 그러나 이번 황홀경은 탄생 직전의 느낌이며, 파멸이 예견되어 있는 배아 상태로 곧 들어간다. 앞으로 삶과 죽음을 지나며 하게 될 방황이 이미 그 안에 있다. 방황은 완전한 빛이 자기 자신임을 깨닫고 그것이 그의 원초적인 지식이 될 때까지 계속된다.
 "삶에 탐욕스럽게 매달리고 그것을 진심으로 두려워하지 않는 자들. 아, 이 얼마나 끔찍한가!
 육신을 가진 자를 자유롭게 하는 바르도의 가르침은 이것이 전부이다."
 바르도에 관한 시도 한두 편 있다. 이것은 영혼의 기도이다.
 "바르도의 실체가 나타날 때,
모든 현상적인 공포와 두려움과 놀라움을 버리고,
그것이 무엇이든 나 자신의 생각이 만들어낸 것임을 깨달으리라.
그것이 중간 단계의 환상임을 알리라.
바르도가 재생하는 순간이 닥쳤을 때,
자궁의 문을 닫고 세상이 얼마나 혐오스러운지 기억해내리라.
순수한 사랑과 힘이 필요할 때가 닥치리라."
 "삶의 주사위를 모두 다 던져버렸을 때
세상 모든 것이 내게 아무 소용이 없으니,
내가 홀로 바르도에서 방황할 때
무지의 어둠이여 물러가라.
내 텅 빈 생각의 형상이 나를 덮치면
자비로운 붓다께서
의심과 두려움을 몰아내주시리라.
지혜의 빛이 나를 비출 때
놀라거나 두려워하지 않으며
그것이 바로 나 자신임을 깨달으리라."
 바르도라는 이 형태 없는 과도기에 신이 전혀 개입하지 않는다는 사실에 주목해야 한다. 신의 형상으로 비추어지는 것은 인간 의식이 만들어낸 결과일 뿐이지 실체가 아니다. 우주는 단일하고 인간은 그 일부이다. 티베트에서는 신의 형상은 인간의 믿음이 만들어낸 것이라고 말한다. 기독교도에게는 예수, 이슬람교도에게는 무함마드, 불교도에게는 붓다가 그들의 믿음이 빚어낸 신이다.

　　지금까지 이야기한 것은 절대자와 하나가 되지 못하고 다시 태어나는 보통 사람들의 경우이다. 다시 익숙한 자궁으로 돌아가 순례를 이어가는 사람들이다.

윤회와 카르마

　　여기서 북부 불교의 카르마 개념이 원시불교의 더 복잡한 개념과 어떻게 다른지 알 수 있다. 북부 불교는 인간이 개체성을 유지한 채로 다시 태어난다고 믿고, 원시불교는 죽은 자의 개성이 횃불이 옮겨 붙는 것처럼 다른 존재에 전해진다고 믿는다. 양쪽 다 무한한 진리에 대한 세속적이고 현상적인 개념이자 상징일 뿐이다. 이제 완전한 우주적 의식에 도달한 요기의 경우를 이야기해보자. 죽음에 대한 올바른 개념을 가지고 바르도의 문을 여는 요기는 당연히 보통 사람들과 전혀 다르다.

　　경지에 오른 요기는 죽기도 전에 그 형태 없는 4차원의 세계에 들어가 그곳의 힘을 마음대로 사용할 수 있다. 육체라는 속박을 간단히 뛰어넘어 진리의 빛을 경험하고 그 안에서 살아간 사람은 바르도에서 아무런 두려움도 느끼지 않는다. 그의 눈앞에는 신성하든 그렇지 않든 간에 어떠한 형상도 나타나지 않는다. 미혹될 일도 겁먹을 일도 없다.

그의 눈은 진리의 빛에 이미 익숙하다. 요기는 말로는 도저히 설명할 수 없는 축복 속에 진리와 하나가 된다.

다시 태어난 사람은 전생을 기억할 수 있을까? 붓다는 이 점에 대해 분명히 이야기했다.

"지난날들의 덧없는 것들을 기억해 '그곳에서 내 이름은 아무개였고, 내 가족은 누구였으며, 어떤 카스트였다'고 말할 수 있기를 원한다면 그렇게 할 수 있다. 마음이 어떤 대상에 고정되면 그것을 얻을 수 있다."

다시 말해서 요가의 힘으로 잠재의식 속의 기억을 찾아내 되돌릴 수 있다는 뜻이다. 붓다는 또 이렇게 말했다.

"따라서 전생의 기억을 떠올리는 것은 수행의 첫 번째 단계이다. 욕망을 버리고 명상하면 어둠이 물러가고 빛이 다가온다."

사후에 보는 환상이 생전의 경험에서 비롯된다는 이론은 매우 흥미롭다. 같은 방식으로 꿈의 상징성을 설명할 수도 있다. 천국을 보고 왔다는 기독교인 혹은 다른 종교인들의 다양한 체험도 마찬가지이다. 티베트 심리학으로 설명할 수 있는 현대의 강신론降神論은 그 밖에도 많다.

사람이 동물로 다시 태어날 수도 있을까? 본질적으로 사람 안에 있는 신은 그럴 수도 없고 그럴 필요도 없다. 신은 이미 모든 생명 속에 존재하기 때문이다. 그러나 『마누법전』은 인간에게는 신과 상관없는 생명력이 있다고 말하며, 그것이 더 하등한 생물로 구현될 가능성을 열어둔다. 철학자와 신비주의자는 점진적인 진화 또는 카르마가 인간이 다른 종으로 변하는 것을 허용하지 않는다고 믿는다. 한번 내면에 인간성이 새겨지면 다른 종과 하나가 되기란 불가능하다. 야만인이 될 수는 있으나 그 이하는 될 수 없다.

에번스 웬츠는 저명한 과학자이자 진화론의 수호자 헉슬리Thomas Henry Huxley의 흥미로운 이야기를 인용한다.

"진화론의 관점에서 볼 때 미생물이 특정 형태로 발전하는 경향은 일종의 '카르마'이다. 현재 형태는 생명이 지구상에 등장한 이래로 수백만 년에 걸쳐 이어져 온 과정을 결정했던 요인들의 최종 결과이자 마지막 상속자이다. 라이스 데이비스가 말했듯이, '눈송이가 눈송이인 이유는 그것이 지나간 경험들의 끝없는 연쇄의 결과, 즉 카르마의 산물이기 때문이다.'"

헉슬리의 이야기는 철학적 개념 카르마를 영적인 의미를 배제하고 과학적인 진리로 인식하고 있다는 점에서 대단히 흥미롭다. 그의 이야기는 바르도의 영역에서 벗어나 있지만, 할 수 있는 한 이 세상에서 영속하려는 인간과 눈송이의 맹목적인 충동과 열망을 잘 정의하고 있다. 비록 인간의 영혼은 물질적인 환경과 욕망에 대항하여 분투하고 있지만 말이다.

이러한 개념을 추구하는 종교는 많지만 아무도 그게 무엇인지 분명하게 이야기하지 못했다. 가장 절박한 기도를 하나 더 들어보자.

"우리 생각과 환상으로 실체를 잘못 만들어냈습니다. 신이여! 우리를 데려가소서!"

그러나 죽음에 관한 티베트의 가르침은 무엇보다도 기쁨의 복음이다. 이 모든 악과 죄는 진리의 새벽이 오면 안개처럼 흩어질 악몽일 뿐이다. 그것들은 인간이 자신을 깨달을 때 사라져버리는 정도가 아니라 아예 존재하지조차 않는 것들이다. 웃으며 제 갈 길을 갈 수 있다.

5천 년에 걸쳐 쌓아온 동양의 심오한 사상에 비하면 서양의 심리학은 얼마나 유치한 수준인지 모른다. 눈 덮인 산으로 둘러싸인 이 낯선 나라의 책을 읽을 때면 그런 생각이 더 강해진다. 그러나 우리도 그렇게 될 수 있다. 바르도는 도시에서나 초원에서나 만인 앞에 놓여 있으며 삶이 곧 그곳에 오르는 계단이다.

티베트는 매우 기이한 나라이다. 혹독한 환경을 반영한 예술 작품이 우리에게도 많이 알려져 있다. 밝은 색과 어두운 색은 승리의 희망과 함께 인간이 스스로 만들어낸 공포를 대비한다. "죽으면 어떤 꿈을 꿀까?" 이 신비로운 나라의 책이 그렇게 묻고 답한다. 조만간 우리도 그것을 철저히 탐구해야 한다.

티베트를 여행하면서 이렇게 황량한 땅에서 공포를 이겨내려면 완전한 진리를 추구할 수밖에 없다는 것을 알게 되었다. 공포가 바로 눈앞에 서서 해답을 요구한다. 그러나 삶과 죽음은 시끌벅적한 도시에서나 깊은 산 중에서나 똑같이 고독하다. 티베트의 고독 속에서나, 지금 내가 이 글을 쓰고 있는 이곳 은밀한 매력을 가진 스리랑카에서나, 분명한 실체 인식만이 무지한 인간을 이끄는 유일한 길잡이이다.

14 페르시아의 신비로운 사랑

이슬람과 페르시아의 종교

비교적 서양과 가까운 지역의 철학에 대한 이야기는 가능한 한 피하려고 노력했지만 페르시아의 수피즘 철학을 생략하고 지나갈 수는 없다. 그들의 성찰은 초기 베다만큼이나 뛰어나기 때문이다. 그들 또한 빛의 모호한 개념 속에서 방황해왔다. 예언자 조로아스터의 가르침이 그 예이다.

나는 한 번도 이 종교와 경전 아베스타Avesta에 대해 쓴 적이 없다. 철학의 표제 아래 두기도 어려울뿐더러 이 종교의 핵심이 도덕에 있기 때문이다. 뼈대는 베다와 대단히 흡사해서 동양 학자가 아니라면 그 차이를 그다지 중요하게 여기지 않는다. 아베스타와 베다의 언어는 비교할 바를 찾을 수 없을 정도로 매우 밀접하게 연관되어 있다. 한 언어의 두 방언이라고 말해도 좋을 정도이다. 조로아스터교를 연구하려는 사람은 베다에 나오는 태양신 미트라에 대해서도 흥미를 느낄 것이다. (나는 둘 다 연구할 것을 강력하게 권하는 바이다.)

이 책에서는 수피즘에서 무함마드주의로 넘어가지 않을 것이다. 그러나 페르시아의 종교와 사회조직을 연구하고자 하는 사람이라면

『코란』을 읽어보는 것이 최선이다. 대체로 『코란』은 철학으로 인정되지 않는다. 이것은 오직 한곳으로만 나아간다. 그러나 이 신앙에 대해서는 앞으로 점점 더 자주 듣게 될 것이므로 이해하고 존중하는 태도를 가져야 한다. 특히 아프리카에서 미개인 또는 반미개인 개화에 큰 역할을 하고 있다.

"너그럽고 사랑이 가득한 신의 이름으로 말하노니, '오직 그만이 신이다. 신은 영원하다. 그는 원인도 결과도 아니다. 그와 같은 자는 없다.'"

전쟁의 북처럼 고동치는 이야기이다. 그러나 페르시아에서는 가시를 품은 장미와 같은 이 이슬람의 뿌리에서 정말로 놀라운 발전이 이루어졌다. 철학으로 진화한 열정적인 신비주의는 페르시아의 예술과 삶은 물론이고, 무굴 황제 궁전의 페르시아 문화를 통해 인도의 예술과 삶에도 상당한 영향을 끼쳤다. 그것이 페르시아의 수피즘이다.

이슬람의 침략으로 페르시아는 상당히 편협해졌다. 그들의 교리는 강철로 된 담장과도 같다. 베단타의 과감한 비행은 허락되지 않는다. 그러나 두 지역 사이의 밀접한 협력 관계 속에서 셈족의 엄격한 신앙, 즉 알라는 잘못을 용납하지 않고 쉽게 용서하지 않으며 정의를 추구함에 인정사정이 없다는 믿음을 수정하는 개념이 있음을 알게 되었다.

인도로부터 신은 초월적이라는 사실을 배웠고 무함마드주의가 실제로 그 길을 따라 사람들을 인도했으나, 이슬람은 고유의 정신을 형성하지 못했다. 신과 인간이 만나, 지배자와 피지배자 또는 아버지와 아들과 같은 관계를 넘어선 사랑 안에서 섞이는 접점을 이야기하지 못한다. 신과 인간의 결합은 오직 사랑하는 자와 사랑받는 자로만 상징화된다.

때는 인류 사상사 그리고 무함마드주의 역사에서 가장 흥미진진한 시기이다. 수피즘은 페르시아 문학과 철학에 깊이 작용하여 오마르 하이얌의 『루바이야트』[1] 와 같은 다양한 열매를 맺은 삶의 철학이 되었다. 인도에 끼친 영향이 없었더라도 동양사상을 연구하면서 수피즘을 무시하고 지나칠 수는 없다.

이슬람교 신비주의자를 뜻하는 말 '수피'Sufi의 기원에 대해서는 여러 가지 설이 있다. 초기 이슬람이 회개 의식 때 입었던 양모를 의미하는 'suf'에서 유래했다는 설이 있고, 경건한 지혜를 의미하는 'sufiy'에서 비롯되었다는 설이 있는가 하면, 순수함을 의미하는 'safi'가 기원이라는 설도 있다. 모두 발음이 유사해서 세워진 가설일 것이다. 이 단어는 고차원적인 신비주의를 함축한다.

신에 대한 격렬한 사랑

수피는 인간 정신이 무한할 정도로 다양하며 신의 정신과는 전혀 다르다고 말한다. 이것은 언젠가 무한한 전체로 되돌아갈 원자 하나이다. 신은 우주의 모든 영혼과 물질에 내재하며, 이 우주에 진실한 사랑은 오직 절대자와 관계된 것뿐이다. 다른 사랑은 모두 새벽이면 사라져버릴 꿈과도 같다. 영원에는 시작도 끝도 없으며 그 목적은 무한한 행복이다. 존재하는 것은 오직 정신 또는 영혼뿐이다. 물질은 환상이며 덧없이 사라질 것을 비추는 거짓된 거울이다. 그러므로 우리와 위대한 영혼을 잇는 사랑 말고는 아무것도 생각할 가치가 없다.

기독교와 알렉산드리아의 신플라톤주의는 열정적인 헌신을 표현

---

[1] 페르시아의 시인 오마르 하이얌Omar Khayyam의 4행 연시連詩를 영국의 시인 에드워드 피츠제럴드Edward FitzGerald가 자유롭게 번역한 창의적 번역시.

한 『요한복음』에 이어 인도의 무슬림에게도 영향을 끼쳤다. 그리고 그 결과 수피즘이 탄생했다. 그 영향은 열정적이고 아름다운 운문 형식뿐 아니라 무굴 회화를 비롯한 예술에서도 드러난다.

신기하게도—아니, 왜 신기해야 하는가?—최초의 수피는 여성이었다. 라비아라는 이 여성이 신을 향해 품었던 황홀한 열정에 대한 이야기는 수없이 전해진다.

그녀는 자기가 찾았던 모든 것을 신 안에서 모두 잃음으로써 신에게 도달했다고 선언했다. 신을 보게 해달라고 울부짖으며 조금씩 신에게 다가가 마침내 마음속에서 응답을 들었다.

"라비아야, 모세가 나를 만나고자 했을 때 내 티끌 하나가 떨어져 거대한 산을 가루로 만들어버렸다는 이야기를 듣지 못했느냐? 그러니 내 이름으로 만족하도록 해라."

어떻게 그 경지에 도달했느냐는 질문을 받고 그녀가 대답했다.

"다른 사람들은 자기가 어떤 방법으로 어떤 길을 걸었는지 알지만, 내게는 길도 없고 방법도 없습니다."

신이라는 불꽃으로 날아드는 나방과도 같지 않은가! 그녀가 실의에 빠져 있을 때 유명한 신학자 두 사람이 찾아왔다. 첫 번째 신학자가 근엄하게 말했다.

"참을성 있게 견디며 기도하지 않는 자의 신은 진실하지 않소."

두 번째 신학자도 말했다.

"고통을 기뻐하며 기도하지 않는 자의 신이 어떻게 진실할 수 있겠소?"

그러자 라비아가 갑자기 환하게 빛을 발했다.

"신은 징벌 따위는 잊어버린 분이라고 생각하지도 않는 자의 신이 어떻게 진실할 수 있겠습니까?"

이 정신은 사디Saadi와 젤랄루딘 루미Jellal-u-ddin Rumi 등 여러 시인의 노래에서 꽃을 피우고 열매를 맺었다.

시는 그녀의 날개를 천상의 불꽃으로 물들였고, 태양 가까이 치솟아 아직 땅 위를 걷고 있는 이들을 두려움에 떨게 했다. 그들은 여전히 경외심과 두려움으로 신에게 다가가야 한다고 전파하고 있었다. 게다가 일면 타당하기도 한 두려움이 또 하나 있었다. 이 열정적이고 에로틱한 상징과 비유가 자칫 육체를 세속적인 쾌락에 빠트려 영원한 천국에 머물 영혼을 소홀히 할 수도 있다는 점이었다. 그러나 아무것도 수피의 열정을 막을 수는 없었다. 그들의 사랑은 격류와 같았다.

"우리 눈에서 혼란의 장막을 걷어내신 분께 영광 있으라."

인도의 파키르fakir(이슬람 고행 수도자)는 이들의 후예이며, 근동의 데르비시dervish(극도의 금욕 생활을 서약한 이슬람 신자)가 예배 때 추는 현란한 춤도 신을 향한 사랑을 분출하는 것이다.

그들이 보고 경험한 것들은 인간의 언어로 표현할 수 없다. 시인 사디는 신을 사랑하는 이가 천국의 정원에서 꺾은 꽃이 너무나 향기로워 그만 손에서 놓쳐버리는 바람에 시들어버렸다고 표현했다. 그런 심상을 어떻게 타인과 공유할 수 있을까? 그가 본 것을 어떤 말로 표현할 수 있을까?

젤랄루딘 루미는 그의 '정신적인 마트나비'에 대해 "이 책은 기이하고 진귀한 이야기, 사랑스러운 말들, 심오한 암시를 담고 있다. 성스러운 자를 위한 길이자 독실한 자를 위한 뜻이다. 믿음의 근원을 담고 신비로운 지식을 다룬다"라고 말했다.

엄격하기로 유명한 이슬람이 이 책을 『코란』 다음가는 경전으로 인정했다는 것은 거의 기적에 가깝다. 무함마드가 살아 있었다면 절대로 허락하지 않았을 것이다. 그는 믿음의 외적인 측면을 강조하고 내적인 면은 거의 돌아보지 않았다. "알라의 본질이 아니라 그의 자비를 구하라"라는 것이 무함마드의 가르침이었다.

수피는 그들만의 암호라고 할 수 있는 것을 만들었다. 이것은 서양에서도 명성이 자자한 신비로운 시들에서 시작되었으며, 수많은 페르시아 시를 해석하고 내밀한 의미를 복원하는 데 유용하게 쓰인다. 수피는 이미 만취 상태에 이르고도 무한히 많은 술을 갈구하는 사람들과도 같았다. 그러나 와인이 아니라 신에 취한 이들이었다.

그들의 화법에서 '잠'은 깊은 명상을 의미한다. '향수'는 신의 존재를 암시한다. '입맞춤'과 '포옹'은 신비로운 신의 사랑 속에 녹아드는 것을 말한다. '우상 숭배자'는 신앙심이 없는 자가 아니라 편재하는 유일신의 현존을 인식하지 못하고 기독교인에게 익숙한 『구약성서』에서처럼 알라가 인격신으로서 절대적인 창조주라고 믿는 초심자를 말한다. '와인'은 영적인 지식을, '취함'은 삼매경을 뜻한다. '아름다움'은 신의 완전함이고, '긴 머리'는 신의 영광이 뻗어나가는 것, 사랑하는 이의 '입술'은 신의 헤아릴 수 없는 신비이다. 사랑하는 이 뺨의 '검은 점'은 완전한 합일점을 상징한다.

"그의 뺨 검은 점을 가질 수만 있다면 (도시) 부하라와 사마르칸트라도 주리라."

중국과 일본을 제외한 동양 전역에서 남녀 간의 사랑은 신과의 완전한 합일에 이른 신비로운 상태를 상징한다. 그러나 그것은 단지 상징일 뿐이다. 인간의 사랑으로는 결코 도달할 수 없는 완전한 결합의 정점이 남아 있기 때문이다. 아시아 아리안족의 철학에서 '결합'이란 초월적이고 절대적이며, 인간 자신이 신과 하나라는 사실을 깨달을 때만 맛볼 수 있는 완전함이다. 인도 신비주의 철학은 "내가 곧 그것"이라고 말한다. 영국의 한 신비주의자는 수피 철학에 대해 이렇게 말했다.

"사랑은 가장 달콤하고 향기로운 열정이다. 지혜롭게 행동하면 가치 있는 대상으로 향하는 합리적인 길이 열린다. 다른 방법으로는 이렇게 기쁨으로 충만해질 수가 없다. 신은 그러한 최상의 존재다. 우리 영혼은 본능적으로 신을 향하고, 그에게 고정되지 않고서는 평안을 느낄 수 없다. 오직 그만이 우리의 끝없는 욕망을 채워줄 수 있다. 그는 부드러운 포옹으로 우리의 사랑을 독려하며 소중히 여긴다. 신을 향한 사랑 속에서 끊임없이 기쁨을 느끼지 못하는 한, 우리는 무한한 아름다움에 시선을 고정할 수도 무한한 달콤함을 맛볼 수도 없다."

이곳이 동양과 서양이 만나는 지점이다.

선악을 넘어서는 사랑

수피를 비롯한 신비주의자들은 신과 접촉하면 영혼이 세속적인 선악의 법칙을 넘어선다고 믿는다. 그러나 인간이 짐승처럼 행동해도 된다는 뜻은 아니다. 태양이 이슬방울을 들이키듯이 신에게 녹아든 영혼은 더는 십계명의 대상이 아니라는 뜻일 뿐이다. 신의 사랑 속에서 모든 계율을 잊고 그것을 초월한 까닭이다. 그러한 영혼의 본능은 오직 신의 길을 걷는 것뿐이다. 예수도 이러한 정신으로 금지 조항 10개를 신을 사랑하고 인간을 사랑하라는 단 두 개의 친근한 조항으로 줄였다. 진리의 빛 속을 걷는 이는 이미 금지 조항을 넘어선 자들이다.

오마르 카이얌의 창의적 역자이기도 한 피츠제럴드는 페르시아 시인 자미Jami의 시 「살라만과 아브살」 또한 훌륭하게 번역했다. 이 시는 세속적인 미와 사랑이 태양 자체가 아니라 태양이 발하는 광선에 지나지 않는다고 표현한다.

"언젠가는 사라질 성지 앞에 서서
신의 그림자에 지나지 않는 빛에 눈이 부셔
황홀감에 빠진 사람들이 정신을 잃는다.
당신의 비밀스러운 아름다움이 그녀의 뺨에 닿고서야
라일라는 마지눈을 때린다……
사랑하는 이와 사랑받는 이가 모두 당신에게 있으니
아름다움, 필멸의 아름다움은
당신을 가리는 베일에 지나지 않으니……
당신에게서 떨어져 나와 탄생한 내 자아는
당신의 정수로 만들어졌으니! 나를 그곳
둘이 앉을 곳 없는 의자에 앉게 하라."

베단타를 연구하는 학생은 이 아름다운 시에서 두 철학 사이의 커다란 차이점을 발견한다. 자미는 '당신에게서 떨어져 나와 탄생한 내 자아'라고 말했다. 베단타는 그런 지점을 허용하지 않는다. 독립적이거나 도출된 자아란 있을 수 없다. 수피즘은 신에게 다가가 그의 완전함과 열정적으로 결합하는 것을 가벼운 자석이 무거운 자석에 이끌리는 것, 즉 서로에게 이끌리는 것으로 이해했다. 베단타 철학은 진리에 눈을 떠 우리 자신이 신 그 자체였고, 그 자체이며, 그 자체이어야 함을 깨달아야 한다고 말한다. 신과 나는 하나이며 서로 분리된 존재가 아니다. 수피즘은 그 결합을 호메로스가 "한 지붕 아래 한마음"이라고 표현했던 남녀의 완벽한 결혼과 같은 것으로 본다. 베단타는 "하나였고, 하나이며, 하나일 뿐"이라고 말한다.

무함마드주의는 그 남성적인 엄격함을 유화시키기 위해 이러한 개념을 필요로 했다. 이것은 바위산에 핀 꽃과도 같다. 이 정신이 지속하지 못하고, 『코란』에 일관적인 영감을 주지 못했다는 것은 애석한 일이다. 만일 그것이 이루어졌다면 인도에서 무슬림과 베단타 사상 사이의 깊은 골에 다리가 놓였을 것이다.

1182년 카이로에서 태어난 아랍인 이븐 파리드Ibn Farid가 한 경험은 생각해볼 가치가 있다. 샹카라의 베단타 철학 그리고 인지로 헤아릴 수 없는 상태를 접한 서양인의 느낌이 모두 포함되어 있기 때문이다.

이븐 파리드는 세 단계를 경험했다. 첫 번째 단계는 그가 '맨 정신'이라고 표현한 보통 상태이다. 식물이나 동물의 의식과 구별되는 것으로, 인간이 늘 하는 경험이다. 이븐은 다음 단계를 '만취'라고 표현했다. 신을 느끼고 얻게 되는 황홀감을 말한다. 정도의 차이는 있지만 두 단계 모두 평범한 상태라고 할 수 있다. 세 번째 상태는 '만취' 상태에서 유발된다. 그러나 두 번째 단계에서 항상 세 번째 단계로 전이되는 것은 아니다. 이것은 우주적 의식에 도달한 상태로서 매우 드물게 나타난다. 그 안에서 영혼은 신과 완전히 결합한다. 첫 번째 단계의 신비주의자는 자신을 신성과 구분되는 인간성을 가진 개체로 인식한다. 두 번째 단계에서는 창조주와 피조물의 구분이 사라진다. 그리고 세 번째 단계에서는 자신이 창조주와 하나임을 깨닫는다. 이븐 파리드의 시는 그러한 인식의 지점을 잘 표현한다.

"말하는 이 없으나 그의 이야기를 내 목소리로 말한다. 보는 이 없으나 내 눈으로 바라본다.

듣는 이 없으나 내 귀로 들으며, 아무것도 없으나 내 힘이 붙잡는다.

우주 만물 중에 말하고 보고 듣는 이는 오직 나 자신뿐이다."

바로 "인간의 본성이 사라지고 절대적인 신의 본성을 깨닫는" 것이다. 이븐 파리드는 자신이 신이라고 말하고 있다.

이렇게 높은 수준의 지각에 도달한 신비주의자는 신비주의 철학적인 이슬람으로 기록되어야 한다. 정통 무슬림은 신비로운 힘을 지닌 것으로 여겨졌던 양털 다듬는 장인 할라지를 이단으로 간주하고 이슬람력[2] 309년에 그를 고문해서 죽였다. 할라지는 자기가 신이라고 외쳤고, 독실한 무슬림들은 이 수준 높은 철학을 이해하지 못했다. 그를 결정적으로 죽음으로 몰아넣었던 문장을 그의 저서에서 찾을 수 있다.

"나는 내가 사랑하는 그이고, 내가 사랑하는 그가 나이다.

우리는 한 몸에 거주하는 두 영혼이다.

나를 보았으면 그를 본 것이다.

그리고 그를 보았으면 우리 둘 모두를 본 것이다."

특이하게도 할라지가 신의 존재를 본 것은 무함마드가 아니라 예수에게서였다. 그리고 더욱 기이한 것은 그가 이블리스[3]에게서 신의 존재를 목격했다는 점이다. 『코란』에 알라가 천사에게 아담을 찬양하게 한 이야기가 나온다. 이블리스 아자질이 그것을 거절했다.

"내가 그보다 더 뛰어납니다. 당신은 불로 나를 만들었고 그는 흙으로 빚었습니다."

그러자 신은 이블리스를 지옥에 떨어뜨렸다. 악바르나 자항기르 황제가 죄인을 고문하는 것처럼. 알라는 진정으로 동양적인 군주이다. 그러나 할라지는 이블리스가 알라에게 이렇게 소리쳤다고 말한다.

---

2 윤달을 두었던 태음태양력을 전폐하고 무함마드가 순태음력으로 바꾼 역. 1년은 354~355일로 태양력보다 짧다. 무함마드가 메카에서 메디나로 도주한 해, 율리우스력 622년 7월 16일이 연초이다. 할라지가 처형된 이슬람력 309년은 서력 922년이다.
3 이슬람교의 사탄.

"제가 이 형벌을 받는 동안 저를 지켜봐주지 않으시겠습니까?"

알라가 지켜보겠다고 대답했다. 이블리스가 말했다.

"그렇다면, 당신이 원할 때까지 형벌을 감내하겠습니다. 벌을 받는 저를 보시면 응징이라는 의식이 모두 파괴되어버릴 것입니다."

이것이 사랑이다. 또 아담이 왜 복종하지 않았느냐며 이블리스를 책망하자 그는 "그것은 명령이 아니라 시험"이었다고 대답했다. 신에게 변함없이 헌신할 것인지를 묻는 시험이었던 것이다. 할라지는 이블리스가 "복종을 거부할 때조차 나는 당신을 영광스럽게 했습니다"라고 선언했다고 말한다. 할라지는 계속해서 이렇게 말했다.

"이블리스와 파라오는 내 친구이자 스승이다. 이블리스는 지옥의 불길이라는 위협 속에서도 입장을 철회하지 않았다. (그가 신 말고 다른 누구를 사랑할 수 있겠는가?) 파라오는 물에 빠져 죽으면서도 굽히지 않았다. 그와 알라 사이에 다른 어떤 것도 허락하지 않았기 때문이다. 나 또한 손과 발이 잘려 십자가에 매달려 죽을지라도 굽히지 않는다."

베단타와 비교했을 때 이렇게 불완전한 수준에서는 할라지와 같은 반투명한 영혼조차 자유의지라는 해묵은 딜레마에 빠지게 된다는 것도 흥미로운 사실이다.

할라지는 "신은 인간을 손을 뒤로 묶어서 바다에 던지고는 물에 젖지 않도록 조심하라고 말한다"라고 썼다. 이는 같은 시련을 노래한 오마르 하이얌의 비극적인 시를 떠올리게 한다.

"오, 당신은 미천한 인간을 만드시고
또 천국과 뱀을 만드시어
이 모든 죄악과 마주하게 하시나이까!"

정통 이슬람이 이단을 견디지 못하는 것은 자연스러운 일이다. 이단은 죽여야 한다. 그러나 사랑이 할라지를 빠져나올 수 없는 미로에서 이끌어주었다. "나는 이해할 수 없다. 나는 사랑한다." 이것이 그의 좌우명이었다. 할라지는 십자가에 못 박히며 눈물이 맺히도록 웃었다고 한다. 그는 친구의 융단 위에서 무릎 꿇고 『코란』 경구를 암송하며 매우 인상적인 기도를 했다. 친구가 부분적으로밖에 기억하지 못했지만 마땅히 기억되어야 할 기도이다.

"다른 이들은 보지 못하는 것을 보게 해주셨음을 감사하게 하소서. 당신은 저에게 화려하고 형태 없는 얼굴을 드러내셨습니다. 다른 이들에게는 허락하지 않으심을 마음속 깊은 곳에서 자책하는 당신을 보게 하셨나이다. 이제 저를 죽이려는 당신의 종, 당신의 신도를 용서하시고 불쌍히 여기소서. 만일 당신이 내게 보여주신 것을 그들에게도 보여주셨다면 그리하지 않았을 것입니다. 그리고 만일 당신이 그들에게 감춘 것을 제게도 감추셨다면 저는 이런 고통을 겪지도 않았을 것입니다. 당신이 무엇을 하건 당신에게 영광이 있기를."

할라지는 이루 말할 수 없는 고문을 받고 죽었다. 그가 친구에게 말했던 일이 그대로 일어난 것이다.

"그들이 나를 십자가에 못 박고 불태워 죽이는, 내 인생 가장 행복한 날이 오면 자네는 무엇을 할 것인가?"

친구가 말이 없자 그가 다시 말했다.

"나를 죽이게. 그리하면 자네는 보상을 받고 나는 편히 쉴 수 있을 테니. 자네는 신앙의 전사가 되고 나는 순교자가 될 것이네."

미트라와 수피즘 그리고 페르시아의 정신

페르시아의 미트라 찬양이 이 수준 높은 사고에 어떤 영향을 미쳤는지는 매우 분명하다. 어떤 의미에서 이 사상은 미트라를 신으로 보았던 베다에서 직접 도출되었다고 할 수 있다. 인도에서 볼 수 있었던 스승과 제자 사이의 열정적인 헌신도 페르시아와 수피즘에 그대로 이어진다. 태양신 미트라 찬양은 한때 유럽에서도 보였다. 유럽은 그리스도와 미트라 사이에서 비틀비틀 균형을 잡으며 서 있었다. 그러나 결국 그리스도가 미트라를 정복했고, 미트라는 여러 가지 사상의 흐름으로 갈라져나갔다. 그중 하나가 수피즘에 영향을 주었다. 그리고 이번에는 수피즘이 무함마드주의에 부족한 영감을 불어넣었다.

페르시아 수피즘의 열정이 인도에 갑자기 나타난 사례를 하나 들어보자. 수피즘의 열정은 문학과 음악에 새로운 불씨를 지피고 인도 토속 신들을 향한 헌신에 큰 영향을 주었다. 다음은 순수한 인도 음악, 인도 노래이지만 페르시아에 뿌리를 두고 핀 꽃이라고 할 수 있다.

나는 사랑에 미쳤다네.
그들은 뭐라고 할까?
마음대로 떠들라지!
화를 내건 즐거워하건
아무 상관없으니.
그만은 내게 미소 지을 거야!
나머지는 마음대로 떠들라지!

샤이크(이슬람 교주)께서 성스러운 곳을 거니시네.
나를 당신의 제단에 바칠래.
그곳을 성지라고 부르건 돼지우리라고 부르건.
그들은 뭐라고 할까?
마음대로 떠들라지!
내 사랑하는 이 얼굴에 깃든 영광을 보네.
나는 불길에 뛰어드는 불나방.
나는 술에 취한 사람.
그들은 뭐라고 할까?
마음대로 떠들라지.

힌두교 신자와 이슬람 신자에게 똑같이 사랑받았던 카비르Kabir의 온화하고 열정적인 노래이다. 순수한 빛이 눈부시게 빛나는 곳에서 서양의 차가운 본성마저 완전히 지워낸 이 음악은 비할 바 없이 감미롭다. 카비르가 죽었을 때 힌두교와 이슬람교는 서로 성령이 머물렀던 그의 시신을 차지하겠다며 다투었다. 간신히 관 뚜껑을 열었을 때는 장미꽃 한 다발만 놓여 있었다. 힌두교는 나누어 가진 장미꽃을 화장해 순수한 재로 돌아가게 하고, 이슬람교는 그것을 매장해 그 향기와 색이 다른 장미꽃에 전해지게 했다. 힌두교와 이슬람교 모두 만족스러워했다.

최근에는 타고르Rabindranath Tagore가 카비르와 수피의 전통을 이어받아 베단타를 더 높고 깊이 통합하고 있다.

그리스 신학자 알렉산드리아의 클레멘스는 "진리에 이르는 길은 하나다. 그러나 그 길에 들어서는 방법은 모든 방향으로 흐르는 무진장한 강만큼이나 다양하다"라고 말했다. 인간 세상의 미트라 신앙, 희생제, 기독교의 성찬식 위에 수피즘이 영감을 불어넣은 페르시아의 정신이 깃들어 있다.

따라서 수피즘은 동양에서 불타는 위대한 아리안 정신의 또 다른 빛이라고 해야 한다. 그 불꽃이 동양의 철학이다. 동양을 이끈 영적이고 관념적인 철학과 종교는 서양의 아리안에게는 거의 알려지지 않은 힘을 주었음에 의심의 여지가 없다. 사람들은 종교와 철학 덕분에 도저히 견딜 수 없을 정도로 공기가 희박한 환경 속에서도 숨을 쉴 수 있었다. 종교나 철학이 자기 자신의 뿌리에서 싹트지 않고 외부 의식에 접붙여 탄생한 곳에서는 그러한 열정과 영감을 결코 느낄 수 없다.

지루한 기독교는 수입된 종교이다. 공격적인 충동마저도 십자군의 불길과 이슬람 성전에 대한 분노로 고스란히 드러난다. 이 영향력은 방향을 돌려 인도에도 깊이 침투해 민족 전체의 종교와 철학을 다시 형성해버렸다. 고유의 물활론적인 미신 신앙이 인도 전체를 물들인 것이다. 동양과 달리, 종교와 철학이 삶이 아니라 장식품에 지나지 않았던 유럽 역사에 이렇게 엄청난 파괴력을 가진 물결이 밀어닥친 적은 없었다. 그 전투력은 칼이 아닌 정신적인 힘이었음에도.

공자의 출생

15

중국을 이해하기 위한 기초

상대적으로 익숙한 인도를 떠나 중국사상을 처음 접하는 보통 사람들이 느끼는 첫 번째 인상은 사람들이 융통성 없고 딱딱한 전통에 갇혀, 내외적으로 그들을 제약하는 오랜 규범에 따라 기계적으로 생각하고 행동한다는 것이다. 철학에서건 종교에서건 또는 일상의 규범에서건, 중국인에게 자연스러움이나 독립성은 기대하기 어렵다. 모든 것이 앞선 것, 이전의 견해에 따라 정해진다. 우리 경험에서는 너무나 생소하다는 점에서 흥미롭다.

그러나 우리는 이 나라의 예술, 다시 말해서 미적인 성취가 그들의 철학에서 비롯되었음을 잊고 있다. 서양은 중국이 전 세계 예술에 얼마나 많이 기여했는지 깨닫는 데 아주 오랜 시간이 걸렸다. 중국 예술의 영향력은 타의 추종을 불허한다. 우리는 또 서양이 이제야 막 중국철학의 가치를 알아보기 시작했음도 잊어서는 안 된다. 중국철학은 아직 서양에 제대로 알려지지도 않았다. 우리가 중국의 문학과 전통에 지금보다 훨씬 더 친숙해지기 전까지는 그들의 철학을 이해하기 어려울 것이다. 중국의 사상이 플라톤과 아리스토텔레스가 그랬던 것처럼 우리를 혼란스럽게 물들이기 전에 그들의 관점을 확실히 이해해야 한다.

중국을 이해하는 것은 바람직할 뿐 아니라 충분히 가능한 일이기도 하다. 공자孔子를 서양인이 이해할 수 있을 정도로 쉽게 풀어 쓸 수 있는 사람이 있다면, 그는 지금까지 공자의 철학을 어려운 영어로 옮겨온 그 어떤 뛰어난 학자들보다 훨씬 더 칭송받아 마땅하다. 공자는 곧 중국이기 때문이다. 공자가 없었다면 중국은 현대를 살아가는 우리가 반드시 이해해야 할 그 중국일 수 없었다.

중국이 지닌 인내와 분별력은 유교에서 바라보는 이상적인 중국의 특징이다. 불교를 따르는 사람이건 도교를 따르는 사람이건 간에, 중국인이라면 유교를 따른다. 중국인은 유교에서 벗어날 수 없으며, 할 수 있다 하더라도 그러지 않을 것이다. 유교는 일본까지 전해져 일본인의 정서 형성에 측량할 수 없는 영향을 끼쳤다. 나는 일본인이 이렇게 말하는 걸 자주 들어왔다. "일본인은 신도神道[1] 신자든 불교 신자든 모두 유교적이다. 유교는 다른 사상과 충돌하지 않으며 우리 존재의 일부이다."

이상은 모두 부인할 수 없는 사실들이다. 그러므로 전 세계가 아주 오래전에 살았던 이 공자라는 사람에 대해 생각하고, 절대군주 한 사람이 다스리는 이상적인 정부 형태에 대해 연구할 필요가 있다.

모든 철학이 그렇듯 유교도 중국의 발전에 좋은 영향만 끼친 것은 아니다. 어떤 사상을 전적으로 받아들이면 때로 바퀴가 잘 굴러가지 않는 법이다. 그러나 유교는 제국을 하나로 묶고, 수많은 문명이 가라앉아버린 사나운 변화의 바다에서 가라앉지 않도록 유지하는 최상의 수단이었다.

공자의 가르침과 그 가치를 이해하려면 먼저 공자라는 사람과 그

---
[1] 일본 고유의 민족신앙.

가 살았던 시대에 대해 알아야 한다. 나는 학자들이 인정하는 정설에 따라 공자의 생애를 소개하려 한다. 그러나 전통적으로 중국인들 사이에서 전해져 내려오는 믿음에 대해서도 빼놓지 않겠다. 그런 전설적인 이야기들이 적나라한 사실보다 더 많은 진리를 품고 있을 때도 많기 때문이다. 중국인의 상상력 넘치는 관점은 종종 본질을 꿰뚫어본다. 붓다와 예수에 대해 우리가 가진 심상도 실제 역사 기록과 동떨어진 상상력으로 이루어졌다. 이루 말할 수 없이 많은 사람들의 삶과 사고에 막대한 영향을 끼친 사람을 생생하게 느끼려는 시도가 무시되어서는 안 된다.

공씨孔氏는 공자의 혈통으로서 중국에서 가장 덕망 있고 명예로운 가문이다. 공자의 본명은 공구孔丘이며, '자'子라는 호칭은 중국에서 큰 스승을 지칭하는 말이다. 서양에서 그를 지칭하는 이름 'Confucius'는 '공자'를 라틴어 방식으로 표기한 것이다. 공씨 가문은 많은 특전과 면책 특권을 누려왔다. 이들은 고귀한 피를 이은 황족에게도 종속되지 않고 오직 황제에게만 충성을 바쳤다. 공씨 가문의 족보는 세상에서 가장 오래되었다. 공자가 죽은 이후로 중국을 지배한 역대 왕조들은 점점 더 높이 그를 칭송하고 숭배했으며, 그만큼 후손들의 영광도 드높아졌다.

공자는 생전에 그의 고향 노나라에서 크게 존경받으며 중용되었던 것을 시작으로, 한 왕조, 명 왕조 그리고 만주 왕조인 청 왕조를 지나 지금에 이르기까지 성인으로 추앙받아왔다.

공자의 조상

　　━━━　공자의 후손들이 기원전 551년에 태어난 그들의 위대한 조상을 자랑스럽게 되돌아보듯이, 공자에게도 자랑스럽게 되돌아볼 조상이 있었다. 흔히 공자는 기원전 28세기경 중국의 전설적인 초대 임금인 황제黃帝의 자손이라고들 이야기한다.

　　역사적으로 인정되는 사실에 따르면 공자의 조상은 기원전 1121년 상 왕조의 마지막 왕과 관련이 있다. 왕에게는 서자인 형이 한 명 있었다. 그는 왕의 폭정에 나라가 기우는 모습을 지켜보고 있었다. 훗날 주나라 제2대 왕은 그를 송나라 임금으로 봉했다. 몇 대가 지나며 임금의 지위는 사라졌다. 당시에는 직위를 잃고 5대가 지나면 가문의 성을 바꾸고 평민으로 돌아간다는 규칙이 있었다. 그때 선택된 성이 '공'孔이었다.

　　공자에게는 가문에 대한 자부심을 느낄 만한 근거가 이렇듯 충분했다. 상 왕조에서 시작해, 자랑스럽게 이야기할 수 없는 조상이 단 한 사람도 없었다. 모두가 재상이었고 장군이었으며 학자였다. 중국 역사는 여성에 대해 거의 언급하지 않지만, 적어도 한 사람만은 기억에 남았다. 단지 아름답고 고귀한 용기를 가졌기 때문만이 아니라, 가문을 노나라로 쫓겨 가게 한 비극 때문이었다. 노나라는 훗날 공자가 태어난 곳이다. 그녀의 남편은 송나라에서 말을 관리하는 책임자였다. 어느 날 송나라 고위 관리 하나가 우연히 그녀를 보고 미모에 반해버렸다. 그는 음모를 꾸며 남편을 살해하고는 이를 꾸짖는 임금마저 시해했다. 새 임금을 세우고 스스로 재상에 오른 그는 그녀를 데려오도록 사람을 보냈다. 사람이 궁에 도착했을 때는 이 고결하고 아름다운 여인이 이미 스스로 목숨을 끊은 후였다. 이 일로 공씨 가문은 노나라로 도망쳐야만

했다.

당시 중국은 작은 나라들이 그중 가장 강력한 군주 아래 모인 연합국의 형태였다. 나라들은 각각 오래전부터 소유해온 영토를 차지하고 있었다. 주나라 무왕武王은 나폴레옹이 자기 친척들을 여러 속국의 왕으로 삼았던 것처럼 땅을 여러 부분으로 나누었다. 당시에는 그 정도로 충분했지만, 그것이 영원히 지속될 수는 없었다.

모든 제도가 그렇듯이 봉건제에도 마지막이 찾아왔다. 제후국들 사이에 충돌이 끊이지 않았고 왕에게 충성을 바치지도 않았다. 왕은 자기 힘이 미치는 범위만을 실제로 통치할 수 있었으며 그것은 대체로 매우 한정된 지역이었다. 중국은 엄청난 혼란기에 접어들었다. 공자는 그러한 시기에 태어났다. 제후국 사이에 전쟁이 끊이지 않았을 뿐 아니라, 유력한 가문들이 자기 주군에게 반기를 들기 일쑤였다. 영국의 배런Baron 전쟁2 때와 유사한 시기였다. 공자가 태어난 노나라에도 그런 가문이 셋이나 있었다. 그 우두머리가 실질적으로 나라를 다스렸고 임금은 꼭두각시에 지나지 않았다.

공자의 아버지 숙량흘叔梁紇3은 키가 크고 힘이 세며 용맹하고 충성스러운 무사로서 중국의 헤라클레스라 할 만한 사람이었다. 그의 용맹을 보여주는 일화가 있다.

기원전 562년, 숙량흘이 북양北洋을 포위하고 있을 때였다. 적이 성문을 활짝 열고 아군을 유혹하고 있었다. 계략에 속아 성문으로 들이닥치는데 갑자기 육중한 철문이 내려오기 시작했다. 뒤따르던 숙량흘은 철문을 떠받치고 동료가 모두 빠져나올 때까지 버텨낸 다음 마지막으로 탈출했다.

---

2   1264년부터 1267년까지 잉글랜드에서 발생한 내란. 후백侯伯 전쟁이라고도 한다. 왕권 제한을 규정한 옥스퍼드 조례(1258)를 교황과 프랑스 국왕 루이 9세가 해제하자 귀족(배런)이 반기를 들고 일으킨 내란이다.
3   이름은 공흘孔紇, 자가 숙량叔梁이어서 숙량흘이라 불린다.

공자의 탄생

숙량흘은 적을 두려움에 떨게 하는 무사로 명성을 떨쳤지만, 개인적으로는 무거운 슬픔의 그림자가 드리워 있었다. 젊은 나이에 결혼한 그는 딸만 여덟을 두었다. 아들이 없다는 것은 중국에서 대단한 비극으로 여겨진다. 첩 소생 아들 둘이 있었지만, 그나마 한 명은 장애인이었다. 이는 그가 죽은 다음에 제사를 지낼 사람이 없다는 뜻으로서, 대단히 심각한 문제였다. 숙량흘은 일흔이 넘어서 새장가를 들기로 마음먹었다. 전처와 이혼했는지는 분명치 않지만, 아들을 낳지 못했다는 것은 중국에서 충분한 이혼 사유였다. 아들은 아버지의 영혼을 기리는 제사를 지내야 하기 때문이다.

숙량흘은 젊고 집안 좋은 신붓감을 물색했다. 명망 있는 공씨 가문에 걸맞은 피를 아들에게 물려주고 싶었다. 일흔이 넘은 노인으로서는 실로 엄청난 요구 조건이었지만, 그에게는 철문을 들어 올리고 수많은 전공을 세웠던 용기가 아직 여전했다.

그는 덕망 있는 안씨顔氏 가문에 혼담을 넣었다. 안씨 가문 가장은 당혹스러워서 세 딸을 불러 직접 의사를 물어보는 파격적인 행동을 했다.

"여기 장군님이 계시다. 이분의 부친과 조부는 학자이셨고 거슬러 올라가면 황제의 자손이시다. 기골이 장대하고 아주 용맹한 분이다. 이분과 좋은 인연을 맺고 싶구나. 비록 나이가 들고 근엄하시지만, 이분은 신뢰해도 좋다. 너희 중에 누가 이분의 아내가 되겠느냐?"

첫째나 둘째가 대답했다면 위대한 인물과 인류 전체의 운명이 완전히 달라졌을 것이다. 그러나 두 언니는 침묵했고, 그것은 거절을 의미했다. 아버지의 질문에 대답하지 않는다는 것은 중국에서는 상당히 예의에 어긋나는 일이었다.

그때 막내딸 안징재顔徵在가 앞으로 나서며 공손하게 말했다.

"왜 그런 걸 물으십니까? 그것은 아버지께서 결정하실 일입니다."

이런 순수한 순종 뒤에 과연 어떤 동기가 있는지 의심할 만도 하다. 그러나 이 중국 귀족 가문의 여성에게 직접 대답을 들은 사람은 아무도 없다. 아버지가 딸을 보며 말했다.

"좋다. 네가 가도록 해라."

그녀는 결혼의 이유와 자기 자신을 던져야 하는 의무를 진지하게 이해하며, 하늘과 같이 넓은 마음으로 아들을 간절히 원하는 이 늙은 무사에게 시집갔다. 가까운 곳에 전설 속의 순 임금이 제사를 지낸 곳으로 여겨져 신성시되는 니구산尼丘山이 있었다. 안징재는 매일 이 산에 올라 아들을 낳게 해달라고 기도했다. 기도한 대로 아들을 낳자 이름을 산 이름에서 따 '구'丘라고 지었다는 데서 이 이야기에 신빙성이 더해진다. 그리고 모든 위대한 인간이 늘 그렇듯 그의 탄생에는 경이로운 이야기가 전해진다.

어느 날 안징재가 산을 오르는데 나뭇잎들이 꼿꼿이 서 있다가 그녀가 오자 마치 절을 하듯 원래대로 숙였다. 그날 밤 잠자리에 든 안징재에게 신령이 찾아와 수태를 알려주었다.

"너는 다른 이보다 현명한 아들을 낳을 것이다. 아이는 속이 빈 뽕나무에서 낳아야 한다."

그녀는 또 노인 다섯 명이 외뿔에 용처럼 생긴 성스러운 기린을 데리고 방으로 들어오는 꿈을 꾸었다. 중국, 일본, 미얀마의 사원에 조각되어 있는 동물이다. 기린은 그녀 앞에 무릎을 꿇고 다음과 같은 글귀가 적힌 석판을 토해냈다.

15 공자의 출생

"네 아들은 왕좌 없는 왕이 되리라."

그녀가 곱게 수놓은 매듭을 뿔에 달아주자 기린은 사라졌다. 이 환상은 공자가 죽기 전 상황과 관계가 있기 때문에 기억해둘 필요가 있다. 여기에 대해서는 뒤에서 다시 이야기하겠다.

안징재는 남편에게 가까운 곳에 '텅 빈 뽕나무'라 할 만한 장소가 있는지 물었다. 숙량흘은 남쪽 언덕에 있는 마른 동굴을 그렇게 부른다고 대답했다.

"아이는 그곳에서 낳아야 합니다."

그리고 그곳에서 기대했던 일이 일어났다. 공자는 기원전 551년 10월에서 11월 사이에 태어났다. 붓다와 거의 동시대 사람이다.

공자의 전기 작가 G. 알렉산더George Gardiner Alexander는 용, 기린 등 중국 설화에 자주 등장하는 신화 속 동물들에 대해 재미있는 의견을 남겼다. 그는 이 동물들이 멸종한 동물이 아닐까라는 의문을 제기한다.

"학자들은 아직 타타르[4]와 중국의 고생물학 연구를 시작하지 못했다. 혹시 어룡魚龍과 플레시오사우르스[5]가 마지막으로 중국 늪지대에 출몰한 건 아닐까?"

학자들의 연구를 촉구하는 호기심 어린 이야기로 보인다.

이렇게 태어난 공자는 '구'라는 이름에 자는 '중니'仲尼였다. 둘 다 니구산에서 따온 것이다.

후대 철학자 맹자孟子의 어머니에 관한 이야기도 대단히 매력적이지만, 공자의 어머니 안징재만큼 들을 이야기가 많은 사람도 없다. 그녀에 대해 알려진 사실들을 간단히 말해보자. 고통스러운 고문인 전족纏足은 하지 않았다. 그런 유행은 훨씬 더 후대에 시작되었다. 남편은 아들을 낳고 3년 후에 세상을 떠났다. 그녀가 남편의 사랑을 받았음은

---

4 동부 유럽에서 서부 아시아 일대.
5 중생대에 번영한 해상 파충류의 하나.

분명하다. 안징재는 정조를 지켰다. 그것이 중국의 전통이다. 한창나이에 과부가 된 그녀에게 아마도 남자들이 수도 없이 구애했을 것이다. 안징재는 유혹에 흔들리지 않고, 위대한 인물의 어머니 자격을 갖추려 수많은 관습과 규범에 순응했다. 그러므로 그리 동정할 만한 일도 아닐 것이다.

공자의 젊은 시절

공자의 유년기에도 동정의 여지는 별로 없다. 역경을 극복했기에 훗날의 그가 있을 수 있었다. 공자는 어느 날 외할아버지 안씨가 깊이 한숨 쉬는 소리를 들었다. 어린 공자 눈에도 외할아버지가 매우 고통스러워 보였다. 그가 재빨리 물었다.

"제가 할아버지를 슬프게 했습니까, 아니면 뭔가 안 좋은 기억을 떠올리게 했습니까?"

어린아이에게 그런 이야기를 듣고 깜짝 놀란 안씨가 그런 말을 어디서 배웠는지 물었다. 공자가 대답했다.

"할아버지께 배웠습니다. 행실이 나쁜 아이는 자기 자신뿐 아니라 조상을 욕되게 한다고 종종 말씀하지 않으셨습니까?"

안씨는 고개를 끄덕이며 흐뭇한 미소를 지었다.

이 이야기는 아마도 사실일 것이다. 공자가 살았던 시대 분위기가 그렇게 엄격하고 형식적이었다. 그는 어린 시절부터 지식욕이 강했다. 14세 무렵에 벌써 스승이 더 가르칠 게 없을 정도로 학문적인 성취를 이루었으며, 스승을 도와 또래 학생들을 가르쳤다는 기록이 있다. 훗날 공자는 자기 제자들에게 "열다섯 살까지는 지식을 쌓는 것만이 유일한 관심사"였다고 말했다.

이 점에 대해서 공자는 그리 솔직하지 못했던 것 같다. 공자는 학자일 뿐 아니라 남자다운 사나이로 성장했다. 신체 단련에 게으르지 않았고, 마차를 모는 데도 능했으며, 사냥을 매우 좋아했다. 무엇보다도 음악과 악기에 열정적으로 빠져들었다. 그리고 그가 시를 사랑했다는 것은 굳이 말할 필요도 없을 것이다. 예나 지금이나 중국인은 시적 재능을 타고난다. 어쩌면 공자는 단지 중국만이 아니라 전 세계 모든 곳에서 기품 있는 신사의 전형으로 제시될 수 있을지도 모른다. 신사는 용감하고 예의 바르며 재능이 넘치는 사람이다. 하지만 공자는 그 이상이었다.

뛰어난 지적 능력을 가장 중시하는 중국이라는 나라에서 공자 같은 젊은이가 일찍부터 관직에 나아갈 길은 찾는 것은 매우 자연스러운 일이다. 홀어머니를 모셔야 하는 공자에게 그것은 시급한 일이기도 했다. 공자는 사냥과 낚시로 생계를 이었다고 전해진다. 공자는 젊은 시절의 경험으로 얻은 낚시와 사냥 등에 관한 지식을 은근히 자랑스럽게 여겼다.

"젊은 시절 생계를 위해 여러 가지를 익혔다. 그러나 그건 하찮은 일이다."

그런 경험이 강철을 제련하듯 공자를 단련시켰다면 그것은 전혀 하찮은 일이 아니다. 아무 부족함 없이 애지중지 자란 사람이 위대한 인물이 되는 일은 그리 흔치 않다.

공자는 17세 무렵에 노나라에서 관직을 받았다. 곡식 창고와 토지를 관리하는 일이었다. 공자의 뒤를 잇는 위대한 사상가 맹자에 따르면 공자는 "계산에 한 치의 오차도 없어야 한다. 그것이 내가 할 일이다.

가축은 살찌고 튼튼해야 한다. 그것이 내가 할 일이다"라고 말했다.

공자는 성공 가도를 달리며 나날이 명성을 쌓아, 19세에 명망 있는 가문의 딸을 아내로 얻고 이듬해 아들을 낳았다. 노나라 임금은 값비싼 잉어 두 마리와 함께 직접 사람을 보내 득남을 축하했다. 공자는 아들 이름을 잉어를 뜻하는 이鯉로 짓고 자를 백어伯魚라 하여 임금에게 경의를 표했다.

공자의 성장

16

결혼과 이혼에 대한 공자의 관점

안징재는 공자가 24세 때 세상을 떠났다. 공자는 3년, 정확하게는 2년 3개월간 관직에서 물러나 장례를 치렀다. 서양인으로서는 도저히 믿기 어려운 기간이며 형식이다. 그러나 중국에서는 황제조차도 백성을 돌보지 않고 이런 장례를 치르곤 했다.

공자는 어머니를 공씨 가문 고향 땅에 묻힌 아버지와 함께 합장했다.

"사람은 부모님 모두에게서 생명을 받았으며, 두 분께 똑같이 은혜를 입었다. 따라서 부모님을 똑같이 공경할 것이며, 죽음으로도 떨어질 수 없는 인연임을 알아야 한다."

부모와 자식 간의 올바른 도리이다. 공자는 2년 3개월 동안 무덤을 지키며, '3년간 부모님 품에 안겨 자랐으므로, 자식은 3년 동안 부모님 무덤에서 곡을 해야 한다'는 의무를 다했다. 그런 다음 상복을 벗고 세상으로 돌아왔다. 닷새가 지나자 그는 잠자던 악기를 꺼내 노래를 부르려 했다. 그러나 아직 음악을 즐길 기분이 아니었다. 목구멍이 꽉 막혀

목소리가 제대로 나오지 않았다. 다시 닷새가 더 지나서야 그토록 사랑하던 음악을 즐길 수 있었다. 노래는 이제 마음 깊이 입은 상처가 치유되었음을 의미했다. 공자는 여리고 감성이 풍부했으며, 수준 높은 학문적인 이야기가 아닐 때는 타인에게 말로 상처주지 않으려 애쓰는 배려심 많은 사람이었다.

몇 가지 의심스러운 점도 있지만, 공자의 가정사에는 약간 문제가 있었다. 철학자에게는 그리 흔치 않은 일이다. 중국 역사가들이 공자가 이혼한 이유를 조금 더 자세히 기록해주었다면 좋았을 것 같다. 이혼의 책임이 공자의 아내에게 있다는 이야기도 없지만, 물론 그것이 그녀에게 아무런 책임도 없다는 뜻은 아니다.

한편으로 공자의 철학에는 여성의 사고방식과 결코 조화를 이룰 수 없을 것 같아 보이는 부분도 존재한다. 그런 예는 너무나 많아서 그저 '조금 의심스러운 점'이라는 정도로 남겨두고 지나갈 수가 없다. 그러나 예나 지금이나 중국의 이혼 사유가 일방적으로 여성에게만 불리했던 것은 아니다. 중국 여성들이 항상 남편을 마지못해 따랐던 것도 아니고, 이혼 사유가 되었던 '일곱 가지 잘못'을 슬기롭게 피할 방법도 얼마든지 쉽게 찾을 수 있었다는 사실은 곧잘 무시되곤 한다.

결혼에 대한 공자의 견해에는 상당히 흥미로운 부분이 있다. 그것은 중국 윤리관에서 매우 중요한 부분을 차지하고 있다. 가정의 가치가 땅에 떨어진 서양과는 비교조차 할 수 없다. 여전히 그 가치관이 중국을 지키고 있으며, 시간이 지나 공산주의가 모래처럼 사라진 다음에도 여전히 남아 있을 것이다. 서서히 은밀하게 침투하는 서양식 교육과 가치관에 언젠가는 무릎 꿇겠지만.

노나라 임금이 공자에게 결혼에 관한 생각을 들려달라고 청했다.

공자가 대답했다.

"가정은 남자가 자신의 사명을 세상에 펼칠 수 있게 해주는 최고의 기반입니다. 결혼은 남자에게 위엄을 더해주지만, 그 의무를 철저히 다할 수 있을지 신중하게 생각하고 결정해야 합니다. 의무에는 두 종류가 있습니다. 남편과 아내에게 공통되는 의무가 있고, 각자에게 따로 주어지는 의무가 있습니다.

남편은 가장으로서 가정을 다스려야 합니다. 그러나 만물이 태어나고 그 속에서 살아가는 하늘과 땅을 본받아 서로 조화를 이루어야 할 책임이 남녀 모두에게 있습니다. 그 바탕은 상호 간의 애정과 믿음, 정직 그리고 상대의 마음을 세심하게 배려하는 것입니다. 남편은 이끌고 명령하고, 아내는 따르고 복종하며 행실을 바르게 해야 합니다."

만일 남편이 따를 만한 가치가 있는 사람이고 아내가 정당하게 복종한다면 아름답고 이상적인 이야기일 것이다. 그러면 공자 또는 그의 아내가 의무를 다하지 못했던 것일까? 그의 이야기를 조금 더 들어보자.

"아내의 사회적 위치와 삶은 전적으로 남편에게 매입니다. 남편이 죽어도 아내는 자유로워지지 않습니다. 여자는 결혼 전에는 부모 아래에, 부모가 죽으면 가까운 친척의 권위 아래에, 결혼하면 남편에게 종속됩니다. 남편이 죽으면 아들에게 의존하며, 아들이 여럿일 때는 장자를 따릅니다. 아들은 할 수 있는 최대한의 애정과 존경심으로 어머니를 모시며, 노출된 모든 성적 유혹으로부터 보호해드려야 합니다.

과부의 재혼은 전통적으로 허락되지 않습니다. 정조를 지키며 여생을 집에서 보내야 합니다. 세상일에 일절 관여하지 않으며, 집안일에도 꼭 필요한 경우에만 신경 써야 합니다. 이 방에서 저 방으로 쓸데없이 움직이는 것도 자제해야 하며, 방에는 밤새도록 불을 밝혀두어야 합니다. 이러한 의무를 세심하게 다하는 여인은 덕 있는 여성으로 칭송받을 것입니다."

공자는 계속해서 결혼에 적합한 나이를 이야기하고 사윗감을 제대로 골라야 할 필요성에 대해서도 역설한다.

"범죄를 저지르거나 법의 처벌을 받은 적이 있는 사람은 좋은 남편감이 될 수 없습니다. 지병이 있거나 정신적으로든 육체적으로든 건강하지 못한 사람도 마찬가지로 적합하지 않습니다. 양친을 모두 잃고 집안의 가장이 된 남자도 그렇습니다."

마지막 문장은 도저히 이해할 수가 없다. 중국인 학자들의 설명이 절실하다.

다음으로 이혼에 대한 이야기가 시작된다.

"남편은 정당한 이유 없이 부인을 내쫓을 수 없습니다. 정당한 이유에는 일곱 가지가 있습니다. 첫째는 시부모님을 제대로 모시지 않는 것입니다. 둘째는 아들을 낳지 못하는 것입니다. 셋째는 예의가 없거나 행실이 바르지 못한 것입니다. 넷째는 험담을 늘어놓아 가문의 명예를 더럽히는 것입니다. 다섯째는 혐오감을 일으키는 병을 앓고 있을 때입니다. 여섯째는 말을 삼가지 않고 폭언을 하는 것입니다. 일곱째는 어떤 동기에서든 남편 모르게 집안의 재산을 밖으로 빼돌리는 것입니다."

그러나 판단을 내리기 전에 반드시 동정심을 가져야 한다. 다음과 같은 상황에서는 남편도 아내를 내쫓아서는 안 된다.

"첫째, 부모님이 모두 돌아가셔서 갈 곳이 없는 여자는 내쫓아서는 안 됩니다. 둘째, 시부모님이 돌아가시고 아직 삼년상을 다 치르지 않았을 때는 아내를 내쫓아서는 안 됩니다. 셋째, 결혼하기 전에는 남편이 가난했는데 결혼 후에 부자가 되었다면 아내를 내쫓아서는 안 됩니다."

여기에서 공자가 이혼한 이유를 추측해볼 수 있다. 훗날 전처가 죽었을 때 공자가 슬피 울며 애정 어린 말을 남겼다는 사실로 볼 때, 그녀가 참을 수 없을 정도로 성정이 거친 여인은 아니었던 것 같다. 역사적 사실을 바탕으로 상상력을 발휘해보자. 나는 그녀가 '어떤 동기에서든 남편 모르게 집안의 재산을 밖으로' 빼돌리지 않았을까 추측한다. 이 정도라면 노부인이 젊은 시절 저지른 실수를 쉽게 용서할 수 있었을 것이다.

결혼에 대한 이러한 규칙과 규정은 서양인의 눈에 우스꽝스럽고 있을 수 없는 것으로만 보인다. 그러나 역사 깊은 중국이 그렇게 어리석은 나라는 아니라는 점을 잊어서는 안 된다. 성공보다 중요한 인간의 삶에 관한 부분에 관해서는, 오히려 우리야말로 기계문명에서 거둔 조숙한 성과에도 불구하고 아직 유년기에 있다고 할 수 있다. 한 중국인 신사가 내게 이런 말을 해준 적이 있다.

"서양인은 어딘가에 60시간이 아니라 60분 안에 도달하는 것을 매우 중요하게 여기지요. 중국인은 거기 도달해서 무엇을 할 것인지가 중요하다고 생각합니다."

중국은 가족과 효에 관한 이러한 사상을 바탕으로, 수많은 전쟁과 풍파를 견뎌내며 무려 2,500년 가까이 거대한 왕국을 유지하고 부와 번영을 누렸다. 그리고 이제 우리 눈에는 그들이 청춘으로 돌아간 것처럼 보인다. 백인 문명이 그만큼 오래 유지될 것이라고 누가 감히 장담할 수 있는가? 우리는 여성이 법적으로나 사회적으로나 모든 면에서 남성과 동등한 지위에 놓인다는 것이 함축하는 바를 완전히 이해하고 있는가?

　그것은 자연 그대로의 모습이 아니다. 자연은 평등의 원칙을 알지 못한다. 차이만을 인식하고 그에 따라 세상을 다룰 뿐이다. 여성과 관련된 문제에 대해 불만이 없는 것은 아니지만 나는 중국과 인도, 동양의 지혜를 마음 깊이 존중한다. 나는 서양인 대부분이 동양이 왜 이런 태도를 취하는지 전혀 이해하지 못하고 있다고 확신한다. 중국에는 여자 황제도 있었고, 수많은 여성 시인과 예술가가 스스로 독립적이라 느끼며 삶을 즐겼다는 사실도 잊어서는 안 된다. 중국은 오직 여성만이 제공할 수 있는 상냥함, 유연한 지혜, 섬세함, 직관, 가정과 가족 등을 포기하지 않았다. 모두 동양에서 아주 쉽게 느낄 수 있는 것들이다.

음악에 대한 각별한 열정

공자에게는 또 다른 특징이 있는데, 이는 그의 철학에서 매우 중대한 부분을 차지하고 있기 때문에 결코 무시되어서는 안 되는 점이다. 음악에 대한 열정과 음악이 훌륭한 정부에서 갖추어야 할 필수 요소라는 믿음이다. 고대 그리스철학자들도 같은 믿음을 공유한다. 같은 어원에서 비롯된 '뮤즈'Muse라는 이름과 '음악'music이라는 단어는 모든 피조물의 조화와 리듬을 표현한다. 중국은 아름다운 음악으로 새와 짐승까지도 온순하게 만들어 인간과 조화롭게 공존할 수 있다고 믿어왔다. 예술은 사람을 사람답게 만드는 가장 강력한 힘이며, 반미개인을 교화해 문명인이 되게 하는 최상의 수단이다. 서양인에게 익숙한 "법을 누가 제정했는지는 알 바 아니다. 나는 나라에 대한 노래를 지으리라"[1] 라는 이야기를 떠올리게 된다. 음악에는 이러한 종류의 힘이 있다.

공자는 악인은 절대로 좋은 음악가가 될 수 없다고 주장했다.

공자의 각별한 음악 사랑을 보여주는 이야기가 있다. 공자가 아직 20대 때 멀리 고대 음악에 정통한 사양자師襄子라는 음악가가 산다는 소문을 들었다. 혼란한 시대에 멀리 여행을 떠난다는 것은 매우 위험한 일이었지만, 공자는 그를 만나러 떠났다. 사양자는 젊은 공자의 자질을 알아보고 마음을 터놓고 음악에 대해 열정적으로 이야기했다. 공자는 그의 이야기에 완전히 사로잡혔다. 사양자는 금琴을 들고 주나라 무왕이 만든 곡을 연주하기 시작했다. 무왕은 공자가 생각하는 이상적인 군주였다. 공자는 숨도 쉬지 않고 연주를 감상했다.

음악가는 공자에게 열흘 동안 무왕의 곡을 가르쳐주고 다른 제자들 앞에서 연주해보게 했다. 공자가 뛰어난 연주를 선보이자 음악가가 기뻐하며 이제 다른 곡을 배워도 되겠다고 말했다. 그러나 공자는 만족하지 않았다. 그가 정중하게 대답했다.

"시간을 조금 더 주십시오. 훌륭한 가르침 덕에 곡을 틀리지 않고 연주할 수 있게 되었으나 아직 무왕의 뜻이 무엇인지 깨닫지 못했습니다. 아직은 만족할 수 없습니다."

이에 사양자는 닷새 말미를 주었다. 닷새가 지났지만 공자는 여전히 혼란스러워 보였다.

"닷새만 더 시간을 주십시오. 눈앞에 짙은 구름이 낀 듯 그 뜻을 헤아리지 못했습니다. 만일 제가 이를 깨닫지 못한다면 저에겐 음악을 배울 재능이 없다는 뜻으로 알고 포기하겠습니다."

그로부터 다시 닷새가 지났다. 공자가 환한 얼굴로 달려왔다.

---

[1] 원문은 "Let me write the songs of a nation and I care not who writes its laws." 누가 한 말인지에 대해서는 소크라테스, 플라톤, 아리스토텔레스, 헨델, 대니얼 오코너, 토마스 무어, 키케로, 앤드루 플레처 등 다양한 설이 있다.

"알았습니다! 깨달았습니다! 오늘 아침 모든 걸 보았습니다. 금을 타며 제가 연주하는 곡의 의미를 느꼈습니다. 마치 무왕 앞에 서 있는 것 같았습니다. 무왕의 크고 밝은 눈을 보았고, 낭랑한 목소리를 들었습니다. 제 마음이 그에게 닿았습니다. 이제 그의 생각이 곧 저의 생각입니다."

공자가 음악가로서 완성된 것이다. 공자의 연주를 경청한 사양자가 말했다.

"나는 당신을 가르칠 재주가 없습니다. 이제부터는 제가 당신의 제자가 되겠습니다."

공자와 사양자가 음악을 단순한 감각적 유희로 생각했다면 결코 도달할 수 없었을 경지이다. 공자에게 음악이란 지적이고 도덕적인 최상의 힘이었다. 그의 철학에서 그 점이 분명하게 드러난다.

지금도 중국에서는 지식인들이 공자가 다루었던 금을 연주한다. 금을 타는 남자를 그린 그림도 서양에 많이 알려져 있다. 알렉산더는 금을 이렇게 묘사했다.

"길이는 1미터에 폭은 15센티미터쯤 된다. 표면은 부드러운 곡선에 볼록하며 끝으로 갈수록 약간 가늘어진다. 그 위로 현이 걸려 있다. 바닥은 평평하고 안은 텅 비어 있다. 처음에는 현이 다섯 줄이었는데 지금은 두 줄이 추가되었다. 다양한 굵기의 명주실로 된 현은 악기 양쪽 끝에 팽팽하게 고정되어 있다. 몸통에는 손가락 짚는 자리를 표시하는 진주 열두 개가 박혀 있다."

얼마 전 배를 타고 인도양을 건너던 중에 나는 숙련된 중국인이 부르는 고대 중국의 노래를 듣는 행운을 누렸다. 악기는 고대의 금을 어설프게 대체한 것이었지만 그 애절하고 열정적인 감성은 공자에게 음악이 어떤 의미였는지 어렴풋이 느끼게 했다. 공자는 자신과 타인의 귀를 즐겁게 해주려 자리에 앉아 깊은 영혼을 흔드는 음악을 연주했다. 그에게 금이란 기쁜 날의 즐거움이요 슬픈 날의 위안이었다.

공자의 인격과 재능

이제 공자의 인격을 알 수 있는 일화를 살펴볼 차례다. 노나라 재상 한 명이 임종을 맞았다. 그는 예법을 배운 사람이었다. 예학禮學은 훗날 공자 철학에서 핵심적인 부분으로 자리 잡는다. 죽음의 문턱에 선 재상이 심복을 불러 말했다.

"행동을 규정하는 내적인 규칙은 인간의 몸통과도 같은 것이다. 예법 없이는 사람이 꼿꼿이 설 수 없다. 일전에 공구(공자)라는 자가 예법에 밝다 들었다. 사람이 스스로 그러한 명성을 쌓을 수는 없다. 뛰어난 자는 반드시 현명한 조상의 후손 중에서 나오는 법이다. 이는 공구에게 딱 맞는 말이다. 내가 죽으면 내 아들을 그에게 보내 예법을 배우게 하라."

아들은 아버지 유언에 따라 공자의 제자가 되었다. 공자의 지혜와 인품에 끌려 찾아와 제자가 된 사람은 셀 수 없이 많았다. 부유하고 유력한 집안 출신 제자들은 공자의 명성을 한층 더 드높여, 공자의 지위를 더욱 확고하게 했다.

공자의 인품에 감화된 사람들은 그를 천상의 지혜를 가진 사람으로 보았다. 그는 시간을 초월하여 혼탁한 왕국에 빛을 전해주러 천상에서 다시 돌아온 성인이었다. 공자의 지혜에는 고대 반半신성의 성인들에 대한 사랑과 존경이 담겨 있었다. 이 성인들은 중국에서 이상적인 인간으로 여겨진다. 공자는 배움을 청하는 이들이 언제든지 집에 찾아올 수 있도록 문을 활짝 열어두었다. 그리고 배움의 대가로 아무것도 지불하지 못하는 가난한 사람들도 성심을 다해 가르쳤다. 공자는 그것이 나라에 대한 의무라고 믿었다. 그러나 공자는 제자들에게 열심히 익히고 배운 것을 적용하도록 엄격하게 요구하며, 이에 미치지 못하는 자들은 냉정하게 내쫓았다.

"내가 어떤 주제의 한 귀퉁이를 이야기했는데 나머지 세 귀퉁이를 알아차리지 못하면 반복해서 가르치지 않겠다."

공자는 여행을 좋아해서 때로 집을 비우고 세상을 돌아다녔다. 그림 속 공자는 언제나 우마차에 올라타 한 곳에서 다른 곳으로 돌아다니며 배우고 가르치는 사람이다. 마차를 끄는 황소의 느린 발걸음에 맞추어 제자들이 따라 걸었으며, 공자는 그들에게 자신의 철학을 여러 실례를 들어 설명했다. 그중 몇 가지는 뒤에서 다시 이야기하도록 하겠다.

그렇게 3년 동안 가르치며 좋은 씨를 뿌렸지만, 공자는 마음속으로 언제나 이 혼란한 나라의 임금에게 발탁되어 단순한 조언 이상의 역할을 하며 나라를 다스릴 실제적인 힘을 얻기를 원했다. 그는 자신의 재능을 알았으며, 그것을 시험해보고 싶어 했다. 이제 곧 보게 되겠지만, 공자 철학의 목적은 주나라를 건국한 이들의 가르침에 따라 완벽한 나라를 건설하고 다스리는 것이었기 때문이다.

"내가 말하는 것은 내가 처음으로 한 이야기가 아니다. 나는 그저 전달자일 뿐이다."

공자의 겸손에는 그의 사명감이 담겨 있다. 처음에는 단지 인품에 반했던 사람들도 점점 그가 얼마나 특별한 사람인지 깨닫기 시작했다. 좋은 정부를 만들고 나라를 행복하게 하는 방법을 말하는 그의 철학은 노나라 전체로 널리 퍼져나갔고, 공자의 명성은 나날이 높아만 갔다. 당시에는 왕에게 충성을 바치지 않는 나라도 많았고, 제후국 간에 전쟁과 충돌이 끊이지 않아 백성의 삶은 피폐하고 고통스럽기 이를 데 없었다. 그래서 평화와 안정의 희망을 전해주는 공자의 철학은 더욱 큰 반향을 일으켰다. 그때 중국은 13개의 강력한 제후국과 작은 속국으로 이루어져 있었다. 나라마다 군주가 곧 법이었고 백성의 행복과 불행은 전적으로 군주의 인품에 좌우되었다.

그것이 공자가 매일 노나라 임금에게 등용되어 지혜를 펼치고자 하는 희망을 품은 이유였다. 그러나 그런 일은 일어나지 않았다. 힘없고 무능한 노나라 임금은 공자의 넓은 식견을 알아보지 못했다. 그러는 동안 공자의 영향력은 점점 커졌다. 주나라 왕이 그에게 쌍두마차를 보내 제자들과 함께 왕궁에 들도록 초대할 정도였다. 공자는 주나라 수도인 하남성 낙양에 머물렀다.

이 여행이 외적으로는 공자의 전성기였다고 할 수 있다. 왕이 내린 영예에 그가 얼마나 기뻐했을지 충분히 짐작이 간다. 꽃이 만발한 초원으로 마차를 달리며, 세상이 그의 발아래 있는 것처럼 느꼈을 것이다.

공자는 마차를 모는 기술에도 자부심이 있었다. 그는 그것 또한 남자가 갖추어야 할 덕목이라고 생각했다. 공자는 낚시와 사냥에도 제법 능했다. 그러나 제자들이 남긴 기록을 보면, 그물을 써서 물고기를 잡지 않았고 하늘을 날고 있지 않은 새는 화살로 쏘지 않았다고 한다. 그것이 새와 물고기에게 살아남을 공평한 기회를 주는 것이라 여긴 까닭이다. 낙양으로 가는 중에 사냥꾼들이 시합을 벌이는 것을 보고 마차에서 내려 참가한 적도 있었다. 제자 하나가 공자의 품위 없는 행동에 깜짝 놀라 말했다.

"스승님! 이렇게 명성에 누가 될 행동을 하시다니요!"

공자가 제자를 돌아보며 말했다.

"너는 완전히 잘못 생각하고 있다. 현명한 사람은 세상을 크게 보는 법이다. 무엇보다 사냥은 즐거운 일이다. 인간이 가장 먼저 가졌던 직업이기도 하다. 사냥은 사람을 먹이고 입힐 뿐 아니라, 야생동물로부터 목숨과 작물을 지키는 수단이기도 했다. 위대한 왕에게는 휴식의 수단이고, 학자에게는 지친 마음에 생기를 불어넣는 일이다. 그보다 더 중요한 것은 사냥을 함으로써 제 손으로 잡은 동물을 제사상에 바칠 수 있다는 것이다."

공자가 사냥 시합을 하는 동안 제자들은 일주일이나 그곳에서 기다려야 했다. 야생동물의 위협으로부터 가족을 지켜야만 하는 곳이 아니라면 공자의 이야기는 쉽게 반박될지도 모른다. 그러나 공자가 단지 무미건조한 학자가 아니라 뛰어난 사냥꾼이자 마부이기도 했다는 사실을 알았다는 것만으로도 즐거운 일이다. 공자의 이상은 삶의 모든 국면에 닿아 인간의 욕망을 이해하는 것이었다.

제자들을 이끌고 여행을 재개한 공자는 가는 동안 본 것들에 대해 논평하며 낙양으로 향했다. 이렇게 감성이 풍부하고 자애로우며 이해와 영감을 북돋아주는 스승에게 직접 배울 수 있었던 그 젊은이들이 부러울 뿐이다.

노자와의 만남

낙양에 머무는 동안에는 흥미진진한 사건이 있었다. 왕은 직접 찾아와 공자의 이야기를 듣는 영광을 스스로 마다했고, 오직 재상 한 사람만이 공자를 방문했다. 공자가 이 상황에 상처를 받았는지, 아니면 처음부터 제자들을 데리고 조용히 낙양을 방문할 생각이었는지는 알려지지 않았다. 그러나 그곳에서 유명한 철학자 노자老子를 만났다는 중요한 사건은 기록되어 있다. 노자에 대해서는 나중에 다시 자세히 다루기로 하겠다.

두 위대한 지성의 만남은 실로 대단한 사건이었다. 인지로 헤아릴 수 없는 경지에 도달하는 가장 안전한 길은 일상생활에서 실용적인 생각과 행동을 통하는 것이라고 생각하는 공자와 초월적이고 절대적인 것에 집중하며 오직 눈부신 무언가에만 시선을 고정하는 노자가 얼굴을 맞댄 것이다. 플라톤과 아리스토텔레스의 만남에 비견할 만한 만남이었다.

전해지는 바로는 연장자인 노자가 일방적으로 공자 사상의 목적이 지나치게 세속적이라고 이야기했다. 그게 사실이라면 노자는 눈앞에 있는 위대한 인물에 대해 공정하지 못했다. 인도철학자라면 공자가 진리에 이르는 또 다른 길을 걷고 있음을 금세 이해했을 것이다. 노자만큼 위대한 신비주의자라면 실용성은 단지 겉치레일 뿐임을 알았어야 한다.

"자네가 말하는 이들은 모두 죽어서 먼지가 되었네. 그들의 말이 남아 있을 뿐이지. 군자가 때를 만나면 높이 오르지만, 그렇지 못하면 발이 묶이는 법이네."

다시 말해서 공자가 말하는 실용적인 가치보다 높은 형이상학적인 경지가 있다는 뜻이다. 노자는 공자의 삶에 대해서도 비판하며, 고독 속에서 지혜를 구하지 않고 제자들을 거느리고 다니는 것이 자기만족일 뿐이라고 지적했다. 노자의 성향은 요기에 가까웠다고 볼 수 있다.

"현명한 사람은 사람들에게 잊히기를 바라며 공직에 나아가기를 피하네. 죽은 다음에 기대할 수 있는 바라고는 진실한 금언 몇 마디만이 선택된 극소수에게 전해지는 것뿐임을 알기 때문이네. 오직 때를 살필 뿐, 속마음을 세상에 털어놓지도 않는다네. 보물을 지닌 이는 그것을 꼭꼭 숨겨두지, 사람들을 만날 때마다 꺼내서 자랑하지 않는 법이네."

이미 사라진 고대의 형식을 빌려 중국에 새 생명을 불어넣으려는 공자의 철학체계에 노자는 큰 위협이 되었다. 노자는 옛것에 노예적으로 복종하는 것이 나라가 성장하는 데 오히려 방해가 된다고 주장했다. 그는 성공이 곧 성취는 아니라고 믿었다. 공자는 그것을 받아들일 수 없었다. 노자보다 한참 젊은 나이이면서도 그의 시선은 과거 중국의 황금기에 고정되어 있었으며, 끊임없이 과거의 예로 자신의 철학을 설명했다. 그러나 연장자에 대한 존경심으로 분함을 감추고, 노자가 말하는 정신적인 '도'道에 공감은 못하더라도 깊은 흥미를 느끼며 그의 말을 경청했다.

여기에는 양쪽 입장을 모두 대변해서 해야 할 말이 아주 많아 보인다. 어쩌면 단지 방법의 문제일 것이다. 두 위대한 사상가의 철학을 모두 공부한 사람이라면 판단을 내릴 수 있을지도 모르겠다.

노자가 공자에게 물었다.

"자네는 도를 아는가?"

공자가 슬픈 얼굴로 대답했다.

"그렇지 않습니다. 30년 가까이 찾아 헤매었으나 아직 찾지 못했습니다."

노자와 헤어진 다음 공자는 몹시 혼란스러워했다고 전해진다. 이유를 묻는 제자에게 공자가 대답했다.

"생각이 새처럼 날아오는 이를 만나면 활을 겨누어 땅에 떨어뜨릴 수 있다. 사슴이 뛰듯 생각이 넓고 멀리 미치는 이를 만나면 사냥개처럼 뒤따라가 쓰러뜨릴 수 있다. 생각이 물속 깊이 잠기는 이를 만나면 낚시꾼이 되어 낚아 올릴 수 있다. 그러나 생각이 마치 용처럼 천상으로 날아올라 그 광대함 속에 사라져버린 이를 만나면 무엇을 할 수 있겠느냐? 노자가 바로 그런 이다. 그의 이야기는 정말로 놀라웠다. 마음이 몹시 혼란스럽구나."

인간이 지닐 수 있는 최상의 지성을 갖춘 두 사람은 그렇게 만나고 헤어졌다. 비록 이 이야기가 전부 다 사실은 아닐지라도 여기에는 매우 심오한 의미가 있다. 중국의 대표하는 위대한 두 학파가 서로 대립한다는 점을 드러내기 때문이다. 그 의미는 두 사상을 모두 다룬 다음에 이야기하기로 하겠다.

공자의 제자들

17

전통에 대한 깊은 애착

공자는 낙양에 머무는 동안 왕실의 한 신하에게 초대되었다. 왕은 아마 알현의 영광을 허락하기 전에 먼저 공자의 이야기를 들어보라는 명령을 내렸을 것이다. 신하가 공자에게 물었다.

"당신의 사상과 그 사상을 가르치는 방법을 들어볼 수 있겠습니까?"

공자가 자부심 가득한 목소리로 대답했다.

"먼저 사상에 대해 말씀드리자면, 군주는 요 임금과 순 임금처럼 누구나 따르는 자가 되어야 한다는 것입니다. 그리고 청중에게 고대의 예를 들어 설명하고, 경전을 읽고 깊이 명상할 것을 강조합니다."

"그런 지혜는 어떻게 얻습니까?"

"중요한 질문입니다. 먼저 기억해야 할 것이 있습니다. 단단한 강철이 쉽게 부러지듯이, 확고하게 확립된 것은 파괴되기도 쉽습니다. 자만심은 부풀어 오르고 오만한 야망에는 한도가 없지만, 자만하는 자는 실패하고 오만한 자의 말에는 알맹이가 없습니다. 남의 말에 지나치게 귀 기울이는 사람은 결국 자기 자신에게 속고 맙니다. 이러한 것들은 비록 사소해 보일지 모르지만, 이 점을 명심하면 지혜의 길로 나아갈 수 있습니다."

오래된 제도는 언제든지 쉽게 무너질 수 있으며, 어떻게 경영하는지에 따라 좋은 정부가 될 수도 있고 그렇지 않을 수도 있다는 경고이다. 새로운 위험의 전조를 알리고 물러가는 공자를 보며 신하가 어떻게 생각했을지 궁금하다. 그러나 공자에게는 고대의 아름다운 도시와 웅장한 사원으로 돌아왔다고 상상하며 제자들과 함께 이곳저곳을 돌아다니는 것이 훨씬 즐거운 일이었다. 비록 단순하지만, 훗날 복잡하게 발전한 모습보다 공자 마음에 들었다. 공자는 눈에 보이는 대로 이것저것을 제자들에게 설명하고 논평하며, 옛것의 가치와 힘을 역설했다.

공자가 제자들과 함께 왕이 제후들을 만나는 방에 들어갔을 때였다. 공자는 옛 전통이 그대로 이어진 모습을 둘러보며 매우 만족스러워했다.

"무왕이 어떻게 왕좌에 올랐는지 알 만하다!"

벽에는 요 임금과 순 임금부터 중국 역대 왕들의 초상화와 함께 그들에 대한 찬사 또는 비난이 적혀 있었다. 그중에는 공자의 이상인 무왕도 있었다. 공자의 얼굴에 기쁨이 번졌다. 그가 제자들을 돌아보며 말했다.

"현재를 이해하려면 과거를 깊이 연구해야 한다."

공자는 또 제자들에게 바늘 세 개로 입술을 꿰맨 조각상 뒤에 새겨진 글을 큰 소리로 읽어주었다. 다음은 그 글귀의 일부이다.

"잠잘 시간과 쉴 틈이 없다고 지나치게 걱정하지 마라. 그런 이는 아무것도 이루지 못할 것이다."

"작은 불의를 참으면 곧 큰 화가 찾아온다."

"말과 행동을 삼가고, 생각 또한 살펴라. 혼자 있을 때도 하늘이 내려다보고 있음을 기억해라."

"어린 묘목은 쉽게 뽑을 수 있으나, 거목을 베려면 도끼가 필요하다."

"힘을 자랑하지 마라. 언제나 더 강한 자가 있는 법이다."

"어리석은 백성은 눈앞의 문제를 해결할 수 없으니 잘 이끌어주어야 한다."

"하늘은 좋아하고 싫어하는 것이 없다."

"바다는 가득 차 있으나 강물이 아무리 흘러들어가도 넘치는 법이 없다."

"내 입은 닫혀 말을 할 수 없으니 아무것도 묻지 마라. 대답할 말도 물어볼 것도 없다. 내 가르침은 신비로운 진리이다."

"나는 네 위에 높이 서 있으며 누구도 나를 해칠 수 없다. 인간이 할 말이 얼마나 되겠느냐?"

"사나운 불길은 쉽게 꺼져도 집은 그 연기에 불타 없어진다."

"수많은 물줄기가 강을 이룬다."

"가는 실을 꼬아 튼튼한 밧줄을 만든다."

이 침묵의 목소리는 공자에게 큰 영감을 준 것 같다. 낭독을 마친 공자가 제자들에게 말했다.

"이 이야기들을 명심하고 갈고닦으면 정도에서 멀리 벗어나지는 않을 것이다. 나를 보아라. 나 또한 그리하도록 온 힘을 다할 것이다. 너희도 그렇게 다짐하여라."

얼마 후 공자는 제자들을 왕궁에 데려갔다. 왕궁에도 공자의 발길을 멈추게 하는 광경이 있었다.

부드러운 비단과 옻칠로 장식된 왕좌 옆에 평범한 주부들이 물을 긷는 들통이 하나 놓여 있었다. 공자는 그 쓰임을 알았지만 관리들을 시험해보고자 그게 왜 거기에 있는지 넌지시 물었다. 관리들은 아무도 대답하지 못했다. 들통은 아주 오래전부터 그곳에 놓여 있었고, 관리들에게는 그걸로 충분했다. 공자는 들통을 분수로 가져가서 수조에 살짝 담갔다. 그러고는 제자들에게 들통에 물을 채우려면 적당하게 힘을 주어야지, 너무 약하면 물에 떠버려서 아무 쓸모가 없고 너무 강해도 바닥까지 가라앉아버린다는 것을 보여주었다.

"이 들통은 너무 강압적이지도 않고 나약하지도 않은 군주가 이상적임을 상징한다. 여기서 굳건함과 부드러움의 조화를 배워야 한다. 옛날에는 새 군주가 왕위에 오를 때마다 이것을 보고 배우도록 했다. 그런 가르침이 사라지고 없다니 참으로 슬프구나!"

지혜를 갈구하며 예에 힘쓰는 사람

공자를 접대하던 왕실 신하는 그를 손님으로서 극진히 대접했을 뿐 아니라, 음악에 조예가 깊은 공자를 스승 삼아 열심히 배우고 익히는 기회로 삼았다. 그가 친구에게 했던 이야기가 기록으로 남아 있다. 여기서는 먼저 중국인의 화법 그대로 옮긴 다음, 그 의미를 풀어서 옮겨보도록 하겠다.

"중니는 성인의 자질을 갖추었다. 황제黃帝와 똑같은 용의 이마에 눈은 강처럼 깊다. 팔은 길고, 등은 거북과 같고, 키는 탕왕湯王[1]과 같은 9피트 6인치였다(당시 중국인의 발은 우리보다 훨씬 작았다). 입을

---

1 중국 고대 상 왕조를 건국한 왕.

열면 옛 성군들을 칭송하고, 겸손하고 예의 바르게 행동한다. 식견이 넓고 한 번 들은 것은 잊지 않는다. 지식이 무궁무진하다. 성인이 아니고 무엇이란 말인가?"

보다 일상적인 표현으로 옮기면 다음과 같다.

"그는 당대에 비교할 자를 찾을 수 없는 사람이네. 놀라운 재능을 타고났지. 자네도 그를 보면 얼마나 뛰어난 지성을 갖춘 사람인지 알게 될 걸세. 눈은 마치 광선을 발하는 듯하네. 키가 크고 어깨는 둥글며 팔이 아주 길다네. 왕의 풍모를 지니고 있지. 그는 끊임없이 옛 성현들을 상기시키며 온갖 찬사를 다 바친다네. 후세가 본받아 마땅할 완벽한 사람일세."

이 말을 전해들은 공자는 이렇게 소리쳤다고 한다.

"나는 그런 찬사를 들을 자격이 없는 사람이오. '여기 음악을 조금 알고 지혜를 갈구하며 예를 깨달으려 애쓰는 사람이 있다.' 그분은 이렇게 말씀하셨어야 하오."

예는 공자의 주된 관심사였다. 예의 기반을 닦은 위대한 왕이 살았던 엄숙한 도시에 있었기 때문에 더욱 그랬을 것이다. 제후들은 자기 영지를 위해 제사를 지낼 수 있었지만, 나라 전체를 위해 제사 지낼 수 있는 것은 오직 왕뿐이었다. 중국에는 직업적인 사제 계급이 존재하지 않았다. 제사는 군주의 몫이었다. 북경에 있는 천단天壇[2]을 보면 백성을 대표해 제사 지내는 황제의 지위가 얼마나 엄청난 것이었는지 알 수 있을 것이다. 나는 천단을 보고 완전히 마음을 빼앗겼다. 세월의 무게, 그리고 과거와 현재를 관통하는 중국의 거대한 운명을 느꼈다. 이 웅장한 제단에 대해 공자가 왜 그런 태도를 보였는지도 이해할 수 있었다. 공자가 제자들에게 한 이야기는 진리와 아름다움에 가치를 두는 사람

---

2 천자가 하늘에 제사 지내는 원형의 구단丘壇.

들의 마음에 깊은 호소력을 갖는다.

"나는 옛 성현들을 사랑하고 존경한다. 그들의 지혜는 끝이 없고 미치지 않는 곳이 없어서 아무리 공부해도 지겹지가 않다. 내가 가진 무진장한 재산이다. 그래서 나는 창의적으로 글을 쓰려고 하지 않고 옛 성현들의 가르침을 가능한 한 정교하게 다듬으려 애쓴다."

공자는 자신을 포함한 그 누구도 옛 성현들과 같은 수준에 오르지 못했다고 믿었다.

"내가 어떻게 감히 성인들의 이름과 함께하겠는가? 나는 그저 그렇게 되려고 끊임없이 애쓰며 가르침을 전함에 게으르지 않을 뿐이다."

공자의 가르침과 애제자 안회

공자는 노나라로 돌아와서도 계속해서 부유한 사람과 가난한 사람을 가리지 않고 가르침을 전했다. 수업료로 말린 고기 한 조각을 가져와도 그 정성을 보아 절대로 내치는 법이 없었다. 공자는 고전을 모아 정리하는 데 관심을 기울이기 시작했다. 중국이 부강해지는 데 그것이 꼭 필요하다고 믿었다. 부족한 부분은 직접 보충하기도 하면서 모든 고전을 손보았다. 이에 관해서는 공자 철학을 설명하며 다시 이야기하도록 하겠다.

공자는 이제 너무나 유명해져서 3천 명에 달하는 제자들에게 둘러싸여 지냈다. 덕분에 그에 관한 책을 쓰는 데 필요한 자료는 넘치도록 쌓였다. 제자들은 공자의 가르침, 태도, 행동 등 모든 것을 자기 제자들에게 전했다. 그럼으로써 공자는 플라톤의 『대화편』에 나오는 소크라테스처럼 우리 곁에 살아 있게 되었다. 공자의 금언이 훨씬 더, 때로는 이해하기 어려울 정도로 심오하지만 말이다. 『논어』論語는 공자 자신과 그를 알고 사랑했던 사람들이 그린 공자의 초상화라고 해도 과언이 아니다.

공자가 돌아왔을 때 노나라는 3대 유력 가문의 전횡 탓에 큰 혼란에 빠져 있었다. 임금은 공포에 질려 있었다. 그러다 결국 내란이 일어나자 공자는 학문적인 평안을 해치는 혼란을 피해 가까운 제나라로 피신했다.

공자가 피난처로 제나라를 선택한 데는 지리적으로 가깝다는 것 말고도 다른 이유가 있었다. 제나라 임금이 그에게 사신을 보내 말썽꾸러기 백성을 어떻게 만족시키고 다스릴지 조언을 구했기 때문이다. 공자는 제나라 임금의 청을 퉁명스럽게 무시했다. 그는 사신에게 이렇게 대답했다.

"주군께 돌아가 나는 그의 사람도 제나라 백성도 아니라고 전하시오. 내가 무엇을 할 수 있겠소? 만일 임금께서 옛 성현들께서 어떻게 하셨는지 알고자 하신다면 확실히 대답해드릴 수 있소. 그것이 바로 내가 말할 수 있는 바이기 때문이오. 그러나 나는 제나라 백성에 대해서는 아는 것이 아무것도 없소."

제나라로 향하며 공자는 앞으로 펼쳐질 미래를 상상했을 것이다. 노나라에서는 아무 희망도 없었지만, 제나라에서는 자신의 능력을 마음껏 펼칠 수 있으리라 생각했다. 매력적인 점은 또 있었다. 비록 제나라 왕은 주색을 탐하는 사람이었지만, 분별 있기로 명성이 자자한 재상이 있었다. 게다가 제나라에는 무왕이 지은 곡이 많이 보존되어 있었다. 공자로서는 도저히 뿌리칠 수 없는 유혹이었다.

제자들을 모두 다 데리고 갈 수는 없었다. 사실 수가 워낙 많았기에 한꺼번에 모이는 일 자체가 드물었다. 제자들은 가르침이 필요할 때마다 자유롭게 드나들었다. 이제 제나라까지 공자를 따라온 신실한 제자들에 대해 이야기할 때가 온 듯하다. 이들은 태양 주위를 도는 행성처럼 공자 곁을 지켰으며, 그들의 위패는 지금도 여전히 북경에 있는 공자 사원에 보존되어 있다. 공자와 그들 자신의 말을 빌려 제자 중에서도 특히 뛰어났던 한두 명의 이름과 특징을 이야기하려고 한다. 아마도 이들이 공자 제자의 전형일 것이다.

첫 번째 제자 안회顔回는 공자 어머니와 같은 가문 출신으로서 스승을 가장 극진히 모신 제자였다. 공자는 안회가 죽었을 때 슬픔을 가누지 못하고 "하늘이 나를 망치는구나!"라며 비통해했다.

안회는 조용하고 온화하며 소박한 성품으로, 스승에게 극진하고 학문에 헌신한 사람이었다. 평생을 가난하게 살았지만, 극심한 가난도 그의 품격을 해치지는 못했다. 항상 조용하게 사색했던 그는 다른 열정적인 제자들에게 어리석다는 오해를 사기도 했다. 그러나 공자는 안회를 두둔했다.

"하루 종일 이야기를 나누어보았는데, 안회는 정말로 바보라도 되는 것처럼 한마디도 이의를 제기하지 않았다. 그래서 그가 나 없는 곳에서 어떻게 처신하는지 살펴보았다. 안회는 내 가르침을 모두 실천하고 있었다. 안회가 어리석다고? 천만의 말씀이다!"

그러고는 다른 뛰어난 제자에게 물었다.

"너와 안회 중 누가 더 뛰어나다고 생각하느냐?"

제자가 대답했다.

"어떻게 감히 저를 안회와 비교하겠습니까? 그는 하나만 들어도 전부를 깨우칩니다. 저는 하나를 들으면 기껏해야 둘을 깨우칠 뿐입니다."

"그래. 너는 그와 같지 않다. 너는 그와 같지 않아. 안회는 석 달 동안 마음속에 완전한 덕德에 반하는 생각을 품지 않고 살 수 있다. 다른 사람들도 하루 또는 한 달은 그렇게 할 수 있으나 그 이상은 불가능하다. 안회의 덕은 실로 존경할 만하다. 다른 사람들은 밥 한 그릇 물 한 잔밖에 없으면 그것을 견뎌내지 못하지만, 안회는 아랑곳하지 않고 자기가 즐거워하던 바를 바꾸지 않는다. 안회의 덕은 실로 존경할 만하다!"

안회의 정신은 아직도 우리 곁에 생생하게 살아 있다. 그가 죽었을 때 공자는 평정심을 잃을 정도로 슬퍼해서 제자들을 놀라게 했다. 제자 하나가 말했다.

"스승님. 지나치게 슬퍼하십니다."

"지나치다고? 안회와 같은 사람을 위해 울지 않으면 도대체 누구를 위해 울어야 한다는 말이냐?"

제자들도 마음이 움직여 매우 호화로운 장례를 치러주었다. 평생을 가난하게 살았던 안회에게는 어울리지 않는 장례식이었다. 공자는 정작 자기 아들이 죽었을 때는 장례를 간소하게 치렀다. 그의 검소한 정신이 불필요한 사치를 허락하지 않았기 때문이다. 안회의 장례를 치르며 다들 겉치레에만 신경을 쓸 뿐, 정작 망자의 넋을 기리고 슬퍼하는 데는 소홀하자 공자는 마음이 편치 않았다. 공자는 슬픈 목소리로 제자들에게 말했다.

"안회는 내 아들과 같았으나 내 아들과 똑같이 장사 지내지 못했다. 이것은 순전히 너희 잘못이다."

가장 가까운 사람들한테 제대로 이해받지 못하는 것만큼 커다란 비극도 없다. 그러나 안회에게는 공자가 있었다. 안회가 살아 있을 때도 공자는 그를 잘 알고 있었다.

"안회를 보라. 완전한 덕을 갖춘 사람이다. 그를 본받아야 한다."

그런 가난 속에서도 행복할 수 있는 사람이 되어야 한다는 뜻이다. 어떤 제자는 안회를 "마음을 비운 사람"이라고 묘사했다. 인도식으로 말하자면 '해탈한' 또는 '욕망을 초월한' 사람이다. 안회에게는 권력욕과 허영심이 조금도 없었으며 오직 스승 공자에게만 철저하게 헌신했다. 한번은 위험한 여행길에 공자가 안회를 잃어버린 적이 있었다. 안회가 돌아오자 공자는 "네가 죽은 줄 알았다!"라고 외치며 기뻐했다. 안회가 애정을 가득 담아 정중하게 대답했다.

"스승님께서 살아 계시는데 (스승님을 모셔야 할) 제가 어찌 감히 먼저 죽을 수 있겠습니까?"

이 소박하고 청빈했던 사람은 중국에서 지금도 여전히 잊히지 않고 숭상되며 앞으로도 그럴 것이다. 북경에 있는 공자 사원에는 안회의 위패가 동쪽 첫 번째 자리에 모셔져 있다. 걱정이 많아 나이 스물넷에 머리가 하얗게 세고, 서른둘 젊은 나이에 요절한 그의 온화한 영혼이 참배 때마다 그곳에 내려온다고 사람들은 믿는다. 안회를 존경하는 모든 이, 온 나라가 그를 소중히 여긴다. 안회가 곁에 없는 공자는 상상도 할 수 없다.

무모하지만 사랑스러운 자로

한편, 제자 자로子路는 안회와 정반대되는 성격으로 성미가 급하고 즉흥적이며 실수를 두려워하지 않는 사람이었다. 때론 잘못된 판단을 내리기도 하고, 돌격 명령을 받은 군인처럼 전투적으로 철학에 뛰어들었다. 공자는 일찍이 그가 편하게 침대에서 눈을 감지는 못할 것이라 예견했다. 예견은 맞아떨어져서, 자로는 전국 시대에 늘 있었던 한 격렬한 전투에서 용감하게 싸우다가 전사했다. 공자는 틈틈이 자로를 살피며 경솔한 성격을 고치도록 부드럽게 타일렀다. 어느 날 공자가 자로에게 말했다.

"앎이란 무엇이겠느냐? 아는 것을 안다고 하고 모르는 것을 모른다고 하는 것이 앎이다."

물론이다. 그러나 자기 능력에 자부심이 강한 자로에게는 쉽지 않은 일이었다. 비록 안회에 비할 바는 아니었지만 그럼에도 공자는 자로 또한 매우 아꼈다. 어느 날 공자가 말했다.

"나는 아직 도를 이루지 못했다. 파도에 몸을 던져 세상을 더 배워야겠다. 장담하는데, 아마 자로가 나를 따라나설 것이다."

자로는 자신의 신의를 칭찬하는 말에 의기양양해졌다. 공자가 미소를 지으며 말했다.

"자로는 나보다 용감하다. 그러나 사리를 분별할 줄을 모른다."

훗날 누군가 공자에게 자로가 어진 사람인지 물었다. 공자는 다소 실망스러워하며 대답했다.

"나도 모르겠다. 자로는 작은 나라 하나의 군사를 경영할 만한 인재다. 그러나 그가 어진지는 나도 잘 모르겠다."

자로는 배운 것 하나를 미처 실천하기 전에 또 다른 가르침을 듣는 것을 몹시 두려워했다고 한다. 그는 배운 것을 빨리 습득하지 못했다. 공자가 안회와 자로를 불러 마음속 깊이 원하는 바를 말해보도록 한 적이 있었다. 먼저 자로가 말을 자르며 끼어들어 대답했다.

"벗들과 나누어 쓸 말과 수레와 가죽옷이 있으면 좋겠습니다. 벗이 제 것을 망쳐버린다고 해도 개의치 않을 것입니다. 전혀 기분이 상하지 않을 것입니다."

이번에는 안회가 대답했다.

"제 소망은 스스로 잘난 점을 과시하거나 선한 행동을 겉으로 드러내지 않는 것입니다."

자로는 이번에도 무례하게 말을 자르며 물었다.

"이제 선생님의 소망을 들려주십시오."

"노인을 편안하게 모시고, 벗을 믿음으로 대하고, 아랫사람을 사랑으로 대하는 것이다. 그것이 내 소망이다."

암흑시대를 뚫고 전해지는 세 줄기 빛처럼 느껴진다. 자로는 결코 용기를 잃지 않았다. 공자가 음탕하기로 유명한 위나라 왕비 남자南子를 방문했을 때 자로는 매우 실망하여, 감히 아무도 할 수 없을 말로 공자를 비난했다. 그는 공자가 왕비의 유혹에 넘어갔다고 확신했다. 공자가 큰 소리로 대답했다.

"내가 만일 그랬다면 하늘이 날 버릴 것이다!"

자로의 이러한 성급하고 경솔하지만 사랑스러운 행동은 셀 수도 없이 자주 등장한다. 독자는 자기도 모르게 반쯤 미소 지으며, 공자가 자로를 꾸짖는 게 당연하다고 여기게 된다.

공자가 안회에게 말했다.

"나라의 부름을 받으면 가서 일하고, 부름 받지 못하면 못하는 대로 만족하며 살아야 한다. 그럴 수 있는 것은 우리 둘밖에 없다."

소외감을 느낀 자로가 자기도 칭찬받고 싶은 마음에 끼어들어 말했다.

"만일 스승님께서 대국의 군사를 맡으신다면 누구를 데려가시겠습니까?"

자로는 마음속으로 "아! 안회는 안 되겠구나!"라는 대답을 기대했다. 그러나 대답은 냉담했다.

"맨손으로 호랑이한테 달려들거나, 배도 없이 강을 건너려 하거나, 죽음을 가벼이 여기는 자와는 함께 일하지 않겠다. 행동하기 전에 신중하게 생각하고, 먼저 계획을 세운 다음 실행에 옮기는 사람을 택할 것이다."

자로는 입을 다물어버렸다. 그러나 그것도 그리 오래가지는 않았다. 공자가 병이 들어 몸져누웠을 때 자로는 스승을 위해 기도하러 떠나도 되겠느냐고 물었다. 간청을 가장하여 자신의 뛰어남을 웅변한 것이다. 공자가 물었다.

"누군가 그렇게 한 전례가 있느냐?"

"있습니다. 기도문에 '천지신명께 비나이다'라는 구절이 나옵니다."

"나는 예전부터 그렇게 빌고 있었다."

공자의 말은 선과 진리와 조화를 이루는 삶은 그 자체로 기도라는 의미이다. 자로 덕분에 생긴 이 일화는 위대한 영혼의 내적인 평화를 들여다볼 수 있게 해준다. 그러나 이 제자의 열정은 훗날 도를 지나치고 만다. 공자가 심한 병에 걸렸을 때 제자들에게 관리가 된 것처럼 행동하자고 제안한 것이다. 공자가 등용되었다가 관직을 떠났을 때였으므로, 자로는 예전 노나라에서 벼슬을 하며 관리들을 거느리던 때를 기억하면 공자가 위안을 얻으리라 생각한 것이다. 자로는 공자를 몰라도 너무 몰랐다. 공자가 말했다.

"자로의 기만적인 행동은 참으로 오래되었다. 관직에서 물러난 사람이 관리를 거느린 것처럼 가장하는 것으로 누구에게 자신을 내세울 테냐? 하늘에 내세울 테냐? 나는 관리보다 제자들 틈에서 죽는 쪽을 택하겠다."

그러나 공자는 자로를 아꼈다.

"삼으로 짠 누더기를 입고 가죽옷을 입은 사람 곁에 서 있어도 부끄러움을 느끼지 않는다. 그것이 자로이다. 그에게는 누더기나 가죽옷이나 똑같다. 그는 꺼리는 것이 없으며 탐내는 것도 없다. 누가 그를 선하지 않다고 하겠느냐?"

비록 성급하고 자만한 성격이었지만, 우리는 자로에게서 용감하고 관대하며 굳건한 마음을 엿볼 수 있다. 공자는 진정으로 위대한 스승이었다. 공자는 스스로 언제 안회를 앞으로 나아가게 하고 언제 자로를 붙잡아두어야 할지 알고 있었다고 말했다. 그러나 공자는 자로를 보며 깜짝 놀라는 일도 많았다. 어느 날 공자가 장난스럽게 물었다.

"너는 하루도 거르지 않고 '아무도 우리를 모른다'고 말하는데, 만일 어느 나라 임금이 너를 알고 부르면 어찌할 셈이냐?"

자로가 대답했다.

"수레 만 승의 나라(큰 나라)가 저를 불렀다고 치지요. 다른 대국들 사이에 끼여 침략을 받았다고 하겠습니다. 거기에다가 기근이 닥쳐 양식도 없습니다. 그런 나라에 등용되었다고 치면 저는 3년 안에 백성을 용감하게 만들 뿐 아니라 올바른 법도를 깨우치게 할 수 있습니다."

공자는 가만히 미소 지었다. 자로도 자신의 가르침이 어리석은 백성에게 스며들어 그러한 기적을 만들 수 있다고 믿지는 않았을 것이다. 이것이 자로의 일면이며, 또 다른 면에 대해서 공자는 이렇게 말했다.

"자로는 단 한마디로 다툼을 중재할 수 있는 자이다."

공자에게는 자신의 가르침이 쓸모없지는 않았다고 믿을 만한 근거가 있었다. 그는 자로를 "약속을 지키기 전에는 잠도 자지 않는 사람"이라고 칭찬했다. 우리도 자로에게 감사해야 한다. 그가 불필요한 질문으로 스승을 귀찮게 하지 않았다면 우리도 공자의 가장 아름다운 이야기들을 듣지 못했을 것이다. 자로가 올바른 통치의 조건을 묻자 공자가 대답했다.

"스스로 백성에게 모범을 보이고 업무에 최선을 다하는 것이다."

자로는 이 대답에 만족하지 못하고 또 무엇이 있느냐고 물었다. 그러고는 "그렇게 함에 게으름을 피워서는 안 된다"는 대답을 들었다.

여기서 자로의 성급함이 또 한 번 드러났다.

"위나라 왕이 나라 경영을 맡기려고 스승님을 기다리고 있다면 제일 먼저 무엇을 하시겠습니까?"

"이름이 이름값을 하도록 한다."

자로는 이 엉뚱한 이야기에 매우 화가 났다. 이번만은 스승이 논점에서 빗나갔다고 확신했다. 자로가 투덜대자 그 즉시 가르침이 눈사태처럼 떨어져 내렸다.

"어쩌면 그렇게 예의가 없느냐? 군자는 자기가 잘 모를 때는 신중해야 한다. 이름이 이름값을 못하면 말이 사실과 맞지 않게 되어 일을 그르친다. 예악禮樂이 융성하지 못하고 형刑이 올바르게 시행되지 않는다. 그러면 백성은 어떻게 행동해야 좋을지 모르게 된다. 그러므로 식자는 이름을 정확하게 써야 함을 알고, 말에 진실을 담아야 한다."

우리가 가슴 깊이 새겨야 할 이야기다. 이 규칙을 우리 의회에 적용해 그 결과를 한번 살펴보았으면 좋겠다. 올리버 크롬웰, 에이브러햄

링컨에게도 적용해보고 그들이 얼마나 엄숙하고 정직했는지, 꼭 해야 했던 말이 그들 자신뿐 아니라 남들에게서도 어떻게 행동으로 옮겨졌는지 확인해보자. 그들은 극도로 과묵했지만, 그들의 말은 아직도 기억되며 영원히 잊히지 않을 것이다.

항상 자신을 훌륭하고 중요한 사람이라고 생각했던 자로가 군주를 어떻게 모셔야 하는지 물은 적이 있다. 공자가 대답했다.

"군주 앞에 자신을 내세워서도 안 되며 거역해서도 안 된다."

이것은 공자 철학의 아주 중요한 부분을 형성하는 교설이다.

이 두 제자에 대해서 할 말은 아직도 더 많고 다른 제자들에 대해서도 그렇지만, 이 정도만 해도 공자를 사랑하고 그에게서 가르침을 받은 이들이 어떤 사람들이었는지 어느 정도 짐작할 수 있을 것이다. 이제 공자와 가장 가까웠던 제자들을 묘사하는 말을 끝으로 그들을 떠나보내도록 하자.

"온순하고 꼼꼼한 민손閔損, 용감하고 군인다운 자로, 정직하고 예의 바른 안회와 자공子貢이 곁에 있으니 스승의 기쁨이라!"

이제 이들과 함께 이웃 제나라로 순례를 떠나보자.

18 공자의 정치적 성공

지혜보다 소중한 인간으로서의 의무

제나라로 떠나며 공자는 어느 정도 희망을 품고 있었을 것이다. 제나라는 훗날 '사두마차 천 승을 가졌지만, 그가 죽었을 때 아무도 그를 칭송하지 않았다'고 회자되는 임금이 다스리고 있었다.

공자는 우마차에 조용히 앉아 있었고, 안회와 자로를 비롯한 일곱 제자가 곁을 지켰다. 제나라로 가는 길에는 많은 일이 일어났다. 산을 하나 넘으며 일행은 한 여인이 무덤가에 앉아 슬피 우는 것을 보았다. 공자가 자로를 보내 연유를 물어보게 했다.

"아주 슬픈 일이 있었나 보군요."

"그렇습니다. 여기 이 자리에서 시아버님이 호랑이한테 물려서 돌아가셨는데, 남편도 똑같이 죽더니 이제 아들까지 죽어버렸습니다."

공자는 평소 습관대로 마차 안에서 몸을 숙이고 기대고 있었다. 그가 입을 열었다.

"그런데 왜 이 끔찍한 곳을 떠나지 않습니까?"

"여기엔 호랑이가 나오지만 무거운 세금도 없고 부역도 없으니까요."

공자가 제자들에게 말했다.

"잘 듣고 기억해라. 폭정은 호랑이보다 무섭다는 것을."

일행은 여인을 남겨두고 천천히 그곳을 떠났다.

제나라 국경 근처에서 또 다른 사건이 있었다. 신음이 들려서 숲속을 뒤져보니 한 사내가 밧줄에 목이 졸려 죽어가고 있었다. 공자가 달려가 목에 감긴 밧줄을 풀어 그를 구해주었다. 잠시 후 그가 말을 할 수 있게 되자 공자는 도대체 누가 이런 짓을 했느냐고 물었다. 사내가 큰 소리로 흐느껴 울며 스스로 목을 맸다고 대답했다.

"제 인생은 순탄했습니다. 지혜를 사랑했고 열심히 공부했습니다. 금세 스승님을 앞질렀고, 저는 인간에 대해 더 잘 알고자 여행을 떠났습니다. 몇 년 동안 널리 여행하고 돌아와 아내를 얻었습니다. 그런데 얼마 지나지 않아 부모님께서 모두 돌아가셨습니다. 그리고 뒤늦게 제가 장례 의무를 제대로 이행하지 않았다는 걸 깨달았습니다. 부모님의 사랑에 보답하지 못했단 말입니다. 슬픔을 견딜 수 없었지만, 다른 의무는 다할 수 있으리라는 희망이 있었습니다. 저는 지식도 많이 쌓았고 경험도 풍부하니 나라를 위해 할 일이 있으리라 믿었습니다. 그런데 임금은 저를 쳐다보지도 않았습니다.

그래도 절망하지 않았습니다. 친구들이 있었으니까요. 하지만 그것도 틀렸다는 걸 알았습니다. 친구들은 저에게 냉담하고 무관심했습니다. 그리고 제가 가장 사랑하는 하나뿐인 아들이 제 전철을 밟아 세상에 나가 방황하고 있습니다. 불쌍한 아비와 의절하고 고아 행세를 하고 있습니다."

말을 멈추고 한참을 울던 그가 다시 입을 열었다.

"저는 가장 평범한 의무도 다하지 못했습니다. 자식으로서 도리를 다하지 못했고, 백성으로서 아무것도 하지 못했습니다. 친구와 자식의 사랑도 얻지 못했습니다. 그래서 이만 삶을 끝내려는 것입니다. 방해하지 마십시오."

공자는 그의 이야기를 듣고 깊은 동정심을 느꼈다.

"그런데 당신은 여전히 틀렸습니다. 한참 틀렸습니다. 절망은 과오에 하나를 더할 뿐입니다. 확실히 당신은 비극을 자초했습니다. 모든 것은 당신이 부모님 장례를 제대로 치르지 않은 것에서 시작되었습니다. 하지만 아직 모든 것을 잃은 건 아닙니다. 집으로 돌아가세요. 마치 오늘 처음으로 삶의 진정한 가치를 배운 것처럼 행동하며 매 순간을 올바르게 보내십시오. 지금부터라도 당신이 오래전에 잃어버린 지혜를 되찾을 수 있습니다."

그러고는 제자들을 돌아보며 진심을 담아 이야기했다.

"오늘 들은 것을 가슴 깊이 새기고 실천하도록 해라."

공자는 여행을 계속하며 깊이 생각에 잠겼다. 지혜를 추구한다는 명목 아래 기본적인 의무를 저버려서는 안 된다는 교훈을 얻은 제자들은 하나둘씩 조용히 대열에서 떨어져나갔다. 그날 하루에만 13명이 고향으로 돌아갔다. 공자는 그 결과에 무척 기뻐했을 것이다. 그는 백 마디 말보다 한 번의 실천을 더 가치 있게 여겼다.

『논어』에 나오는 다음 구절도 이 일화에서 비롯되었을 가능성이 크다.

"선생께서 말씀하셨다. '부모님이 살아 계시는 동안 아들은 집을 떠나서는 안 된다. 꼭 떠나야 할 때는 어디로 가는지 분명히 정해놓아야 한다.'"

어디로 가든 언제든지 부모와 연락이 닿아야 한다는 뜻이다.

공자는 제나라에 들어서자마자 물동이를 이고 지나가는 청년의 세련된 동작에서도 위대한 순 임금의 음악이 끼친 영향을 느낄 수 있다며 기뻐했다. 그는 한시라도 빨리 수도에 도착해 그곳에 보존된 고대 음악을 즐기고자 우마차에 박차를 가했다. 공자는 음악에 심취해 석 달 동안이나 고기를 입에 대지 않았다고 한다. "나는 음악에 대해 아는 게 거의 없었다"고 말할 정도였다.

공자는 음악에 깃든 정신과 그것이 제나라에 미친 영향에 주목하며, 음악이야말로 한 나라 문명의 본질이라는 믿음을 더욱 확고히 했다.

그러나 제나라에는 음악보다 더 큰 것이 기다리고 있었다. 바로 기회였다. 제나라 임금은 나약하고 볼품없었지만, 중국 최고의 현자가 자기 나라에 왔다는 사실은 잊지 않았다. 임금은 나라를 다스리며 느꼈던 어려운 문제들에 대해 공자에게 조언을 구했다. 그는 누구나 쉽게 적용할 수 있는 만병통치약과 같은 해법과 적절한 아부를 기대하고 있었다. 아부는 예나 지금이나 똑같이 위험하지만, 당시에는 천박한 철학자들이 비록 나라를 망칠지언정 자신을 위해 임금에게 할 수 있는 최선의 행동이기도 했다. 그러나 공자는 그런 유혹에 흔들릴 사람이 아니었다.

공자는 자로가 훌륭한 통치의 조건을 물었을 때 했던 대답을 반복한 다음 이렇게 말했다.

"이름이 이름값을 하도록 해야 합니다. 군주가 군주답고, 신하가 신하답고, 아버지가 아버지답고, 아들이 아들다울 때 나라가 잘 다스려집니다."

가정과 사회의 법도가 굳건해야 나라도 안정된다는 뜻이다. 먼저 집안을 다스리고 그다음 나라를 다스린다. 당시 중국에서는 군주가 백성의 아버지와 같은 존재였다. 가정은 나라의 축소판이었고, 나라는 가정의 확장이었다.

공자의 지혜와 인품은 제나라 임금에게 깊은 인상을 주었다. 임금은 공자를 조언자로서 궁에 머물게 하며 봉토까지 주려고 했다. 제나라 재상이 방해하지 않았다면 그렇게 되었을 것이다. 재상은 이 특별한 인물이 평범한 사람들에게 영향을 주는 것을 탐탁지 않게 여겼다.

"이 학자들은 흉내 내서는 안 될 사람들입니다. 자존심과 허영심이 강해 최고의 자리를 차지해야 직성이 풀립니다. 의례를 중시하고 장례를 사치스럽게 치러 백성에게 나쁜 영향을 끼칩니다. 특히 이들의 스승 공씨는 정말로 이상한 사람입니다. 그는 분명히 예에 관해 무엇이든지 알고 있지만, 지금은 그가 하는 말에 신경 쓸 때가 아닙니다. 만일 주군께서 그를 등용해 제나라의 관습을 바꾸려 한다면 이는 백성에게 무엇이 좋은지 생각하지 않는 것입니다."

귀가 얇은 제나라 임금이 이 말을 듣고 공자에 대한 신임을 거둔 것은 당연한 일이다. 임금은 공자에게 "내가 이렇게 늙었는데 어떻게 새로운 가르침에 따르겠는가?"라며 공자를 등용하지 않았다.

그러나 임금은 여전히 공자를 가까이 두고 가끔 조언을 듣고자 그에게 봉토를 내리려 했다. 공자는 이를 한마디로 거절했다.

"군자는 자기가 한 일에 대해서만 대가를 받습니다. 제가 이미 조언을 드렸는데 받아들이지 않으셨으니, 저를 조금도 이해하시지 못한 것입니다."

귀국 후의 학문과 아들 공리

큰 뜻을 품고도 펼칠 길이 없음을 안 공자는 지칠 대로 지쳐 귀국을 결심하고 고대 중국의 시, 음악, 역사 예법 연구에 박차를 가했다. 그를 도와 훗날 중국 전역으로 퍼진 제자들도 정치와 사회에 크나큰 영향을 끼칠 이론의 초석을 마련했다.

공자는 15년 동안이나 학문에 매진했다. 그의 머릿속은 덕과 통치 이념이 무시당하는 위험스러운 현실에 대한 걱정뿐이었다. 잔인하고 자기밖에 모르는 군주와 어리석고 무지한 백성의 갈등이 끊이지 않았으며, 공자 말고는 아무도 이 혼란에서 벗어날 길을 찾지 못했다. 그는 자기 눈에 밝게 빛나 보이는 그 길을 조금도 의심하지 않았다.

때로 궁지에 몰린 관리나 군주가 공자에게 조언을 구하는 일도 있었다. 그러나 그들 중 공자의 가르침에 따라 문제를 해결할 수 있는 사람은 없었다. 공자는 그저 묵묵히 자신의 길을 갔다. 누구나 그 길을 따르기만 하면 그들 자신을 구원할 수 있다고 굳게 믿으며. 그러나 그 길은 아무나 갈 수 있는 길이 아니었다.

공자와 아들 공리孔鯉의 관계는 거의 알려지지 않았다. 공리는 아버지보다 훨씬 일찍 세상을 떠났다. 그러나 그에 관해 전해지는 흥미로운 일화가 하나 있다.

어느 날 공자의 제자 하나가 공리 혼자 있는 것을 보고 다가가 공자의 아들로서 이점이 있는지 물었다.

"혹시 스승님께 뭔가 특별한 가르침을 받은 게 있는가?"

"특별한 건 없습니다. 한번은 제가 마당을 급히 지나는데 아버지께서 『시경』詩經을 읽었느냐고 물으시기에 아직 읽지 못했다고 대답했더니 '『시경』을 읽지 않은 사람과는 이야기할 가치가 없다'고 하셨습니다. 또 한번은 『예기』禮記를 읽었느냐고 물으시기에 아직 읽지 못했다고 대답했더니 '예를 배우지 않으면 품성을 다듬을 수 없다'고 하셨습니다. 저는 아버지께 이 두 가지밖에 배운 게 없습니다."

제자는 그 말을 듣고 몹시 기뻐했다.

"나는 하나를 물었는데 세 가지를 배웠다. 『시경』에 대해 들었고, 『예기』에 대해 배웠으며, 군자는 자기 아들도 특별하게 대하지 않는다는 것을 알았으니."

공리는 공자와 이혼한 어머니가 죽었을 때 정해진 기간보다 훨씬 더 오랫동안 곡을 했다고 한다. 어느 날 공자가 울음소리를 듣고 연유를 물어보고는 너무 지나치다 여겨 이제 슬픔을 가라앉힐 때라고 전했다. 공리는 그제야 울음을 그쳤다.

공자의 정치 생활

노나라 정세는 나날이 악화되어갔다. 공자 사상을 그리 좋아하지 않던 임금도 그의 가르침대로 시도해보는 것 말고는 다른 선택의 여지가 없을 정도였다. 마침 말썽의 근원이었던 재상도 멀리 도망친 상황이었다. 공자의 손으로 모든 것을 바로잡을 절호의 기회였다. 멀리 여행 중이던 공자는 전갈을 받고 서둘러 수도로 돌아왔다. 마침내 때가 찾아온 것이다.

말로만 떠들던 시절은 지났다. 이제 행동으로 옮길 때였다. 그는 중도中都라는 지역을 다스리는 책임을 맡았다. 공자가 관직에 나아갔다는 것은 대단히 흥미진진한 사건이다. 플라톤이 주창한 철인정치哲人政治가 실현된 것이다. 공자는 통치자는 거대한 가정의 아버지라는 마음을 품고 열정적으로 일했다. 아버지는 가정에서 일어나는 일은 무엇이든 사소하게 여기지 않고 한 가지에만 집중하지도 않는다. 중도를 다스리는 공자가 그랬다.

아버지가 아이들이 굶주리게 내버려두지 않듯, 공자는 밥을 굶는 백성이 없도록 구호 정책을 시행했다. 조상을 기리는 제사에 대한 법도 제정했다. 아이와 어른에게는 각각 알맞은 음식이 따로 있다. 공자는 이 점도 소홀히 하지 않았다. 성性에 따른 역할이 다르다고 여겨 남녀가 밖에서 교류하는 것을 금했다. 이러한 아버지와 같은 보살핌은 사회 깊숙이 스며들어 사람들의 생활양식을 크게 바꾸어놓았다.

값비싼 물건이 땅에 떨어져 있어도 가져가는 사람이 없었으며 남을 속이는 일도 없었다. 공자는 비옥한 토지가 낭비되지 않도록 묘지는 쓸모없는 땅에만 만들도록 하고 주변에 나무도 심지 않도록 했다.

"묘지는 아늑한 뜰과 같아서는 안 된다. 상을 당한 사람의 마음과 조화를 이루어야 한다. 그리고 웃음소리가 울려 퍼지는 일이 없도록 해야 한다. 장소는 경작할 수 없는 외딴 언덕이 적합하고, 나무를 심거나 아무 장식도 하지 않아 경망한 언동이 들어설 여지를 없애는 것이 좋다. 고대로부터 전해지는 예법에 깃든 깊은 뜻을 지키도록 하라."

당시에도 용기 있는 발언이었지만 지금도 충분히 주목할 만한 이야기이다.

공자가 놀라운 성과를 거두자 이웃 나라 왕들도 그를 흉내 내고 싶어 했다.

노나라 임금이 물었다.

"이것이 한 도시를 다스리는 방법이라는 데는 의심의 여지가 없다. 그러나 과연 한 나라에도 똑같이 적용할 수 있겠는가?"

공자는 한 나라뿐 아니라 중국 전체에 적용할 수 있다고 장담했다. 나라 전체를 관리하는 직책에 오른 공자는 농업을 발전시키는 데 관심을 쏟았다. 세상을 주유하며 얻은 많은 경험에서 나온 생각이었을 것이다. 이어서 형벌을 관장하는 자리에 올랐다. 그의 정책이 얼마나 성공적이었는지는 백성이 더는 범죄자가 될 필요조차 없었다는 점에서 드러난다. 덕으로 다스려 범죄를 예방하는 것이 형벌로 다스리는 것보다 훨씬 낫다. 다소 과장된 이야기일지 모르지만, 공자가 그만큼 훌륭하게 나라를 다스렸다는 데는 이론의 여지가 없다.

공자의 인간적인 면모는 전생애에 걸쳐 드러난다. 서양인의 눈에는 엄격하게 형식적인 모습에 가려 잘 드러나지 않지만, 공자는 마음이 매우 따뜻한 사람이었다. 『예기』에 나오는 짧은 이야기 한 편이 그 증거이다. 이 일화를 통해 시대를 초월하여 그를 더 가까이 느낄 수 있다.

"선생(공자)께서 기르시던 개가 죽자 사람을 시켜 묻어주라 하시며 말씀하셨다. '해진 천은 버리지 말고 말을 묻을 때 쓰고, 우산은 버리지 말고 개를 묻을 때 쓰라고 했다. 그런데 나는 가난해서 우산이 없으니 내 돗자리를 써서 머리가 흙바닥에 닿지 않도록 해라.'"

세상을 떠돌던 가난한 시절의 이야기이다. 공자는 그로부터 얼마 지나지 않아 관직에 나아간다. 그래서 나는 이 이야기가 더 흐뭇하게 들린다.

제나라와의 관계와 방랑의 시작

이제 더 심각한 주제로 들어가 보자.

노나라와 제나라가 우호조약을 체결하는 회담이 열리고, 공자가 그 의례를 맡았다. 제나라 신하들은 공자를 나약한 학자로 보고 조금만 겁을 주면 원하는 바를 쉽게 얻어낼 수 있으리라 여겼다. 그들은 자기 임금에게 계속해서 노나라 임금을 몰아세워 공자를 볼모로 데려가고자 했다. 공자는 그런 함정을 예상하고 대비하고 있었다. 공자는 대담하게도 제나라 임금에게 이렇게 말했다.

"임금께서는 흉포한 봉신들을 데려와 회담을 망치고 계십니다. 이 야만인들이 우리 위대한 나라를 위해 어떤 일을 할 수 있습니까? 오히려 해가 되는 자들입니다."

그러고는 노나라 임금을 모시고 회담장에서 나가버렸다.

동맹을 맺기 위한 회담은 다시 진행되었으나 제나라 대신들은 여전히 공자를 제대로 파악하지 못했다. 제나라 대신들은 '노나라가 전차 3백 대를 바치지 않으면 제나라 군대가 국경을 넘을 것'이라는 내용의 편지를 보냈다. 공자는 '제나라가 빼앗은 노나라 땅을 돌려주면 그 말에 따르겠다'라고 답했다.

아직도 공자와 노나라 임금을 마음대로 주무를 수 있다고 여기던 제나라 임금은 연회를 크게 열어 회담을 끝내려 했다. 그러나 제나라의 의도를 간파한 공자는 노나라 임금에게 간언해 그런 자리에서 중요한 결정을 내리는 것은 예법에 어긋난다는 논리로 제안을 거절하게 했다. 공자에게 망신을 당한 제나라 사람들은 얼굴이 벌게져서 자리를 뜨고, 노나라는 빼앗겼던 땅을 모두 돌려받았다.

공자는 계속해서 성공가도를 달렸다. 중요한 문제가 있을 때는 현명한 사람들을 모아 의견을 듣고 '누구누구의 견해에 따라 이렇게 결정했다'고 말했다. 레그Jame Legge는 이것이 서양 배심원 제도의 전조임을 지적한다. 공자는 사람들의 의견을 수렴하고 개량하여 모두의 신뢰를 얻었다. 부모와 자식의 관계에 대한 공자의 확고한 견해를 보여주는 인상적인 사건을 하나 살펴보자.

어느 날 한 아버지가 자기 아들을 고발하는 사건이 일어났다. 공자는 부자 모두 감옥에 가두고 석 달 후에 풀어주었다. 판결에 불만을 품은 대신이 공자에게 말했다.

"효도를 그렇게도 강조하시지 않았습니까? 그 불효막심한 아들을 처형해 본보기로 삼지 그러셨습니까?"

공자가 한숨을 쉬며 대답했다.

"윗사람이 의무를 다하지 못하면 아랫사람이 죽어야 합니까? 이 아버지는 아들에게 효를 제대로 가르치지 못했습니다. 무고한 자를 죽이면 법도가 무너지고, 백성은 법을 어길 것입니다."

공자는 그렇게 자신의 길을 걸으며 나라를 개혁했다. "남자는 모두 충의를 갖추고 여자는 정조를 지키며 온화한 성품을 길렀다. 공자는 널리 칭송받았으며 온 백성이 그의 이름을 흠모했다."

그리고 전혀 예상하지 못했던 일이 벌어졌다. 공자의 진가를 몰라보고 손해만 입은 제나라에서는 노나라의 성공에 질투심을 키우고 있었다. 제나라 임금은 기회를 놓쳐버린 자신에게 몹시 화가 나 있었다.

"공자가 있는 한 노나라가 패권을 차지하는 것은 시간문제이다. 가장 가까운 우리 제나라부터 집어삼킬 것이다. 차라리 영토를 바쳐 환심을 사는 게 낫겠다."

18 공자의 정치적 성공

그러자 노나라 임금을 잘 아는 신하 하나가 먼저 공자와 노나라 임금 사이를 갈라놓는 게 좋겠다고 제안했다. 그 방법도 잘 알고 있었다. 제나라는 미녀 80명을 뽑아 춤과 노래를 가르쳐 준마 120마리와 함께 노나라에 선물로 보냈다.

노나라 임금은 적의 선물에 완전히 마음을 빼앗겨버렸다. 공자의 지루한 강의와는 비교도 할 수 없는 즐거움이었다. 흙으로 돌아간 지 오래인 요순 임금의 가르침이 다 무엇이란 말인가? 임금은 온종일 미녀들에게 둘러싸여 지내며 공자를 멀리했다. 그는 사흘 동안 신하를 아무도 만나지 않고 방 안에만 틀어박혀 환락에 빠져들었다.

"스승님! 이제 떠날 때가 된 것 같습니다!"

용감한 자로가 먼저 말을 꺼냈다. 그러나 공자는 희망을 다 버리지 못했다. 모든 제후가 모여 지내는 천신제가 곧 개최될 참이었다. 그 숭고한 분위기 속에서 임금이 올바른 마음을 되찾으리라 기대했던 것이다. 그런 일은 일어나지 않았다. 의식은 빨리 해치워야 하는 일인 양 서둘러 치러졌고, 임금은 제물을 신하들에게 나누어주는 전통마저 잊었다. 여자들이 승리를 거둔 것이다. 그때는 아직 모르고 있었지만, 공자는 그로부터 13년 동안이나 고통스러운 방랑길에 오르게 된다.

공자의 가르침

19

위나라와 진나라에서의 방랑

공자는 무거운 마음으로 노나라를 떠나며 잠시 멈추어 쉴 때마다 임금이 붙잡아주지 않을까 기대했다. 그러나 미녀는 지혜보다 강했고, 결국 공자를 정처 없는 떠돌이 생활로 몰아냈다.

그는 서쪽으로 발길을 돌려 위나라로 향했다. 56세를 맞은 공자는 깊은 슬픔에 젖어 있었다. 일생의 업적이 가장 활짝 꽃피우고 있을 때 어리석은 자의 손에 갈기갈기 찢겨나간 것이다. 그때의 마음을 공자는 이렇게 표현했다.

"당장에라도 노나라로 달려가겠으나
높은 산이 가로막고 있네.
도끼로 숲에 길을 낼 수는 있으나
바위에 부딪히면 어쩔 수가 없네."

평생 살아온 집을 떠나 멀리 시집가는 어린 신부를 보고는 슬픔이 더욱 복받쳤다.

"차가운 비가 쏟아지고

살을 에는 바람이 계곡을 휩쓰네.
친정을 떠나 시집가는 저 어린 신부는
이제 다시는 돌아오지 못하네.
나 또한 집에서 내쫓겨
방랑길에 올랐네.
하늘이여, 불쌍히 여겨 굽어살피소서!
사방이 어두운데, 그 누가 명예를 추구할까?
한 줄기 빛도 없는 이 길이 나를 무덤으로 인도하네."

제자들도 슬픔에 젖어 공자를 따랐다. 위나라에 이르자 관리 하나가 공자를 맞이해 이야기를 나누었다. 그런 다음 제자들을 불러 축 처진 이들의 마음에 기운이 북돋는 이야기를 해주었다.

"스승님께서 관직을 잃으셨다고 슬퍼하는 이유가 뭡니까? 천하가 도리를 잊은 지 오래입니다. 이제 곧 하늘이 그를 크게 쓰실 테니 그의 말에 귀를 기울여야 할 것이오."

군자란 무엇인지 묻는 말에 공자가 한 대답이 제자들의 마음에는 더 큰 위로가 되었을 것이다.

"군자는 슬픔과 두려움을 모른다. 마음속에 한 점 부끄러움이 없는데 슬퍼할 까닭이 무엇이냐? 또한 무엇을 걱정하겠느냐?"

공자의 슬픔은 자기연민과는 거리가 멀었다. 노나라와 중국 전체를 위한 기회를 놓친 것에 대한 안타까움이었다. 그렇게 지칠 대로 지쳐 위나라 수도에 도착한 공자에게 한 덕망 있는 관리가 머물 곳을 제공했다. 위나라 임금은 주색을 탐하는 무기력한 사람이었고, 부인 또한 행실이 바르지 못한 여인이었다. 그러나 공자의 명성이 워낙 뛰어났기에 임금도 무시하지 못하고 위나라에서 지내기에 부족함이 없도록 재물을 내렸다.

그러나 공자는 마음이 편치 않았다. 공자는 잠시 위나라를 떠나 진나라로 향했다. 엄청난 스캔들이 될 수도 있었던 사건이 있었기 때문이다. 하루는 함께 위나라 이곳저곳을 둘러보자며 임금이 공자를 초대했다. 악명 높은 부인 남자南子가 임금의 곁을 지켰다. 공자는 다른 수레에 타고 뒤를 따랐다. 임금의 행차를 본 사람들이 소리쳤다.

"저길 봐라! 악이 앞장서고 덕이 뒤를 따른다!"

이 일이 있고 난 후 공자는 다시 방랑길에 올랐다. 공자의 인간적인 면 또한 어느 위대한 인물 못지않게 고결함을 보여주는 일화도 있다. 그는 단지 형식에 치우친 사람이 아니었다. 진나라로 가는 여행길에 공자가 예전에 한 번 머문 적이 있는 작은 집을 지나게 되었다. 집주인이 죽었다는 말을 들은 공자는 그 집에 조문을 갔다. 돌아오는 길에 공자가 제자 자공에게 말했다.

"마차에서 말 한 필을 떼어 장례 비용에 보태도록 유족에게 주어라."

"하지만 그건 지나칩니다. 정말이지 지나칩니다. 제자들이 상을 당했을 때도 이렇게 하지는 않으셨습니다. 그 집주인에게 그만한 장례 비용은 너무 과합니다."

자공이 항의하자 공자가 대답했다.

"내가 그 집에 가는 바람에 상주는 더욱 슬픔에 북받쳤고 나도 함께 울었다. 내 슬픔이 제대로 전해졌으면 한다. 가서 말을 주고 오도록 해라."

진나라로 가던 중에는 나무 그늘에서 쉬다가 도적떼에게 습격을 당하기도 했다. 겁먹은 제자들에게 공자가 한 이야기는 그의 최고 명언

중 하나이다.

"내게 하늘의 도리가 있지 않으냐? 만일 하늘이 그것을 없애려 하셨다면, 일개 인간인 나는 애초에 거기에 닿지도 못했을 것이다. 저들이 무엇을 할 수 있겠느냐?"

일행은 흩어져 그곳에서 도망쳤다. 그 와중에 공자는 따로 떨어져서 홀로 진나라 동쪽 성문에 도착했다. 먼저 와 있던 제자 하나가 진나라 사람이 이런 이야기를 하는 것을 들었다.

"한 사내가 동쪽 성문 앞에 서 있는데, 이마는 요 임금 같고 키가 크며 위풍이 당당하더군. 그런데 행색은 영락없이 길 잃은 개더구먼!"

제자는 그 사람이 자기 스승임을 알고 서둘러 달려가 맞으며 진나라 사람이 한 이야기를 들려주었다. 공자가 큰 소리로 웃으며 말했다.

"나를 어떻게 묘사했는지는 중요하지 않다. 그런데 길 잃은 개라고? 그것 참 걸작이구나! 걸작이야!"

평화롭고 편안하다고는 할 수 없었지만 공자는 그래도 기분이 조금 나아졌다. 그는 위나라로 돌아가려다가 불가능하다는 것을 깨닫고 진나라로 되돌아왔다. 공자는 진나라에 머물며 노나라로 돌아가려는 가망 없는 희망을 버리지 않았다. 또 한번은 여행 중에 음식이 떨어져 고생한 적도 있었다. 고통스럽고 비참한 시기였지만 공자는 용기를 잃지 않았다. 군자는 역경에 굴하지 않는다. 그는 항상 금을 가지고 다녔으며, 음악으로 슬픔을 잊을 수 있었다.

공자가 남긴 주옥같은 지혜

그 무렵 한 반란군 우두머리가 자로에게 공자가 어떤 사람이냐고 물은 적이 있다. 갑작스러운 질문에 자로는 아무 대답도 하지 못했다. 자로는 공자에게 직접 물어보기로 했다. 공자는 아주 단순하며 마음에 와 닿는 대답을 해주었다.

"왜 대답하지 못했느냐? '그는 식사도 잊고 학문에 매진하며, 성취의 기쁨에 슬픔과 나이를 잊는 사람'이라고 말이다."

군주가 현명한 사람을 찾아 조언을 듣는 것은 매우 가치 있고 위대한 중국의 전통이다. 서양에서는 상상도 할 수 없는 일이었다. 동양에서는 범인이 도저히 닿을 수 없는 경지에 오른 현자에게 조언을 구했고, 거기에서 무한한 가능성을 찾았다. 일본이 복잡한 당면 과제에 대하여 허버트 스펜서Herbert Spencer에게 조언을 구한 것도 바로 그런 맥락이다. 비록 스펜서의 견해가 전적으로 채택된 것은 아니지만, 스펜서와 일본 모두에 가치 있는 방식으로 받아들여졌다.[1]

난관과 실망이 끊이지 않았으나 공자는 괴로워하고 있지만은 않았다. 비록 슬픔과 세월이 어둡게 내려앉고 있었으나 그는 적막한 곳에 홀로 내던져지지 않았다. 몇몇은 떠나고 죽기도 했지만, 제자들이 여전히 곁에서 꾸준히 성장하고 있었다. 스승에게 묻고 답하는 그들의 대화는 마르지 않는 지혜의 샘물이다. 전해지는 일화들은 하나같이 오늘날에도 황금과 보석이 가득한 광산이나 다름없다.

다른 시대, 다른 하늘 아래에서 예수가 주창했던 기독교의 황금률도 공자에게서 먼저 발견할 수 있다. 자공이 물었다.

"일상생활에서 모범으로 삼을 만한 규칙을 한마디로 표현할 수 있습니까?"

---

[1] 일본이 허버트 스펜서의 '사회진화론'을 받아들이며 자유주의, 개인주의에 대한 해석을 버리고 국가주의 성격에 맞도록 적자생존의 원리만을 강조하는 방향으로 재해석해 메이지 정부의 이데올로기적 도구로 이용한 것을 말한다.

공자가 빛나는 눈으로 제자들을 돌아보는 광경이 눈에 선하다.

"한마디로 표현하자면 '호혜'互惠가 아니겠느냐? 네가 너에게 하지 않을 일이라면 남에게도 하지 마라. 너는 아직 그런 경지에 이르지 못했다.

바른길 가기를 포기하느니 차라리 죽음을 택하여라. 올바르게 다스려지는 나라에서 가난하고 지위가 낮다면 부끄러운 일이다. 바르게 다스려지지 않는 나라에서 부유하고 지위가 높다면 그 또한 부끄러운 일이다."

영원히 가치 있을 이야기이다.

그리고 기독교의 박애 정신에 미치지 못한다며 오랫동안 부당하게 폄하되었던 또 하나의 보석이 있다. 누군가 '악의에도 친절로 대하라는 원리'를 어떻게 이해해야 하느냐고 묻자 공자는 이렇게 대답했다.

"그러면 친절에는 무엇으로 대하려느냐? 악의에는 정의로 대하고, 친절은 친절로 대하라."

내게는 이것이야말로 진정한 지혜로 여겨진다. 당신을 친절로 대하는 사람은 이 말에 담긴 의미를 이해하고 곡해하거나 평가절하하지 않을 것이다. 당신을 악의로 대하는 사람은 자신이 먼저 깨뜨린 원리를 더 엄격하게 적용하기를 원할 것이다. 당신이 아니라 자기 자신을 위해서 말이다. 공자는 악인에게 관심이 많았다. 그는 부정을 행하는 사람에게는 올바른 교육이 필요하다고 생각했다. 친절하지 않은 게 아니다. 악의 본질을 밝혀낼 뿐이다. 교육을 통해 악인이 교화되면 '악의에는 정의로 대하라'는 부분은 없어지고 '친절은 친절로 대하라'는 부분만 남는다. 이것이 위대한 지혜의 핵심이다. 공자가 실천한 삶을 알지 못하면 이해하기 어려운 이야기이다.

그러나 공자의 초상화를 그릴 때 결코 무시해서는 안 되는 측면도 있다. 한 제자가 부모를 살해한 자를 아들이 어떻게 대해야 할지 물었다. 공자가 즉시 대답했다.

"아들은 지붕 아래에 들지 않고 풀밭에 방패를 베개 삼아 잠자야 한다. 관직도 거절해야 한다. 원수와 한 하늘을 이고 살아서는 안 된다. 시장에서 만나건 궁전에서 만나건, 즉시 무기를 들어 원수를 갚을 준비가 되어 있어야 한다."

"그러면 형제를 죽인 자는 어떻게 대해야 합니까?"

"원수와 한 나라에서 관직에 나아가서는 안 된다. 그러나 만일 원수가 사는 나라의 임금에게 등용되면 그를 만나더라도 다투어서는 안 된다."

서양은 공자의 이 대답을 비난한다. 내가 보기에 그건 공자가 그렇게 말한 이유를 제대로 이해하지 못했기 때문이다. 첫째, 봉건제도 아래의 중국에서는 법에 호소해봤자 거의 아무 소용도 없었다. 그리고 그런 상황에 놓인 아들이 하는 복수는 개인적인 다툼이 아니었다. 자신의 안위를 돌보지 않고 자식의 의무를 다하는 것, 즉 중국이라는 왕국을 성립하게 한 원리였던 것이다. 공자의 대답은 보편적인 것이 아니라 특정한 나라, 특정한 시대에만 적용되는 원리이다. 이는 부모의 원수와 형제의 원수를 대하는 방법이 다르다는 점에서 분명히 드러난다. 복수심은 두 경우 다 마찬가지임에도 피의 보복에는 어떤 만족감도 있을 수 없기에 그런 차이가 생긴 것이다.

공자의 정치 이상

권력의 책임에 대한 공자의 견해도 정치가라면 반드시 기억해야 할 내용이다. 앞의 내용과 달리 특정한 때와 장소에 국한되지 않는 보편적인 원리이다.

노나라 계강자季康子가 정치에 관해 묻자 공자가 대답했다.

"정치란 '바로잡는 것'입니다. 올바른 정치로 백성을 이끌면 누가 감히 올바른 법을 어기겠습니까?"

"그러나 이 나라엔 도둑이 많지 않습니까? 어떻게 하면 도둑을 몰아낼 수 있겠습니까?"

"다스리는 자에게 욕심이 없으면 백성은 도둑질을 하면 돈을 준다고 해도 하지 않을 것입니다."

"그러면 무도한 자를 죽여서 법에 복종하게 하면 어떻겠습니까?"

계강자는 기대했던 것과 정반대의 답을 얻었다.

"나라를 다스리는 데 꼭 사람을 죽일 필요는 없습니다. 당신이 선하고자 하면 백성도 선해질 것입니다. 윗사람과 아랫사람의 관계는 바람과 풀잎의 관계와 같습니다. 바람이 불면 풀잎은 고개를 숙이게 마련입니다."

즉 공자는 플라톤과 같이 철인정치를 꿈꾸었다고 할 수 있다. 중국인처럼 감수성이 예민한 사람들에게 공자가 그 높은 뜻을 펼칠 기회가 있었다면 얼마나 좋았을까? 철인정치는 마르쿠스 아우렐리우스 황제가 로마에서 단 한 번 실행에 옮겼다. 그러나 유럽인은 동양인보다 성미가 급하고 거칠어서, 또는 그 무게가 사람들의 성급한 열정을 잠재우기에는 너무 가벼웠던 탓에 아우렐리우스 황제 이후로 로마제국은 쇠퇴했다. 황제의 뒤를 이은 것은 그의 사악한 아들 코모두스였다. 반면 그보다 훨씬 지위가 낮았던 공자의 정치는 헤아릴 수 없이 많은 사람을 깨우고 향상시켰으며, 역대 중국 왕조의 통치 이념이 되었다.

공자는 배우고 가르치며 차분하고 예의 바르게 자신의 길을 걸었다. 자공은 이렇게 말했다.

"우리 스승님은 상냥하고 예의 바르며, 강직하고 온화하며 남의 말을 귀담아들어 깨우침을 얻는 분이시다. 스승님께서 모르는 것을 물어보시는 방식은 다른 사람들과 다를 바가 없다."

수많은 일화 속에 드러나는 그대로다. 또 공자가 드물게 드러내 보여주었던 내면에 간직한 신념과 감정을 확인해주는 말이기도 하다. 서양인이 공자를 생각할 때 떠올리는 교조적이고 거만한 사람이라는 인상과 극명한 대조를 이룬다. 중국에서는 그런 오해를 받지 않는다. 공자는 이렇게 말했다.

"사람들이 나를 모른다고 괴로워하겠는가? 나는 내가 사람들을 모르는 것을 괴로워하겠다."

"나는 열다섯 살에 학문에 뜻을 두었다. 서른에 뜻이 굳건히 섰으며, 마흔에는 미혹되지 않았고, 쉰에는 하늘의 뜻을 깨달았으며, 예순에는 남의 말을 들으면 곧바로 그 이치를 깨달았고, 일흔이 되어서는 무엇이든 하고 싶은 대로 해도 법도에 어긋나지 않았다."

건강한 영혼은 언제나 똑바로 자신의 내면을 향한다.

제자 자유子有가 효도에 대해 묻자 공자는 이렇게 대답했다.

"지금 효도는 부모를 부양한다는 의미이다. 그러나 그 정도는 개와 말도 할 수 있는 일이다. 공경하는 마음이 있어야 한다. 그것이 없다면 사람이 동물과 다를 게 무엇이겠느냐?"

제자 자공이 군자에 대해 물었을 때는 이렇게 대답했다.

"군자는 말을 앞세우지 않고 행동으로 말한다."

공자의 말은 때로 단번에 이해하기 어려울 정도로 많은 의미를 담고 있어서 깊이 숙고하고 반성해야 그 뜻을 깨달을 수 있다. 예를 하나 들어보자.

"남을 사랑할 수도 있고 미워할 수도 있어야 진정으로 의로운 사람이다."

이렇게 기이한 금언을 가진 나라는 그리 많지 않다. 그러나 인도에는 이와 유사한 이야기가 있다.

"모든 인간이 부와 명예를 바라나, 그것을 정당하게 얻을 수 없다면 지키지도 못한다. 가난과 비천함은 모두가 싫어하나, 정당하게 얻을 수 없다면 그것을 피해야 한다."

서양은 공자를 단순한 윤리사상가로만 보는 경향이 있다. 공자에게는 분명히 그런 면이 있다. 그러나 비록 영성을 벗어버리고 어리석은 대중과 소통했다고는 해도, 공자는 더 높은 곳을 지향했다. 공자가 뜻한 바를 논하기에 적합한 지점까지 영적인 발전이 다다르지 못했을지도 모른다. 그러나 공자의 내적인 통찰을 보여주는 이야기도 적지 않다. 듣는 이가 공자의 진의를 깨닫지 못했던 예가 하나 있다. 공자가 말했다.

"나의 도는 하나로 모든 것을 꿰뚫는 도이니라."

제자 증자曾子가 대답했다.

"예, 그렇습니다."

공자가 밖으로 나가자 다른 제자가 증자에게 그게 무슨 뜻이냐고 물었다. 증자가 대답했다.

"스승님 말씀은 자신에게 충실하고 이웃에게 너그러우라는 뜻일

세. 다른 뜻은 없네."

　그러므로 공자의 이야기는 『신약성서』의 두 가지 계명과 크게 다르지 않다. 첫째는 자기 안에 있는 신에게 복종하는 것, 둘째는 이웃에게 사랑을 실천하는 것. 공자야말로 사람들이 모범으로 삼을 만한 덕을 갖춘 군자라 해야 마땅하다.

20 공자의 고뇌와 죽음

끝내 펼치지 못한 날개

노나라로 돌아가려면 얼마나 더 오래 기다려야 하는 운명인지도 모른 채 공자는 고향으로 돌아가고 싶다고 수년간 입버릇처럼 말하며 방랑을 이어갔다. 노자와 같이 고독하게 명상하는 삶을 중요시하는 사람, 공자가 권력을 차지하기를 바랐던 사람 모두 그의 행보를 그리 탐탁지 않게 생각했다. 공자는 중도를 걸었으며, 그리 많은 사람에게 기쁨을 주지는 못했다. 은자들이 공자에게 얼마나 반감을 품었는지는 광인 접여接輿[1]가 공자의 수레 앞을 지나며 그를 조롱한 일화에서 단적으로 드러난다.

"봉鳳이여, 봉이여! 어쩌다 그대의 덕이 이 지경이 되었는가! 지난 일은 되돌릴 수 없지만, 앞날은 아직 창창하니 이제 쓸데없는 짓은 그만두시게!"

공자 스스로도 자신을 믿지 못했던 순간이 있었을 것이고, 때로 노자의 날카로운 비판이 고통스럽게 떠올랐을 것이다. 공자는 서둘러 마차에서 내려 접여와 이야기를 나누려 했다. 그러나 접여는 상대해주지 않고 재빨리 달아나버렸다.

---

[1] 초나라 사람 접여는 미친 사람이 아니라 숨은 현자로서, 공자의 왕도 사상에 반감을 품었던 은자 중 한 사람이다.

세월이 많이 흘러 공자도 이제 나이가 적지 않았다. 고국을 위해 큰일을 하려던 그의 고결한 소망에 먹구름이 짙게 드리워졌다. 그때만 해도 공자의 언행이 앞으로 얼마나 엄청난 미래를 가져올지 예측한 사람은 아마 아무도 없었을 것이다. 공자가 초나라에 들어섰을 때였다. 초나라 왕이 공자를 알아보고 초대해 이야기를 나누었다. 공자의 이야기를 한마디로 요약하면 다음과 같다.

"가까이 있는 자는 행복하고 멀리 있는 자는 다가오게 하는 나라가 잘 다스려지는 나라입니다."

그러나 이번에도 실망뿐이었다. 초나라 왕은 공자를 중용하려 했으나, 공자가 등용되면 입지가 좁아질 게 뻔한 신하들이 가만히 있을 리 없었다.

"전하, 잘 생각해보십시오. 전하 곁에 공자만큼 뛰어난 사람이 또 있습니까? 그에게는 안회, 자로, 자공이라는 뛰어난 제자도 있습니다. 그들 곁엔 또 누구를 세우시겠습니까? 공자와 그 제자들이 전하와 이 나라만을 위해 일하리라 누가 장담할 수 있겠습니까? 그들은 오직 공자를 위해 일할 뿐입니다. 주나라 무왕의 일을 잊지 마십시오. 조심하셔야 합니다!"

초나라 왕은 겁을 먹고 결정을 철회했다. 공자는 초나라를 떠나 위나라로 돌아갔다. 공자는 그가 마땅히 올라야 할 왕좌를 차지하기도 전에 나날이 차가운 죽음의 세계, 미움과 질시가 없는 곳으로 다가갔다.

아직도 희망은 남아 있었다. 악녀 남자의 남편이었던 왕은 이미 죽었고, 그의 손자가 위태롭게 왕위를 지키고 있었다. 선왕의 아들이자 현재 왕의 아버지가 자기 어머니 남자를 살해하려다가 실패하고 추방당했기 때문이다. 젊은 왕은 자기가 만약 공자에게 인정받고 그의 효

사상에 따라 나라를 다스리면 지위가 확고해지리라 생각했다. 공자가 위나라에 도착하자 제자 자로가 공자에게 위나라 왕의 뜻을 전했다.

"위나라 왕이 스승님을 맞아 함께 나라를 다스리고자 기다리고 있습니다. 제일 먼저 무엇을 하시겠습니까?"

공자는 그의 제안을 거절하려 했다. 어떻게 아버지를 상대로 반역을 일으킨 자를 도울 수 있겠는가? 그렇다고 그 아버지를 도울 수도 없었다. 아무리 사악한 여자라고 해도 감히 어머니를 죽이려 한 무도한 자였다. 공자는 그들끼리 싸우도록 내버려두려고 했다. 그가 개입할 일이 아니었다. 공자는 위나라에 머물며 하루하루 희망이 사라져가는 것을 그저 보고만 있었다.

그러다 마침내 고국으로 돌아갈 기회가 생겼다. 요절한 제자 안회가 죽기 전에 스승에게 한 가지 일을 해준 것이다. 안회는 초청을 받고 먼저 노나라로 돌아가 병법에 관해 뛰어난 능력을 보여주었다. 사람들이 도대체 어디서 그런 재주를 배웠느냐고 묻자 안회는 당연히 스승 공자에게 배웠다고 대답했다. 달리 누가 있겠는가? 안회의 대답에 깊은 인상을 받은 사람들은 공자를 고향 노나라로 모셔와야 한다고 입을 모았다. 안회는 특유의 차분한 태도로 과거를 비난하는 동시에 미래를 도모하는 대답을 내놓았다.

"그러시려면 스승님과 임금 사이에 소인배가 끼어들지 않도록 하셔야 합니다!"

임금은 공자에게 신하 셋을 보내 값비싼 선물을 주며 고국으로 돌아와달라고 청했다. 69세가 된 공자는 그의 지혜가 조국을 이롭게 할 수 있다는 마지막 희망을 품고 노나라로 떠났다. 그러나 운명은 그를 시험이라도 하듯 마지막까지 슬픔만을 안겨주었다.

죽음과 삶 사이에서의 깨달음

공자가 돌아온 첫해에 그를 고국으로 이끌어주었던 사랑하는 제자 안회가 세상을 떠나고 만 것이다. 삶의 위안을 잃고 고독 속에 홀로 남은 공자는 깊은 슬픔에 빠졌다.

"안회가 죽었다. 그를 영영 잃어버리고 말았구나. 누가 그를 대신할 것인가? 그는 게으름 피우는 일이 없었다. 언제나 학구열에 불탔으며, 고생조차 낙으로 삼았다. 이제 안회가 죽었으니 나는 대신할 이를 찾을 수가 없다. 하늘이 나를 망치는구나!"

위대한 지성에게는 끔찍한 고독에 빠지는 순간이 있다. 뛰어난 지혜 탓에 사람들에게서 떨어져 나오게 되고, 별이 빛나는 차가운 하늘 높은 곳으로 치솟아 올라가는 것이다. 그러나 공자를 공부한 사람은 안회가 사랑과 헌신의 힘으로 자기 스승이 오른 눈 덮인 정상에 도달했으며, 사랑의 빛으로 그곳에 온기를 주었음을 알게 될 것이다. 이제 그러한 우정은 사라졌으며 그때부터 공자의 영혼은 마지막까지 홀로 외로이 걸어야 했다.

거기에 오래전에 헤어진 부인의 죽음이 공자에게 또 하나의 슬픔을 더해주었다. 세월이 많이 지났지만 추억이 그의 마음을 뒤흔들었다.

"그래. 그녀는 삶을 마쳤다. 이제 내 차례도 멀지 않았구나."

그다음에는 아들 이가 세상을 떠났다. 그러나 공자는 안회를 잃었을 때만큼 흔들리지는 않았다. 이는 아들을 남기고 죽었으므로 희망이 완전히 사라진 것은 아니었다. 손자 공급孔伋은 뛰어난 철학자로서 명성을 떨쳤다.

이제 공자의 마지막도 가까웠다. 공자는 마지막까지 고전을 정리하여 백성을 이롭게 하려는 노력을 멈추지 않았다.

노나라는 그에게 아무런 힘도, 뜻을 펼칠 기회도 주지 않았다. 공자는 자신이 말했던 대로 '무엇이든 하고 싶은 대로 해도 법도에 어긋나지 않는' 경지에 올랐다. 그러나 노나라 임금과 신하들은 때로 공자를 찾아와 나라를 다스리는 이치를 묻기만 할 뿐, 노나라라는 배를 움직이는 키를 맡기지는 않았다. 공자는 신성한 산으로 여겨지는 태산泰山으로 마지막 여행을 떠났다. 공자는 가파른 산을 힘차게 올라 나라가 한눈에 보이는 정상에 도착했다. 제자들은 앞으로도 여러 해 동안 공자의 가르침을 받을 수 있겠다고 생각했다. 전해지는 이야기에 따르면 공자는 책을 완성하러 고국에 돌아온 것을 기념하는 제사를 지냈다. 그러고는 제자들을 불러 스승으로서의 임무가 이제 끝났다며 엄숙하게 작별인사를 나누었다. 공자는 이제 자기가 스승이 아니라 친구이며 시간도 그들의 유대를 갈라놓을 수 없다고 선언했다.

슬픔과 낙담 속에서도 믿음을 잃지 않고 끝까지 따라온 제자들. 그들에게 둘러싸여 그렇게 말하는 공자. 이들을 그린 중국의 여러 그림에는 그 순간에 영원성을 부여하려는 소망이 담겨 있다. 슬픔과 감사의 마음, 심오한 감성이 뒤섞인 그 순간을 부족하나마 담아낼 수 있을 만큼 담아낸 것이다.

이 시기에 있었던 아름답고 인간적인 일화가 또 있다. 공자가 어느 작은 마을 잔치에 갔을 때였다. 한 해 농사를 마치고 하늘에 감사드리는 잔치였다. 가난한 농부들이 소란스럽게 잔치를 즐기고 있었다. 공자는 그들을 흐뭇하게 바라보았으나 그와 함께 있던 사람들은 점잔을 빼며 눈살을 찌푸렸다.

"저렇게 법도에 어긋나게 소란을 피우며 기뻐할 게 아니라 감사하는 마음을 담아 엄숙하게 기도를 드리면 얼마나 좋을까!"

공자가 대답했다.

"그렇지 않네. 저들은 저들 나름대로 기쁨과 감사를 표현하고 있네. 저들에게 높은 식견을 기대할 수는 없지. 저 가난한 농부들의 삶은 끝없이 고달프다네. 하루쯤 자기들 방식으로 속박받지 않고 즐겁게 보내는 데 뭐가 어떻단 말인가? 마음이 담기지 않은 의식은 아무짝에도 쓸모없네."

길고 고달픈 방랑을 통해 비참하게 살아가는 민중에 대한 동정심 말고는 아무것도 얻은 게 없다고 해도, 공자는 그 시간이 결코 헛되다 생각하지 않았을 것이다. 그러나 그 방랑은 공자에게 폭정이 가져오는 파괴적이고 비참한 결말도 가르쳐주었다. 그리고 격정과 질투는 사람을 평화로운 지혜의 길에서 벗어나게 한다는 사실도 알려주었다. 공자는 더 나은 희망을 찾아 이 나라에서 저 나라로 여행하며 어디에서건 개선은 불가능함을 깨닫고, 여러 나라가 서로 대립하는 분열된 중국에는 희망이 없음을 배웠다.

만인을 형제로 여겼던 공자의 이상은 고통받는 인간을 이롭게 하는 것이었다. 그것은 검은 구름에 대항하는 무지개였고, 무지개처럼 흩어져버렸다. 이제 그에게 남은 것은 인간에 대한 사랑과 동정 그리고 누구라도 눈을 뜨기만 하면 진리의 길을 볼 수 있다는 믿음뿐이었다.

공자는 죽기 전에 한 번 더 비극을 경험해야 했다. 용감하지만 충동적이었던 제자 자로가 위나라에 남아 벼슬을 하다가 내란으로 목숨을 잃은 것이다. 자로는 공자의 가르침에 따라 끝까지 왕을 보호했다.

내란 소식을 들은 공자는 자로가 죽을 것이라고 예언했고 그대로 되었다. 용감하게 싸우다가 전사한 것이다. 공자는 세상이 그를 위해 준비해둔 마지막 커다란 슬픔에 젖어 통곡했다.

공자의 죽음

전해지는 이야기에 따르면, 공자가 더욱 엄숙하게 마지막을 준비하도록 그의 죽음을 예언하는 사건이 있었다.

기원전 480년 봄에 노나라 임금의 사냥꾼이 신기한 짐승을 사로잡았는데 그 즉시 죽었다. 다리는 넷에 용처럼 비늘이 덮여 있고, 뿔 대신 살로 된 돌기가 나 있었다고 한다. 이 짐승을 궁 근처에 내버리자 사람들이 구름처럼 몰려와 구경했다. 소문을 듣고 찾아가 그 짐승을 본 공자는 실망하는 기색을 보였다. 공자의 어머니가 그를 낳기 전 꿈에서 보고 매듭을 달아주었던 그 기린임을 알아본 것이다.

"기린이다! 기린이야! 너는 누굴 위해 왔느냐? 누굴 위해 왔느냔 말이다! 모든 선을 대표하는 신성한 동물이 죽었으니 무슨 화가 닥칠 것인가? 살아 있을 때 이것은 내가 태어날 것임을 알리러 왔다. 이제 내가 할 일은 모두 끝났다."

아마도 공자는 이 일을 계기로 필생의 작업에 더욱 열중했을 것이다. 그의 저서 『춘추』春秋가 완성된 게 이 시기였다. 노나라 시각에서 쓴 이 책은 중국에서 있었던 중요한 사건들을 간략하게 요약하는 것으로 시작한다. 공자는 자신의 저서를 상당히 높이 평가했다.

"이 책 『춘추』는 나를 세상에 알릴 것이고, 또 세상이 나를 비난하게 할 것이다."

중국의 또 다른 위대한 철학자 맹자는 훗날 이렇게 말했다.

"공자가 『춘추』를 쓰니 불충한 신하와 못된 아들이 두려움에 떨었다."

권력을 얻지는 못했어도 옳은 일을 할 길은 있었다. 제나라 임금이 시해당하자 공자는 비록 자기 임금이 그런 일을 당한 것은 아니지만,

그냥 두고 볼 수만은 없다고 생각했다. 그는 목욕재계하고 궁으로 가 임금에게 말했다.

"제나라에서 그들의 임금이 시해됐습니다. 부디 그들을 벌하십시오."

임금은 망설이며 노나라가 제나라보다 약하다고 대답했다. 공자는 물러서지 않았다.

"제나라 백성 반이 그 일을 용서하지 않습니다. 제나라 백성 반에 노나라 백성을 더하면 절대로 지지 않을 것입니다."

그러나 끝내 받아들여지지 않았고, 공자는 슬픔에 젖어 집으로 돌아왔다. 그는 임금을 시해하는 것이 끔찍한 존속살해에 해당하며 중국을 망치는 주범이라고 믿었다. 군주들은 공자의 이야기에서 지혜를 얻고 나라를 다스리는 방법을 찾았으나 공자에게 권력을 주지는 않았다. 그래서 공자가 발한 빛이 중국을 밝게 비추기까지는 오랜 시간이 걸렸다.

어느 날 새벽, 잠에서 깬 공자는 뒷짐을 진 채 지팡이를 질질 끌고 문 앞을 서성이며 이렇게 중얼거렸다.

"태산도 무너지고 대들보도 꺾이며 현자도 풀처럼 시들게 마련이다."

그는 다시 집으로 들어가 주저앉아서 문을 물끄러미 바라보았다. 제자 자공이 공자가 한 이야기를 듣고 탄식했다.

"태산이 무너지면 나는 무엇을 바라보고, 대들보가 꺾이고 현자가 시들어 사라지면 나는 누구에게 가르침을 받을 것인가?"

자공이 급히 집으로 들어가자 공자가 말했다.

"왜 이렇게 늦었느냐? 하후씨夏侯氏의 법은 사람이 죽으면 동쪽 계단에 안치한다. (동쪽 계단은 주인이 오르내리는 곳이므로) 죽은 사람을 주인으로 대우하는 것이다. 은나라에서는 시신을 두 기둥 사이에 안치했다. 죽은 사람을 주인이자 손님으로 대우하는 것이다. 나는 은나라 왕실의 후손이다. 간밤에 내가 두 기둥 사이에 편히 앉아 있는 꿈을 꾸었다. 천하에 현명한 임금이 나지 않는데, 누가 나를 높일 것인가? 내가 이제 곧 죽으려나 보다."

이것이 기록으로 남은 공자의 마지막 말이다. 기원전 479년, 공자는 다시는 깨어날 수 없는 깊은 잠에 빠졌다.

제자들이 최고의 장례를 치른 것은 당연한 일이다. 손자 공급은 장례를 주관하기에는 아직 너무 어려 제자 둘이 대신 그 역할을 맡았다. 제자들이 공자에게 수의를 입히고 색실로 꼰 휘장을 달았다. 쌀알 세 알을 입에 물려 관에 눕히고, 고대 명문가의 휘장으로 장식한 호화로운 덮개를 씌웠다.

제자들은 노나라 수도 북쪽 터에 흙무더기 셋을 쌓고, 그 가운데에 공자를 안장했다. 제자와 벗들의 행렬이 끝없이 이어졌다. 자공이 무덤 옆에 나무를 심었던 흔적은 지금도 남아 있다고 한다.

제자들은 아버지가 돌아가셨을 때와 똑같은 기간 동안 곡을 하기로 했으나, 자공은 그보다 더 오래 했다. 자공은 무덤 옆에 오두막을 짓고 6년 동안 은둔 생활을 했다.

소크라테스는 사형을 당함으로써 오히려 더 행복한 죽음을 맞을 수 있었다. 그의 죽음은 공자의 죽음보다 더 고귀한 것으로 후세에 전해진다. 그러나 노나라에서 끝내 성공을 거두지 못하고 조용히 생을 마감한 공자는 이 세상에 소크라테스보다 더 밝은 등불이 되어주었다. 공자만큼 세상에 이로운 영향을 끼친 사람은 붓다와 예수뿐이다. 무함마드도 포함해야 한다고 말할 사람도 있을 것이다. 나 또한 누구 못지않게 그의 위대한 업적에 존경과 찬탄을 금치 못하는 사람이다. 그러나 무함마드의 삶과 사상이 이 세 사람과 비교될 정도라고는 생각하지 않는다. 정상이 창공에 닿는 산은 많지만, 가우리상카르(에베레스트)산은 더욱 높이 날아올라 별들과 뒤섞인다. 이 세 사람이 바로 그렇다.

노력하는 현자 공자

공자 철학에 담긴 정신으로 돌아가기 전에 그의 태도와 습관 그리고 그를 잘 아는 사람들이 받았던 인상을 음미해보는 것도 좋을 것이다. 제자들은 공자에 관해 세심하고 정성스럽게 기록으로 남겼다. 공자의 삶 자체가 당시 중국에서 모범으로 삼아야 할 전형임을 잘 알고 있었기 때문이다. 세월이 많이 흘렀어도 그의 삶은 여전히 존경받을 만하다.

아직 진가를 인정받지 못할 때였지만, 제자들은 공자가 지성이라는 왕좌에 선이라는 왕관을 쓰고 정중한 예절로 치장한 위대한 인물이었음을 마음 깊이 느끼고 있었다. 누구도 그와 같을 수는 없다. 그러나 누구나 공자라는 이상을 잣대로 자신을 돌아보고 그의 실패를 슬퍼할 수는 있다. 공자가 발했던 밝은 빛 한 조각이 그들의 어두운 곳을 잠시 비춰주기만 해도 커다란 기쁨을 느낄 수 있을 것이다. 『논어』를 읽고 공자의 개인적인 면을 자세히 알기는 쉽지 않다. 공자의 행적이 상징하는 바에 따라 이상적으로 행동하는 지도자가 한 사람도 없었던 나라들에서는 더욱 어려운 일이다. 그러나 누구나 아름답게 느낄 만한 이야기도 적지 않다.

공자는 키가 커서 위풍이 당당한 사람이었다. 몽골인종 특유의 넓은 코와 찢어진 눈에 얼굴은 다소 검은 편이었다. 이런 부분이 잘 묘사된 초상화는 많지만 정말 중요한 부분까지 그림으로 다 표현할 수는 없는 노릇이다.

당시 중국의 복식은 현대 중국과는 많이 달랐다. 손을 가리는 넓은 소매는 일본의 기모노와 더 가깝다고 할 수 있다. 그는 오른손을 자유롭게 쓰려고 소매를 걷어붙였다. 여름에는 모직 옷을 입었는데, 당시에는 비단보다도 비쌌다. 그리고 비단으로 된 모자를 썼다. 겨울에는 모직 옷에 모피를 덧대어 입었다. 노란색은 여우, 흰색은 새끼 사슴, 어두운 색은 검은 양의 털이다. 공자는 갈색과 붉은색은 좋아하지 않았다. 녹색, 보라색, 빨간색으로 옷을 장식하지도 않았다. 『예기』에서 푸른색과 노란색, 흰색과 검은색만 허락하기 때문이다. 여기서 공자의 정신적인 면을 일부 들여다볼 수 있다. 그는 복식 하나까지도 예절의 한 부분이며 인격을 드러내는 것이라 믿고, 옷 한 벌도 함부로 입지 않았던 사람이다.

일을 하지 않을 때는 항상 슬픔을 감추고 쾌활하게 웃었으며, 다른 사람이 이야기할 때는 정중한 태도로 귀 기울였다.

식사 때 상중인 사람이 옆에 앉으면 함께 슬퍼하며 음식을 아주 조금만 먹었다. 타인의 슬픔에 무심한 것도 예의가 아니라고 보았기 때문이다.

공자는 인자仁者가 갖추어야 할 네 가지 필수 요건으로 음악을 비롯한 예술과 문학, 바른 행실, 절제 그리고 말과 행동에 진심을 담는 것을 들었다.

상을 당한 사람, 관복을 입은 사람, 심지어 눈이 먼 사람을 만나도 공자는 상대 나이가 많건 적건 일단 자리에서 일어남으로써 슬픔에는 연민을, 지위에는 존중을, 고통에는 따뜻한 친절을 나타냈다. 그의 따뜻한 마음을 보여주는 일화가 하나 있다.

눈이 먼 음악가 한 사람이 공자를 찾아왔다. 공자는 그를 손수 이끌어 상석에 앉혔다. 그러고는 음악가에게 다른 사람들이 어디에 앉아 있으며 그들이 누구인지 말해주었다. 음악가가 떠난 다음, 고대로부터 전해오는 지위에 대한 엄격한 규범을 위반한 데 다소 충격을 받은 제자 하나가 공자에게 물었다.

"일개 음악가에게 그렇게까지 하시는 게 옳은 일입니까?"

공자가 대답했다.

"맹인을 돕는 것이 옳은 일임은 확실하다."

그러나 공자는 고대로부터 이어진 격식과 의식에 대해서만은 그 누구보다도 꼼꼼했다. 그렇게 하는 것이 사람들 사이의 교류와 사회적 안정을 위해 필수적이라고 믿었다. 중국뿐 아니라 아시아 전체에서 교육받은 사람들끼리, 때로는 교육받지 못한 사람들끼리도 갖추는 격식을 보고 비웃는 사람은 거기에 깃든 정신을 이해하지 못한 사람이다.

병상에 누웠을 때 임금이 병문안을 오면 그는 관복을 차려입었다. 궁에 들 때는 대문으로 드나드는 것이 과도한 영광이라도 되는 듯 쪽문을 이용했으며, 그마저도 두 손으로 옷깃을 여미고 고개를 숙였다. 연단에 오를 때면 두 손을 합장하고 좌우로 절을 했다. 임금의 자리 앞을 지날 때는 임금이 있거나 없거나 항상 서둘러 지나갔다. 궁을 나서면 그제야 만족한 듯 편안하게 행동했다. 가르침을 원하는 사람들이 기다리는 집으로 서둘러 돌아가 관복을 마치 새의 날개처럼 펼쳐 벽에 걸어두었다. 임금의 휘장을 옮길 때는 깊은 존경심으로 몸을 잔뜩 숙였다.

이상은 제후국의 궁에서 지켜야 할 격식이다. 주나라 왕실에서는 더 엄격한 격식을 갖추어야 했다.

단식할 때는 밝고 깨끗한 옷을 입었다.

그는 항상 깨끗한 밥과 잘게 다진 고기를 먹었다. 고기는 밥의 양에 따라 지나치지 않도록 적당히 먹었다. 술에는 조금 더 관대했지만, 취하도록 마시는 일은 없었다. 모든 음식에 생강을 곁들였으며, 조용히 아주 적은 양만 먹었다. 거친 밥과 나물 반찬밖에 먹을 게 없을 때도 일부를 조상에게 바쳐 제사를 지냈다. 진수성찬을 대접받으면 다시 주인을 찾아가 감사인사를 전했다. 마을 잔치가 열리면 앞장서지 않고 뒤를 따랐다. 주민들이 악귀를 쫓는 의식을 치르며 소란스럽게 그의 집에 들어오면 관복을 입고 동쪽 계단에 서서 정중히 맞았다. 친척이 하나도 없는 이가 죽으면 직접 나서서 장례를 치러주었다.

한마디로 공자는 삶의 어느 한 부분에서라도 성실하게 의무를 다하지 못하지는 않을까, 항상 조심스럽게 살핀 사람이었다. 그리고 다음 장에서 보게 되겠지만, 좋은 모범을 보일 의무는 그의 철학에서 핵심적인 부분이다.

후대의 영광

각기 다른 네 분야[2]에서 남다른 성취를 이룬 제자 10명을 '공문십철'孔門十哲이라 한다. 이들이 스승을 얼마나 공경하고 사랑했는지는 굳이 말할 필요도 없지만, 그들 눈에 공자가 어떻게 비쳤는지 살펴보는 것은 제법 흥미로운 일이다. 안회는 공자의 가르침에 대해 한숨을 쉬며 이렇게 이야기했다.

---

2   덕행, 언어, 정사, 문학을 말하며, 이를 사과四科라 한다. 덕행德行에는 안연顔淵·민자건閔子騫·염백우冉伯牛·중궁仲弓, 언어에는 재아宰我·자공子貢, 정사政事에는 염유冉有·계로季路, 문학에는 자유子游·자하子夏를 든다.

"올려다볼수록 점점 높아만 간다. 뚫고 들어가려 할수록 점점 단단해진다. 정면으로 바라보고 있는데 갑자기 등 뒤에서 나타난다. 스승님께서는 질서정연하고 능숙하게 우리를 이끄신다. 그분은 내 안목을 넓히시고 올바르게 행동하는 법을 가르쳐주셨다. 배움을 그만두려야 그만둘 수가 없다. 온 힘을 다했는데도 아직 눈앞에 더 높은 곳이 있다. 아무리 노력해도 따라잡을 수가 없구나."

또 다른 제자도 말했다.

"스승님의 가르침은 한마디로 '자신에게 충실하고 타인에게 너그러우라'는 것이다."

또 이렇게 말한 제자도 있었다.

"담이 둘러친 집에 비유하자면, 내 담벼락은 겨우 사람 어깨높이밖에 되지 않아서 집 안이 얼마나 훌륭한지 누구나 들여다볼 수 있다. 그러나 스승님의 담은 사람 키보다 훨씬 높아서 문을 찾지 못하면 그의 사원이 얼마나 아름다운지, 그곳에 얼마나 고귀한 사람이 사는지 도무지 알 수가 없다. 그 문을 찾을 수 있는 사람도 그리 많지 않다."

공자를 깎아내리는 말을 들은 제자는 이렇게 말했다.

"그렇지 않다. 그분은 그런 험담과 아무 상관이 없다. 다른 이들의 지혜는 기껏해야 낮은 언덕 같아서 쉽게 오를 수 있다. 그러나 그분은 인간이 도저히 오를 수 없는 해와 달과 같다. 사람이 그 빛을 받지 않고 가린다고 해와 달이 무슨 상관이겠는가? 누가 그런 소리를 한다면 그저 그릇이 그것밖에 안 된다는 뜻이다."

중국에서는 이 점에서 의견이 일치해왔다. 북경에 있는 공자 사원만큼 고대의 심오한 인상을 간직한 장소도 흔치 않다. 그곳은 오랜 세월 동안 위대한 지성을 숭배해온 경건한 공기로 가득 차 있다. 중국은 이 위엄 있는 장소에서 그들이 낳은 가장 위대한 아들을 숭배함으로써 스스로를 높이는 셈이다.

뒤쪽에 있는 방에는 공자의 조상들과 몇몇 뛰어난 인물들의 위패가 모셔져 있다. 공자의 위패는 수제자들을 비롯해 그의 가르침을 널리 전했던 이들의 위패와 함께 있다. 매달 1일에는 과일과 채소를 바치고 15일에는 향을 피운다. 그리고 1년에 두 번 제사를 지낸다. 제사는 언제나 황제가 주관했다.

두 번 무릎 꿇고 머리를 여섯 번 땅에 대고 절하며 공자에게 기도를 올린다.

"완전한 덕을 이루신 위대한 현자여.

누구도 감히 따를 자가 없습니다.

만왕이 당신을 찬미합니다.

내리신 법과 규범이 훌륭하게 전해집니다.

당신은 제국의 모범이십니다.

우리가 공손히 제물을 바치옵니다.

나, 황제가 고대의 스승이시자 완전한 성인이신 공자님께 제물을 바칩니다. 내가 말하노니,

그 덕이 하늘과 땅에 이르며 그 가르침이 과거와 현재를 아우르며,

육경六經을 전하셨으며,

가르침이 대대로 전해지는 스승이시여,

법도에 따라 제물과 비단과 술과 과일로,

감히 제사를 드립니다.

후계자 안회,

가르침을 널리 전한 증자,

공자님 다음가는 맹자와 함께
부디 이 제물을 받아주십시오."

공자는 다소 소외된 채 패배감 속에서 죽었다. 그도 자기가 그렇게 빨리, 그리고 현대에 이르기까지 이렇게 오랫동안 엄청난 영광을 누리리라고는 예상하지 못했을 것이다. 누가 그런 대승리를 예측할 수 있겠는가? 사람들은 그를 고대의 신이라고까지 말한다. 레그 박사의 말을 빌리면, "공자는 중국에서 인간이 가질 수 있는 모든 미덕의 전형이자, 사회적 가치와 정치에 관한 모든 것을 가르친 사람이다."

고대 중국의 사회 조직

21

『예기』에서 말하는 죽은 이에 대한 예의

어리석은 백성에게는 군주를 필두로 부유한 식자층이 찬양하는 도덕적인 계율이 마냥 달갑지만은 않았다. 고달프게 살아가는 가난한 사람들도 그 가치를 무시하지는 않았지만, 그들이 놓인 가혹한 환경에 필요했던 것은 엄격한 의무보다 영적인 사랑의 온기였다. 이제 곧 보게 될 테지만, 공자는 그 빛을 인도人道에서 얻었으며 고대 중국에는 알려지지 않았던 희망과 장점을 법에 담았다. 공자는 비록 귀족 정치를 추구했으나 진정으로 민주적인 정서를 지니고 있었다. 오직 백성을 이롭게 하는 정치만이 그의 목적이었다.

지금부터 공자가 부분적으로 재해석하고 집대성한 책들의 내용을 간략하게 소개하겠다.

가장 권위 있는 것으로 여겨지는 '오경'五經은 『역경』易經, 『서경』書經, 『시경』詩經, 『예기』禮記, 『춘추』春秋로서 모두 공자가 편찬하거나 집필한 책이다. 단, 『예기』는 상당 부분 후세의 손을 거친 것으로 알려져 있다.

『예기』는 참으로 놀라운 책이다. 일상생활의 모든 예법과 행동을 지시하는 예절 교육서로만 여겨지기 쉽지만, 거기엔 종교적인 감성이 깊이 담겨 있다. 중국의 관습에 익숙하지 않은 사람은 중국인의 행동을 진심이 담기지 않은 계산적인 것으로 잘못 이해할 때가 종종 있다. 또 그들의 규율이 서양인에게 우스꽝스럽게 보일 때도 있다. 서양 예절 교육서의 규율이 너무나 자연스럽게 여겨져서 굳이 가르칠 필요도 없는 것처럼 보이는 사람이라면 더욱 그럴 것이다.

　그러나 다른 나라의 오랜 전통을 이해하는 것은 언제나 꼭 필요한 일이다. 공자는 격식을 차리는 것이 '자기 마음을 진실하게 표현하는 것'이라고 가르쳤다. 격식을 차리는 목적이 자신과 상대 모두를 이롭게 하는 것이라는 점이 공자 철학에서 가장 중요하고 핵심적인 부분이다. 공자는 격식을 다음과 같이 정의한다.

　"올바른 행동을 위한 규칙이 없으면 공손한 태도도 그저 고달프고 분주한 움직임이 되어버린다. 신중함은 수줍음이 되고, 대담함은 반항적인 태도가 되고, 솔직함은 무례함이 된다."

　이보다 더 날카로운 분석을 본 적이 있는가? 『예기』는 "언제 어디서나 공경하는 마음을 품어라"라는 문장으로 시작한다. 이 책은 "중국이 인류에게 선물한 가장 세밀하고 빈틈없는 책"이라는 평가를 받는다.

　그런 평가에 동의하며, 나는 거기에 더하여 이 책이 가진 힘과 쓸모없어 보이는 면도 이야기하려고 한다. 중국인 특유의 예의라는 관념을 이해할 도리가 없는 우리로서는 그것을 쓸모없다고 느낄 수밖에 없다. 우리는 느긋하고 예의 바르고 사려 깊으며 위엄 있는 사람들에게 성급하고 거칠며 경계하는 태도를 보인다. 그러나 우리 자신의 습성도 거의 전부가 격식에 매여 있음을 간과해서는 안 된다. 격식이 없으면 사회는 무너져버릴 것이다. 중국이 그 점에서 너무 지나치다고 주장하는 사람들은 우리는 완벽하다고 믿는 걸까? 한 번쯤은 극단적으로 중국인 편에 서서 생각해보는 게 극단적으로 우리 입장에서만 생각하는 것보다 훨씬 낫다.

『예기』도 항상 얼굴을 찡그리고 있으라고 요구하지는 않는다. 이 책은 처음부터 끝까지 진실하게 공경하는 마음이 담기지 않은 격식은 아무짝에도 쓸모없음을 강조한다. 『예기』가 가르치는 대로 법도를 익힌 사람이 다 진심으로 공경하는 마음을 품고 있다고 믿을 이유는 없다. 그것은 아무나 오를 수 있는 경지가 아니다. 그 경지에 오르지 못한 사람은 자신이 얼마나 뒤처져 있는지 스스로 알 수 있다. 중국이 우리보다 예절이라는 점에서 훨씬 더 높은 경지에 올라 있음은 분명해 보인다. 그 철저함은 때로 매우 아름답게 보이기까지 한다.

몇몇 규칙은 서양인에게 우스꽝스럽게만 보인다. 때로는 사람이 그렇게까지 견뎌낼 수 있다는 점, 특히 엄격한 장례 문화에 대해서는 깊은 놀라움을 느끼기도 한다. 『예기』에 실린 예를 몇 가지 살펴보자.

"아버지가 돌아가시면 아들은 정신이 나간 사람처럼 보이도록 행동해야 한다. 시신을 관에 눕힐 때는 마치 절대로 찾을 수 없는 것을 찾는 사람처럼 슬픈 눈으로 그 과정을 하나하나 지켜본다. 매장할 때는 다시는 돌아오지 않을 사람을 찾듯이 불안해하며 몸을 들썩인다. 곡을 하는 처음 1년 동안에는 슬프고 낙담한 모습을 보이고, 2년을 채우면 의지할 곳이 없어 정신이 멍한 사람처럼 보여야 한다."

3년이 지나면 뛰어난 배우가 탄생해 있을 것이다. 그러나 그것이 죽은 이에 대한 실례라고 여기는 사람은 없다는 사실이 중요하다. 고대 중국인들은 여우도 죽을 때는 고개를 들어 자기가 태어난 언덕을 바라본다고 했다. 인간이 자기 부모에 대해 더 많은 걸 표현하지 않을 수 있을까?

실제로 그들은 훨씬 더 많은 걸 표현했다. 마치 적절한 감정을 드러내는 정신적인 경연과도 같았다. 부모님을 잃고 곡을 하는 사람은 "3년 동안 피눈물을 흘리며 절대로 이를 드러내고 웃는 일이 없다. 먼저 상을 당해본 사람들은 그것이 쉬운 일이 아님을 안다."

중국인은 대부분 이 말에 동의한다. 어떤 이는 만일 전염병이 돌아 일가족이 한꺼번에 죽어버리면 누가 희생자들을 정중하게 장사 지낼지 걱정하며 두려움에 떨기도 한다.

죽은 이에게 바치는 음식이 실제로는 먹을 수 없는 것이어야 한다는 점도 매우 기이하다. 제사 음식은 먹을 수 없게 만들어야 한다. 도기는 씻어서 쓸 수 없고, 악기는 조율하지 않는다.

공자는 죽은 사람을 영혼으로 대해야 한다고 말했다. 즉 죽은 사람을 죽었다고 생각하지 말고 애정을 보이라는 것이다. 그렇다고 산 사람처럼 대하는 것도 어리석은 짓이다. 그럴듯해 보이지만 실제로는 먹을 수 없는 음식을 바치는 것이 적절한 해답이다.

이상하기는 혼례 의식도 마찬가지다. 공자는 이 혼례 의식이 한평생 이어질 결혼 생활에 필요한 올바른 정서를 함양하고 보전한다고 믿었다.

"딸을 시집보낸 집은 화촉이 사흘간 꺼지지 않게 하여 헤어짐을 기억한다. 며느리를 들인 집은 사흘 동안 음악을 금하여 지금부터는 남편이 아내의 부모를 대신함을 되새긴다. 석 달이 지나면 며느리는 조상을 모신 사당에 가서 신부가 왔다고 고한다."

이런 의식들에 대해서 더 길게 이야기할 필요는 없을 것이다.

신에 대한 공자의 생각

『역경』에 대해서도 감히 많은 이야기를 할 수가 없다. 공자는 이 주제를 매우 사랑하고 열심히 연구했지만, 서양은 아직 이 신비로운 내용에 대해 명확한 설명을 듣지 못했다. 풍수학을 공부한 사람은 인생에서 좋을 때와 좋지 않은 때를 알고, 수명도 미리 알 수 있다고 여겨진다. 동양에서는 『역경』을 근거로 점을 친다. 서양은 아직 이해할 실마리도 찾지 못했다. 서양 학자들은 이 수수께끼에 매우 공격적인 자세를 취한다. 나는 실제로 점을 쳐보기도 했으나, 그 체계가 정말로 『역경』에 근거를 둔 것인지도 잘 모르겠다. 『역경』에는 공자가 부록 형식으로 첨부한 내용도 있지만, 오경 중 오직 『춘추』만이 공자의 저술로 인정된다.

오경과 함께 거론되는 사서四書 중 첫 번째가 공자가 생전에 나눈 대화와 일화를 담은 『논어』이다. 두 번째는 『대학』大學으로 제자 증자가 공자의 말을 기록한 것이다. 세 번째 『중용』中庸은 공자의 손자 공급이 지은 책이다. 마지막은 맹자의 저서 『맹자』이다. 『맹자』를 제외하면 모두 공자의 삶과 가르침, 그가 남긴 말들로 흠뻑 젖어 있다. 사서는 공자의 가르침을 충실히 반영한 공자 학파의 업적이다. 따라서 이 책들에서 공자의 철학체계를 도출할 수 있다.

공자는 신에 대한 생각을 한 번도 피력하지 않았다. 그러나 공자가 신에 대해 깊이 생각해보지 않았다고 단정할 수는 없다. 그의 침묵은 사고가 미치지 않았기 때문일 수도 있지만 표현할 말이 없었기 때문일지도 모른다. 가장 안전한 결론은 공자가 그런 주제에 대한 사고와 논의는 평범한 사람들의 능력과 환경에 적합하지 않다고 판단했으리라는 것이다. 서양의 독단적인 신학을 공부해본 사람이라면 공감할 수 있을 것이다. 레그 박사는 공자가 신에 대해 회의적이었다고 보지만, 그의 침묵을 꼭 의심의 증거로 받아들일 필요는 없다. 위대한 스승의 침묵을 설명할 수 있는 방식은 그 밖에도 여러 가지가 있다. "하늘을 원망하는 사람은 기도하는 사람이 얻을 수 있는 것을 아무것도 갖지 못한다"라고 말하는 사람이 신에 대해 아무런 믿음도 없다고는 생각할 수 없다.

공자와 자공의 대화를 들어보자.

공자가 말했다.

"아, 나를 아는 사람이 아무도 없구나."

자공이 물었다.

"스승님을 아는 사람이 아무도 없다는 게 무슨 뜻입니까?"

"나는 하늘에 대고 중얼거리지 않는다. 남들에게 투덜대지도 않는다. 내 학문은 낮은데 인식은 높이 솟는다. 오직 하늘만이 나를 안다."

레그는 『논어』에 한 번도 신의 이름이 등장하지 않는다고 불평한다. 그는 공자를 "무종교적인 사람이 아니라 비종교적인 사람"이라고 표현한다. 내가 보기에는 둘 다 아니다. 그보다는 깊이 공경하는 마음 탓에 신의 이름을 함부로 부르지 못했다고 봐야 할 것이다. 또는 그렇게 높은 존재를 끄집어 논하고도 인간이 마음의 평정을 유지할 수 있으리라 여기지 않았을지도 모른다.

공자의 성실성을 위한 변명

레그는 공자가 성실하지 못했다고 비판하지만, 공자의 도덕체계와 그가 말한 군자가 갖추어야 할 덕은 모두 성실함에 근거를 두고 있다. 레그의 비판은 도대체 무엇을 향한 것일까? 공자가 너무 일찍 찾아온 손님을 만나지 않으며 몸이 아프다고 말한 적이 있다는 사실이 레그가 그를 비판하는 근거이다. 그러나 첫째, 중국의 예의범절은 어떤 경우에도 사실을 직설적으로 말하는 것을 용납하지 않는다는 점을 간과해서는 안 된다. 공자가 병이 났을 뿐, 자기를 만나지 않을 다른 이유는 없다고 믿게 함으로써 무례한 방문자의 체면을 세워주는 친절이다. 둘째, 몸이 아프다는 변명은 서양에서 '집에 없다'고 말하는 것처럼 누구나 이해할 수 있는 구어적인 표현이다. 그런데도 공자를 비난한다면 지나친 청교도주의일 뿐이다. 레그는 공자가 노나라 장수 맹지반孟之反을 칭찬한 일도 비판 대상으로 삼는다. 맹지반은 노나라가 전쟁에 패해 후퇴할 때 맨 뒤에서 적군을 막아내고는 사람들이 용맹을 칭찬하자 "내 말이 너무 느렸을 뿐 일부러 그런 것이 아니다"라고 대답했다. 레그는 이것이 나약하고 부적절한 대답이었다고 주장한다. 맹지반이 "나는 몹시 용맹한 사람이라 전장에서 가장 위험한 곳으로 달려갔다"라고 말했어야 했다는 말인가?

공자는 물론이고 모든 중국인이 맹지반을 칭찬에 들뜨지 않는 품위 있는 사람이었다고 평가한다. 이런 사례에서 불성실하다는 비판은 성립할 수도 없다. 중국도 서양의 법도를 완전히 이해하지 못하기는 마찬가지다.

그러나 레그는 비판의 강도를 더욱 높여 불성실한 정도가 아니라 사실상 허위라고까지 이야기한다. 공자가 위험하고 혼란스러웠던 위나라로 돌아왔을 때의 일이다. 반란군 장교가 공자를 멈춰 세우고는 위나라로 가지 않겠다고 맹세하라고 강요했다. 공자는 당연히 그런 맹세를 지킬 의무가 없었다. 풀려난 공자는 계속 위나라로 향했다. 제자 자공이 약속을 깨는 것이 옳은 일인지 묻자 공자가 대답했다.

"강요된 맹세였다. 거기엔 마음이 담겨 있지 않았다."

의도적인 거짓말이지만 아무리 양심적인 사람이라도 그것을 비난하기는 어렵다. 비록 칭찬할 일은 아니라 해도 공자가 진실을 배반했다고 비난할 수는 없다. 이것은 같은 환경 같은 순간에 놓여본 사람만이 판단할 수 있는 문제이다. 공자의 모든 가르침과 행위 규범에 대한 비판은 그런 관점에서 검토해야 한다. 공자가 진실하지 못했다는 혐의를 제기하려 해도 그런 식으로 비판했다가는 비웃음만 살 뿐이다. 비판하는 사람 자신이 진실을 가장 중요시하고, 인간의 본성과 자기 규율의 가능성을 먼저 분명히 이야기할 수 있어야 하기 때문이다.

『중용』, 균형과 조화의 가르침

공급은 『중용』에서 할아버지의 가르침을 종종 그대로 반복한다. 나와 생각이 같은 한 유명 철학자는 이렇게 말했다.

"먼저 『중용』은 한 가지 원리를 다룬다는 점을 들 수 있다. 둘째, 『중용』은 모든 것을 각자 특정한 상황 속에서 다룬다. 그리고 전체가 단 하나의 원리로 다시 집약된다. 널리 흩어져 우주를 가득 메우고, 다시 감추어진 배후의 원리로 모여든다."

모든 것을 만족시키는 그 원리란 무엇일까?

'인간의 본성은 하늘로부터 나온다'는 것이 제일명제이다. 따라서 인간의 본성은 선하며, 더 나은 곳을 지향할 수밖에 없다.

이것은 인간이 신과 하나라는 인도 베단타 철학과 일치하는 이야기다. 공자는 또 이렇게 말했다.

"자연스러운 행동이 선을 이룬다. 그것이 올바른 길이다. 교육이란 바른 행실을 기르고 단속하는 것이다.

그 길은 한순간도 제자리에 머물지 않으며, 덕 있는 사람은 자기가 보지 못하고 듣지 못한 것을 함부로 이야기하지 않는다. 그 길은 매우 비밀스러워 눈에 잘 보이지 않고, 너무 작아서 분명하지 않으므로, 뛰어난 사람은 홀로 고독하게 지켜본다."

영적인 삶, 또는 공자 식으로 말하면 '도덕적인 삶'에 사소한 것은 없다는 통찰 없이는 고결함에 이를 수 없다는 가르침이다. 일상생활의 실제적인 문제 속에서, 가장 사소한 것이 사실은 가장 중요한 것이었음이 드러날 수 있다. 거기에 공자의 고독이 있다. 더 높은 곳을 향해 여행하는 사람은 자신의 마음속 가장 은밀한 곳을 바라본다.

중용이라 불리는 것을 다루는 이 책에서 우리는 균형과 자연과의 조화에 대한 가르침을 얻을 수 있다.

"기쁨과 쾌락과 분노와 슬픔이 없을 때 중용에 이른다. 그런 감정이 사라지면 조화를 이룬다. 이 균형이 세상의 근본이며, 조화가 바로 그곳에 이르는 길이다."

베단타가 말하는 '아무 욕망이 없는 상태'를 떠올리게 되는 대목이다. 어떤 한 감정이 두드러지지 않으면 아무 일도 일어나지 않는다. 잔잔한 바다에 바람이 불면 파도가 일어 모든 것이 혼란스러워진다. 모든 감정이 완벽하게 조화와 균형을 이룬 이상적인 인간은 외부에서 어떤 바람이 불어도 흔들리지 않고 마음의 평온을 지킬 수 있다.

"조화와 균형의 상태를 완벽하게 유지하면 행복한 질서가 천지를 뒤덮고 만물이 살찌며 번창하리라."

의심의 여지가 없다. 행성의 진화, 조용히 진행되는 계절의 변화,

완전한 조화 속에 깃든 행복한 질서는 소리 없이 모든 생명을 한층 더 아름답게 만든다. 노자의 뛰어난 제자로서의 면모를 보이며 한 이야기도 있다.

"아름다운 우주는 말을 하지 않는다. 계절은 고정된 법칙에 따르지만 그것을 들을 수는 없다. 만물을 창조하는 절대적인 법칙은 아무것도 이야기하지 않는다."

이 단락들이 이 책 『중용』의 정신이며 나머지는 부연에 지나지 않는다. 자기 안의 고결함을 따라 마음을 정화하면 그 결과가 멀리, 널리 퍼져 나갈 것이다. 의무를 지키는 삶은 사람을 세상으로 올바르게 이끌지만, 가장 중요한 것은 자기 안의 성채에 있다. 진리는 하나이다. 길 자체가 인간의 일부이며 인간이 발산하는 것이다. 그래서 공자가 "길은 사람에게서 멀리 있지 않다"라고 말한 것이다. 『시경』에서도 "도끼 자루를 만드는 방법은 멀리 있지 않다"라는 구절로 이러한 내용을 후세에 전하려 했다. 도끼를 만들려면 도끼가 있어야 한다. 도끼 두 자루는 같지만 또 다르다. 자기 안의 덕으로 자신을 다스리고 성취를 이룬 사람은, 인간이 각자의 성취도에 따라 자기 안의 본성에 따라 살아야 함을 안다.

그 마음은 공자가 말한 황금률, "네가 당하기 싫은 일은 남에게도 하지 말라"까지 닿는다. 그러나 높은 경지에 오른 사람은 자기가 아는 것을 다른 사람들에게 선뜻 알려주는 것이 오히려 그들에게 좋지 않은 일임을 안다. 충분히 시간을 끌어야 한다. 장자는 이 점을 재미있는 우화로 설명한다. 단 몇 마디 말로 다른 사람을 이끄는 지혜의 정수가 담겨 있다.

"한 사람이 자기가 기르는 원숭이들에게 아침에 밤 세 알, 저녁에

네 알씩 주기로 했다. 원숭이들은 그 결정에 몹시 화가 났다. 그러자 주인은 다시 아침에 네 알, 저녁에 세 알을 주겠다고 말했다. 그렇게 하자 원숭이와 주인 모두 기분이 좋아졌다. 원숭이들이 실제로 받는 개수는 변하지 않았으나, 그것을 어떻게 나누어주느냐에 따라 호불호가 갈린다. 이것이 외부와 소통하는 원리이다."

이 짧은 우화는 가정이나 나라를 위해서는 별로 쓸모가 없지만, 현자가 어리석은 이들을 다루는 한 방법을 보여준다. 현자는 규칙을 바꾸지 않는다. 그것이 모두를 위한 최선의 길임을 알기 때문이다. 그러나 그는 규칙을 모두가 만족하도록 조정한다.

성실하게 도를 추구하는 사람에게는 네 가지 의무가 있다. 그것을 무시하고는 절대로 성취를 이룰 수 없다. 아들은 아버지가 원하는 대로 아버지를 모셔야 한다. 그것이 중국의 근본적인 가치관이다. 중국이 제국의 시대를 그렇게 오래 이어갈 수 있었던 것은 특유의 효 사상을 민족성으로 발전시킨 덕분이라고 말하는 사람도 있다. 그러나 공자는 부모가 부덕한 경우도 무시하지 않는다. 공자의 생애를 다룬 장에서 아버지에게 고발당한 아들을 풀어준 일화를 소개한 바 있다. 공자는 그 아버지가 아들을 제대로 가르칠 의무를 다하지 않았다며 함께 벌을 주었다. 이와 관련된 이야기를 하나 들어보자.

"아들은 부모를 모시며 불평을 하더라도 부드럽게 해야 한다. 부모가 조언을 들어주지 않아도 아들은 한층 더 부모를 공경해야 한다. 그러나 결코 조언을 드렸던 이유를 잊어서는 안 된다. 부모가 벌을 주어도 아들은 불평해선 안 된다."

복종은 터무니없는 것이 아니다. 복종은 아들과 나라 전체에 반역보다 더 좋은 결과를 가져다준다. 그다음으로는 맏아들을 따르는 것이다. 그 근거는 부분적으로 중국의 가족 및 씨족체계에서 찾을 수 있다. 중국에서는 맏아들이 언제든지 아버지를 대신하여 가장으로서의 권리를 행사할 수 있다.

그다음 의무는 누구나 임금을 아버지처럼 떠받들어야 한다는 것이다. 임금을 곧 나라이자 법으로 여기며, 충직하게 충성을 바치고 절대적으로 복종해야 한다. 그리고 마지막으로 주장하는 바는 남이 나에게 하기를 바라는 대로 남을 대하라는 것이다.

이상의 의무 외에도 지켜야 할 다른 일반적인 가치들이 있다. 누구나 도를 이루도록 끊임없이 노력해야 한다. 그리고 항상 말을 아끼고 조심해야 한다. "말과 행동은 서로 밀접하게 관계되어 있기 때문이다." 공자는 성실함에도 두 종류가 있다고 말한다. 하나는 아무 노력도 들이지 않았는데 타고나는 것, 또 하나는 규율과 훈련으로 습득하는 것이다. 공자는 옛 성현들과 같은 몇몇은 처음부터 완벽한 모습으로 태어난다고 주장한다. (인도에서는 그것이 여러 번에 걸쳐 환생해 분투한 결과라고 믿는다.) 공자는 또 그렇게 태어나지 못한 평범한 사람도 자기 안에 이미 도를 이룰 힘을 갖추고 있다고 말한다. 고통을 견디며 힘들게 노력해야 하지만 말이다. 이런 믿음은 성 토마스 아퀴나스의 원죄 사상과 극명한 대조를 이룬다. 공자의 가르침에 따라 훈련한 사람은 결코 인간의 본성이 손쓸 도리 없이 사악하고 기만적이라고 주장하지 않으며, 아퀴나스의 원죄 사상을 간단히 논파해버릴 것이다.

이러한 근본적인 차이가 서양이 공자의 위대함을 이해하는 데 큰 장애가 된다. 서양은 중국에 파견된 선교사들을 통해서만 중국에 대해 들어왔으며, 공자 사상이 신과 인간의 관계를 주제넘게 이단적으로 바라본다고 여겼다. 반면 불교는 인도와 중국 사이에 놓인 혹독한 사막을 넘으면서도 아주 부드럽게 전해졌다.

균형과 조화의 또 다른 형식, 음악과 시

공자의 가르침으로 볼 때 그가 이타심과 본보기를 매우 중요시했음을 알 수 있다. 사소한 일이건 중대한 일이건, 타인을 위해 망설임 없이 자신을 희생할 수 있으며 생명의 신비를 깨달은 사람이 남을 이끌 수 있다.

"인자仁者는 타인을 세우려 자신을 세우고자 하고, 타인을 발전시키려고 스스로 발전하고자 한다. 그것이 덕의 기술이다."

타인을 이끄는 자는 완전한 조화와 균형이 깨지거나 흔들리지 않도록 규율로써 훈련해야 한다.

공자가 음악을 사랑했던 이유 하나를 여기서 찾을 수 있다. 음악은 다양한 이해利害가 조화롭게 뒤섞인 가정과 나라를 상징한다. 플라톤도 저서 『국가』에서 똑같이 음악의 중요성을 강조했다.

공자는 끊임없이 예술, 특히 음악과 시가 인격을 형성하는 데 얼마나 중요한지 강조한다. 그는 조형 예술이나 회화를 그다지 강조하지 않았지만 그것들을 빠뜨린 데에는 아마 나름의 이유가 있을 것이다. 공자는 중국인의 정신 속에 미적 가치를 하나의 삶의 양식으로 새겨 넣었다. "사람은 빵만으로는 살 수 없다"는 말은 공자가 해도 이상할 게 없다. 음악과 시 외의 다른 예술 형식도 삶에 꼭 필요하다. 중국과 그 나라의 예술 작품이 얼마나 풍부하고 뛰어난지 아는 사람이라면 쉽게 공감할 것이다.

공자는 또 이 '미美의 왕국'에서는 인간으로서의 의무가 모든 덕목의 바탕이 되어야 한다고 생각했다.

"집에서는 순종하고, 밖에서는 어른을 공경한다. 정직하고 성실해야 하며, 남을 너그럽게 대하고 좋은 친구를 사귀어야 한다. 그런 연후에 기회가 되면 경험을 거울삼아 음악, 적절한 행동을 하게 하는 예절 규범, 궁술, 기마술, 작문과 셈, 문학, 역사를 공부한다."

한마디로 여러 덕목을 마치 변주곡과 같이 조화롭게 발전시켜야 한다는 이야기다.

"연주를 시작할 때는 모든 악기가 한꺼번에 소리를 내지만, 음악이 진행되면 여러 악기가 서로 뚜렷하게 분리되어 단절 없이 흐르며 조화를 이루어야 한다. 그리고 끝날 때 다시 하나가 된다."

이 묘사는 공자가 생각한 이상적인 인간상에도 그대로 적용된다.

"신의와 정직이 가장 중요하다. 친구를 자신과 같이 대하라. 자기에게 잘못이 있으면 즉시 고쳐라."

사치도 금물이다. 사치는 정신이 올바르게 고양되는 데 방해가 된다. 용감하고 겸손하며, 현명하고 침착한 이상적인 인간의 바탕은 따뜻한 마음과 검소한 생활, 인내와 겸손, 끝없는 공부와 도덕의 실천이다. 그리고 이러한 덕목들을 잃지 않도록 자기반성을 쉬지 말아야 한다. 『중용』에 실린 공자의 이야기를 들어보자.

"시인은 물고기가 강 밑바닥까지 내려가도 볼 수 있다고 한다. 군자는 늘 마음속에 불만의 원인이 될 만한 것이 있는지 살핀다."

『논어』에도 비슷한 이야기가 나온다.

"스스로 돌아볼 때 잘못이 없다면 무엇을 걱정하고 무엇을 두려워하겠는가?"

공자가 말했다.

"완전한 덕을 쌓으려는 자는 맛있는 음식을 찾지 않고, 안락한 곳에 머무르려 하지 않는다. 정직하게 행동하고 말을 삼간다."

자공이 대답했다.

"『시경』에 '절단하여 간 듯하며, 쪼아서 광을 낸 듯하다'는 구절이 있습니다. 방금 말씀하신 것이 그런 뜻이 아닌가 합니다."

"이제 너와 함께 시를 이야기할 수 있겠구나. 하나를 말해주니 이어질 이야기를 아는구나."

가장 적절한 구절을 인용했으므로 자공은 그런 칭찬을 받을 만했다. 그가 인용한 구절은 보석을 세공하듯 자신을 갈고닦은 주나라 무왕을 찬양한 내용이다. 보석을 세공할 때는 먼저 원석을 자르고 수많은 연장으로 정교한 기술을 총동원해, 누구나 그 빛을 보고 아름답다고 느낄 때까지 연마해야 한다. 공자가 든 예들은 모두 가정과 나라가 나아갈 방향에 대한 그의 희망을 담고 있다.

각자 밟아 올라야 할 단계가 그 안에 있다. 모든 것의 원인을 살피고, 지식을 쌓고, 정직하고 성실한 마음을 기르고, 예술을 익히며, 가정과 나라를 다스리는 것이다.

수신제가치국평천하

갈고닦은 덕은 가정을 태양처럼 비추고 살찌운다. 그것이 본보기가 되어 마치 잔잔한 물에 돌을 던진 것처럼 널리 퍼져나간다. 공자는 선善이 전염되듯 퍼져나가며, 가족의 유대가 강할수록 서로 흠모하고 따라 하여 더 효과적으로 전파된다고 믿었다. 덕 있는 가정이라는 씨앗에서 국가라는 나무가 자란다. 가정에서는 격식이 다소 간소화되지만 그 정신은 변하지 않는다. 『대학』은 가정에서 부모에게 복종하는 효가 군주와 나라에 대한 충성으로 확장된다고 말한다. 가정에서 장자를 공경하는 것은 사회에서 어른을 공경하고 권위에 복종하는 것으로 이어진다. 가족 간의 다정함은 상대를 가리지 않는 공손함으로 나타난다.

"사랑이 가득한 가족 하나가 나라 전체를 사랑으로 물들인다. 한 가족이 정중하게 예의를 지키면 온 나라가 뒤를 따른다."

왕좌에 오른 이가 그러한 모범을 보이면 온 백성이 행복해진다. 여기서 또다시 공자와 플라톤의 공통점이 발견된다. 『논어』의 한 단락 한 단락이 바로 그 점을 강조한다. 노나라 실권자였던 계강자가 도둑을 근절할 방법을 묻자 공자가 대답했다.

"그대 자신부터 재물을 욕심내지 않으면 아무도 물건을 훔치지 않을 겁니다. 심지어 도둑질을 하면 돈을 주겠다고 해도 하지 않을 겁니다."

"그러면 악인을 처형하는 것은 어떻게 생각하십니까?"

"나라를 다스리는 데 굳이 사람을 죽일 필요가 있겠습니까? 그대가 먼저 선을 행하고자 하면 백성은 저절로 선해질 것입니다. 다스림을 받는 자와 다스리는 자는 풀과 바람입니다. 바람이 불면 풀은 고개를 숙이게 마련입니다.

성군이 대대로 100년을 다스린 나라에서는 악인이 교화되니 사형이 필요 없습니다."

범죄에 대한 연대책임. 이 얼마나 놀라운 인식인가!

공자는 모든 사람이 교육받아야 할 필요성에 대해서도 역설했다. 교육은 일부 특권층의 전유물이 아니다. 심지어 전쟁을 치르려 해도 교육받은 사람들이 필요하다. 무지한 사람은 나를 지키는 일조차 제대로 할 수 없다.

혹자는 훌륭한 인격이 모여 뛰어난 정부 또는 나라를 만드는 게 정말로 가능하다고 생각하느냐고 물을지 모른다. 그 영향력은 인정하더라도, 공자가 알았던 유일한 정부 형태, 즉 군주가 모범을 보이면 수많은 제후와 관리가 모두 본을 받는 봉건제도 아래에서만 실현될 수 있는 이상이 아니냐는 것이다.

내 대답은 한결같이 '그렇다'이다. 나는 두 가지 점에서 지금도 그것이 가능하다고 본다. 공자가 사용했던 용어를 그대로 써서, '군자'로 구성된 정부를 상상해보자. 복잡한 현대 사회에는 소통의 통로도 다양하므로, 군자가 보이는 모범과 가르침이 공자가 살았던 시대보다 훨씬 더 넓게 전파될 수 있다. 오늘날의 이름뿐인 지도자, 내각, 장관, 하원의원, 법관, 교육제도, 수많은 말단 공무원들을 생각해보자. 공자의 이상이 이들 앞에 펼쳐지면 위대한 열매를 맺게 될 것임을 부인할 수 있는가?

그 꿈은 결코 실현되지 않으리라는 대답이 돌아올 수도 있다. 나는 전 세계 모든 나라의 정부를 볼 때, 공자의 이상이 실현되지 않는 한 오직 절망만이 우리를 기다리고 있을 것이라고 대답하겠다. 비록 어느 정도 과장은 있었겠지만, 최소한 공자가 직접 한 도시를 다스렸을 때 거두었던 성공은 인정해야 한다. 그리고 지금 이 순간, '악을 멀리하고 선을 추구하라'는 공자의 가르침에 따라 운영되는 정부는 단 하나도 존재하지 않음을 기억하자.

알파벳도 배우기 전에 고전을 읽으려고 해서는 안 될 일이다.

중국의 영웅들

22

고대에 형성된 중국의 전통

다시 공자의 철학으로 돌아가보자. 그의 철학은 중국 고대인들의 지혜를 그대로 보여준다. 뛰어난 관개자 灌漑者가 논에 깨끗한 물을 대듯이, 공자는 선조들의 지혜를 모으고 분류하고 엮어서 중국의 갈증을 해소해주었다. 공자 자신도 "나는 선조들의 지혜를 전달했을 뿐"이라며 겸손을 보였다.

기원전 551년에 태어난 공자의 시대보다도 더 오랜 옛날이었던 고대 중국을 모르고서는 공자 철학을 이해할 수 없다.

중국에는 우리가 아는 역사 이전에 '전설과 신화의 시대'라고 할 만한 시기가 있었다. 전설과 신화에는 현대인이 인정하는 것보다 훨씬 큰 가치가 있다. 중국인의 믿음과 철학을 형성한 것이 바로 전설과 신화이다. 어쩌면 사실보다 더 중요할지 모른다. 그러나 전공자라면 절대로 무시하고 넘어가서는 안 되는 내용이기는 하지만, 여기서 그 시기를 직접 다루기에는 무리가 있다. 중국은 자신들의 역사가 4,500년 전, 즉 기원전 2600년 전에 시작됐다고 말한다.

중국 왕조의 기록은 기원전 2852년 다섯 임금이 다스리던 시기부터 시작된다. 그중 첫 번째 임금이 팔괘八卦로 알려진 기호체계를 고안했다고 한다. 팔괘는 해독된 적이 없어서 그저 장식으로 사용된다. 달력을 만든 것도 이 임금이라고 전해진다. 만일 그게 사실이라면 그때 벌써 문명이 상당한 수준으로 발전했다는 뜻이다.

이 비범한 인물들에 대한 이야기는 거의 모두가 사실인 것처럼 보인다. 그때 벌써 민주주의가 존재했다. 군주의 권력은 대단히 제한적이었으며, 마치 불성실한 하인을 내쫓듯이 임금을 쉽게 물러나게 할 수 있었다. 유럽에는 아직 문자도 없었던 시기에 이 철학자들의 나라는 벌써 칼을 들고 안팎의 적으로부터 자신의 권리와 자유를 지켰다. 그들은 공자의 이야기에서도 볼 수 있는 학파를 형성했고, 그것으로부터 무엇이 중국의 역사를 형성했는지 알 수 있다.

레그에 의하면 당시 중국에는 일신교 신앙이 있었다. 최초의 신은 '지위와 권력'을 상징한다. 레그는 고대 중국인들에게는 '제'帝가 곧 신을 나타내는 말이었다고 주장한다. 만주의 여러 나라 중 하나는 불경스럽게 최고 지배자를 직접 언급할 수 없어 대신 다른 표현을 사용하기도 했다.

이 관념을 중심으로 다른 부수적인 영적 존재에 대한 믿음도 형성되었다. 하늘과 관계된 존재, 땅과 관계된 존재, 죽은 사람의 영혼에 대한 믿음이 그것이다. 따라서 고대 중국인에게 죽음은 인간의 소멸을 의미하지 않았다.

신적인 군주는 하늘과 땅의 영을 불러 인간을 돕게 할 수 있었다. 레그는 명나라 행정법전 『대명회전』大明會典의 기도문을 근거로 제시한다. 비교적 근대에 가까운 문헌이지만 레그는 고대로부터 전해지는 신과 인간의 관계가 여기 잘 드러난다고 확신한다.

"구름을 다스리는 영이여,
비를 다스리는 영이여,
바람을 다스리는 영과 천둥을 다스리는 영이여!
이곳은 당신들이 황제를 보필하는 신하로서 구름과 비를 감독하고
바람을 일으켜 널리 보내는 곳입니다."
그리고 땅의 영혼들에 대한 기도문이 이어진다.
"산과 언덕의 영이여,
사해四海와 제국 내 사대강四大江의 영이여,
그리고 하늘 아래 모든 산과 강이여!
이곳은 그대들이 그 놀라운 힘과 보살핌으로
황제를 보필하는 신하로서 각자의 영역을 주재하는 곳입니다.
백성이 그대들의 훈공을 누리게 하소서."

다른 신앙의 하위 신들과 관련된 이야기처럼 보이기도 하고, 황제와 신료, 각 지방 현령을 포괄하는 명나라 조정을 상징하는 것 같기도 하다. 이들 중간 통치자는 백성의 이익을 대변해 황제에게 다가갈 수 있는 유일한 존재였다.

제사를 지내면 죽은 사람의 영혼이 생전의 이름, 지위 등이 새겨진 나무로 된 작은 위패로 내려온다는 믿음은 예로부터 변함이 없다. 위패는 제사를 지내는 사람 앞에 두고, 제사가 끝나 영혼이 떠난 위패는 한곳에 치워둔다.

아주 옛날에는 제사를 지내는 가족 중 하나를 선택해 위패 대신 조상의 영혼을 담는 그릇 역할을 하게 했다. 어린 소년이나 소녀가 마치 할아버지나 할머니의 영혼인 것처럼 행동하는 것이다. 그런 다음 신성한 음식을 대접하면, 손자는 가족을 축복한다. 제사는 다음과 같은 노

래로 끝난다.

"평생 돌보아주시고,

수많은 축복을 내려주시어

제가 이렇게 장성했습니다.

존경하는 아버지와 어머니께

이 제물을 바칩니다."

고대에는 죽은 사람과 저세상으로 함께 가라고 사람을 산 제물로 바치는 일도 있었다. 그러나 문명이 발전하면서 그것이 아무 가치도 없는 일임을 깨닫기 시작했고, 차차 생활필수품이나 보물을 그린 종이를 태우는 것으로 장례 문화가 바뀌었다. 종이를 태우는 전통은 현대 중국에까지 이어지고 있다.

요순 임금에 대한 『서경』의 내용

『서경』은 중국 상고 시대 역사를 기록한 책으로 중국에서 가장 오래된 문헌이다. 처음 두 편은 요와 순 두 임금에 관한 사건들을 포함해 150년간의 역사를 다룬다. 요 임금과 순 임금은 공자와 그의 철학을 이해하려는 사람이라면 절대로 잊어서는 안 되는 이름이다. 레그는 "중국의 모든 것이 요와 순에게서 비롯되었다"라는 한 중국 지식인의 말을 인용한다. 나도 같은 말을 들은 적이 있지만, 그게 문자 그대로 사실이라고는 믿지 않는다.

다음은 중국 남송의 성리학자 채침蔡沈이 1210년경에 쓴 『서경』 서문[1]이다.

"나는 10년 동안 부지런히 노력해 이 책을 완성했다. 이 책에는

---

[1] 주자朱子의 제자 채침이 『서경』을 정리한 『서경집전』書經集傳의 서문을 말한다.

위대한 요 임금과 순 임금 그리고 뒤를 이은 세 왕조의 창시자들이 세운 원칙과 법이 담겨 있다. 이 원칙과 법은 후세 대대로 나라를 다스리는 원리가 되어야 할 것이다. 이것이 얼마나 중요한지는 감히 쉽게 말할 수조차 없다. …… 위대한 다섯 왕의 다스림은 모두 바른 마음에서 얻어지는 원리에 근본을 둔다. …… 옛 성군들의 다스림 그리고 인仁과 경敬과 성誠과 덕德을 살피면 그들이 오직 바른 마음을 드러냈을 뿐임을 깨닫게 될 것이다."

이 책을 번역해 유럽에 소개한 메드허스트Walter Henry Medhurst는 "『서경』이 전하는 지혜는 모든 시대, 모든 나라에 적용할 수 있다. 개화된 유럽조차 여기에서 배울 것이 있다. 세상에 계급과 빈부의 차이가 존재하는 한, 이 책에 담긴 상호 정의와 애정과 존경과 복종의 원리 또한 자기 자리를 지킬 것이다"라고 말했다.

독자들도 공자가 옛 성현들에게 바친 찬사가 타당했음을 이제 곧 알게 될 것이다. 그들은 공자의 철학과 그가 제시한 통치 원리의 전형이었다.

『서경』 첫 장은 달력을 바로잡고 치수治水에 힘쓴 요 임금을 찬양하는 것으로 시작한다. 그는 16세에 치세를 시작해 106세까지 살았다.

"그는 하늘과 같이 너그럽고 신들과 같이 현명했다. 황색 모자와 검은색 옷을 입고, 흰말이 끄는 붉은 수레를 몰았다. 지붕과 기둥을 다듬지도 않았고, 나무 숟가락과 질그릇으로 콩죽을 먹었다. 보석은커녕 옷도 몇 벌 되지 않았다. 여름에는 칡으로 짠 옷을 입고, 겨울에는 사슴 가죽으로 옷을 만들어 입었다. 요는 가장 부유하고 현명하며 장수한 사람으로서, 온 백성이 그를 사랑했다."

공자는 "오직 하늘만이 위대하며, 요가 아니면 흉내도 낼 수 없다"

라는 말로 그의 덕을 칭송했다.

후계자를 정해야 할 때가 되자 요는 신하와 귀족들을 불러 모으고 여러 제후를 관장하는 우두머리인 사악四嶽에게 말했다.

"들어라, 나는 이제 늙고 병들었다. 왕관을 쓴 지 70년이 흘렀구나. 네가 명을 받아라. 내 자리를 너에게 물려주마."

사악이 대답했다.

"저에겐 그만한 덕이 없습니다. 명을 받을 수 없습니다."

"그럼 걸출한 인물이건 가난하고 비천한 사람이건 누구 하나를 추천해보아라."

모두가 입을 모아 대답했다.

"신분이 낮은 자 중에는 순이라는 총각이 있습니다."

"그래, 나도 그 사람 이야기를 들어보았다. 어떤 사람이더냐?"

신하가 대답했다.

"그는 맹인의 아들입니다. 아버지는 완고하고 심술궂으며, 어머니도 성실한 사람이 못 됩니다. 이복형제가 있는데 그 또한 오만하기 짝이 없습니다. 그러나 순은 부모에게 효도하고 가족과 조화롭게 살며, 그들을 점점 바르게 이끌어가고 있습니다. 그래서 이제 그 가족도 그렇게 사악하지는 않습니다."

"그를 한번 시험해봐야겠다. 아직 총각이라고 하니 내 두 딸을 그에게 시집보내야겠구나."

요는 두 딸을 시집보내며 '공경하라'고 당부했다.

순은 시험에 통과해 요와 함께 나라를 다스렸다. 다음 장에는 순임금이 정식으로 취임하여 혼자 나라를 다스리던 시기가 기록되어 있다. 『서경』은 순을 힘이 넘치고 현명하며, 백성을 위해 한시도 게으름을 피우지 않은 사람으로 묘사한다. 순은 천문학을 발전시키고 신과 땅의 영들에 제물을 바치는 의식을 제정했다.

순이 제정한 법규에는 의식에 관한 조항도 포함되어 있다. 취임식도 조상의 영혼을 모신 사당에서 열었다. 그리고 신에게 제사를 드렸다. 레그가 지적했듯이, 중국에서는 그렇게 오랜 옛날부터 왕이 대표로 신에게 제사를 지냈다.

순은 도량형을 통일하고 음악을 정비했으며, 형법과 세법을 가볍게 하고, 관리의 행위규범을 공표했다. 그가 자신의 관리 감독관에게 요구한 내용은 영원히 의미가 퇴색하지 않을 것이다.

"법을 집행할 때는 조심하고 또 조심하라. 모르고 죄를 저질렀거나 그저 실수였을 때는 용서해주어라. 의심스러울 때는 항상 자비로운 쪽으로 판단을 내려라."

그는 나라를 12구역으로 나누고 명확히 경계를 그었다. 땅을 개간하고 홍수와 가뭄에 대처하는 데도 뛰어난 능력을 발휘했다. 중국은 권위적인 나라이면서도 그 정신은 언제나 민주적이었다. 『서경』에 순 임금 치세가 묘사되었듯이, 신분이 낮은 사람을 왕으로 모셨다고 부끄러워할 이유가 전혀 없었다.

순 임금은 장수한 끝에 평생 그의 오른팔로 일하며 치수와 행정에 힘쓴 관리 감독관에게 자리를 물려주었다.

『서경』세 번째 장에는 그 위대한 업적의 결과, 각 행정 구역명과 영역, 그곳을 다스린 사람 및 재임 기간 등에 대한 세부적인 내용이 기록되어 있다.

주나라의 문왕과 무왕

그리고 이 책의 가장 흥미로운 내용이 이어진다. 반란군에 맞서 전투를 벌이기 전에 왕이 병사들에게 한 이야기이다. 왕은 '신이 반란군을 정벌하도록' 명령했다고 말한다. 그리고 이렇게 덧붙인다.

"창병과 궁수들에게 말한다. 명령을 잘 듣고 시행하라. 전차병은 말을 잘 돌보고 이끌어라. 공을 세운 이에게는 큰 상을 내릴 것이며, 불충한 자는 그 자식까지 죽음을 면치 못하리라."

이제 공자가 가장 크게 숭배했으며, 훗날 주나라 무왕武王이 될 발發에 대한 이야기로 넘어가보자. 옛 전통이 사라지고, 은나라 마지막 왕의 폭정과 독재에 백성이 신음하던 때였다. 왕후 달기는 백성들이 악마의 화신이라고 생각할 만큼 잔인하고 사악한 여자였다. "달기는 포락炮烙[2]과 꼬치에 꿰는 형벌을 고안해 백성이 불평하며 두려움에 떨게 했다."

왕과 왕후는 아무 거리낌 없이 온갖 사치를 즐겼다. 왕은 항상 술에 취해 있었다. 신하들이 아무리 간언해도 소용이 없었다. 왕의 향락을 위해 백성은 전 재산을 세금으로 바쳐야 할 지경이었다.

주나라 문왕은 제후 중 가장 뛰어난 사람이었다. 그는 온 나라가 모범으로 삼을 만한 사람이었으므로, 백성의 마음은 그와 그 아들 발에게 기울어 있었다. 문왕은 왕을 일깨우려고 상소를 올렸다가 투옥되었다. 그러나 "돌벽이나 쇠창살로는 사람을 가둘 수 없으며, 순결한 영혼은 감옥조차 은신처"로 여기므로, 문왕은 갇혀 있는 동안 중국에서 가장 유명한 책의 일부를 썼다.[3]

그러나 중국에는 문왕이 필요했다. 아들 발은 미녀와 값비싼 재물

---

2   구리 기둥에 기름을 발라 숯불 위에 걸쳐 놓고 죄인을 그 위로 걷게 해 미끄러져 타 죽게 하는 형벌.

3   『주역』周易의 괘사卦辭를 의미한다. 그러나 『주역』은 기원전 403년 이후에 틀을 갖춘 것으로, 현대에는 문왕, 주공, 공자가 『주역』을 나누어 지었다는 설을 잘못되었다고 본다.

을 독재자에게 보냈다. 발이 보낸 여자는 왕에게 간청해 문왕을 풀어주게 했다. 문왕이 아들 곁으로 돌아오자 성난 귀족과 백성이 주위로 모여들었다. 잔인한 폭정은 계속되었으며, 사람들은 점점 더 문왕 부자가 독재자를 몰아내고 선정을 베풀어주기만을 기대했다.

그리고 제후와 소작농에 이르기까지, 온 백성이 기쁨과 놀라움으로 그들의 희망이 이루어지는 광경을 목격하게 된다. 몇 해 전, 영토 문제로 분쟁하던 두 제후가 문왕에게 중재를 부탁하러 찾아온 적이 있었다. 제후들은 문왕의 백성이 누구 하나 제 이익을 따지지 않고 공공의 선을 먼저 생각하는 모습을 보고 큰 감명을 받았다. 농부들은 서로 도왔고 땅에는 경계를 나타내는 표석이 없었으며, 행인들은 예의 바르고 조심스럽게 행동했다. 노인이 무거운 짐을 들지 않도록 하는 법도 있었다. 왕궁도 마찬가지였다. 경쟁자 대신 동료가, 다툼 대신 선의의 경쟁이 있을 뿐이었다. 제후 하나가 먼저 입을 열었다.

"이 훌륭한 분을 우리 일로 귀찮게 할 필요가 있겠소?"

두 제후는 타인을 위해 삶을 온전히 바친 문왕에게 골칫거리를 안겨주지 않기로 하고, 돌아가서 평화롭게 문제를 해결했다. 이후로 두 나라 사이에는 어떤 문제도 일어나지 않았다.

그런 인물에게 중국의 희망이 쏠려 있었다. 그 희망은 문왕이 아니라 그의 아들이 실현했다. 문왕이 90세에 세상을 떠나자 아들 발이 뒤를 이었다. 아버지의 죽음, 용감하게 폭군을 일깨우려다 목숨을 잃은 삼촌, 폭정에 시달리며 거의 미쳐가는 백성을 보며 발은 이제 때가 되었음을 알았다. 발이 군사들에게 말했다.

"지금 왕은 그 자리에 적합한 자가 아니다. 신과 조상을 숭배하지도 않는다. 그러면서 신이 자기를 왕으로 세웠으니 누가 감히 신에게

대적할 것이냐고 말한다."

그러고는 군대를 진군시키며 다시 외쳤다.

"나는 늘 신에게 제사를 지내왔다. 나는 너희가 신의 뜻을 실행토록 이끈다."

그는 한 손에 전투 도끼를 들고, 다른 손에는 왕가의 흰색 깃발 들었다. 발의 전차가 들이닥치자 폭군의 군대는 멀리 도망쳐버렸다. 대승리였다.

왕은 도망쳐서도 진주와 보석으로 치장했다. 그리고 자기가 숨은 탑이 불타는 모습을 보며 그곳에서 죽었다. 폭군과 악녀가 마땅히 있어야 할 곳으로 떠난 것이다.

발은 주나라를 건국하고 왕위에 올라 고통받던 백성에게 선정을 베풀며 현명한 법을 시행했다. 공자가 밤낮으로 즐겁게 공부하고 중국 전체로 퍼져 나가기를 희망했던 바로 그 법이었다. 발은 돌아가신 아버지를 '문왕'으로 받들고 자신은 '무왕'이라 칭했다. 지금도 이들 부자는 중국 역사상 가장 위대한 군주로 사랑과 존경을 받는다. 이들을 모르고서는 공자를 이해할 수 없다.

"왕은 기병을 돌려보내고, 전쟁에 쓴 무기를 호피에 싸서 봉인하고, 전차와 갑옷도 창고에 넣었다. 그렇게 전쟁이 끝났다."

나이가 많이 들어 건강과 희망을 잃은 공자가 이렇게 말한 적이 있다.

"내가 너무 늙었구나. 오랫동안 무왕의 꿈을 꾸지 않았다."

공자는 언제나 명상 속에서 무왕과 함께했던 것이다.

분서갱유라는 재앙과 복구 작업

공자 자신의 저작임이 확실하여 중국에서 가장 숭배받는 책 『춘추』가 주나라 역사를 다룬 것은 어쩌면 당연한 일이다. 무왕을 흠모하는 마음이 자연스럽게 붓을 이끌었을 것이다. 공자는 『춘추』를 쓰며 '이름을 바로잡는' 본을 보이고자 심혈을 기울였다. 즉 주제에 담긴 사상의 머리카락 그늘 하나까지 제대로 표현하는 단어만을 사용한 것이다. 예를 들어, 왕이 아랫사람 손에 부당하게 죽으면 '시'弒라 말하고, 폭군이 같은 운명을 맞았을 때는 '살'殺이라고 표현하는 식이다. 이는 폭군이 어떤 의미에서도 왕이 아니라는 뜻을 함축한다. 공자는 단어 하나, 문장 하나에 문학적이고 도덕적인 가치를 부여했다.

이 책이 등장하자 불충한 신하와 불효자식이 두려움에 떨었다고 전해진다. 양심을 직접 겨냥하여 옳고 그름, 선과 악을 명확히 구분해주었기 때문이다. 그들은 덕에서 멀어진 정부는 더 이상 실제적인 의미에서 정부가 아님을 배웠다. 공자의 모든 가르침이 그랬듯, 세상의 선은 개인의 선이 모여 이루어진다는 입장이 이 책에서도 유지된다. 세상을 바꾸려는 자는 먼저 가정에서부터 시작해야 한다. 용기를 북돋는 경이로운 진리다. 이러한 진리가 실현된 세상을 공자는 '대동사회' 大同社會라고 표현한다. 인도철학자들은 이 명칭을 아마 다음과 같이 이해할 것이다.

"공자 자신도 미처 몰랐겠지만, 그는 만물이 단지 현상일 뿐임을 깨달았다. 오직 절대적 존재만이 유일한 진리이다. 타인에게 의무를 다하는 것은 곧 자신에게 의무를 다하는 것이다."

『서경』에는 먼 옛날의 악마적인 잔인함을 담은 이야기도 많이 들어 있다. 그러나 그 못지않게 절대 잊혀서는 안 될 황금시대의 숭고한 이야기도 많이 담겨 있다. 중국인의 마음에는 더욱 각별하다. 공자의 손길이 곳곳에 느껴지기 때문이다. 『춘추』는 온전히 전해지지 못했다. 악명 높은 진 시황의 분서 사건 때 다른 위대한 책들과 함께 상당 부분 소실된 까닭이다. 진나라의 뒤를 이은 한나라에서 훼손된 책들을 모아 다시 정리했다. 분서 사건에 대해 역사에 기록된 내용은 간략하게나마 짚고 넘어가야 한다.

남쪽 지방 순회를 마치고 돌아온 진 시황이 궁에서 연회를 베풀었다. 학자 70여 명이 참석해 왕의 장수를 기원했다. 그때 궁술을 지도하는 자가 앞으로 나와 말했다.

"폐하의 영험과 지혜로우심 덕분에 제국이 평안합니다. 해와 달이 비추는 모든 것이 폐하께 복종합니다."

진 시황은 아첨을 듣고 기분이 좋아졌다. 그때 승상 이사李斯가 나섰다.

"제 목숨을 걸고 말씀드리겠습니다. 폐하께서 제국을 평안케 하시는 이때 학자들은 여전히 자기들만의 괴상한 학문을 연구하고, 폐하의 법에 반하는 가르침을 전하고 있습니다. 그들은 모든 조례를 두고 토론하며 불만을 품고 있습니다. 길거리에서도 이야기를 멈추지 않습니다. 이는 백성을 죄와 사악한 불평으로 이끄는 일입니다. 이 모든 것을 금지하지 않으면 폐하의 권위가 약해질 것입니다.

금지하는 방법으로 가장 좋은 것은 사관이 보관한 기록을 진나라 것만 남기고 모두 불태워버리는 것입니다. 학자들이 보관한 책도 모두 불태우고, 제국 내에 『시경』과 『서경』과 '제자백가'의 책 필사본을 가진 자는 자진하여 관에 바쳐 역시 불태우게 해야 합니다. 또한 감히

『시경』과 『서경』을 입에 담는 자는 사형에 처해 저잣거리에 내걸고, 과거를 찬양하고 현재를 비판하는 자는 친척들까지 모두 죽여야 합니다.

누가 이 법을 어긴 것을 알고도 고하지 않은 자에게도 같은 죄를 묻습니다. 법령이 공표되고 30일이 지났는데도 아직 책을 불태우지 않은 자는 노예로 삼아 장성을 쌓게 합니다. 보관해도 좋은 책은 의학, 점술, 농사에 관한 책뿐입니다. 법에 대해 배우고자 하는 자는 관리에게 가서 배우도록 하게 하면 됩니다."

이 현명한 충고를 듣고 진 시황이 내린 결정은 '승인'이었다! 실로 엄청난 급진주의자들이다. 침묵 속에서 자신들을 비난하는 지난 역사 자체를 불태워버리지 못하는 것을 유감스럽게 여겼을 것이다. 그러나 그들은 할 수 있는 최대한을 해냈다. 이듬해 4백 권 이상을 숨긴 학자 60명을 찾아내 모두 산 채로 묻어버렸다. 그리고 혐의가 조금이라도 있는 사람은 지위를 박탈하고 유배 보냈다. 진 시황의 맏아들이 항의해 보았지만 아무 소용 없었다. 진 시황은 자기 아들마저 만리장성을 쌓는 현장으로 유배 보내버렸다. 고전을 모두 없애버리겠다는 진 시황의 소망은 그렇게 이루어졌다.

이 이야기는 바보와 폭군이 보기에도 고대의 성군들과 공자가 얼마나 위대했는지, 그들의 영향력이 얼마나 컸는지를 강력하게 뒷받침해준다. 그들과 진 시황은 공존할 수 없었다. 3년 후 진 시황이 죽고, 22년 후 진나라가 멸망하자 한나라 황제는 이 끔찍한 재앙을 되돌리려고 온 힘을 다했다. 한나라 고조高祖가 기울인 노력도 기록으로 남아 있다.

"공자가 죽자 그의 위대한 가르침도 끝났다. 그리고 70명의 제자도 죽자 그 의미가 왜곡되기 시작했다. 전국 시대의 무질서 속에서 혼란이 가중되었다. 그리고 진나라 때 일어난 재앙으로 수많은 기록이 불타고 백성은 무지한 채로 남았다. 그러나 후에 한나라가 일어나 문제를 해결했다. 남은 죽간을 힘써 모아 책을 다시 편찬했다. 혜제惠帝는 끝내 전부를 다 찾아내지 못해 예와 음악이 크게 다치자 몹시 슬퍼했다."

뒤를 이은 황제들도 손상된 지혜와 지식을 되살리려고 온갖 노력을 기울였다. 상당량을 다시 모을 수 있었지만, 순서와 출전이 거의 절망적일 정도로 뒤죽박죽이었다. 전국 시대에도 제후들이 자신의 치부를 지적하는 황금시대의 기록들을 파괴하는 일이 있었다. 『논어』는 처음엔 두 개의 판본이 발견되었다. 하나는 공자의 고향 노나라에서 나왔고, 또 하나는 이웃 제나라에서 나왔다. 두 판본이 상당히 많이 달라서 혼란이 심했다.

기원전 150년, 황제의 아들 하나가 노나라 왕으로 봉해졌다. 그는 왕궁을 넓히려고 공자가 살던 집을 허물다가 『서경』과 『춘추』, 『논어』의 판본을 발견했다. 진나라 때 벽 속에 감추어 두었던 책들로 모두 고대에 쓰이고는 사용되지 않은 것들이었다.

부분적으로만 남아 있던 판본 두 개 중 하나가 여기서 발견된 판본의 한 부분과 일치했다. 이로써 어떤 것이 신뢰할 수 있는 정통 판본인지 판가름 났다. 왕은 즉시 세상에서 가장 현명한 사람이 살았던 신성한 집을 허물지 못하게 했다.

이 위대한 책들은 얼마나 큰 위험을 뚫고 살아남았는지 모른다. 그런 위험을 다시는 겪지 않도록 하려고 175년부터 학자들이 인정한 판본들을 석판에 새기고, 240년에서 248년 사이에 한 번 더 보완해 함께 보관했다.

공자의 철학과 중국인의 정신

공자 철학에는 두 가지 목적이 있다. 개인이 너그럽고 고상한 인격을 함양토록 하는 것 그리고 그 결과가 정치와 사회에 나타나게 하는 것이다.

개인의 인격적인 성장이 중요한 이유는 그것이 세상에 커다란 영향을 끼치기 때문이다. 훌륭한 인격이 가져오는 진정한 행복은 현세에서 느끼는 것도 아니고 영원한 축복을 받은 영혼이 누리는 것도 아니다. 공자는 사후 세계에 대해서는 아무 이야기도 하지 않았다. 때로 제자들이 지극히 자연스러운 호기심으로 공자에게 답을 구한 적도 있었다. 조상의 영혼에 제물을 바치고 제사를 지내는 이들로서는 당연한 질문이었을 것이다. 제자들은 영혼에 관한 공자의 믿음을 기쁜 마음으로 배우고자 했을 것이다. 그러나 공자는 그 주제에 관한 견해를 어디에서도 밝히지 않았다. 오히려 그가 절대로 말하지 않으려 했던 주제 네 가지가 있었다는 사실이 기록으로 남아 있다. 그것은 기이한 현상, 초자연적인 힘, 혁명, 영혼에 관한 것이었다. 붓다가 '현자의 고귀한 침묵'이라고 말했던 바로 그 자세이다.

공자는 그 자세를 유지했다. 제자 하나가 죽은 조상님께 봉사하는 것의 의미를 묻자 공자가 대답했다.

"살아 계실 때도 제대로 모실 줄 모르면서 돌아가신 다음에 어떻게 모시겠느냐?"

"저는 죽음에 대해 여쭙고 싶습니다."

"삶에 대해서도 다 모른다면 어떻게 죽음에 대해 알 수 있겠느냐?"

그러나 스승에 미치지 못했던 제자들은 이 문제를 그냥 내버려두지 못했다. 제자들은 공자가 숭배해 마지않던 성군들의 시대부터, 고귀한 사람의 영혼에 제물을 바치고 기도하는 것이 단순한 미덕만은 아니었음을 잘 알고 있었다. 거기엔 분명히 지적이고 실제적인 이유가 있었다. 제자들은 이 어려운 문제에 대한 공자의 생각을 알고 싶어 했다. 자공도 예외는 아니어서, 산 사람들이 자기에게 제물을 바치는 것을 죽은 사람이 아는지 모르는지 공자에게 물어보았다. 공자는 이렇게 대답했다.

"안다고 대답하면 효성 지극한 아들과 손자들이 제사에만 매달리느라 다른 일을 망칠 것이고, 모른다고 대답하면 불효자들이 부모를 장사 지내지도 않을 것이다. 너도 굳이 알려고 할 것 없다. 그건 당면한 문제가 아니다. 언젠가 네가 직접 그 답을 알게 될 것 아니냐?"

공자도 붓다와 마찬가지로 평범한 사람들에게 무한이라는 개념은 너무 버겁다는 것을 잘 알고 있었다. 그의 사명은 사람들이 의무와 규율을 다하게 하여 그들을 더 높은 곳으로 이끄는 것이었다. '인간의 도리'를 충실하게 지키며 살면 그 길이 언젠가 '하늘의 도리'에 닿을 때가 온다. 공자가 대답을 미룬 이유는 이해하기 어렵지 않다. 그러나 훗날 『예기』에서는 이렇게 말하기도 했다.

"모든 생명은 언젠가 죽어서 흙으로 돌아간다. 그러나 영혼은 영광스럽게 하늘로 올라가 빛이 된다. 연기처럼 올라가 사람을 슬프게 하는 그것은 모든 생물의 미묘한 정수이다."

여기서도 명확한 설명은 거부한다. 중국은 공자 이전에도 이후에도 같은 자세를 고수하며, 조상의 영혼이 행복한 곳에 머문다는 것을 은연중에 인정한다. 고금을 통해 제사를 지내온 모든 사람이 그것을 증명한다. 공자가 생각한 이상적인 인간인 무왕은 "할아버지와 증조할아버지께도 왕호를 바치고 이전의 모든 조상들께도 천자天子로서 기쁨의 제사를 드렸다." 할머니들도 마찬가지로 숭배되었으며, 남편 곁에 함께 위패를 모셨다. 다음은 명나라 황제가 제사 때 읊던 기도문이다.

"하늘에 계신 조상님들의
영광스러운 영혼을 떠올립니다.
넘치는 분수에서
물줄기가 흐르는 것처럼,
당신과 당신의 자손이
이어집니다.
까마득한 후손인 제가
이 자리를 물려받았습니다.
과거를 돌아보며 이 제물을
당신께 바칩니다.
대대손손
영원히 영광을 받으소서.
밝게 드러나고,
위엄 있게 가려진
영혼은 발자국을 남기지 않습니다.
황제의 마차를 타고 어디든 원하는 곳에
조용히 나타나십니다.
영혼은 하늘에 계시고,
위패는 이곳에 모셨습니다.
아들과 손자들이 끝없는 효심으로
당신들을 기억합니다."

공자는 중용에 관해 이야기하며 평범한 중국인뿐 아니라 인도 아리안을 제외한 어떤 민족도 이해하기 쉽지 않을 고차원적인 이야기를 남겼다.

"신은 얼마나 너그러우신지. 눈을 들어도 보이지 않고, 귀를 기울여도 들리지 않는다. 그러나 그는 어디에나 있으며, 그가 없는 곳엔 아무것도 없다. 그는 넘치는 물처럼 기도하는 자의 머리 위에, 오른편에, 왼편에 계신다."

중국인의 실용적인 정신은 그 아래에서 멈추어 섰다. 그리고 65년 중국에 불교가 들어오기 전까지 궁극적인 주제에 대해서는 생각하지 않았다. 위대하고 숭고한 중국의 정신은 질서정연한 문명을 낳았다. 정신적인 부분을 제외하면 인도조차 비교될 수 없을 정도로 그들의 문명은 아름답다. 중국의 정신에 지배당해놓고 오히려 자기들이 중국을 지배했다고 주장하는 침략자들에게 조금도 더럽혀지지 않은 채 그들의 문명은 여전히 보존되어 있다. 미학은 하나의 정책이나 다름없다. 예술은 하루하루 살아가는 데 꼭 필요한 양식과도 같다. 그러나 신과 인간의 관계로 접어들면 인도가 독수리처럼 날개를 펴고 천상으로 날아오르고, 중국은 그 발아래 엎드려 그것 없이는 사람이 살 수 없는 영혼의 양식을 구한다. 그 빛은 그리스, 페르시아, 일본, 실론(스리랑카), 샴(태국)을 밝게 비추었으나, 서양인의 마음에는 아직도 불길을 댕기지 못했다.

중국의 정신

23

공자는 중국의 '신'이라고 해도 좋을 개념을 창시하고 이끌었다고 해도 과언이 아니다. 공자라는 인물과 위치에 대해 간단히 요약해보자. 기독교 신앙의 창시자와 비교했을 때, 공자가 차지하는 선교사적인 지위는 무시당하기 쉽다. 그리 대단한 성과를 거두지도 못했고, 비판의 여지도 없지 않다. 그러나 앞으로도 그런 견해가 인정받기는 어렵다. 공자가 이룬 업적과 가치는 정당한 평가를 받게 될 것이다.

공자의 죽음에는 실패라는 그림자가 드리워졌지만, 위대한 인물의 최후로서는 그리 드문 일도 아니다. 공자의 위대함을 누구보다 잘 알고 있었던 제자들도 스승이 중국 전체에 그렇게 엄청난 영향력을 발휘하게 되리라고는 미처 예상하지 못했다. 공자는 군주 아래에서 봉건제를 철폐하고 제국을 재편성하기를 희망했다. 공자가 꿈꾸었던 이상적인 통치를 실현하려면 반드시 필요한 일이었다. 그러나 공자의 희망대로는 되지 않았다. 봉건제는 그가 죽은 후 많은 피를 흘리고서야 사라졌다. 중국의 미래가 어떻게 펼쳐질지 누구도 짐작할 수 없었다.

그러나 공자의 가르침에 담긴 신념이 수많은 사람의 마음을 뒤흔들었다. 숭고한 영혼들이 횃불에 뛰어드는 나방처럼 공자가 드리운 불빛을 향했다. 누구도 공자의 매력에서 벗어나지 못했다. 사람들은 공자에게서 이상적인 인간, 군자의 모습을 보았다. 공자가 그린 그림은 중국의 희망이었다. 그것은 도저히 닿을 수 없는 천상의 세계가 아니라, 이 땅에서 실제로 구현할 수 있는 현실이었다. 이상적인 연합국가를 이룰 수 있는 것은 오직 백성의 충성과 사랑을 얻은 군주의 칼과 방패뿐이었다.

공자와 중국인들은 중국의 황금시대를 다스린 것이 바로 그런 성인들이었다고 믿었다. 공자는 그런 성인들의 모습을 이은 사람이었다. 공자가 고전들을 통해 전한 교훈이 그를 믿고 따른 사람들 마음에서 열매를 맺었다면 지나친 과장일까? 아니, 그렇지 않다. 인류애와 협동에 근거를 둔 공자의 가르침은 중국을 평화와 조화 속에 하나로 묶는 것으로 실현되었다. 예술이 삶에 스며들었으며, 효 사상이 아시아 전역으로 퍼져나갔다.

물론 성공적이었던 것만은 아니다. 공자의 가르침이 제대로 받아들여지지 않은 사례는 얼마든지 있다. 공자 자신도 평범한 사람들이 고차원적인 영적 진리를 쉽게 이해할 수 없을 것임을 아주 잘 알고 있었다. 공자는 그런 부분을 앞으로 풀어나가야 할 신비로 남겨두었다. 바르게 생각하고 바르게 행동하며 태고의 늪을 건너 꾸준히 발전해나가는 사람이라면 반드시 그곳에 이를 것이다. 그러나 신비주의적인 감성을 비춰줄 빛은 역시 조금 부족하다. 그 빛은 눈부시지만, 다소 차가운 것도 사실이다.

중국은 지금 그 어느 때보다 그들의 왕관 없는 왕의 가르침으로 돌아가, 그의 가르침이 실현되기를 간절히 기도해야 할 시기이다. 더 위대한 가르침도 분명히 존재할 수 있다. 그러나 그런 게 있다고 하더라도 중국은 공자의 이상에 따라 살아가게 해야 한다. 그것이 중국을 위해 마련된 최상이기 때문이다. 서양 국가들도 개인적인 이익과 똑같이 공공의 이익을 생각하는 고귀한 삶, 품위와 지성이 가득한 이상적인 인격으로부터 얼마든지 많은 것을 배울 수 있다.

가정과 사회 속에서 살아가는 젊은이들에게 이보다 더 나은 이상을 제시할 수 있을까? 나는 대학에 진학하는 모든 학생에게 『논어』를 공부하라고 권한다. 세상 모든 위대한 인물의 위대한 사상은 전 세계 공통의 재산이므로, 개인과 사회가 최고의 선으로 나아가기를 바라는 모든 이가 공자의 책을 읽어야 할 것이다.

중국의 위대한 신비주의자 노자

24

신비에 싸인 신비주의자 노자
───────────────

이제 공자의 호적수라 할 수 있는 노자의 사상을 이야기할 차례가 되었다. 공자가 낙양을 방문했을 때 만나서 대화를 나눈 바 있는 바로 그 사람이다. 대중적인 인기로 볼 때는 둘은 비교될 수 없다. 공자의 이상은 마치 그리스 조각상처럼 압도적인 아름다움으로 무장했다. 눈과 이성을 가진 사람이라면 도저히 매혹되지 않을 수가 없다. 중국에서 공자 사상은 생과 사가 달린 가치라고 해도 과언이 아니다. 민족의 영웅들을 다루었다는 점만으로도 그만한 헌신을 이끌어낼 수 있었다.

그러나 세상에는 다른 종류의 가치, 다른 관점의 깨달음도 존재한다. 공자가 평범한 사람들이 추구할 수 있는 가치를 구축했다면, 노자가 저 구름 위에 쌓은 토대는 영적인 세계에 머무는 사람들을 위한 것이었다.

설명서처럼 분명하고 단순한 공자의 가르침은 누구나 이해할 수 있다. 노자는 신과 씨름한 야곱과 같이, 전하고자 하는 의미를 말로 다 표현할 수가 없었다. 그의 사상은 인간의 언어를 초월한 무한에 대한 것이었다. 그러나 그것을 느끼고 성취할 수 있는 사람들, 먹구름 낀 하늘에서 한순간이라도 빛을 보았던 사람들에게는 공자의 가르침이 다소 세속적이고, 천상의 아름다움과는 거리가 있는 것으로 보이는 경향이 있다. 그들의 평온은 세상이 줄 수도, 파괴할 수도 없다.

노자를 이야기할 때는 신과 하나가 되는 인도, 붓다의 열반, 기독교적인 평화와도 같은 영역으로 들어가게 된다. 만일 노자가 인도에 가 보았다면 자기 사상을 더 분명하게 표현할 수 있었을 것이다. 그러나 노자는 인도를 방문하지 않고도, 자신의 짧은 책으로 중국을 신비주의 사상이 눈부시게 빛나는 나라들과 어깨를 나란히 하게 했다.

노자의 삶에 대해서는 알려진 바가 별로 없다. 사람들은 커다란 소나무가 우뚝 서 있고 폭포가 천둥소리를 내며 강과 바다와 조화를 이루려 쏟아져 내리는 절벽에 신선처럼 초연하게 앉아 명상에 잠긴 노자를 떠올리곤 한다. 그 모습이 너무 모호하고 신화적이어서 노자가 실존인물이 아니었다고 생각하는 사람들도 있다. 중국 예술을 공부하는 행복한 학생들은 명상에 잠긴 노자의 그림을 본 적이 있을 것이다. 신의 형상으로 자연의 신비 속에 숨 쉬며 천상의 지혜에 이르는 모습을 말이다.

그러나 그 지혜는 이 세상을 위한 것이 아니다. 노자가 녹아든 한밤중의 하늘을 보려면 먼저 신비주의자의 빵을 먹고 와인을 마셔야 한다. 속세의 눈으로는 달에 반사된 빛이 아니면 태양의 엄숙한 빛을 분명하게 볼 수 없다.

노자 주위에는 온통 신비로운 기운이 서려 있다. 처녀였던 노자의 어머니가 떨어진 별의 힘으로 그를 수태했다고 전해진다. '노자'老子라는 이름에는 '먼 옛날의 아이'와 '존경할 만한 철학자'라는 두 가지 의미가 있다. 본명은 '이이'李耳로, 불멸의 상징인 자두를 뜻하는 '이'李는 그가 자두나무 아래에서 태어났다고 하여 붙여진 성姓이다.

그러나 노자에 관한 이야기들은 대부분 그의 사람됨과 가르침에서 비롯된 전설일 뿐이다. 666년, 당나라 태종은 노자의 성이 자신과 같은 이씨임을 들어 조상으로 여기고 성인으로 공표했으며, 그의 사상을 국교로 삼았다. 노자는 비교적 젊은 나이에 주나라에서 역사가이자 왕실 도서관장 자리를 맡았을 정도로 학식이 높고 지적으로 뛰어난 사람이었다. 공자가 낙양을 방문했을 때도 그의 이름은 널리 알려져 있었다.

그렇게 많은 자료를 마음대로 열람할 수 있는 지위에 있었던 사람이라면 초기 인도철학을 접했을 가능성도 있다. 노자 사상과 인도 아리안 철학의 유사성으로 볼 때 충분히 있을 수 있는 이야기다. 훗날 중국의 불교 철학자들이 그랬던 것처럼 노자도 말년에 중국을 떠나 인도로 여행을 떠났다고 주장하는 사람도 있지만, 그런 가설로는 둘 사이의 동시성을 설명하지 못한다. 무엇보다 노자의 유명한 저서 『도덕경』道德經은 노자가 중국을 떠날 수 있었던 시기보다 훨씬 전에 쓰였다. 그러므로 만일 노자가 인도 문헌을 읽지 않았다면, 그는 스스로 그 신비로운 길을 걸어 자신만의 결론에 도달했다고 보아야 한다.

사마천은 공자와 노자의 만남을 기록하며 다음과 같은 견해를 덧붙였다.

"노자는 도와 덕의 길을 닦았다. 그는 은거한 채 세상에 알려지기를 원치 않았다. 왕도王都 낙양에 머물었지만, 훗날 왕국의 쇠락을 목격하고 성문을 나서 나라 밖 북서쪽으로 떠났다. 문지기가 '도망쳐서 숨기 전에 책 한 권만 지어달라'고 청했다. 노자는 그의 청을 받아들여 도와 덕에 관한 5천 자짜리 책을 한 권 써주었다."

노자와 문지기는 검은 소 한 마리가 끄는 작은 우마차를 타고 신화 저편으로 사라졌다고 전해진다. 남은 건 책 한 권뿐이었다. 사마천은 노자가 고독을 추구한 위대한 인물이라고 말했다.

공자와 극명하게 대비되는 삶이다. 우리가 노자에 대해 확실히 아는 것이라고는 이 기이하고 매력적인 책 한 권뿐이다. 반면 공자는 『논어』가 살아 있는 그를 우리 앞에 생생하게 보여준다. 공자는 스스로 의무를 다하려 끊임없이 모습을 드러내지만, 노자에게 그것은 불가능한 태도이다. 그는 오직 한 가지만을 생각했으며, 결국 그 속으로 사라져 버렸다. 노자의 사상을 전하는 것은 그의 위대한 제자 장자莊子의 몫이었다. 장자에 대해서는 뒤에서 다시 다룰 것이다.

『도덕경』의 오묘함과 난해함

노자 사상은 극도로 축약되었으며 암시로 가득하다. 중국에 파견된 예수회 신부는 이 사상의 신비주의적인 면을 즉시 눈치 채고, 기독교 교리로 해석해 전파할 수 있는 부분을 찾으려 문단을 샅샅이 뒤졌다. 자연스럽게 목적에 맞는 부분을 찾을 수는 있었지만 그들의 해석을 인정하는 학자는 아무도 없다. 『도덕경』은 현재 영어, 프랑스어, 독일어 등 여러 서구어로 번역되었다. 서양이 동양의 보물을 배우려면 더 많은 언어로 번역되어야 할 것이다.

운문 형식으로 쓰인 이 책은 영어로 번역하기가 정말이지 말도 못하게 어렵다. 매우 수준 높은 초월적인 철학체계의 개괄이며, 중국에서는 완전히 새로운 것이었다. 중국은 이 철학체계에 '도교'道敎라는 이름을 붙였다. '도'는 영어로는 (가장 고차원적인 의미에서) 'Reason'(원리 또는 사리)이라고 번역되기도 하고, 「요한복음」에서 사용하는 것과 거의 같은 의미로 'Word'(말씀)라고 번역되기도 한다. 'The Way'(길) 또는 'The Law'(법)로 의역하는 것이 가장 적합할 것이다. 이 책은 이렇게 시작한다.

"말로 표현할 수 있는 도는 진정한 도가 아니다. 영원한 이름은 말로 할 수가 없다.

하늘과 땅의 원인은 이름을 말할 수 없다. 이름을 붙임으로써 모든 것이 태어난다. 욕심을 완전히 버린 자만이 그 본질을 알 수 있다. 욕망에 매인 자는 껍데기밖에 보지 못한다. 정신과 물질을 서로 다른 이름으로 부르지만, 그것은 하나이며 기원도 같다. 이 '같음'은 신비로우며, 신비 중의 신비이다. 모든 오묘하고 놀라운 것이 나오는 문이다."

우주가 하나라는 인도 불이일원론不二一元論 철학의 기본적인 개념을 발견할 수 있다. 이들은 어떤 형태의 이원론도 허락하지 않는다. 익숙한 인도철학의 문을 열고 들어서면 노자 철학의 난해함이 말끔히 해소된다.

"사람들은 모두 아름다움만을 생각한다.

아름다움의 반대편에는 추함이 있다.

사람들은 모두 사랑만을 생각한다.

사랑의 반대편에는 미움이 있다."

다시 한 번 선과 악을 넘어선 신을 이야기하는 인도철학을 떠올리게 된다. 그런 관점에서 보면 선과 악은 구별할 수 없거나 동전의 양면과도 같다. 사랑이 있는 곳에는 반드시 미움이라는 그림자가 있다. 추함을 모르고는 아름다움을 인식할 수 없다. 존재함과 존재하지 않음은 서로에게 의존한다.

"길고 짧음은 드러난 모습일 뿐이다. 하나는 다른 하나의 형상이다."

따라서 우주는 서로 상반되는 것이 뒤섞인 체계이다. 선과 악도 서로 독립적으로 존재할 수 없다. 실제로는 서로 반대되는 것이 아니다. 단지 유한한 지식이 그렇게 인식할 뿐이다.

"그러므로 현자는 말이 아니라 행동으로 가르친다. 만물은 성장하므로 그것을 소유하려 하지 않는다. 성장을 도우며 대가를 바라지 않는다. 일이 완성되어도 성취라고 할 수 있는 끝은 존재하지 않는다."

즉 도는 모든 자연적인 과정에서 드러나며, 어떤 것도 다른 것보다 더 중요하거나 덜 중요하지 않다.

월트 휘트먼Walt Whitman이 표현하고자 했던 것도 바로 이것이었을 것이다.

"나는 풀잎 하나가 별들의 운행과 마찬가지라고 믿는다. ……
덩굴진 산딸기가 천국의 거실을 장식하리라. ……
생쥐 한 마리는 수많은 이교도를 비틀거리게 할 기적이다."[1]

휘트먼과 노자는 이 점에서 서로를 이해할 것이다.

정확하게 말하고 끝없이 노력할 것을 강조하는 공자와 얼마나 견해가 다른지 분명히 드러난다. 다스림에 관한 노자의 독특한 사상을 이야기하는 다음 장에서는 그 균열이 더욱 깊어진다.

"다툼을 없애려면 사람들이 자기보다 훌륭한 사람을 떠받들지 못하게 하라. 탐낼 만한 물건을 보여주지 않으면 마음속에서 혼란이 사라진다.

그러므로 현자의 다스림은 사람들 마음을 비우고 배를 채워주며, 의지는 약하게 하고 뼈는 단단하게 하는 것이다.

---

1 「나 자신의 노래」Song of Myself의 일부.

사람들을 단순하며 욕망이 없게 하고, 배웠다는 자들이 함부로 하지 못하게 한다. 행동을 자제하면 자연스럽게 질서가 잡힌다."

학자들은 이 주장 때문에 골치를 썩이지만 내가 보기에는 그럴 이유가 전혀 없다. 노자는 인도의 환생 신앙을 공유하며, 대다수 인간이 지적으로나 영적으로나 진화의 초기 단계에 있다고 본다. 그들은 아직 지식이라는 양날의 검을 제대로 사용할 수 없다. 가장 단순한 도의 첫걸음 외에는 이해하지도 못한다. 현자는 오직 사람들이 단순한 가치에 따르기만을 기대한다. 그들이 이해할 수 있는 한도 내에서 가장 좋은 것만을 주어 보호하며, 어리석은 자들이 오용하여 자신을 망칠 수도 있는 것은 주지 않는다. 그래서 오직 육체적인 필요만을 충족해주는 것이다. 현자 자신이 검소하게 살아서 남들이 부러워하지 않도록 하고, 잘못 이해해 마음의 평정을 해칠 수 있는 지식은 전하지 않는다. 포프 Alexander Pope가 말했듯이 "얕은 학문은 위험하다." 이 철학체계는 초창기 문명에서나 찾아볼 수 있는 단순한 가치만을 허락한다.

만일 이런 현자들이 민주주의적인 요구와 대중의 방해를 받지 않고 자기들끼리 비밀 모임을 가지면 각자 자기 생각을 솔직하게 이야기하고 서로에게 동의할 것이다. 인간의 본성이 선하다고 믿고 대중에게 올바른 모범을 보여야 한다고 확신했던 공자에게 찬성할까, 아니면 자신이 과학적이고 진화론적인 사실이라고 믿는 것을 직설적으로 인정한 노자의 손을 들어줄까?

『도덕경』과 인도철학

『도덕경』 4장은 매우 장엄하다.

"도는 바닥을 알 수 없는 텅 빈 그릇과 같다. 도저히 채울 수가 없구나. 깊고 또 깊다. 얼마나 순수하고 날카로운가! 누가 만들었는지도 알 수가 없다. 신이 나타나기 이전에도 있었을 것이다."

대단히 흥미로운 내용이다. 노자는 여기에서 설명할 수 없는 순수한 본질, 인도가 말하는 제일원인을 말하고 있다. 모든 욕망이 이 절대적 존재, 브라흐만에서 태어난다.

5장에서는 또 이렇게 말한다.

"하늘과 땅은 선해지고자 하는 의지로 움직이지 않으며, 만물을 짚으로 엮은 개처럼 대한다."

이 또한 인도철학의 가르침이다. 최상의 원리는 자비나 편애를 넘어선 곳에 있다. 짚으로 엮은 개는 고대 중국에서 제사를 지낼 때 만들어 쓰고는 아무렇게나 버리던 물건이다. 우주의 법칙이 바로 그렇다. 인간 자신이 법칙의 일부이다. 그 과정을 위배하는 행동을 하는 사람은 후회하고, 순순히 따르는 자는 그 속에서 조화를 이루어 평화를 얻는다. 나는 노자가 '도'라는 말 대신 '법'이라는 표현을 사용했다면 그의 철학을 훨씬 더 이해하기 쉬웠으리라 생각한다. 실제로 몇몇 번역자들은 'Law'라는 번역어를 선호한다.

"하늘과 땅은 오래간다. 그것은 자신을 위해 살지 않기 때문이다. 그래서 오래 살 수 있다. 따라서 현명한 사람은 자신을 제일 끝에 둔다. 그곳이 가장 중요한 곳이기 때문이다. 현자는 자신을 마치 낯선 이처럼 대하며, 그럼으로써 자신을 보호한다."

여기서는 '죽고자 하면 살 것'이라는 기독교 신비주의적인 면이 엿 보인다. 그러나 노자 사상이 천 배는 심오하다. 최상위의 법을 명상하는 사람이 개인적인 자아를 가지고 도대체 무엇을 하겠는가?

"가장 뛰어난 것은 물과 같다. 물은 만물을 이롭게 하고, 아무도 좋아하지 않는 낮은 곳으로 흐르기를 꺼리지 않는다. 따라서 물은 도를 닮았다. 덕 있는 자는 남과 다투지 않아 아무도 흠을 잡지 못한다."

이 역시 '스스로 낮추는 자는 높아질 것'이라는 기독교와 인도사상의 근본을 공유한다. 그리고 순수한 인도 요가 사상이 이어진다.

"마음과 영혼이 하나가 되면 세상과 일체가 된다. 생명의 숨결에 집중하여 유순하게 하면 어린아이와 같이 된다. 신비로운 지각을 정화하면 흠이 없어진다. 사람을 사랑하고 나라를 다스림에, 아무 목적 없이 할 수 있을까? 하늘의 문을 열고 닫을 때, 알을 품는 어미 새처럼 아무것도 하지 않을 수 있을까? 마음이 나라 구석구석에 미치게 하며 지식을 드러낼 필요는 없다.

법은 만물을 낳고 기르며 그것이 자기 것이라 주장하지 않는다. 일을 하되 뽐내지 않는다. 만물을 이끌되 강요하지 않는다. 이것이 도의 신비로운 특성이다."

이 10장은 인도 요가 사상체계의 핵심과 일치한다. 호흡법을 배우고 익히는 것은 삼매경에 들기 전에 집중하는 수단이다. 이쯤 되면 노자가 인도 신비주의를 직접 접하지 않았다고 주장하기란 거의 불가능해 보인다. 그러나 노자가 인도를 방문했다거나, 그에게 이런 가르침을 전할 수 있는 인도 성자를 만났다는 기록은 어디에서도 찾을 수 없다. 유일한 해답은 노자 자신이 직관적으로 '도'라고 불리는 인식에 도달했다고 보는 것이다.

"보아도 보이지 않는다. 그 이름을 '차분함'이라 한다. 들어도 들리지 않는다. 그것을 '성김'이라 한다. 잡아도 잡히지 않는다. 그것을 '미묘함'이라 한다. 이 세 가지는 분별할 수 없으며, 뒤섞여 하나가 된다. 끝없이 움직이나 이름 지을 수 없고, 다시 무無로 돌아간다. 이것을 형상 없는 형상이라 하고, 보이지 않는 겉모습이라 하며, 황홀하고 확정할 수 없는 것이라 한다. 마주 보아도 얼굴을 볼 수 없고, 뒤따라도 끝을 볼 수 없다."

영혼과 물질, 원인과 현상에 관한 이야기이다. 이것은 노자를 큰 스승으로 하여 전 세계에 널리 퍼진 신비주의 명제이다. 현대 시인 프랜시스 톰슨Francis Thompson이 말한다.

"오, 보이지 않는 세계여, 우리는 그대를 보며
오, 만질 수 없는 세계여, 우리는 그대를 만지며
오, 알 수 없는 세계여, 우리는 그대를 알며
이해할 수는 없어도 우리는 그대를 붙잡는다!"

노자가 뒤이어 말한다.

"옛날, 도를 깨달은 사람은 미묘하고 통달하여 이 신비를 설명하였다. 그들은 너무 심오하여 인간의 지혜로 헤아릴 수 없다. 그들의 형상을 조심스럽게 형용할 뿐이다. …… 그들은 한겨울에 개울을 건너는 사람처럼 머뭇거리며, 사방을 두려워하는 사람처럼 조심스럽다. 주인 앞에 선 손님처럼 신중하고, 녹는 얼음처럼 눈에 띄지 않으며, 다듬지 않은 통나무처럼 꾸밈이 없다. 도를 실천하는 사람은 욕망을 채우려 하지 않는다. 자신을 비우기 때문에 새롭거나 완성됨 없이 낡아갈 수 있다."

다시 현대 시인의 이야기를 들어보자.

"텅 빈 조개껍데기처럼

나 자신을 비울 수만 있다면

당신이 내게로 들어와서

나를 당신으로 가득 채울 텐데."

자기 안에 자기가 가득하면 하나이자 모든 것이며 모든 것이자 하나인 '그것'이 들어올 자리가 없다. 그러나 텅 비어 있다면 가능하다. 노자는 자신을 비우는 방법을 설명한다.

"자신을 철저히 비우고 완전한 고요 속에 머물라. 만물은 변화하여 뿌리로 돌아간다. 그것을 고요함이라 하며 목적을 이루었다고 말한다. 그 변함없음을 깨닫는 것을 지혜라 하며, 그것을 모르면 재앙을 일으킨다. 법을 아는 위대한 영혼은 모든 것을 포용한다. 그 넓은 마음으로 영혼을 다스리고, 그 다스림으로 정신성을 이룬다. 그것이 도이다. 도를 얻은 자는 오래가며 썩어 없어지지 않는다."

공자가 본 이상적인 인간에서 한참 더 높은 곳에 이른 모습이다. 공자의 이상은 세상과 신의 축복을 받으며 항상 자기 길을 걷는 자이다. 그는 신에 취하지도, 신과 함께하지도, 세상의 눈을 무시하지도 않는 자를 꿈꾸었다. 일체라는 인식에 이르는 데 선과 악을 생각할 필요가 없으며, 그저 마음이 가는 대로 행동할 뿐이다.

무위자연의 역설

이제 '아무것도 하지 말라'는 노자 철학의 핵심에 다다랐다. 장자가 가장 재치 있고 흥미롭게 발전시킨 내용으로서, 그 점에 대해서는 장자를 다루며 더 자세히 이야기하겠다. 먼저 노자 사상은 그 뜻을 완전히 이해하기 전까지는 매우 역설적임을 기억하자.

"성스러운 체험을 포기하고 지혜를 버리면 사람들에게 백 배나 이로움을 준다. 인仁을 그만두고 의義를 버리면 사람들이 효와 자애를 회복한다. 재간을 부리지도 않고 재주를 얻으려 하지도 않으면 도둑과 강도가 없어진다.

발끝으로는 굳건히 설 수 없고 무릎을 굽히지 않으면 제대로 걸을 수 없다. 자신을 스스로 드러내려는 자는 밝지 못하고, 자기주장만 고집하는 자는 드러날 수가 없다. 뽐내는 자는 공을 인정받지 못하고, 자만하는 자는 우두머리가 될 수 없다. 법과 비교할 때 이것들은 쓸모없는 행동이요, 몸에 난 종기와도 같다. 그러므로 도를 얻은 자는 그런 곳에 머물지 않는다."

겉으로 드러내려 애쓰지 말고 순수한 법으로 돌아가라는 권고이다.

오직 어린아이 같은 자만이 천국에 들어갈 수 있다. 야단스러움, 의로움, 교리와 같은 것들은 무심한 법에 들어설 곳이 없다. 현자는 오직 영원에만 기대어, 끝없는 명상 속에서 자신을 제일원리로 바라본다. 그러면 덕이 뻗어나가 온 세상을 인으로 뒤덮고, 까다로운 의식과 교리를 겉으로 행하지 않아도 법도가 완성되며 무한히 이어진다. 겸손, 가상의 자아 소멸, 심오한 단순함. 이 세 가지가 도의 징표이다.

"무거움은 가벼움의 뿌리이다. 조용함은 움직임의 주인이다.

그러므로 현자는 종일 걸어 다녀도 중심에서 벗어나지 않는다. 장엄한 광경을 보아도 마음은 자유롭다. 대국의 주인이 어찌 자기 왕국 앞에서 가벼이 행동할 수 있겠는가? 가벼운 행실은 뿌리에서 떨어져 나옴이다. 성급하게 행동하면 좋은 군주가 될 수 없다."

이것은 물론 내적인 왕권, '신과 하나인' 모든 인간이 스스로 왕이 되는 천상의 왕국에도 똑같이 적용된다. 노자 철학을 설명하는 데 가장 어려운 점은 언제나 그의 가르침을 외적인 행동에 적용하는 데 있다. 그는 관념의 세계에 살았다. 그것이 외부 세계를 만들어내는 것도 사실이지만, 관념 자체가 외부 세계이기도 하다. 그러나 오직 가장 깊은 인식의 경지에 도달한 자만이 그것을 이해할 수 있다. 그래서 노자는 평범한 지도자들에게 인도 요기들의 화법으로 이야기한다. 노자에게는 현상적 삶이 아무 의미도 없었다. 이 점을 제대로 이해하지 못한 장자는 외부 세계에서의 행동을 과도한 사치와 같은 것으로 보고 말았다.

노자의 이야기는 계속 이어진다.

"행위로써 다스리고 결과를 가져오려 하면 반드시 실패한다. 왕국은 정신적인 것이므로 행동으로는 얻을 수 없다. 억지로 얻으려는 자는 그것을 파괴할 뿐이다. 붙잡으려 하면 잃어버리고 만다."

『성서』에도 천국은 힘으로 얻을 수 없다는 이야기가 나온다. 왕국이 신성한 비밀과 깊은 인식 사이에 있기에, 천상의 탑에는 갑자기 들이닥칠 수가 없다. 따라서 성취를 이룬 사람이 보기에 전쟁이란 도에 반하는 끔찍하고 역겨운 범죄이다.

"무기는 저주받은 도구이다. 군주가 법과 조화를 이루도록 돕는 이는 군대 곁에 머물지 않는다. 폭력은 보복을 낳을 뿐이다. 군대가 머문 자리에는 가시덤불이 뿌리를 내린다. 큰 군대가 지나간 곳에는 흉년이 든다. 현명한 지휘관은 결정적인 공격만 하고 그만둔다. 반드시 필요할 때만 군사를 움직이며, 힘으로 휘어잡으려 하지 않는다.

경사에는 왼쪽을 귀하게 여기고, 조사에는 오른쪽을 귀하게 여긴다. 전시에는 조사 때처럼 장수를 오른쪽에 둔다. 적군을 많이 죽인 사람은 슬피 울어야 마땅하므로 전쟁에 이겨도 상례喪禮를 취한다."

현대 세계는 이 날카로운 통찰을 인정해야 한다. 프랑스는 큰 군대가 머문 자리에 가시덤불이 자란다는 사실을 직접 목격했다. 노자는 다음 장에서 전쟁보다 더 나은 방법을 제시한다.

"도를 깨우친 자는 주위에 사람들이 몰려들고, 어디를 가도 해를 입지 않으며 편안하고 평온하다. 음악과 맛있는 음식은 사람들 발걸음을 잠시 붙잡아둘 수는 있으나, 감각으로는 도를 느낄 수 없어 귀로도 듣지 못하고 눈으로도 보지 못한다. 그러나 도는 아무리 써도 다 쓸 수가 없다."

기만적인 감각을 초월하는 도에 대하여 말하고 있다. 도는 감각을 미혹하지 않으며, 영원을 딛고 서서 무한에 머문다. 다음 장에서 노자는 과학적이고 정신적인 변화의 법칙을 이야기한다.

"크게 숨을 들이쉬려면 반드시 먼저 폐를 텅 비워야 한다. 강해지려면 반드시 먼저 약해져야 하고, 전복하려면 먼저 높여야 한다. 빼앗으려면 반드시 먼저 주어야 한다. 이것이 미묘한 이치이다. 이로써 부드러운 것이 단단한 것을 격파하고 약한 것이 강한 것을 이긴다."

기원전 7세기에 쓰인 이 책에는 현대 세계가 깊이 연구할 가치가 있는 심오한 지혜와 지식이 담겨 있다. 인도와 중국이 한목소리를 낼 때는 반드시 귀를 기울여야 한다.

"부드러움이 승리한다"

다음 장은 장엄하며 소박하다. '도' 또는 '법'은 인도에서 '제일원리'나 '절대아'라 불리는 것을 의미함을 기억하자. 거짓과 무지와 개인적인 자아 등과는 분명하게 구별되는 것이다.

"태고에 일체를 이루었던 것들이 있다. 하늘은 하나였으므로 밝고 맑으며, 땅은 그로써 굳건하다. 신은 그래서 형상이 없다. 골짜기는 가득하고, 만물이 일체 속에서 살아간다. 왕과 제후는 그를 본떠 세상을 다스린다. 하늘이 맑지 않으면 무너질 것이요, 땅이 굳건하지 않으면 무너질 것이며, 신의 영묘함도 끝날 것이다. 골짜기는 가득하지 않으면 마를 것이고, 만물이 힘없이 시들 것이며, 왕과 제후가 폐위될 것이다."

도는 어디에나 있으므로 만물은 그 안에서 자라고 변화하며 존재한다. 도와 조화를 이루려 애쓸 필요는 없다. 애를 쓰는 순간 자신을 의식하고 무지한 인간의 미개한 개인성에 물든다. 노자는 예수가 그랬던 것처럼 어린아이와 같이 겸손하고 단순하게, 직관적으로 이해할 수 있도록 설명한다. "도를 아는 자는 그것을 말하려 하지 않는다. 도에 관해 말하려는 자는 아직 그것을 모르는 것이다"라는 노자의 유명한 선언이 그러하다. 인간의 언어로는 도를 설명할 수 없는 게 사실이다. 노자의 비유를 더 들어보자.

"법을 근본으로 하는 사람은 어린아이와 같다. 독충이 물지 않고, 사나운 맹수와 맹금도 그를 해치지 않는다. 뼈와 힘은 약하지만 단단히 잡을 수 있고, 남녀의 교합에 무지하면서도 정력이 왕성한 것은 정기가 가득하기 때문이다. 종일 울어도 목이 쉬지 않음은 구조가 조화를 이루었기 때문이다. 이러한 조화 속에 머무는 자는 영원한 비밀을 아는 자이니, 지혜가 그에게 있다."

설명이 필요 없는 부분이다. 세상 모든 신앙이 같은 시야를 공유한다. 나라를 다스리는 기술을 영원한 실체와 연관짓는 노자의 견해가 여기서 드러난다. 노자가 말하는 '영원한 비밀'이란 "작은 물고기를 요리하듯 나라를 다스려라"라는 문장으로 요약된다. 즉 지나치지 말라는 것이다. 이제 어떤 이야기가 이어지는지 확인해보자.

"바른 법으로 나라를 다스릴 수도 있고, 교묘한 술책으로 군사를 부릴 수도 있지만, 왕국은 오직 목적도 없고 행위도 없을 때 진정으로 얻을 수 있다. 내가 어떻게 그것을 알았겠는가? 금지 조항이 많을수록 백성은 더 가난해진다. 백성이 이익을 낼 수 있는 도구를 더 많이 가질수록 가정과 나라는 혼란이 커진다. 백성이 교묘한 기술을 많이 익힐수록 깜짝 놀랄 일이 더 자주 일어난다. 법이 많이 제정될수록 도둑과 강도는 늘어난다. 그러므로 현자는 이렇게 말한다. '내가 내 안에서만 행하면 백성이 저절로 변하고, 내가 고요함을 좋아하면 백성은 저절로 바르게 되고, 내가 애써 무언가를 하지 않으면 백성은 알아서 부유해지고, 내가 야심을 버리면 백성은 제 스스로 순박해진다.'"

공자 사상과 일치하는 내용이다. 상업적인 번영은 평안에 이르는 길도, 진정한 성취를 이루는 수단도 될 수 없다. 문명은 점점 복잡해지고 그에 따라 범죄도 늘어나, 결국 태초의 단순함에서 다시 시작해야 할 운명일지도 모른다. 굳게 닫힌 문으로 통하는 가망 없는 과정이다.

"강과 바다는 모든 시냇물의 왕이다. 그 힘이 낮은 곳에 있기 때문이다. 그러므로 만백성 위에 서는 완전한 군주가 되려면 겸손해야 하고, 백성을 이끌고자 하면 먼저 따라야 한다. 그리하면 백성 위에 군림해도 아무도 불편해하지 않으며, 왕을 찬양하고 받드는 데 게으름을 피우지 않는다. 그가 애쓰지 않으니 아무도 애쓰지 않는다."

노자는 『도덕경』에서뿐만 아니라 다른 곳에서도 "부드러움이 승리한다"고 말한 바 있다. 그는 사형 제도에 관해서도 이 원리를 고수한다.

"백성이 죽음을 두려워하지 않는데 죽음으로 위협하는 것이 무슨 소용이 있는가? 만일 백성이 죽음을 두려워하고, 군주가 죄지은 자를 잡아 죽이면 누가 감히 법을 어기겠는가? 그러나 죽음을 관장하는 자는 따로 있으니, 누군가 그를 대신해 사람을 죽이는 것은 목수 대신 나무를 깎는 격이다. 목수 대신 나무를 깎으면 손을 다치게 마련이다."

이쯤에서 이 위대한 책에 대한 설명은 마치기로 하겠다. 2,500년이라는 세월을 건너 전해지는 고요한 목소리와 함께, 1368년에 명나라를 건국한 황제의 이야기를 들어보자.

"처음 제위에 올랐을 때는 아직 옛 성군들의 원리를 배우지 못했었다. 어느 날 책을 읽다가 덕과 지혜의 근본 원리를 깨달았다. 단순한 이야기 속에서 심오한 사상을 보았다. 그 책에는 '백성이 죽음을 두려워하지 않는데 죽음으로 위협하는 것이 무슨 소용이 있는가?'라고 쓰여 있었다. 내가 그 책을 읽었을 때는 제국이 막 하나로 통일되기 시작했을 때였다. 백성은 거칠고 관리는 부패해 있었다. 매일 아침 10여 명이 저자에서 처형당해도 저녁이 되면 100명이 같은 죄를 저질렀다. 이만하면 노자가 옳다는 증거가 되지 않겠는가? 나는 그날로 사형 제도를 철폐하고, 죄인을 잡아 가두고 벌금을 부과했다. 그리고 1년도 안 돼서 마음이 편안해졌다. 나는 이 책이 완전한 원리를 담고 있음을 알았다. 이 책은 왕에게는 숭고한 스승이며, 백성에게는 값을 매길 수 없이 소중한 보물이다."

시공을 초월하여 모든 시대에 수많은 지혜를 전하는 책이다. 이 위대한 중국 신비주의자의 책을 더 자세히 다루지 못하는 것이 아쉬울 뿐이다. 이제 현명하고 재치 있으나 노자에 비하면 한 단계 아래에 서 있었던 제자 장자에 대해 이야기하기로 하자.

장자의 도

25

생사의 한가로운 산책자 장자

노자의 계승자 장자를 이야기하려면 책 제목에서부터 난관에 부딪힌다. 그 점에서부터 장자는 스승을 꼭 빼닮았다. 한자는 문자라기보다 도형에 가깝고, 그 조합에 따라 사람마다 상당히 다른 해석을 하게 된다. 같은 그림을 보고도 서로 다른 인상을 받게 되는 것과 같다. 레그 박사는 이 기이하고 기념비적인 책에 '한가로운 산책'Rambling at Ease이라는 제목을 제안했다. 물론 마음과 정신의 영역에서 거니는 것을 의미한다. 이 책의 매력은 방대한 주제를 해학적으로 다룬다는 점에 있다. 나는 이 책보다 다정다감하면서도 독자로 하여금 삶을 냉정하게 반성하여 평안에 이르도록 치밀하게 계산된 책을 알지 못한다. 이 책에 실린 짧은 이야기와 우화들은 매우 재미있다. 중국에서는 장자를 두고 문체마저 완벽한 역설의 대가라고 이야기한다.

장자는 기원전 3~4세기경에 태어났다. 공자, 노자와 마찬가지로 쇠퇴한 주나라 왕실이 단지 명목상의 지배자였던 혼란스러운 봉건시대를 살아간 사람이다. 사마천은 장자가 중국 하남 지방에서 태어났다고 말하며 다음과 같이 덧붙였다.

"장자는 몽읍蒙邑의 말단 관리였다. 매우 박학다식했으나 그의 사상은 노자의 가르침에 근본을 두고 있다."

장자도 자기 고유의 사상을 발전시켰으며, 뛰어난 시적 상상력이 신비주의 사상과 결합하고 특유의 냉소적인 태도가 뒤섞인 흥미진진한 저서를 남겼다. 그는 아무 사심 없이 오직 자신의 신념에만 충실한 사람이었다. 초나라 왕이 장자의 명성을 듣고 초청해 중용하려 했다. 공자라면 거절은 상상도 할 수 없는 일이다. 여기에서 노자의 영향력이 공자와 얼마나 다르게 나타나는지 극명하게 드러난다. 초나라 사신 두 사람이 도착했을 때 장자는 강에서 낚시를 하고 있었다. 그들이 장자에게 공자라면 틀림없이 수락했을 제안을 했다.

장자는 낚시에 열중한 채 고개도 돌리지 않고 대답했다.

"듣자 하니 초나라에는 신성한 거북이 있다 하더군요. 그 거북이는 죽은 지 3천 년이 지났는데도 왕은 상자에 넣어 조상을 모신 사원에 조심스럽게 보관한다지요. 그 거북이는 죽어서 숭배받기를 원하겠소, 살아서 꼬리로 진흙탕을 쓸고 다니기를 바라겠소?"

"그야 물론 살아서 진흙탕을 쓸고 다니기를 바랄 테지요."

사신들이 대답하자 장자가 소리쳤다.

"돌아가시오. 나도 여기서 진흙탕이나 쓸고 다닐 테니."

장자와 친구였던 양나라 재상과 얽힌 일화도 있다. 장자가 양나라에 왔다는 소문을 들은 재상은 자기보다 뛰어난 장자가 자기 자리를 빼앗으려 할까봐 두려워졌다. 그는 나라 안을 샅샅이 뒤져 장자를 찾았다. 장자는 스스로 재상을 찾아와 이야기했다.

"썩은 쥐를 먹는 올빼미가 날아가는 봉추를 보고 먹이를 빼앗길까봐 꽥 소리를 질렀다고 하네. 지금 자네는 양나라 재상 자리를 두고 나에게 꽥 소리를 지를 참인가?"

장자는 자유롭게 자신의 길을 가는 사람이었다. 그는 상상력을 총동원해 존경받는 성인 공자를 마음껏 풍자할 만큼 자유분방했다. 공자가 한 적이 없는 이야기도 마구 가져다 붙였다. 공자는 장자의 이야기 속에 끊임없이 등장하며, 여러 면에서 자기 사상에 반대되는 선언을 하며 도망치려 한다. 위대한 인물들은 걷는 길은 달라도 목적은 같은 법인데, 장자의 냉소를 보면 그저 놀라울 뿐이다. 많은 사람이 역사적인 사실이라고 믿지만 사실은 장자가 지어낸 이야기를 하나 살펴보자. 공자가 읽으면 어떻게 느낄까 생각해보면 더욱 재미있는 이야기다.

자상호라는 사람이 죽자 공자는 자기 대신 자공을 상가에 문상 보냈다. 친구 둘이 고인 곁에 앉아 한 사람은 노래 부르고 한 사람은 금을 연주했다.

"오, 상호여, 돌아올 수는 없는가?
자네는 신에게 돌아갔는데
우리는 아직 여기에 사람으로 남아 있구나."

자공이 종종걸음으로 다가가 물었다.

"어떻게 고인 옆에서 노래를 부를 수가 있습니까? 이것이 예입니까?"

두 사람이 서로 마주 보고 웃으며 말했다.

"이 사람이 예의범절에 대해 뭘 알겠는가?"

자공은 큰 충격을 받고 공자에게 달려가 물었다.

"고인 곁에서 아무렇지도 않게 노래를 부르다니, 도대체 어떤 자들입니까?"

공자가 대답했다.

25 장자의 도

"그들은 삶의 규범을 넘어 노니는 사람들이다. 나는 규범 안에서 여행한다. 둘은 서로 마주칠 일이 없는데 너를 보냈으니 내가 잘못했구나. 그들은 신과 더불어 살며, 신과 인간을 구분하는 경계가 없다고 믿는다. 아무 욕망도 없고 자기 감각마저 부정한다. 앞을 보나 뒤를 보나 영원만을 바라본다. 시작과 끝도 인정하지 않는다. 그런 자들이 남들이 무슨 생각을 하는지 관심이나 두겠느냐?"

"그렇다면, 우리는 도대체 왜 규범에 집착해야 합니까?"

"하늘이 내게 이런 벌을 내리셨다. 우리도 언젠가 벗어날 수 있을 것이다."

"어떻게 말입니까?"

"물고기는 물에서 태어나고 사람은 도에서 태어난다. 물고기가 연못을 만나면 번창하듯, 속세를 떠나 도 안에서 살아가는 사람은 평화롭다. 그래서 '물고기는 오직 물을 원하고, 사람은 오직 도를 원한다'라고 하는 것이다."

이 정도로는 아직 충분히 무례하지 못했다는 듯, 장자는 끊임없이 공자를 등장시켜 노자 사상을 설명하게 한다. 그러나 장자도 공자 사상을 단지 실용적이기만 한 체계라고 여기지는 않았다. 장자는 공자가 겉으로 보이는 것보다 더 멀리, 더 깊이 나아갔음을 알고 있었다. 옳건 그르건, 단지 자신이 깨달은 바를 어떻게든 평범한 사람들도 받아들일 수 있을 만큼 전하려 했을 뿐이다. 장자는 전통, 예식, 규범에 관한 공자의 깊은 관심을 매우 위협적으로 느꼈다. 그것은 모든 정신성을 집어삼키려드는 밀물과도 같았다. 공자 사상의 계승자인 맹자는 정신성을 강화하는 데 이바지했다. 그러나 그것은 모든 사람이 '적절하고', '알맞으며', '바람직'하다고 여길 만하며 이 세상에서 이룰 수 있는 목적을 바라보는 정신성이었다. 노자에게는 그런 것들이 아무 의미도 없었으며, 장자 또한 그 함축적인 의미를 거칠게 거부했다. 장자는 인간이 진정한 영혼에 도달하기만 하면 세상 모든 것이 다 무의미하다는 노자의 가르침 외에는 다른 모든 것에 회의적이었다. 그는 소박함과 깊은 명상을 통해서만 목적을 이룰 수 있다고 믿었다. 한번 이루고 습관을 들이기만 하면 직관적인 힘은 그 사람 안에 머물지 않고 사방으로 뻗어나가 모두가 그 힘에 예속된다.

다시 말해서 장자는 이전에 중국에서 태어난 적이 없는 진정한 형이상학자였다. 그에게 덕이란 절대적인 것이 될 수 없었다. 덕은 오랜 세월 동안 자연스럽게 성장한 개념일 뿐이다. 장자가 전하는 주나라 왕실 요리사 이야기를 들어보자.

자연스러움과 조화로움

주나라 왕실 요리사가 수송아지 요리를 만들고 있었다. 손이 닿는 곳, 어깨로 미는 곳, 발로 밟는 곳, 무릎으로 누르는 곳, 동작 하나 소리 하나하나에 음률이 깃들어 있었다. 왕이 말했다.

"훌륭하다! 어떻게 그렇게 완벽한 기술을 습득했느냐?"

요리사가 칼을 내려놓고 대답했다.

"제가 좋아하는 것은 도입니다. 제가 처음으로 소를 잡을 때는 소 전체를 보았습니다. 3년이 지나고부터는 소를 전체로 보기를 그만두었습니다. 지금은 소를 마음으로 볼 뿐 눈으로 보지 않습니다. 감각을 버리고 마음 가는 대로 움직입니다. 원래부터 있는 결에 칼을 밀어 넣을 뿐입니다. 가는 힘줄도 피해가는데, 큰 뼈야 더 말할 것도 없지 않겠습니까?

훌륭한 요리사는 해마다 칼을 바꾸고 평범한 요리사는 매달 새 칼을 씁니다. 저는 이 칼을 이제 19년째 쓰고 있습니다. 이 칼로 소를 수천 마리 잡았으나 아직도 지금 막 숫돌로 간 것처럼 날카롭습니다. 소의 뼈마디에는 틈이 있고, 칼날에는 두께가 없을 정도입니다. 두께가 없는 칼날이 틈이 있는 뼈마디 사이를 오가니 쉽게 다룰 수 있는 것입니다. 미세하게 움직여 잘라내니 떨어지는 살덩이가 마치 진흙 덩어리 같은 소리를 냅니다. 그러면 저는 일어나 사방을 둘러보고 흐뭇한 마음으로 칼을 닦아 넣어둡니다."

왕이 말했다.

"훌륭하다! 오늘 이 요리사에게 삶의 도리를 배웠구나!"

왕은 자연스러움이 본능이 되어 제2의 본성이 됨을 배운 것이다. 인간은 뜻을 품고, 뜻하는 바를 실행하여 자신의 것으로 삼으며 그것과 하나가 된다.

요리사는 상대성을 깨닫고, 기만적이고 피상적인 감각으로 얻은 지식과 기술을 버리고 내면의 눈으로 바라봐 절대로 실수하지 않는 경지에 올랐다. 자연스러움은 진정한 덕의 본질이다.

장자는 조화의 중요성 또는 상반되어 보이는 것이 사실은 같은 것이라는 가르침을 전한다.

그는 모든 것이 하나임을 알고 있었다. 그리스 사상가 헤라클레이토스도 "신은 밤과 낮, 겨울과 여름, 전쟁과 평화, 충만과 결핍"이라고 말했다. 장자는 정반대되는 것이 사실은 하나라는 놀라운 결론을 내린다.

"세상에는 객관적이지 않은 것도 주관적이지 않은 것도 없다. 그러나 객관적인 것에서 출발할 수는 없다. 오직 주관적인 지식에서 객관적인 지식으로 나아갈 수 있을 뿐이다. 성인은 이것과 저것을 구분하지 않는다. 신에게서 안식을 찾고 만물과 주관적으로 관계 맺는다."

과학이 우리가 지금 목격하고 있는 모순에서 벗어나려면 반드시 따라 걸어야 할 길임에 틀림이 없다.

"주관적인 것은 또한 객관적이기도 하며, 모순은 그 둘 사이에 구분이 없어지고 뒤섞임으로써 사라진다. 모든 것이 주관적인 동시에 객관적이라고 말할 수 없다면, 도를 중심으로 서로 대응하는 지점을 찾지 못한 것이다. 그곳은 긍정과 부정이 무한한 하나로 합쳐지는 지점이다. 그곳에는 오직 진정한 (신의) 빛 외에는 아무것도 없다."

어려운 주제를 아주 명쾌하게 설명하고 있다. 무려 14세기 전에 이런 글을 쓸 수 있었던 나라가 지금은 서양 문명의 손길을 원하고 있다는 데 실소를 흘릴 사람도 있을 것이다.

"도의 빛에 비추어보면 보와 기둥, 추함과 아름다움, 고귀함과 사악함이 모두 같은 범주에 속한다."

우리는 그것들을 오직 상대적으로만 알 수 있다. 우주적 의식에 도달하기 전에는 그 진정한 실체를 볼 수 없다.

"분리는 완성을 이끌고, 구성에는 파괴가 뒤따른다. 그러나 만물은 그 구성과 파괴에도 불구하고 다시 동질성을 회복한다. 오직 도를 깨달은 사람만이 이것을 이해할 수 있다. 현자는 만물을 주관적인 관계 속에서 바라본다. 그러므로 진정한 현자는 반대되는 것을 같은 것으로 이해하고 하늘의 도를 따르며 한 번에 두 가지 길을 간다."

다시 말해서, 감각을 통해서는 아무것도 알 수 없음을 깨닫고, 실생활에서 만나는 사람들의 상대적인 앎에 따라 행동한다는 것이다. 장자는 이런 주장을 원숭이와 주인이 등장하는 유쾌한 우화를 통해 펼친다. 원숭이가 원하는 바를 헤아려 모두가 만족할 만한 결과를 이끌어낸 주인이 지은 미소는 신의 법이 하나임을 아는 자의 미소이다. 그는 만물을 하나로 보지만 대중의 견해에 따라 행동한다. 그것이 현상세계를 지배하는 법칙이기 때문이다.

장자가 제자와 나눈 유쾌한 대화도 전해진다.

제자가 장자에게 물었다.

"주관적으로 볼 때 만물이 하나임을 아십니까?"

장자가 객관적인 관점에서 대답했다.

"그걸 내가 어떻게 알겠느냐? 하지만 애써 대답해보겠다. 무지함은 앎이 아니라는 것을 내가 어떻게 알겠느냐? 사람이 습한 곳에서 자면 병에 걸려 죽는다. 나무 위에 살면 떨어질까봐 부들부들 떤다. 그런데 원숭이라면 어떠하겠느냐? 어떤 장소가 올바른 곳이라고 누가 말할 수 있겠느냐? 사람은 살코기를 먹고 사슴은 풀을 뜯는다. 지네는 작은 뱀을 먹고 올빼미는 까마귀와 쥐를 잡아먹는다. 이들 중 누구의 식성이 올바르다고 말하겠느냐? 모장과 여희[1]도 사람이 봐야 아름답지, 물고기가 보면 물속으로 숨고, 새가 보면 날아오르고, 사슴이 보면 두려워 멀리 달아난다. 아름다움의 기준이 무엇이란 말이냐? 기준이 없기는 덕도 마찬가지다. 모두 모호하게 섞여 있는데 어떻게 구분할 수 있겠느냐?"

"만일 무엇이 옳고 그른지도 모르신다면 성인도 무지하다는 말씀이십니까?"

혼란에 빠진 제자가 묻자 궁극의 진리를 깨우친 자의 가르침이 쏟

---

[1] 중국 고대 절세 미녀로 알려진 여인들.

아져 내린다.

"성인은 정신적인 존재이다. 태양이 들끓어도 열기를 느끼지 않는다. 우주가 얼어붙어도 추위를 타지 않는다. 천둥번개가 산을 쪼개고 폭풍이 몰아쳐도 겁먹지 않는다. 구름을 타고 세상과 태양과 달을 넘어 떠난다. 생과 사도 그를 지배하지 못하는데 이로움과 해로움이 다 무엇이겠느냐?"

장주와 나비의 꿈

장자는 실용적인 면에서도 똑같이 유쾌했으며 다소 냉소적이었다. 공자를 놀려댈 때도 마찬가지였다. 장자는 고대의 한 학자와 나눈 가상의 대화에 직접 뛰어들기도 했다. 그는 연대기적인 오류 따위에는 신경도 쓰지 않았다. 학자가 먼저 입을 열었다.

"예전에 공자가 이렇게 말하는 걸 들었소. '진정한 현자는 일상사에 주의를 기울이지 않는다. 이익을 따지지도 손해를 피하려 하지도 않으며, 아무 의심 없이 법에만 매달린다. 말하지 않고 말하며, 말하면서 아무것도 말하지 않는다. 먼지 같은 일상 바깥에서 행복을 찾는다. 그러나 이것도 정확한 표현은 아니다.' 내가 생각하기에 도를 제대로 말한 것 같소만, 당신 생각은 어떻소?"

장자가 대답했다.

"황제黃帝도 의심한 것을 공자가 어떻게 알았답니까? 너무 멀리 가셨습니다. 달걀을 들고 닭을 보는 격입니다. 활을 보자마자 구운 비둘기를 기대하고 계십니다. 제가 아무렇게나 이야기해볼 테니 아무렇게나 들어보십시오.

현자는 입을 닫고 만물을 하나로 섞습니다. 혼란이라곤 없습니다. 앞서 많은 이들이 그 길을 걸었습니다.

   삶을 사랑하는 것은 미혹이 아닐까요? 죽음을 두려워하는 사람은 집을 잃고 돌아갈 줄 모르는 아이와 같지 않을까요? 여희는 어느 변경 지역 관리인의 딸이었습니다. 진나라 왕이 후궁으로 삼아 데려갈 때 옷이 흠뻑 젖도록 울었답니다. 그러다 왕궁에 들어서 왕과 호화로운 침대를 같이 쓰고 맛있는 음식을 먹자 울었던 것을 후회했다고 합니다. 죽은 사람도 이렇게 삶에 집착했던 것을 후회하지 않을까요? 깨고 나면 삶이 한바탕 꿈이었음을 깨닫게 될 것입니다.

   공자는 편견에 사로잡혀 있었습니다. 공자도 당신도 꿈입니다. 지금 이렇게 말하는 나도 꿈입니다. 내가 꿈이 아니면 무엇이란 말입니까? 기이한 일입니다. 만년이 지나면 한 성인이 일어나서 설명해줄지도 모르지요. 당신과 나와 그 누구도 단언할 수 없다면, 서로 의지해서는 안 되는 걸까요? 그러나 그런 의지는 진정한 의지가 아닙니다. 우리는 은밀한 자연의 조화 속에 있습니다. 세월과 시비를 잊고 무한한 경지로 들어가십시오.

   옛날에 나비가 되어 이리저리 제 뜻대로 날아다니는 꿈을 꾼 적이 있습니다. 저는 제가 장주莊周(장자의 본명)임을 알지 못했습니다. 그러다 갑자기 깨어나 제가 장주임을 알게 되었습니다. 저는 제가 나비 꿈을 꾸었던 장주인지, 지금 장주가 된 꿈을 꾸는 나비인지 모르겠습니다. 장주와 나비 사이에는 반드시 구분이 있을 것입니다. 이것을 일컬어 '물화'物化라고 합니다."

   우리가 일상적으로 바라보는 세상은 거짓된 꿈과 같은 것일 수도 있다는 뜻이다. 우리는 어떤 것이 참인지 거짓인지도 알지 못한다. 둘

다 참일 수도 있고 둘 다 거짓일 수도 있다.

이제 공자와 노나라 애공哀公이 나눈 가상의 대화 속으로 들어가 볼 차례다. 이번에도 공자는 『논어』에 나타난 그의 사상과 정반대되는 이야기를 한다. 통치에 관한 노자의 가르침을 이보다 더 잘 설명할 수 있을까 싶은 이야기다. 그러나 참혹한 전국 시대를 살며, 마음 깊은 곳에서는 공자 자신도 인간이 아무리 치밀하게 계획을 세운다 해도 예기치 못한 상황을 맞아 실패할 수 있으며, 차라리 불변의 법칙에 따라 흘러가도록 내버려두는 것만 못할 수도 있다는 생각을 했던 순간이 반드시 있을 것이다. 장자가 공자의 입을 빌려 한 이야기는 어쩌면 공자도 가졌던 생각일지 모른다. 실제로 그 생각을 설파하는 것은 미친 짓이라고 여겼겠지만 말이다. 장자는 애공이 공자에게 이렇게 말했다고 전한다.

"위나라에 애태타라는 못생긴 사람이 있다고 합니다. 그와 함께 사는 장인은 사위를 극진히 생각해 애태타 없이는 못 산다고 합니다. 아내는 처음 그를 보자마자 제 부모에게 달려가 남의 처가 되느니 그의 첩이 되는 편이 열 배는 낫다고 말했다 합니다. 애태타는 남들에게 설교하는 법이 없으며, 그저 남들이 느끼는 바를 함께 느낀답니다. 남들을 지켜줄 힘도 없고, 배를 채워줄 만큼 돈이 많은 것도 아니며, 오히려 세상이 놀랄 만큼 못생긴 사람입니다. 지식을 펼치는 일도 없고, 남들과 다투지 않고 교감할 뿐인데, 남녀를 가리지 않고 사람들 마음을 사로잡습니다. 분명히 남들과 다른 점이 있는 사람일 겁니다. 그래서 그를 한번 보고자 여기로 불렀습니다. 만나보니 확실히 깜짝 놀랄 만큼 못생겼더군요. 그런데도 불과 몇 달도 지나기 전에 저는 그에게 빠져들기 시작했고, 1년도 되지 않아 그를 이 나라 재상으로 삼아야 한다고 확신했습니다. 그는 한참 고민하다가 결국에는 승낙했습니다만, 속으로는 사양하는 것 같았습니다. 부끄러운 마음도 있었지만 끝내 그에게 나라를 맡겼습니다. 그러나 그는 얼마 지나지 않아 제 곁을 떠나고 말았습니다. 저는 그가 그리워 견딜 수가 없습니다. 함께 즐거워할 만한 이가 아무도 없는 것만 같았습니다. 도대체 그는 어떤 사람입니까?"

애공의 질문은 애태타가 도대체 어떻게 타고난 약점을 극복할 수 있었느냐는 뜻이었다. 공자가 대답했다.

"일전에 제나라에 사신으로 간 적이 있는데, 거기서 죽은 어미젖을 빠는 새끼 돼지들을 보았습니다. 잠시 그러더니만 어미를 쓱 훑어보고는 멀리 달아나버리더군요. 어미가 더는 자기들을 돌보아주지도 않고, 동질감을 느끼지도 못했기 때문입니다. 새끼 돼지들이 사랑했던 것은 그 어미이지, 어미의 몸뚱이가 아닙니다. 애태타는 아무 말도 하지 않아도 신뢰를 얻습니다. 남이 나라를 주면서도 받지 않을까 걱정할 정도라니, 그는 아마도 정신적으로 완전한 재능을 갖추고도 그것을 드러내지 않는 자일 것입니다."

"완전한 재능이라는 게 무엇입니까?"

"생과 사, 성공과 실패, 가난과 부유함, 배고픔과 목마름 같은 것들은 우리에게 주어진 작용입니다. 밤낮으로 계속되지만, 누구도 그 기원을 찾을 수가 없습니다. 그러나 그것들이 조화를 해치게 해서는 안 되며, 정신적인 왕국에 들어오지도 못하게 해야 합니다. 조화를 이루어 그것이 사방으로 뻗어나가 인간과 세상이 언제나 행복한 봄날과도 같은 관계 속에 있도록 해야 합니다. 이것이 정신적으로 완전한 재능입니다."

"그것을 겉으로 드러내지 않는다는 건 무슨 뜻입니까?"

"흐르지 않는 물보다 평평한 것은 없습니다. 흔들어대는 것이 아무것도 없는 평화로운 상태입니다. 덕이란 완전한 평정을 이루는 것입니다. 덕은 겉으로 드러나지 않아도 사람들 마음을 사로잡습니다."

편재하는 도

장자는 무엇보다도 '무위자연'無爲自然을 강조했다. 보편적인 변화의 리듬을 인식한 사람은 그것과 완전한 조화를 이룬다. 말로 다 할 수 없는 힘이 그를 감싸고, 그는 변화의 과정과 하나로 섞인다. 자신을 관통하는 그 힘으로 무엇을 하고 무엇을 생각해야 하는가? 『성서』에는 "내일을 걱정하지 마라"라는 경구가 있다. 사도들은 내일 필요한 것은 구하는 대로 내일 받으리라고 배웠다. 내일 필요한 것을 미리 준비할 이유가 있는가? 사도들 또한 우주와 조화를 이룬 자들이었다. 이 점에 대해 장자는 다음과 같이 설명한다.

노거(주나라 초기 사람)의 제자가 스승에게 말했다.

"스승님, 저는 도를 깨달았습니다. 겨울에도 솥을 데울 수 있고, 여름에도 얼음을 얼릴 수 있습니다."

노거가 대답했다.

"그것은 음양의 원리를 이용한 것일 뿐이다. 내가 말하는 도는 그런 것이 아니다. 내가 너에게 도를 보여주마."

노거는 금 두 개를 가져다가 하나를 이쪽 방에 두고 다른 하나를 옆방에 두었다. 그가 방에서 금을 타자 옆방에 둔 금도 따라 울렸다. 노거가 궁조宮調를 타면 옆방에서도 궁조가, 각조角調를 타면 각조가 울렸다. 금 두 개가 똑같이 조율되어 있었기 때문이다. 그러나 만일 노거가 한 줄을 고쳐 뜯었으면 모든 현이 동시에 울렸을 것이다. 주된 소리의 영향력이 사라졌기 때문이다.

이보다 완벽한 비유는 있을 수 없다. 생명력이 그와 같은 사람을 조율하고, 다시 그를 아는 사람을 조율한다. 그의 존재는 그가 하는 말과 행동을 압도한다. 외적인 인격은 선과 악이라 불리는 어리석은 현실에 묶여 있기 때문이다.

장자는 언제나 모든 것을 초월한 사람道人들로부터 초월적인 지식을 얻어야 한다고 주장했다. 그가 말하는 도인은 공자가 말하는 군자와는 사뭇 다른 존재로서 베단타 철학의 요기에 더 가깝다.

"도인은 계산 없이 행동하며, 계획을 세우지 않는다. 실패해도 후회하지 않고 성공해도 축하하지 않는다. 가파른 절벽에서도 두려워하지 않고 물에 빠져도 젖지 않으며 불에 타지도 않는다. 도인의 호흡은 깊고 고요하다. 평범한 사람은 목구멍으로 숨을 쉬지만, 도인의 숨결은 가장 깊은 곳에서 뿜어져 나온다."

장자는 성인이 평범한 사람에게 도를 가르치는 과정을 이렇게 묘사한다.

"나는 아무것도 가르치지 않는 것처럼 하여 사흘 동안 그를 가르쳤다. 그러자 속세의 때가 사라졌다. 다시 아무것도 주지 않으니 이레가 지나자 그에게서 외부 세계가 사라졌다. 그리고 아흐레가 지나자 그는 자신의 존재조차 잊고 생과 사의 경계가 없는 세계로 들어섰다. 그곳에 들어서자 그는 만물과 조화를 이루었다."

붓다와 우파니샤드에서 말하는 열반과도 같은 경지이다.

장자는 후에 "신에게 닿는 길이 이미 주어졌는데 무엇을 두려워하겠는가?"라고 말했다. 다시 말해, 신과 같은 길을 걷는다는 뜻이다. 도인의 신체적 능력에 대해서도 재미있는 이야기를 했다.

"술에 취한 사람은 마차에서 떨어져도 죽거나 다치지 않는다. 뼈는 다른 사람과 다르지 않으나 그 떨어짐이 다르다. 그의 마음은 안정되어 있고, 마차를 타고 간다거나 떨어진다는 의식이 없다. 삶과 죽음이라는 생각이 마음속을 파고들지 못한다. 그러므로 떨어져도 아파하지 않는 것이다. 술에 취하기만 해도 이렇게 안전한데, 도를 깨달으면 어떻겠는가? 현자는 도 속에 숨어, 모든 위험으로부터 안전하다."

이 주제는 다른 이야기에서도 찾을 수 있다.

궁수 두 사람이 있었다. 그중 한 사람이 팔꿈치에 물을 가득 채운 잔을 올려둔 채로 계속 활을 쏘았다. 대단한 실력이었다. 다른 한 사람이 왜 그냥 평범하게 쏘지 않느냐고 물으며 덧붙였다. "여기 천 길 낭떠러지 끝에 서서 한번 쏴보게."

그는 그렇게 말하고는 자기가 먼저 낭떠러지 끝에 발을 5분의 1만 걸치고 서서는 다른 궁수에게 손짓했다. 첫 번째 궁수는 땀을 뻘뻘 흘리며 엎드려 빌었다. 두 번째 궁수가 엄숙하게 말했다.

"도인은 창공으로 치솟고 죽음의 영역으로 뛰어들면서도 안색 하나 변하지 않네. 자네는 겨우 이 정도로 겁을 먹어 눈동자가 떨리는군. 자네가 만물을 바라보는 방식은 잘못되었네."

뒤이어 '서로 반대되는 것의 동일성'에 관한 내용이 나온다. 바로 유명한 강도 도척의 이야기이다.

도척의 부하들이 두목에게 물었다.

"도둑질에도 도가 있습니까?"

도척이 대답했다.

"도가 없는 곳이 어디 있느냐? 귀한 물건이 어디 있는지 아는 것이 지혜다. 앞장서는 것이 용기이며, 가장 나중에 나오는 것이 의리다. 성공할 가능성을 따지는 것이 통찰이다. 훔친 물건을 공평하게 나누는 것이 정의다. 이 다섯 가지를 모두 갖추지 못하면 큰 도적이 될 수 없다."

그렇다. 도는 도둑질에도 있고, 어디에나 있다. 도둑질에도 덕이 필요하다. 장자는 이 이야기를 "현자의 가르침은 선량한 사람과 도둑에게 공평하게 나뉜다"라는 말로 매듭짓는다. 그렇게 되는 것이 바로 도이기 때문이다. 도둑이건 선량한 사람이건, 현자의 가르침에 담긴 힘을 똑같이 이용할 수 있다. 장자는 이렇게 덧붙인다.

"그러나 선량한 사람은 적고 악인은 많다. 현자의 가르침은 세상에 좋은 일을 적게 하고 나쁜 일을 많이 하는 셈이다."

가상의 대화 형식으로 자기 사상을 표현했던 시인 월터 랜더Walter Savage Landor처럼, 장자는 노자와 공자를 주인공으로 한 이야기도 남겼다. 그 이야기는 다음 장에서 만나보도록 하자.

26 장자의 해학과 역설

노자와 도척이 역설하는 무위의 도
━━━━━━━━━━━━━━━━━━━ 다음은 장자의 이야기다.

공자가 자기 책을 주나라 왕실 도서관에 두려고 길을 떠났다. 제자 자로가 스승에게 조언했다.

"노자라는 사람이 도서관 관리인이었는데, 지금은 그만두고 자유롭게 산다고 합니다. 스승님 책을 도서관에 두려면 그 사람을 만나 도와달라고 하는 게 어떻겠습니까?"

공자는 그 말을 듣고 노자를 찾아갔다. 그러나 노자는 공자를 도와주지 않았다. 노자는 공자가 자기를 설득하려고 『춘추』 요약본을 보여주려는 것도 거절했다.

"이런 건 다 헛소리다. 무엇이 자네의 근본인가?"

"관용과 이웃에게 의무를 다하는 것입니다."

"그러면 자네는 관용과 덕이 인간의 본성이라고 생각하는가?"

"그렇습니다. 관용이 없으면 군자가 아닙니다. 덕이 없으면 아무것도 이룰 수 없습니다. 이 두 가지가 성인의 본성입니다."

"관용과 덕이 무엇인지 말해보게."

"사물을 진심으로 대하고 동정하며, 이기심을 버리고 만인을 사랑하는 것입니다. 이것이 관용이며, 이웃에게 의무를 다하는 것입니다."

노자가 호통을 쳤다.

"그게 뭔가! 모든 것을 사랑한다는 말은 모순이지 않은가? 자네는 자기 덕을 과시하려 이기심을 버리는가?"

모두가 모두를 사랑한다면 사랑이 더는 사랑일 수 없다는 뜻이다. 배경이 없으면 아무것도 인식할 수 없다. 마찬가지로, 자아를 완전히 버리면 그 과정에서 완전한 자아가 깨어난다. 공자의 난점이 여기에 있다. 공자가 대답하지 못하자 노자가 말을 이었다.

"나라를 올바르게 이끌고자 한다면 변함없는 하늘과 땅을 생각하게. 자기 둥지에 모이는 새와 짐승을 생각하게. 곧게 자라는 풀과 나무를 생각하고 그와 같이 되도록 하게. 도를 따르면 뜻한 바를 이루게 될 걸세. 도대체 왜 북소리처럼 야단스러운 관용이니 의무니 하는 걸 끌어들이는가? 여보게 선생, 자네는 사람들 마음속에 엄청난 혼란을 가져오고 있네."

이 대화가 순전히 장자가 지어낸 이야기인지는 논란의 여지가 있다. 공자가 자신의 견해를 있는 그대로 말하고 있기 때문이다. 장자가 자기 목적을 위해 그렇게 한 것일 수도 있지만, 공자가 낙양을 방문했을 때 나누었던 대화의 일부라 보아도 아무런 손색이 없다.

지금부터 하려고 하는 공자와 도척의 일화 또한 상당히 그럴싸하지만 사실 이것은 장자가 아니라 후대가 쓴 이야기다. 장자의 철학적 견해를 완벽하게 설명하고 문장도 뛰어나 오랫동안 장자가 쓴 글로 생각되었다. 그 이야기를 간단히 요약해보겠다.

도척은 부하 9천 명을 거느리고 약탈을 일삼아 제국을 황폐하게 만든 악당이었다. 가축을 훔치고 부녀자를 납치했으며, 탐욕을 좇느라 가족마저 잊은 자였다. 부모와 형제도 아끼지 않았고 조상들께 제사도 지내지 않았다. 그가 지나가면 큰 나라는 군대를 무장시키고, 작은 나라는 도망쳐 숨었다. 공자가 도척의 형에게 말했다.

"형은 아우를 가르쳐야 하네. 그러지 않으면 그 관계도 별것 아니지 않은가? 자네는 세상이 알아주는 학자이고 자네 동생은 도적이네. 자네가 부끄럽군. 내가 자네 대신 가서 그를 설득해보겠네."

도척의 형이 대답했다.

"자기 형 말도 듣지 않는 놈이 자네 말을 듣겠는가? 게다가 그 녀석은 기질이 회오리바람과도 같네. 말재주도 좋아서 나쁜 짓을 정당화하는 재주도 있지. 그놈에겐 욕을 해도 소용이 없네. 분명히 말하는데, 그놈 가까이엔 가지도 말게."

공자는 친구 말을 귀담아듣지 않았다. 그는 제자 안회와 자공을 데리고 도척을 찾아갔다. 도척은 사람 간을 회 쳐 먹고 있었다. 공자가 마차에서 내려 문지기에게 말했다.

"나는 노나라에서 온 공구라는 사람이오. 장군의 명성을 듣고 뵈러 왔소이다."

공자는 그렇게 말하고는 문지기에게 두 번 절했다. 문지기는 안으로 들어가 도척에게 알렸다. 도척은 공자의 이름을 듣자 눈을 부라리며 머리카락이 곤두설 정도로 불같이 화를 냈다. 머리카락이 머리에 쓴 관을 들어 올릴 정도였다.

"뭐라고? 그 노나라의 위선자 공구 말이냐? 가서 이대로 전해라! 너는 요란한 관을 쓰고 죽은 소가죽으로 만든 띠나 두르고 다니면서 옛사람들에 대해 말도 안 되는 소리를 지껄이는 놈이다! 입술을 놀리고 혀를 차면서 군주들의 눈을 가리고 학자들이 원래의 도로 돌아가지 못하게 막는 놈이다! 효가 어쩌니 하면서 어떻게 한자리 얻어 부귀영화를 누릴 속셈이겠지? 당장 꺼지지 않으면 그놈 간이 내 아침 식사가 될 것이다!"

공자는 이 무례한 도둑을 교화할 열망에 다시 문지기에게 부탁했다.

"제발 장군님 신발이라도 쳐다볼 수 있게 해주십시오."(예의를 갖추는 관용어구)

도척이 허락하자 공자는 종종걸음으로 들어가 도척에게 두 번 절했다.

도척은 잔뜩 화가 나서 다리를 쩍 벌리고 칼자루를 어루만지며 눈을 부라렸다. 그가 새끼를 품은 호랑이처럼 으르렁거리며 말했다.

"어디 말해봐라! 네 말이 내 뜻에 맞으면 살고, 그렇지 않으면 죽을 것이다!"

"천하에는 세 가지 덕이 있다고 들었습니다. 키가 크고 용모가 아름다워 사람들이 흠모하는 것이 첫 번째입니다. 둘째는 지혜이고 셋째는 용맹입니다. 셋 중 하나만 가져도 천하를 다스릴 만한데, 장군은 세 가지 모두를 갖추셨습니다. 용모가 뛰어나고 빛이 나며, 입술은 진홍색에 이는 조개처럼 가지런합니다. 목소리는 아름다운 종소리처럼 중후합니다. 그런데도 도척이라 불리고 계시니 저는 장군님이 부끄럽습니다. 제 말씀을 따라주신다면 저는 동서남북으로 다니며 장군께 수백 리에 달하는 성을 지어 바치도록 해 제후가 되시도록 하겠습니다. 부하들을 집으로 돌려보내고 친척을 가까이하시고 조상님께 제사를 지내도록 하십시오. 그것인 진정한 성인이 할 바이며 세상에 필요한 일입니다."

도척은 공자의 말을 듣고 더욱 화가 났다.

"나와 거래를 하려는 것이냐! 이익으로 사람을 꾀고 설교로 바로잡으려는 것은 저 어리석은 자들이나 하는 짓이다. 내 키가 크고 용모가 출중한 것은 부모에게서 받은 것이다. 내가 그걸 모를 줄 알았느냐? 네가 한 말은 다 나를 평범한 사람으로 보고 꾀어내려는 수작이다. 그런 게 얼마나 오래가겠느냐?

옛 성군들이 천하를 다스렸으나 후손은 이어받지 못했다. 옛날에는 사람들이 어디에 거할지, 어디로 가야 할지 걱정하지 않고 살았다. 어머니는 알았으나 아버지가 누구인지는 몰랐다. 짐승과 더불어 살며 땅에서 먹을 것을 주웠다. 옷은 그저 몸을 보호하려고 입고, 남을 해칠 생각은 품지도 않았다. 이것이 바로 그 시대의 덕이었다. 그때 이후로는 온통 평안을 해치는 것뿐이다.

지금 너는 옛날의 법도랍시고 궤변을 늘어놓으며 사람들을 홀리고 다니는데, 넓고 큰 소매에 온갖 헛된 장식을 하고 다니지 않느냐! 네가 꾀하는 것은 그저 부와 권력뿐이다! 내가 아는 한 너야말로 진짜 도둑이다. 나를 도척이라 할 게 아니라 너를 도구盜丘라 해야 마땅하다!

네가 내게 하려는 말이 영혼에 관한 것이면 그건 내 능력을 넘어서는 것이다. 그렇지 않고 인간에 관한 것이라면 내가 이미 알고 있는 것이다. 지금부터 내가 너에게 몇 가지 가르쳐주겠다.

사람의 눈은 아름다운 것을 보려 하고, 귀는 아름다운 음악을 들으려 하고, 혀는 맛있는 것을 먹으려 하며, 마음은 권력을 가지려 한다. 사람 수명은 길어야 100년이요, 짧게 잡으면 60년이다. 언젠가는 죽게 마련이다. 그것도 병들고 죽고 문상하고 걱정하고 괴로워하는 시간을 빼면 웃고 지낼 수 있는 날은 한 달에 사오일도 남지 않는다. 하늘과 땅은 영원하지만 사람은 그렇지 않다. 영원한 것들에 비하면 인생은 단지 백마가 지나가는 것을 문틈으로 보는 것과 다르지 않다. 그러므로 만족하며 수명대로 살지 못하는 사람은 도에 닿지 못한 사람이다.

네가 하는 말은 모두 내게 아무 의미도 없다. 아무 말 말고 당장 돌아가라! 네 이야기는 온통 거짓투성이다. 그런 것으로는 사람의 참된 모습을 지킬 수 없다."

공자는 두 번 절하고 서둘러 물러 나왔다. 마차에 올라서도 몇 번이나 고삐를 놓쳤다. 안색은 어둡고, 멍한 눈에는 아무것도 보이지 않았다. 그는 고개를 떨구고 마차에 기댔다. 노나라 동쪽 성문에 이르자 도척의 형이 나와 이렇게 말했다.

"며칠 안 보이더군. 행색을 보아하니 혹시 도척을 만나고 오는 게 아닌가?"

공자가 하늘을 우러러 한숨을 쉬며 대답했다.

"만났네."

"내가 말한 대로지 않던가?"

"그렇네. 나는 아픈 데도 없는데 뜸을 뜬 셈일세. 호랑이 머리를 만지러 달려가서 수염을 잡아당기고는 거의 잡아먹힐 뻔했지."

여기서 다시 한 번 무위의 철학을 만나게 된다. 악인의 삶 속에서도 도에 바탕을 둔 그 힘은 일관되게 발휘되며, 다른 것으로 대체될 수 없다. 그러나 때로는 이 이야기가 공자와 노자 모두를 조롱하는 것이 아닌지 의심스러울 때도 있다. 장자가 직접 쓰지는 않았더라도, 만일 그가 이 이야기를 읽는다면 특유의 냉소적인 미소를 지으며 즐거워하지 않을까? 타인을 끌어올리려 애쓰는 사람들에게는 장자의 글들이 아무 소용도 없다는 것만은 확실하다.

장자가 전하는 절대적 전리

문장으로 보나 철학적으로 보나 장자가 올린 가장 뛰어난 개가는 「추수」秋水에 있다. 중국에서도 이 장을 그들이 가진 가장 아름답고 훌륭한 철학적 문헌으로 평가한다. 이번에도 내용을 요약해야겠지만, 더 많은 사람이 내 오랜 친구 장자를 더 친숙하게 대하게 되기를 바라는 마음에서 그러는 것이니 문제가 될 것은 없다고 믿는다.

가을에 물이 불어 홍수가 날 때였다. 냇물이 강으로 몰려들었다. 강이 너무 넓어져 건너편에 있는 게 집인지 소인지도 구분하지 못할 정도였다.

강의 신 하백은 세상 모든 것이 자기에게 몰려드는 것을 보고 기뻐하며 동쪽으로 여행을 떠났다가 대양을 만났다. 동쪽을 바라보니 파도가 끝도 없이 펼쳐졌다. 그가 고개를 숙이고 대양의 신 약若에게 말했다.

"진리를 반쯤 들은 자는 세상에 자기밖에 없는 줄 안다더니, 그게 바로 제 얘기였군요. 예전에 공자의 학문과 백이伯夷[1]의 절개를 비웃는 자가 있다는 말을 듣고 믿지 않았습니다. 그런데 이제 당신의 광활함을 보니, 여기 오지 않았다면 저보다 많이 아는 사람들에게 두고두고 웃음거리가 될 뻔했습니다!"

대양의 신 약이 대답했다.

"우물 안 개구리한테는 바다를 말할 수 없고, 여름 벌레하고는 얼음 이야기를 할 수 없지. 촌부에게는 도를 말해도 소용이 없네. 좁은 한계 속에 갇혀 있기 때문이지. 그런데 자네는 지금 대양을 보고 자신의 편협함을 깨달았으니, 자네하고는 위대한 원리에 대해 이야기할 수 있

---

[1] 주나라가 은나라를 멸망시키자 주나라 곡식은 먹지 않겠다면 동생 숙제叔齊와 함께 스스로 굶어 죽었다.

겠네.

하늘 아래 바다보다 큰 것은 없네. 모든 물이 이리로 흘러들어도 결코 넘치는 법이 없지. 물이 마르더라도 텅 비는 일이 없고, 홍수가 났는지 가뭄이 들었는지도 모른다네. 이는 바다가 강하고는 비교도 할 수 없을 만큼 훨씬 더 크기 때문일세. 그러나 나 바다의 신은 뽐내지 않는다네. 이 형체는 하늘과 땅이 내린 것이고, 내 힘은 음과 양의 원리로 받았기 때문이네. 이 우주에서 나는 단지 거대한 산에 구르는 작은 돌멩이나 덤불과도 같은 존재일세. 이 땅에 사는 사람도 다 마찬가지라네. 만물에 비하면 말 몸뚱이에 난 털끝 하나 아니겠는가?"

하백이 물었다.

"그러면 우주가 크고 털끝은 작다고 하면 되겠습니까?"

"아닐세. 크기에는 한도라는 게 없고 시간에는 경계가 없네. 형상은 한없이 많고 끝나는 시간도 없으니, 어떻게 털끝이 가장 작고 우주가 가장 크다고 말할 수 있겠는가?"

다시 상대성에 대한 이야기로 돌아왔다. 절대적 진리에는 영원히 도달할 수 없다는 이야기로서, (또다시 상대적으로) 인간성을 놓치지 않는 불교 철학의 상대성과는 다른 형태이다. 장자는 「추수」 전체를 이 점을 설명하는 데 쓰고 있다. 도에 대한 다른 내용들도 극히 아름다운 문체로 설명한다.

장자는 위대한 사상가이자 위대한 작가였다. 그의 책을 읽으면 중국인은 그들의 철학을 세상에서 가장 재미있게 펼쳐낼 수 있는 사람들임을 확신하게 된다. 유일한 어려움은 그의 냉소적인 가면에 있다. 장자와 똑같은 방식으로 생각하지 않는 한, 책을 읽으며 언제 웃고 언제 울어야 할지 혼란스럽다. 아내의 죽음은 그에게 어떤 영향을 끼쳤을까? 그 일화는 순수한 창작일까? 그의 신념이 담겨 있을까? 그저 죽음에 대한 공자의 태도를 비꼬기 위한 장치일 뿐일까? 그런 일이 실제로 일어나기는 했을까? 장자는 이 일화를 제삼자의 입을 빌려 전한다.

장자의 부인이 죽어 친구가 문상을 갔다. 장자는 바닥에 앉아 다리 사이에 항아리를 끼고 두드리며 노래를 부르고 있었다. 친구가 놀라 소리쳤다.

"아내가 남편과 더불어 살다가 아들이 장성한 다음에 늙어서 죽었다면 굳이 곡을 하지 않아도 되겠지. 아무리 그래도 항아리를 두드리면서 노래를 부르다니, 이건 지나친 것 아닌가?"

장자가 대답했다.

"그렇지 않네. 처음 아내가 죽었을 때는 나도 몹시 슬펐지. 하지만 이내 아내가 태어나기 전으로 돌아갔다는 걸 깨달았네. 아내는 이제 형체도 없고 본질도 없다네. 아내의 본질이 영혼에 더해져 형체를 얻었고, 그리하여 아내가 태어났지. 이제 다시 변해서 아내가 죽었다네. 이것은 계절의 순환과도 같다네. 지금 아내가 거대하고 영원한 방에 누워 잠을 청하려는데, 곁에서 울며 소리를 지르는 건 자연의 법칙을 무시하는 짓 아니겠는가? 그래서 곡을 그친 것일세."

재기 넘치는 중국의 정신을 통해 인도의 수많은 가르침을 전하면서, 책은 이제 마지막을 향해 달려간다. 중국의 정신에는 인도가 가진 정신적인 도약이 부족하지만, 인도 문헌에서는 찾아보기 어려운 다채로운 재치와 해학으로 우주를 선명하게 바라본다.

레그는 우스꽝스러운 돼지 우화와 늙은 어부가 등장하는 사랑스러운 이야기가 장자의 작품이 아니라고 주장한다. 먼저 미묘한 역설에 주의하면서 돼지 우화를 살펴보자. 제사를 관장하는 관리와 돼지 중 누구

손을 들어주어야 할까?

제사를 관장하는 관리가 돼지우리에 가서 말했다.

"왜 죽기 싫다는 것이냐? 내가 석 달 동안 너를 먹이고, 열흘 동안 금식하고 사흘 동안 기도한 다음 바닥에 흰 풀을 간 그릇 위에 네 살을 정성스럽게 장식해 바치려고 한다. 이 정도면 너도 기쁘지 않겠느냐?"

돼지가 대답했다.

"겨와 지게미를 먹으면서 돼지우리에 사는 게 훨씬 낫겠소."

사람은 높은 관직을 얻어 편안하게 살다가, 죽은 다음에야 훌륭한 관에 눕기를 바란다. 돼지라고 무엇이 다르겠는가?

늙은 어부처럼 시간의 안개 속으로 사라진 장자

이제 늙은 어부 이야기만 소개하면 이 책을 읽고 싶은 마음이 들도록 내가 할 수 있는 일은 다하는 셈이다. 이 이야기는 중국 예술 작품에 흔히 등장하는 아름다운 경치를 배경으로 한다. 그리고 예술 작품보다 훨씬 더 많은 걸 말해준다.

공자가 제자들과 함께 우거진 숲 속을 지나가고 있었다. 더위를 피해 잠시 쉬어 가려고 살구나무 그늘에 앉았다. 인생은 짧고 시간은 금이라는 공자의 엄격한 가르침에 따라 제자들은 한순간도 헛되이 보내지 않으려 책을 꺼내 읽었다. 몸을 쉴 때도 정신은 쉬지 않고 끊임없이 정진하는 이들이었다. 공자는 정신을 고양하고자 금을 꺼내 연주하며 노래를 불렀다. 공자는 오직 현자만이 이 곡을 제대로 이해하고 사랑하리라 믿었다. 바로 그때 일어난 일이다.

노래가 반도 지나기 전에 수염과 눈썹이 새하얀 늙은 어부가 배에서 내려 다가왔다. 그는 머리를 풀어 헤치고 소매를 펄럭이며 강둑에 서서, 왼손으로 무릎을 짚고 오른손을 귀에 가져가 공자의 노래에 귀를 기울였다. 노래가 끝나자 어부는 자신에게 다가오는 자공과 자로에게 공자를 손가락으로 가리키며 물었다.

"저 사람은 어떤 사람입니까?"

자로가 대답했다.

"노나라의 군자입니다."

"어느 집안 사람입니까?"

"공씨 집안입니다."

"무슨 일을 합니까?"

"성실하게 충성을 바치며 어질고 의롭게 사시는 분입니다. 예의와 음악을 꾸미고, 사회의 윤리를 구축하는 데 헌신하십니다. 위로는 충성을 다하고, 아래로는 백성을 교화하여 세상을 이롭게 하시려 합니다."

"어디 영주나 재상입니까?"

"아닙니다."

어부가 껄껄 웃으며 돌아섰다.

"그래. 어진 것은 어진 것이다. 그러나 저 사람은 육신의 괴로움과 슬픔에서 벗어나지 못하고 참모습을 해치는구나. 안타깝다! 도에서 얼마나 멀리 떨어진 곳을 헤매고 있는가!"

제자들이 말을 전하자 공자는 어부와 이야기를 나누어보려고 했다. 공자가 보기에 어부는 성인이 틀림없었다. 공자는 서둘러 뒤를 쫓아가 막 나룻배를 띄우려는 노인을 붙잡아 세우고는 공손히 가르침을 청했다. 공자는 자기 사상과는 비교도 할 수 없이 흔들림 없는 평화를 목격하고 슬픔에 젖었다. 공자가 자기 인생을 한탄하자 노인이 낯빛을 바꾸며 말했다.

"깨우침이 더디시군. 당신은 자기 그림자가 두려워 도망치는 사람과 같소. 쉬지 않고 도망치다가 결국 힘이 다해서 죽겠지. 그늘 속에 가만히 쉬면 그림자는 사라지는 법이오.

속세는 내버려두시오. 의례라는 게 무엇이오? 사람이 만든 것이잖소. 진정한 애도는 소리 없이 흐느끼는 것이오."

여기에 언제나 진정한 본질이 있다. 천국이 그 안에 있다. 그것을 깨달으면 평화가 시작된다.

공자는 두 번 절하고 자신을 제자로 받아달라고 청했다. 노인이 대답했다.

"함께할 만한 사람이라면 같이 도에 이를 수 있다지만 그럴 수 없겠소. 미안하지만 난 이만 가봐야 하오."

노인은 배를 띄우고 삿대를 저어 떠나버렸다. 공자는 슬픔에 젖어 제자들에게 돌아왔다. 제자들은 스승이 지나치게 굴욕적으로 가르침을 청한 데 놀라 그를 힐난했다. 공자가 탄식하며 대답했다.

"도는 만물의 근원이다. 그것을 얻으면 살고 잃으면 죽는다. 저 어부에게는 도가 있다. 감히 경의를 표하지 않을 수 있겠느냐?"

공자와 제자들은 한참 동안 그 자리에 서서 노인을 태운 배가 멀어지는 것을 바라보며 생각에 잠겼다.

이제 마지막으로 장자의 죽음을 이야기할 때이다. 이 이야기에도 장자 특유의 역설이 뒤섞여 있다. 제자들은 장자를 기쁘게 하고자 성대한 장례식을 준비하고 있었다. 장자가 제자들에게 말했다.

"하늘과 땅이 내 관과 덮개가 될 것이다. 해와 달이 내 관을 장식하는 옥이며, 별들이 내 진주다. 천하 만물이 나를 조문할 텐데 무엇이 더 필요하겠느냐?"

그러나 제자들은 그것으로 만족할 수 없었다.

"까마귀와 솔개가 스승님 몸을 쪼아 먹을까 걱정입니다."

장자에게는 그것도 우스웠다.

"땅 위에서는 까마귀와 솔개가 쪼아 먹고, 땅 아래에서는 개미와 벌레가 먹을 것이다. 먹고 먹히는 게 언제는 공평하더냐?"

늙은 어부처럼 장자도 그렇게 시간의 안개 속으로 모습을 감추었다. 그는 누구보다 현대적인 정서를 가졌으나, 노자의 가장 뛰어난 추종자였고, 그 자신도 도가의 큰 스승이었다. 그의 죽음이 아니라 지금도 생생히 살아 있는 불멸의 노래로 이야기를 맺는 게 좋겠다.

"만물을 파괴하면서도 잔인하게 대하지 않는 이여! 만물을 이롭게 하면서도 인자하게 대하지 않는 이여! 그 무엇보다 오래되었지만 나이를 먹지 않는 이여! 우주를 지탱하면서 재주를 부리지 않는 자여! 당신은 신의 축복입니다."

이와 같은 사람에게 죽음은 아무 의미도 없다. 그토록 조롱하던 공자의 가르침과 자신의 가르침을 기다리는 운명을 알고도 그는 미소를 지었을 것이다. 운명은 장자보다도 더 아이러니하다.

유교와 도교의 가르침의 차이

공자의 가르침은 평범한 사람들의 마음에 호소한다. 완전히 통달하지 않아도 시키는 대로 따르기만 하면 되는 삶의 기준이며, 평범한 사람들은 그것이 옳으며 선하다고 단호하게 느낀다. 후손들은 그것을 따라야 하며 그렇지 않았을 때는 비난받아 마땅하다. 올바르게 따르기만 하면 이 세상과 다음 세상에서 적절한 보상을 받는다. 그러나 더 높은 정신적 성취는 어렵다. 이 세상에서 입어야 하는 의례라는 옷이 너무나 두껍고 무겁기 때문이다.

공자 철학은 중국에 빛과 복음을 전파했다. 학자와 문인에게는 법과 질서의 수호자였고, 황제에게는 제국을 지탱하는 토대였다. 그의 윤리 사상이 스며듦에 따라 공자는 중국의 생명이자 영혼이 되어갔다. 반면 노자와 장자의 철학은 꿈꾸는 소수를 위한 것이었다. 시대를 통틀어 수많은 동조자가 있었으나 한 시대를 놓고 보면 그렇게 많지 않았다. 도를 사랑하는 사람은 이들의 철학을 그 무엇보다도 사랑한다. 그러나 그들은 거의 언제나 침묵 속에 머물며, 심지어 자기들끼리도 말을 아낀다. 그들 입술의 잔은 신의 열매를 담는 성배이며, 중국이건 다른 나라에서건 성역에만 머문다. 도의 불꽃은 이와 같은 방식으로 중국에 아직 살아 있다. 그러나 이들은 또 다른 발전을 이루기도 했다.

노자 사상의 목적은 정신과 물질의 융합이다. 그것은 또한 예술의 목적이기도 하다. 도교가 중국 예술에 미친 영향은 이루 말할 수 없다. 훗날 도교와 근본이 같은 불교가 중국에 들어오며 그 영향력이 더욱 강화되어, 중국 특유의 아름다운 풍경화와 초상화가 탄생했다. 그 완벽한 정신적인 리듬이 지금까지도 유지되어, 예술 작품을 감상한 이들은 마치 해초가 밀물에 떠오르듯이 반응해 그 속에서 도를 깨달을 수 있다. 그것은 삶이며 생명의 리듬이다. 도가 학파가 중국에 준 선물이다. 여기서 간단히 개괄하고 지나간 이 책들은 반드시 읽어볼 필요가 있다. 노자와 장자는 중국을 넘어 일본에도 큰 영향을 끼쳤다.

그러나 도가 철학은 대중에게 다소 천하게 전해질 위험도 있다. 장자는 우주와 일체를 이룬 자에게만 열려 있는 힘을 지닌 사람이었다. 그는 붓다나 예수와 같은 방식으로 말하며 심오한 진리를 전한다. 예수는 '기적'을 좋아하지 않았고, 붓다도 그것이 가져올 수 있는 결과를 내다보고 걱정했다. 내가 기억하는 한 장자도 그런 주제를 다룬 적이 없다.

마법이라는 개념은 곰팡이처럼 증식해 도가 사상의 깨끗한 토양을 더럽혔다. 서양에서 활개를 쳤던 사기꾼, 사이비 교주, 광인과 광신도는 모두 이러한 힘을 가졌다고 주장하며, 그 힘을 이용해 왕과 대중을 현혹했다. 중국에서는 오늘날까지도 도가가 미신과 관계된 것으로 여겨지곤 한다. 최고를 왜곡하면 최악이 된다. 물론 왜곡된 사상에 어떤 장점도 없다고 말할 수는 없다. 소금이 그 맛을 완전히 잃지 않듯, 위대한 정신성은 절대로 완전히 사라지지는 않는다.

그러나 해악이 더 큰 것은 틀림없다. 언젠가 도가 사원에 앉아 사제들을 바라보고 있었다. 황금색 용과 온갖 장식이 수놓인 진홍색 옷을 입은 사제가 내 앞에 와서 악령을 쫓는 환상적인 주술을 행했다. 그들이 피운 향 때문에 나는 정신이 몽롱해졌다. 한순간 나는 그들 너머로 늙은 어부가 배를 저어가는 환상을 보았다. 단순함을 이해하고 우주와 일체를 이룬 그의 얼굴은 밝게 빛나고 있었다.

요란한 옷을 입은 이 도인들이 믿고 가르치는 것에서는 배울 것이 아무것도 없다. 철학과는 거리가 멀며, 환상적인 신화와 전설을 탄생시킨 문학의 영역에 가깝다고 해야 옳을 것이다. 따라서 어느 정도는 보이지 않는 세계에 드리운 커튼을 살짝 걷어낸다고 할 수도 있다.

노자와 장자의 업적은 사라지지 않았다. 씨앗은 여전히 살아 있으며, 이제 유럽에 문을 활짝 연 보물과도 같은 동양사상이 언젠가는 열매를 맺게 될 것이다.

27

왕을 인도한 맹자

맹자의 위대한 어머니

공자를 계승한 맹자를 다루지 않고 중국 철학을 떠날 수는 없다. 장자의 설명 없이는 노자 사상을 이야기할 수 없듯, 공자를 논하며 맹자를 빼놓아서는 안 된다.

맹자는 노나라의 귀족 집안 출신이었다. 반골 기질이 있는 이 가문은 공자를 괴롭히며 몇 번이나 다른 나라로 망명길에 오르도록 내몰았다. 맹자는 공자가 죽고 108년이 지난 기원전 371년, 산동성에서 태어나 84세까지 살았다. 레그는 맹자가 나머지 반생을 플라톤, 아리스토텔레스, 제논, 에픽테토스, 데모스테네스 등과 같은 시대에 살았음을 지적했다. 전 세계가 같은 시기에 지적이고 정신적인 빛의 은총을 받았다는 것은 참 신기한 일이다. 공자는 붓다, 노자와 동시대 사람이었다. 누군가 이 현상을 설명할 수 있다면 매우 흥미로울 것이다.

맹자의 어머니는 기억에 남을 만한 사람이었다. 전기가 기록으로 남아 있으니 앞으로도 계속 기억될 것이다. 그녀는 지금도 중국에서 이상적인 어머니상으로 숭배된다. 그녀는 맹자가 세 살 때 남편을 잃고 궁핍한 상황에 놓였다. 어쩌면 위대한 사상가가 자라기에 더 좋은 환경이었을지도 모른다.

모자가 처음 살았던 곳 근처에는 공동묘지가 있었다. 어린 맹자는 장례식, 형식적인 슬픔 등을 원숭이처럼 흉내 냈다. 어머니는 그것이 마땅치 않았다.

"이곳은 아들을 키우기에 적당하지 않다."

그녀는 아들을 데리고 시장 근처로 이사 갔다. 그러나 아무것도 나아지지 않았다. 물건값을 흥정하고 장사하는 모습이 어린 소년의 마음을 사로잡았다. 맹자는 부도덕한 상인이 잔뜩 과장해서 하는 이야기, 그와 똑같은 태도로 값을 깎으려는 손님을 흉내 내기 시작했다. 동양에서는 아주 흔한 광경이다. 맹자는 당장 눈에 보이는 것이 삶의 목적이라고 생각하기에 이르렀다.

어머니는 그곳도 아들을 키우기에 적당하지 않다는 것을 알고, 이번에는 서당 근처로 집을 옮겼다. 어린 맹자는 사람들의 진중한 몸가짐, 공자의 가르침에 따른 엄격한 의례를 보았다.

"이제 됐다. 여기가 내 아들에게 맞는 장소다."

어머니는 그렇게 말하며 그곳에 정착했다.

고기를 사 먹을 형편이 못 되었던 이들 모자에 관해 전해지는 설화도 있다. 집에서 멀지 않은 곳에 푸줏간이 있었는데, 어느 날 맹자가 어머니에게 사람들이 왜 돼지를 죽이느냐고 물어보았다. 어머니가 대답했다.

"너를 먹이려고 그러는 게다."

그러나 어머니는 곧 그게 정직한 대답이 될 수 없다는 걸 깨닫고 생각에 잠겼다. '임신 중에 나는 방석이 제대로 깔리지 않은 곳에는 앉지도 않았다. 적당한 크기로 자른 고기가 아니면 입에 대지도 않았다.

나는 이 아이를 태어나기 전부터 가르쳤다. 이제 아이가 태어나 스스로 생각하는데 나는 아이를 속이고 있구나. 이대로라면 이 아이에게 거짓말하는 마음을 가르치고 말겠다.'

어머니는 고기를 사 와서 자기가 한 말에 책임을 졌다. 어린 맹자에게는 잔칫날이었다.

중국에서는 태교를 매우 중요하게 여긴다. 어머니가 한 가지 생각에만 집중하는데 태아가 영향을 받지 않을 리 없다고 믿는 것이다. 서양에도 가끔 이 전통을 따라 육체적인 면뿐 아니라 정신적인 부분도 세심하게 신경 쓰는 임신부들이 있으며, 나는 그 노력에 보상을 받은 사람을 몇 명 알고 있다. 어쩌면 단순히 유전일지도 모른다. 하지만 그런 생각을 하고 집중한 여성의 지적인 능력이 아이에게 전해지는 것이다. 누가 의지의 힘을 측정할 수 있는가? 우리는 아직 그 신비에 대해 거의 아무것도 이해하지 못하고 있다.

맹자는 그리 성실한 학생이 아니었다. 어느 날 맹자가 공부하다 말고 어머니가 실을 짓는 방에 들어왔다. 어디까지 공부했느냐고 묻자 맹자는 충분히 하고 왔다고 성의 없이 대답했다. 그러자 어머니는 갑자기 칼을 들어 애써 짠 실을 잘라버렸다. 깜짝 놀란 맹자가 겁에 질려 이유를 묻자 어머니가 대답했다.

"이게 바로 지금 네가 하고 있는 짓이다. 생명의 그물을 짓는 실을 잘라 아름다움도 효용도 기대할 수 없게 하는 것 말이다. 배움을 무시하는 것도 똑같은 일이다."

맹자는 어머니가 말하고자 하는 바를 이해했다. 그리고 어머니는 다시는 아들 때문에 불평할 일이 없었다.

많은 철학자가 그렇듯이 맹자도 행복한 결혼 생활을 누리지는 못했다. 아마 평범한 아내보다 훨씬 더 높은 철학적 사고를 하기 때문일지도 모른다. 하루는 맹자가 예기치 않았던 때에 집에 돌아와서 아내가 방바닥에 앉아 있는 것을 보았다. 그는 격에 맞지 않는 행동과 부주의함을 책망하고는 어머니에게 가서 예법을 지키지 않는 아내를 내쫓아야겠다고 말했다. 맹자는 어머니도 동의하리라 믿어 의심치 않았다. 아들을 사랑할 뿐만 아니라 어머니 자신이 모든 중국 여성의 모범이 될 만한 사람이었기 때문이다. 그러나 맹자는 실망을 맛보아야 했다. 그녀는 하나를 보고 전체를 알 수 있는 사람이었다.

"글러 먹은 건 네 아내가 아니라 너다. 예법이라는 게 무엇이냐? 방에 들어가기 전에 미리 기척을 했어야지. 방에 들어가서도 시선을 아래로 두었어야지. 다른 사람의 실수를 들추어내지 않으려면 그렇게 해야 한다. 너는 방에 들어가면서 기척도 내지 않아 아내가 실수를 드러내게 했다. 잘못은 네 아내가 아니라 너에게 있다."

맹자는 그 말이 옳음을 깨닫고 화를 누그러뜨렸다.

어느 날은 맹자가 기둥에 기대어 고민하는 모습을 보고 어머니가 이유를 물었다. 내 생각에 맹자는 자신에게 모든 걸 바쳤던 어머니에게 상처를 주었던 것 같다.

"군자는 정당하지 않은 보상은 바라지 않고, 부와 명예를 탐하지 않으며, 있어야 할 곳에 있어야 한다고 들었습니다. 그런데 제가 가르치는 바는 제나라에서 전혀 실행되고 있지 않습니다. 그걸 너무 오랫동안 그대로 내버려두었습니다. 하지만 어머니 연세도 있는지라 떠나기를 망설이고 있습니다."

감동적인 이야기였지만 어머니의 고결한 성품에는 다소 불쾌할 수 있는 이야기였다. 어머니가 대답했다.

"여자는 자신의 일을 스스로 결정할 수 없다. 여자에게는 세 가지 순종의 의무가 있기 때문이다. 어렸을 때는 부모에게 순종하고, 결혼해서는 남편에게 순종하고, 과부가 되면 아들에게 순종한다. 너는 이미 성인이고 나는 벌써 늙었다. 네 신념과 확신이 가리키는 곳으로 가라. 나는 내 규칙에 따라 행동하겠다. 도대체 왜 나를 걱정하는 거냐?"

맹자는 위대한 업적을 쌓을 만한 최상의 교육을 가정에서 다 받은 셈이다. 그 외의 부분은 맹자 자신이 말했듯이 공자의 제자들과 함께 공부했다. 사마천은 맹자가 공자 손자의 제자들과 함께 공부했다고 말했다. 따라서 그가 공자의 전통을 완벽하게 따라 행한 것과 그에게서 노자와 장자의 통찰을 조금도 찾아볼 수 없는 것은 전혀 놀랄 일이 아니다.

이상과 현실의 불화

그러나 공자의 가르침은 여러 부분에서 재구성될 필요가 있었다. 맹자가 가장 왕성하게 활동했던 시기가 그때였다. 중국은 공자가 죽은 후로 내내 끝없는 내전으로 신음하고 있었다. 봉건제는 극심한 혼란 속에 빠져들었고, 거기에서는 어떤 사회도 싹트지 못할 것처럼 보였다. 큰 나라가 작은 나라를 집어삼키는 동안 약해질 대로 약해진 주나라 왕실은 아무것도 할 수 없었다. 제후국 둘이 연합해 하나를 무너뜨리고는 그 땅을 차지하려 서로 싸우는 일도 비일비재했다. 도적이 들끓는 것도 당연했다. 무인들은 거리낌 없이 가장 많은 돈을 내는 쪽에 붙었다. 그런 상황에서 철학이 도대체 무엇을 할 수 있었겠는가? 하루하루 살아가기도 버거운 나날이었다. 야만적인 논리가 지배하고, 공자의 이상은 반쯤 잊혀가고 있었다. 맹자는 그런 현실에 대해 아주 낙담한 목소리로 이야기했다.

"이제 성군은 일어나지 않고 제후는 타락할 대로 타락했다. 학자는 어리석은 논의에 푹 젖어 있다. 누구는 만인은 자기만을 위해 산다고 하고, 누구는 만인을 똑같이 사랑하라고 하며 아버지를 특별히 사랑하라고는 가르치지 않는다."

맹자는 박애 사상이라는 것이 너무 모호해서 쉽게 탈선의 길로 빠진다고 생각했다. 박애 사상으로는 부모와 군주에 대한 특별한 의무를 도저히 수행할 수가 없었다. 그리고 만인이 자기만을 위해 산다는 주장은 맹자로 하여금 울분을 토하게 했다.

"'부엌에는 기름진 고기가 있고 마구간에는 살찐 말이 있는데 백성은 먹을 게 없어 들에 굶어 죽은 시체가 가득하다.' 공자님 말씀을 버리고 그런 삐딱한 논리를 퍼뜨려 사람들을 미혹하면 짐승이 사람을 먹고, 사람은 서로를 잡아먹을 것이다."

맹자는 악을 바로잡는 것을 자신의 사명으로 삼았다. 그는 공자가 보인 모범을 따라 제후를 만날 때마다 그들의 마음을 돌리려 애썼다. 장자가 몇 번이고 강조했듯이, 더러운 것을 만지며 깨끗한 손을 유지하기란 어려운 일이다. 맹자도 오점을 전혀 남기지 않을 수는 없었다. 일관성을 지키지 못할 때도 있었고, 아첨을 하기도 했다. 폭풍이 몰아치는 배경에 비해 밝게 빛나는 인격이기는 했지만, 그에게도 인간적인 결점은 있었다. 그 결점들은 고대 중국의 삶을 그대로 보여주며 때로는 기록해두어야 할 만큼 놀라운 면도 있었다. 제나라에서 관직에 오른 일이 대표적인 예이다.

걸출한 인물로 알려진 제나라 왕이 이 새로운 철학자가 어떤 사람인지 궁금해 사람을 보냈다. 맹자는 초청에 응했지만 전망이 너무나 어두워 보여서 아무 대가도 받지 않고 일하기로 했다. 다른 신하들이 보기에는 매우 위험한 일이었다. 그래서 제나라 재상은 맹자의 환심을 사고자 값비싼 선물을 보냈다. 맹자는 선물만 받고 감사인사를 하러 재상을 찾아가지 않았다. 맹자는 "선물만 있고 성의는 없었다"고 말했다. 그가 왜 감사인사를 하러 가야 하는가?

왕은 맹자를 아끼고 많은 대화를 나누었다. 여기서 맹자는 공자였다면 상상하기 어렵고, 노자나 장자였다면 절대로 하지 않았을 행동을 했다. 왕이 맹자에게 자신이 겪는 어려움을 솔직하게 이야기했다.

"나는 색욕이 강한데 그게 내가 왕도를 걷는 데 방해가 된다고 생각하시오?"

맹자가 대답했다.

"절대 그렇지 않습니다. 마음껏 즐기십시오. 그저 왕의 즐거움이 백성의 즐거움에 방해가 되지 않게만 하시면 됩니다."

가장 헌신적인 제자들조차 꽤 충격을 받았다. 맹자는 왕이 백성의 요구에 귀 기울이게 한 다음에 그를 변화시킬 셈이었을 것이다. 그러나 그 과정은 단지 조금 의심스러운 정도가 아니었다. 그런 타협은 필연적으로 왕과 맹자 사이에 불신을 가져왔다. 진정한 존경과 신뢰는 찾아볼 수 없었다. 이 두 형식주의자가 서로 경쟁을 벌인 놀라운 사례가 있다.

맹자가 옷을 갖추어 입고 왕궁에 갔다. 왕은 사람을 보내 당장 만나고는 싶으나 몸이 아파서 어렵겠다고 전했다. 맹자가 다음 날 다시 찾아가야 했을까?

맹자는 왕이 정말로 아픈지 의심스러웠다. 이것은 왕이 맹자를 만나기 싫어서 꾸민 계획이었고, 철학자에게는 지켜야 할 품위라는 게 있었다. 다음 날 아침에는 맹자가 사람을 보내 몸이 아파서 입궐할 수 없다고 전했다. 그러고는 조심스럽게 그리고 당당하게 초상집에 문상을 갔다. 왕이 문병 차 보낸 사람을 통해 아프다던 사람이 외출했다는 이야기를 듣고 모욕을 느끼게 하려는 것이었다. 이 둘의 관계는 입으로 불기만 해도 무너질 카드로 만든 집과도 같았다.

왕은 실제로 사람을 보냈다. 마침 집에 있던 사촌이 상황을 부드럽게 만들려고 애써 둘러댔다.

"몸이 많이 좋아져서 조금 전에 서둘러 입궐하러 갔습니다. 벌써 도착했는지도 모르겠군요."

그러고는 초상집에 사람을 보내 성질 사나운 철학자에게 서둘러 입궐하라고 전했다. 그러나 여전히 맹자의 상처 입은 자존심이 걸림돌이었다. 궁은 이 민감한 문제로 좌불안석인데 맹자는 집에도 궁에도 가지 않고, 한 고위 관리 집으로 가서 잠을 자버렸다. 관리는 맹자가 계산적으로 행동하며 왕을 진심으로 존경하지 않는다고 비난했다. 맹자는 몹시 화를 내며 대답했다.

"그렇지 않소. 오직 나만이 왕의 충실한 신하요!"

"그런 이야기가 아니오. 왕이 부르는데 기다리게 해서는 안 된다는 말씀이오. 조회에 나가려 하다가 왕의 명을 듣고는 도리어 나가지 않으니, 아무리 생각해도 이것은 예법에 맞지 않는 행동이오."

맹자는 과거의 예를 들며, 덕을 존중하지 않는 군주와는 아무것도 함께할 수 없다는 일반론을 펼쳤다.

찻잔 속의 태풍은 곧 가라앉았지만 상처는 남았다. 맹자는 그로부터 오래 지나지 않아 제나라를 떠났다. 왕은 맹자와 같은 성인을 그렇게 내쳐선 득이 될 게 없다 여기고 또 다른 제안을 했다. 제나라에 집과

일만 석 봉토를 줄 테니 거기서 제자들을 가르치면 어떻겠냐는 것이었다. 보통 사람들에게는 매력적인 제안이겠지만 맹자는 이것마저 모욕으로 느꼈다. 그들은 맹자를 이해하지 못했다. 부로 지혜를 살 수 있다고 믿은 것이다. 그것은 근본적으로 불가능한 일이었다. 맹자의 분노는 정당했다. 왕은 맹자가 자신을 팔리라 믿었단 말인가? 이미 십만 석 봉토를 거절한 바 있었던 맹자가?

맹자는 공자가 노나라를 떠날 때처럼 슬픔에 젖어 천천히 제나라를 떠났다. 왕이 제대로 된 예를 갖추어 그를 다시 부르는 가망 없는 꿈을 꾸면서. 몇몇 제자들은 그런 꿈조차 품위를 해친다고 보았다. 맹자가 그들에게 말했다.

"모르겠느냐? 제나라 왕은 훌륭한 자질을 가졌다. 그가 나를 제대로 쓰기만 했다면 제나라를 넘어 천하가 행복해졌을 것이다. 나는 아직도 그가 마음을 바꾸기를 기대한다. 소인은 쉽게 화를 내지만, 나는 그렇지 않다."

그러나 왕은 맹자를 다시 부르지 않았고, 맹자는 잠시 하남 지방에 머물렀다. 거기서 그는 여행 중이던 등나라 후계자 문공文公을 만났다. 둘은 고대의 지혜와 공자의 가르침에 대해 길고 진솔한 이야기를 나누었다. 문공은 감탄하면서도 그것을 실생활에 적용시킬 수 있을지 의심스러워했다. 그러나 문공은 이미 거의 철학자가 되어 있었다. 그는 훗날 맹자를 등나라로 초대해 값비싼 선물도 주었으나 등용하지는 않았다. 문공의 아버지인 등나라 왕이 죽었을 때 제사를 주관한 것이 맹자가 한 유일한 일이었다. 문공은 맹자의 심오한 지식에 감탄하며 찬사를 보냈지만 그것으로 백성의 삶을 더 나아지게 할 수는 없었다.

그리하여 맹자는 다시 방랑길에 올랐다. 황무지에 씨를 뿌리면서,

대중은 맹자를 그다지 지지하지 않았다. 덕분에 군주들은 더 쉽게 쾌락과 전쟁에 빠져들 수 있었다. 평범한 사람은 이해할 수도 없는 높은 지식의 산을 오르는 것보다 그쪽이 훨씬 쉬웠다. 맹자는 어디서도 환영받지 못했다. 때로 그는 그의 타협이 유가儒家의 엄격한 정신을 저해한다고 비판받았고, 또 때로는 그가 정말로 사심이 없는 사람이었기 때문에 오히려 부당한 음해를 감수해야 하기도 했다.

그 무렵, 아들을 따라 제나라에 갔던 어머니가 세상을 떠났다. 맹자는 어머니를 노나라로 모셔 아버지 무덤 옆에 안장하고 극진히 장례를 치렀다. 제자들은 비용이 너무 많이 든다고 불평했지만, 맹자는 예법과 효심을 보여줄 기회를 놓치고 싶지 않았다. 그가 제자들에게 말했다.

"성인은 제 부모를 소홀히 하지 않는다. 내게 수단이 있고 뜻이 있는데, 내가 할 수 있는 바를 다해서 안 될 이유가 있느냐?"

혹자는 맹자 어머니의 성품으로 보아 그런 사치를 달가워하지 않았으리라 여길지도 모르겠다. 그러나 이런 문제에 대해서 서양이 함부로 중국을 판단해서는 안 된다. '효'라는 개념 자체가 서로 다르기 때문이다.

백성의 눈으로 보고 백성의 귀로 듣다

그러던 어느 날 맹자가 기뻐서 잠도 이루지 못할 일이 생겼다. 제자 낙정자가 노나라에서 집정하게 된 것이다. 노나라는 공자의 고향으로 유명한 곳이었다. 맹자는 자신의 이상이 실천되는 것을 볼 희망에 기쁨을 감추지 못했다. 그는 낙정자를 따라 노나라에 가며 마음이 들떠 잠시도 가만히 있지 못했다. 노나라 왕이 맹자가 왔다는 소식을 듣고 만나보려고 마차에 오르려는데 신하 하나가 가지 못하게 만류했다. 왕은 신하의 말을 듣고 맹자를 만나러 가지 않았다.

긴 방랑 끝에 찾아온 짧은 희망이었다. 맹자는 모든 게 하늘의 뜻이며 아직 때가 오지 않았을 뿐이라며 마음을 다잡았다.

"하늘이 아직은 천하가 안정되고 나라가 잘 다스려지기를 원하지 않는가보다."

말은 그렇게 하면서도 맹자는 시간이 언제까지나 기다려주지는 않으리라는 것을 잘 알았다. 그는 점점 늙어가고 있었다. 최선을 다했으나 그 노력이 성공을 거두지 못한 것이다. 하늘은 무엇이 최선인지 안다. 맹자는 모든 걸 포기하고 더는 후안무치한 군주들을 상대로 안달하지 않기로 했다. "에브라임이 우상을 섬겼으니, 그는 내버려둬라!"[1] 맹자는 그렇게 갑자기 그리고 애처롭게 사라져버렸다. 이후로 맹자가 정치에 관여한 기록은 찾을 수 없다. 맹자는 세상을 위해 애썼으나 세상은 그를 속였다. 그가 가진 결점은 그의 숭고한 목적과 비교할 때 값비싼 보석에 난 잘 보이지도 않는 흠집에 지나지 않는다. 그래도 맹자는 자기와 똑같은 길을 걸었던 공자를 생각하며 마음의 위안을 얻었을 것이다.

그때부터 맹자는 은거하여 제자들을 가르치며 학문에만 힘썼다. 이와 같은 사람의 말년은 늘 평온하며, 다른 이들에게 심오한 영향을 끼치는 법이다. 그리고 거기서 막을 내린다.

중국은 이 위대한 인물에게 경의를 표했다. 원나라 때는 맹자의 56대손을 한림원翰林院[2]에 두고 오경의 최고 권위자로 인정했다. 이후

---

1 『구약성서』「호세아」 4장 17절.
2 중국 당나라 때 이후 황제의 조칙이나 외교문서의 작성, 역사 편찬 등을 맡아 보던 기관.

로 그 자리는 대대로 맹자의 후손이 물려받았다. 맹자 위패는 공자 사원 가까운 곳에 모셔졌다. 그러나 진정한 영광은 맹자 사상이 중국에 미친 영향과 그 가치를 아는 사람들의 평가라고 해야 할 것이다.

"맹자가 없었다면 공자도 이만큼 숭배되지는 않았을 것이다. 그 덕분에 사람들이 인과 의를 존중하고 군주와 지배자를 구별할 수 있게 되었다."

"맹자 사상의 가치는 이루 말로 다 할 수 없을 정도이다."

'백성이 가장 중하고 왕은 가벼운 존재'라는 맹자의 신념은 그에게 불멸의 영광을 안겨주었다. 빤한 얘기처럼 들릴 수 있지만, 맹자가 살았던 시대에서는 전혀 그렇지가 않았다. 그렇게 말하려면 실로 엄청난 용기가 필요했다.

제나라 왕이 신하가 군주를 죽인 일이 있느냐고 물은 적이 있다. 주나라 무왕이 은나라 마지막 폭군을 축출한 일을 말하는 것이었다. 맹자가 대답했다.

"인을 해치는 자는 강도나 다름없습니다. 의를 해치는 자는 악당입니다. 지금 왕께서 말씀하시는 일에 대해 저는 강도와 악당을 죽였다고만 들었지, 무왕이 진정한 왕을 죽였다고 들은 적은 없습니다."

올리버 크롬웰이 찰스 1세에게, 프랑스 혁명군과 루이 16세에게, 볼셰비키가 차르 왕조에 한 일도 이와 다르지 않다. 맹자는 이 세 가지 사례도 똑같이 평가할 것이다. 그러나 세 경우 모두 왕들은 오히려 순교자로 격상되어왔다. 이 점에 대해서는 양쪽 입장 모두 할 말이 많을 것이다.

맹자의 결론은 '하늘은 백성의 눈으로 보고, 백성의 귀로 듣는다'는 것이다. 이것은 민주주의 신념이다. 노자와 장자는 여기에 이의를 제기할 것이다. 그러나 맹자의 이야기에는 오직 영혼의 진화를 이룬 성인만이 도달할 수 있는 정신적인 가치가 담겨 있다.

왕을 위한 안내서

28

왕을 위한 강의

지금까지 맹자의 인생을 살펴보았다. 맹자의 철학은 공자라는 반석을 기반으로 하지만, 그 위에 자신만의 성을 쌓았다. 통치와 인격에 관한 내용이 특히 그렇다. 군주가 아버지의 마음으로 백성을 아끼고 사랑해야 한다는 주장이 대표적인 예로, 공자 사상에서는 잘 드러나지 않은 부분이다. 맹자가 나누었던 의미 있는 대화 중에서 예를 하나 들어보자. 가히 '왕을 위한 강의'라고 해도 좋을 내용이다.

제나라 왕이 맹자에게 물었다.

"내가 백성을 사랑하고 잘 보호할 수 있겠소?"

"그야 물론입니다."

"그걸 어떻게 아시오?"

"일전에 사람들이 황소를 끌고 가는 것을 보시고 어디로 가느냐고 물으신 적이 있다고 들었습니다. 사람들이 소를 죽여 종鐘에 피를 바르는 의식을 치르려 한다고 대답하자 왕께서 '소를 놓아줘라. 소가 겁먹은 얼굴을 보니 죄 없는 사람이 형장으로 끌려가는 것 같아 견딜 수가 없다'라고 말씀하셨다지요. 사람들이 종에 피를 바르는 의식을 생략하느냐고 묻자, 그럴 수는 없으니 대신 양을 끌고 오라고 하셨다고 들었습니다. 정말로 그런 일이 있었습니까?"

"그런 일이 있었소."

"그런 마음이면 왕이 되기에 충분합니다. 백성들은 왕께서 소 한 마리가 아까워서 그러셨다고 생각하지만, 저는 불쌍한 동물이 죽는 모습을 차마 볼 수가 없어서 그러셨다는 걸 압니다."

"그렇소. 내가 어찌 소 한 마리를 아까워하겠소? 나는 정말로 끔찍한 광경을 참을 수가 없었을 뿐이오."

"백성이 그렇게 생각하는 건 이상한 일이 아닙니다. 큰 동물을 작은 동물로 바꾸신 이유를 그들이 어떻게 알겠습니까? 왕께서 소와 양을 차별하신 것이 바로 인을 실천하는 방법입니다. 소는 끌려가는 모습을 보셨지만, 양은 보지 못하셨지요. 군자는 동물의 고통에도 괴로워하는 법입니다. 산 것이 죽는 것을 차마 보지 못하고, 고통스럽게 죽는 모습을 보면 차마 그 살을 먹지 못하는 것입니다."

왕이 기뻐하며 말했다.

"『시경』에 '내 마음에 비추어 남의 마음을 헤아린다'라는 말이 있는데, 바로 선생을 두고 하는 말인 것 같소. 그 일을 몇 번이나 곱씹어 봤으나 그 뜻을 알지 못했는데, 지금 선생 말씀을 들으니 마음속에 연민이 이는구려. 그런데 그게 왕이 되기에 충분한 마음임은 무슨 까닭이오?"

"자애가 가축에게까지 미치는데 지금 백성은 은혜를 받지 못하고 있는 까닭이 무엇이겠습니까? 그것은 왕께서 백성에게 은혜를 베풀지 않기 때문입니다. 지금 왕께서 천하를 평정하지 못하시는 것은 할 수 없어서가 아니라 하지 않으시기 때문입니다."

왕이 그것을 어떻게 이룰 수 있느냐 묻자 맹자는 공자의 사상을 그대로 전했다.

"집에서 어른을 공경하고 아랫사람을 자애롭게 대하십시오. 그러면 왕국이 전하의 품에 안길 것입니다. 『시경』에 이르기를 '아내에게 모범을 보이면 형제에게 전해지고, 가문과 나라 전체를 이끈다'라고 했습니다.

그것이 주나라 무왕이 작은 사랑의 실천으로 세상을 이롭게 한 방법입니다. 왕께서 나라를 사랑으로 다스리시면 관리는 오직 제나라 조정에서만 일하려 하고, 농부는 제나라에서만 밭을 갈려 하고, 상인은 이리저리 떠돌아다니지 않고 제나라 시장에서만 물건을 팔려 할 것입니다. 그리고 자기 군주 때문에 고통받는 천하 만민이 다 제나라로 모여들 것입니다."

"내가 아둔하여 당장 그것을 어떻게 실행해야 좋을지 모르겠소. 나를 좀 더 이끌어주시오."

"백성의 생업을 정해주되, 부모를 모시고 처자식을 부양하기에 충분하도록 해주십시오. 죽지 않고 사는 것만이 유일한 희망이라면, 덕과 예의를 익힐 여유가 있겠습니까? 먼저 근본으로 돌아가야 합니다.

집 주위에 뽕나무를 심으면 사람들이 비단옷을 입을 수 있습니다. 가축을 기르며 적절한 때를 놓치지 않으면 노인이 고기를 먹을 수 있습니다. 농사일로 바쁠 때 방해하지 않으면 대가족이 배불리 먹을 수 있습니다. 교육을 엄격히 해 효와 공경의 의무를 거듭 강조하면, 머리 희끗한 노인이 길바닥에서 자거나 등과 머리에 짐을 이고 가는 걸 보지 못하게 될 것입니다. 노인이 비단옷을 입고 고기를 먹게 하고, 백성이 굶주리거나 헐벗지 않게 하고도 천하를 얻지 못하는 일은 있을 수 없습니다."

왕으로 하여금 스스로 깨닫도록 이끄는 요령이 대단하다. 맹자는 정직한 용기와 공손함을 갖춘 진정한 충신이었다. 맹자가 제나라 왕에게 한 이야기를 하나 더 들어보자.

"음악에 대해 한 말씀 드려도 되겠습니까? 왕께서 여기서 음악을 연주하신다고 하지요. 사람들이 종과 북과 피리 소리를 듣고 머리가 아파 인상을 쓰며 이렇게 말할 것입니다.

'왕께서 음악을 좋아하시는구나. 그런데 왜 우리를 이렇게 고통스럽게 하시는 걸까? 아버지와 아들이 서로 만나지 못하고, 형제와 아내와 자식이 모두 뿔뿔이 흩어졌구나.'

또 왕께서 사냥을 하신다고 해보겠습니다. 사람들이 마차 소리를 듣고, 아름다운 깃발을 보고 인상을 찡그리며 이렇게 말할 것입니다.

'왕께서 사냥을 참 좋아하시는구나. 그런데 우리는 왜 이렇게 비참한가!'

이는 왕께서 백성의 행복을 자신의 행복처럼 돌보시지 않기 때문입니다. 왕께서 음악을 연주하실 때 백성이 '소리를 들어보니 건강하고 즐거우시구나. 얼마나 아름다운 음악인가!'라고 말한다면 이는 백성의 기쁨을 자신의 기쁨처럼 여기셨기 때문입니다. 만약 왕께서 백성과 즐거움을 함께 누리신다면 천하를 얻으실 것입니다."

맹자는 왕이 음악을 좋아한다는 점에서 가르침을 이끌어냈다. 나중에는 왕이 용맹함을 사랑한다는 점도 같은 방법으로 이용했다. 여기서 중국의 진정한 민주주의 정신을 발견할 수 있다. 신하는 언제나 왕에게 두려움 없이 진실을 이야기했다. 목숨을 잃을 수도 있고, 지위를 박탈당하는 일도 드물지 않았음에도 그랬다. 청나라 말기 의화단운동을 이끈 사악한 서태후西太后에게도 공자와 맹자의 가르침을 전하는 충신이 있었다.

왕과 신하의 관계

중국인이 성인을 숭상한다는 것을 아는 왕들은 맹자의 학식 앞에 벌벌 떨었다. 맹자의 출신이 비천하다는 것은 아무 문제도 되지 않았다. 그래서 맹자는 아주 드문 경우를 제외하고는 언제나 왕 앞에서 두려움 없이 자기 생각을 이야기할 수 있었다. 맹자가 항상 최선의 행동을 할 수 있었던 데에는 그런 배경이 있었다. 그는 『시경』에서 시와 음악이 나라를 다스리는 데 매우 중요하다는 내용을 자주 인용하며 자기 사상을 더욱 풍부하게 했다. 그 모두가 결국은 백성을 잘 보살피는 방법으로 귀결된다. 그 과정에서 종종 고대 중국의 사회상이 흥미진진하게 드러나기도 한다. 제나라 왕과 나눈 대화를 예로 들어보자.

"나에게는 여색을 좋아한다는 결점이 있소."

"옛날에 대왕은 여색을 좋아해 왕비를 몹시 사랑했습니다.『시경』에도 대왕이 서쪽 강가에서 부인과 함께 살 곳을 찾았다는 이야기가 있습니다. 대왕이 다스릴 때는 남편이 없는 여자가 없었고, 아내가 없는 남자가 없었습니다. 왕께서 여색을 좋아하신다면 백성도 같은 즐거움을 누리게 하면 어떻겠습니까?"

그러나 이때도 제자들은 맹자의 타협에 의심의 눈초리를 보냈다. 그러나 맹자는 필요하다면 왕을 꾸짖고, 또 왕이 자기 자신을 꾸짖게 할 수도 있는 사람이었다.

"신하 중 하나가 처자를 친구에게 맡기고 초나라에 다녀왔다고 합시다. 돌아왔더니 아내와 아이들이 추위와 배고픔에 떨고 있었습니다. 그럴 때는 어떻게 해야 하겠습니까?"

"친구와 의절해야지요."

"형벌을 관장하는 관리가 아랫사람들을 공평하게 다스리지 못하면 어떻게 하시겠습니까?

"당연히 파면해야지요."

"그러면 나라 안이 잘 다스려지지 못하면 어떻게 하시겠습니까?"

왕은 좌우를 두리번거리며 딴소리를 했다.

맹자에게는 공자에게 없었던 용기가 있었던 것 같다. 공자는 부덕한 왕의 잘못을 과감하게 지적하지 못하고 망설였다. 그는 요 임금과 순 임금의 덕 안에서 살았으며, 그 안에 들어오는 사람이라면 누구나 받아들였다. 맹자는 거리낌이 없는 사람이었다. 그는 아합 왕을 꾸짖는 엘리야 같은 사람이었다.[1] 그는 어떤 위험도 감수할 준비가 되어 있었다. 맹자는 신하가 떠나야 할 때에 대해서도 분명하게 이야기했다. 왕이 그 부분에 대해서 물은 적이 있다.

"신하는 왕을 어떻게 대해야 하오?"

"군주에게 큰 잘못이 있으면 반드시 지적해야 합니다. 그런데도 왕이 듣지 않고, 몇 번을 얘기해도 잘못을 고치지 않으면 신하는 떠나야 합니다."

왕의 안색이 변하자 맹자가 다시 입을 열었다.

"제가 드린 말씀을 이상하게 생각하지 마십시오. 왕께서 물으셨는데 정직하게 대답하지 않을 수 있겠습니까?"

---

1 『구약성서』「열왕기 상」편에 나오는 내용으로, 엘리야는 아합 왕의 실정을 꾸짖고자 신이 보낸 선지자이다.

그러나 맹자 또한 다른 심오한 사상가들과 마찬가지로 신비주의자들에 대한 부담이 있었을 것이다. 그는 신비주의자들과는 다른 해결책을 생각했다. 언젠가는 하늘이 부덕한 군주의 땅을 채우고자 알맞은 사람을 보낸다는 믿음이었다. 메시아는 출생이 비천해야 한다. 반역의 기치를 들지 않고 의롭게 행해야 한다. 맹자는 인간의 선한 본성이 자연스럽게 그를 따르게 하리라고 믿었다. 주나라 왕실은 계속해서 쇠퇴해갔으므로, 맹자는 공자의 영웅이었던 주나라 문왕과 무왕처럼 폭정에 항거해 일어설 만한 인물을 여러 제후 중에서 찾으려 노력했다. 비록 실패했지만 그의 노력만은 영원히 기억될 것이다.

맹자는 군주들에게 경건하게 살며 백성을 사랑하라고 설파했다. 그렇게 하는 것이 힘으로 억누를 때보다 더 바람직한 결과를 낳으리라 믿었다. 그는 제후 중 하나가 이 가르침에 따라 일어서 주나라를 쓰러뜨리고 태평성대를 열어주기를 기대했다.

"만일 제후 중에 인을 실천하는 사람이 한 사람만 있어도 다른 제후들이 백성을 이끌고 그를 따를 것이다. 천하를 다스리려 하지 않아도 어쩔 수 없이 다스리게 될 것이다."

인간을 존중하는 마음

그러나 무엇보다 백성이 평안해지는 게 먼저였다. 짐승이나 다를 바 없는 삶에서 벗어나 인간의 존엄성을 되찾아야 했다. 그다음이 교육이다. 교육이 없으면 인간다운 삶도 오히려 위험할 수 있다. 맹자가 보는 교육의 목적은 사람들 사이의 관계를 설정하는 것이다. 책을 읽고 배우는 것은 마지막에나 할 일이다. 맹자는 학문을 수행할 능력과 필요를 갖춘 사람이라면 누가 말하지 않아도 스스로 다가설 것이라 믿었다. 그렇지 않은 평범한 사람들은 사회 속에서 맞물리는 관계만 잘 이해하고 대처해도 충분하다. 그것이 이기적인 마음을 버리고 공동체의 선을 먼저 생각하도록 이끄는 최상의 교육이다. 맹자는 삶이 힘들고 비참할 때는 그런 가능성을 꿈도 꿀 수 없다는 것을 알고 있었다. 따라서 물질적인 요구가 먼저 충족되어야 한다. 장자는 아마 이렇게 말할 것이다.

"그렇다. 하지만 도를 깨우친 인간은 스스로 물질적인 충족을 포기하고도 기쁨을 누릴 수 있다."

맹자는 그런 말을 한 적이 없지만, 그의 가르침 속에 장자와 같은 생각이 함축되어 있다.

맹자는 감탄스러울 정도로 현대적인 사람이었다. 어디에서나 일을 분담하고 각자 자기에게 가장 잘 맞는 일을 하도록 했다는 사실만 봐도 그렇다. 그는 분업의 전도사였다.

"농부는 수공업 분야에서 제 역할을 다할 수 없다. 군자는 군자의 일을 하고 소인은 소인의 일을 한다. 그래서 말하기를, '어떤 이는 재주로 일하고, 어떤 이는 힘으로 일한다. 마음으로 일하는 자는 남을 다스린다. 다스림을 받는 사람은 다스리는 사람을 받들고, 다스리는 사람은 다스림을 받는 사람을 받들어야 한다'라고 하는 것이다. 이것이 우주의 원리이다."

맹자도 노자, 공자와 마찬가지로 황금률을 주창했다. 공자, 붓다, 예수 등 수많은 성인이 시간과 공간과 민족을 초월하여 공통으로 주장했다는 사실로 볼 때, 그것은 틀림없이 인간 본성의 보편적인 진리일 것이다. 맹자 사상의 핵심도 타인을 사랑하는 것이다.

맹자가 '정념'情念이라 부른 개념도 흥미진진하다. 인간에게는 본능적인 욕망, 즉 정념이 있다. 그러나 선해지고자 하는 의지가 그것을 인도한다. 인간은 하늘이 내린 의지로 정념을 길들여, 그것을 정신이라는 마차를 끄는 준마로 삼을 수 있다. 인도와 중국은 이 점에서 차이가 있다. 일견 작은 차이인 것처럼 보이지만, 그것이 인도를 위대한 사상을 가지고도 약하고 수동적인 나라로 만들고 중국으로 하여금 세상에 남성적이고 오만하며 품위 있는 모습으로 나설 수 있게 했다.

맹자는 공자가 그랬던 것처럼, 그리고 다른 모든 신념이 마땅히 그래야 하듯, 스스로 자기 사상의 모범이 되었다.

성인이란 바람직한 인간관계를 실천해 보여주는 사람이다. 그리하여 사람들이 스스로 따르도록 한다. 평범한 사람이 자와 컴퍼스 없이는 정사각형과 원을 그릴 수 없듯이, 완벽한 모범이 없으면 덕은 살아남을 수조차 없다. 그리고 예수와 장자와 맹자가 입을 모아 이야기했던 놀랍도록 아름다운 문장이 또 하나 있다.

"인자는 어린아이와 같은 마음을 잃지 않는다."

깊이 생각해보아야 할 이야기다. 이 문장을 끝으로, 완벽하다고는 할 수 없지만 놀라운 지혜를 품었던 중국의 위대한 철학자들에 대한 이야기를 마치도록 하겠다. 그들은 수많은 학자와 책들이 죽고 불타던 시절에 민족이 눈을 뜨게 해주었던 선각자들이었다.

선禪: 중국과 인도에 전파된 불교 사상과 예술

29

중국철학의 부족한 부분을 채운 불교

마지막으로 중국과 인도에서 불교 철학이 차지하는 위치를 다루며 이 책을 마무리하기로 하겠다.

노자, 공자, 장자, 맹자의 철학에는 속세의 욕망을 넘어 진정한 희망으로 이끄는 길이 제시되어 있지 않다. 공자는 현세에서 최고의 번영을 약속하는 길을 제시했다. 그러나 그에게는 베르길리우스[1]처럼 사람들을 천국의 문으로 인도할 의무가 있었다. 공자는 그 문으로 들어가려는 시도조차 하지 않았다.

맹자도 마찬가지였다. 사람들을 진리로 이끌기 위해 자신이 할 수 있는 일은 다했다고 믿었다. 공자와 맹자는 노자와 장자 같은 이들이 발하는 빛으로 생과 사의 모든 번뇌로부터 순간적으로 깨어날 수 있는 사람들도 있음을 깨닫지 못했다. 그러나 노자와 장자의 가르침은 정신적으로 성숙한 몇몇에만 적합하고, 그런 사람들은 사실 특별히 인도해줄 필요도 없다. 그리고 다른 평범한 사람들에게는 오히려 위험한 가르침이다. 그건 이미 증명된 사실이다. 신비주의는 마술로 재탄생하고, 노자와 장자의 가르침은 미신으로 전락했다. 노자와 장자도 어떤 확실

---

1 『신곡』에서 지옥에 빠진 단테를 구하고 인도해주는 로마 시인.

한 길을 제시하지 않았다. 진리는 안개 속에 숨은 산처럼 모호했다.

따라서 중국에는 유가와 도가의 중간쯤 되는 길이 필요했다. 물질과 영혼, 눈에 보이는 세계와 믿어야 할 세계를 아우르는 종교가 말이다. 중국은 성인들이 가르친 도덕을 위한 정신적인 성역을 원했으며, 무엇보다도 영혼의 모험담을 갈망했다. 넓게 보면 그것이 세상 모든 종교의 본질이다. 철학은 대중의 손이 닿지 않는 곳에 있다. 그러나 모험담은 모든 이를 정신적인 모험으로 초대한다. 구름을 뚫고 우뚝 솟은, 인간의 손으로는 지을 수 없는 탑으로 꽃길이 깔려 있다. 그 너머 별이 빛나는 곳에 신의 나라가 있다.

종교와 철학은 분리될 수 없다. 종교는 그 단계에 따라 가장 높은 차원에서는 철학과 가장 낮은 차원에서는 모험담과 닮았다. 종교는 평범한 사람들에게는 삶을 이야기하고, 정신적으로 높은 성취를 이룬 이들에게는 그보다 많은 것을 의미한다. 그런 이유로 중국은 불교를 기쁘게 맞아들였다.

불교 전파는 어느 황제의 꿈에서 시작되었다고 전해진다. 황제는 꿈에서 이상적인 인간상을 보고 그 꿈이 상징하는 종교가 존재하는지 찾아보도록 했다. 그러나 그것과는 별개로 불교는 무역로를 통해 언제가 됐건 중국에 들어올 운명이었다. 무역로는 언제나 상품 이상의 것을 주고받는 통로이다. 독립적이고 민주적인 중국은 자신과 극명하게 대비되는 인도의 느리고 차가운 신앙을 처음 접하고 불쾌한 기분은 물론이고 상처마저 받았을 것이다.

중국에 처음 전해졌을 때는 이미 불교가 앞에서 이야기했던 두 가지 형식, 즉 대승불교와 소승불교로 나뉘어 있을 때였다. 소승불교는 과학적인 비판에 흔들리지 않는 엄격한 철학체계로서, 초기의 미숙한 성찰을 벗어버린 우파니샤드의 가르침에서 찾을 수 있는 고차원적인 형식이다.

대승불교는 중세 유럽 신학자들과 같은 마음으로 붓다라는 반석 위에 지은 화려한 궁전과도 같다. 대중의 정서에는 대승불교가 더 잘 맞았다. 설명할 수도 묘사할 수도 없는 평화를, 황금과 보석이 반짝이는 천국으로 대체해 이야기하는 건 어려운 일이 아니다. 새들이 기적의 노래를 부르며 법을 찬양하고, 나무에는 지상에서 볼 수 없는 아름다운 꽃이 피는 곳. 모든 죄를 용서받고 영혼이 구원받는 곳. 신이 연꽃 위에 앉아 만민을 악에서 구해준 붓다를 칭찬하는 곳. 서양인에게도 익숙한 그런 과정이다.

니케아와 아타나시우스[2]의 신조가 철학이라면, 대승불교도 신과 인간을 한곳에 녹여낸 철학이다. 지식인들은 중국철학자들이 제시했던 것보다 훨씬 더 논리 정연한 영혼의 철학을 받아들였다. 평범한 사람들은 사랑과 동정의 신이 모든 죄를 용서해주고 실망스러운 삶의 끝에 다다른 사람들에게 영원한 평화를 약속하는 종교를 받아들였다. 그리고 중국은 이 새로운 철학을 한국과 일본에 전했으며, 그곳에서도 각자의 역량에 따라 자기가 받아들일 수 있는 것을 받아들였다.

중국에서 어느 쪽이 살아남았을지 예측하기는 어렵지 않다. 천국을 약속하며 위로해주는 쪽이 공자 사상과 결합하여 삶의 메마른 계곡과 빈틈을 더 잘 메워준다는 것은 자명한 일이다. 불교의 성자들은 중재자이자 안내자처럼 행동했다. 장자와 노자의 불친절한 설명도 이 새로운 희망으로 재해석되었다. 법현法顯과 현장玄奘을 비롯한 많은 순례승들이 고비 사막을 지나 히말라야를 넘어 성지聖地 인도를 방문해, 수많은 문헌과 아름답고 기이한 성상을 가지고 돌아왔다는 것은 놀랄 일

---

2 니케아 공의회에서 채택된 삼위일체 교리와 역시 삼위일체와 신인양성神人兩性을 주장한 그리스 정통파 교부敎父 아타나시우스의 신조를 말한다. 둘 다 신을 인격적인 존재로 규정해 기독교를 대중화하는 데 기여했다.

이 아니다. 새로운 하늘과 땅을 열어주어 중국인의 지친 마음을 달래주는 불교 신앙이 그렇게 전파되었다.

모험담을 기대하는 사람들에게는 법현, 의정義淨, 현장의 여행기만 한 것이 또 없다. 이들은 사람들을 동화의 나라로 이끌어주었다.

중국에서는 이렇게 대중적인 형태의 불교가 융성했으나 그 부분에 대해서는 이 책에서 자세히 다루기 어렵다. 중국과 일본 모두 기도를 듣고 응답하며 죄를 사해주는 신을 숭배하는 데에 거부감이 없었다. 사람들은 그런 종교를 만나고 기뻐 어쩔 줄을 몰랐다. 자연히 예술에도 큰 변화가 일어났다.

불교는 식물과 동물과 인간 내부에 존재하는 신성한 힘보다 더 많은 것을 이야기하며, 굳게 닫혀 생명을 단절하던 문을 활짝 열어주었고, 그것을 이해하고 표현하고자 하는 욕구를 최상의 예술 형태로 표출하게 했다. 6세기 무렵에는 도가의 영향을 일부 받은 불교 사상 아래, 오랫동안 중국 화평畫評의 기준이 된 회화 이론 '육법'六法이 형성되었다. 각 조항은 그 자체가 하나의 예술 철학이다. 여기서는 '육법' 중 첫 번째, '기운생동'氣運生動에 대해서만 이야기하기로 하겠다.

기운생동은 노자와 장자가 몇 세기 전에 이야기했던 바로, 우주의 운행과 조화를 이루는 운동을 의미한다. 육체적인 움직임을 최소화한 정신의 운동을 말한다. 젊은이의 행복한 춤에서 태양 주위를 도는 행성의 운동으로, 거기서 다시 무한의 우주 속을 여행하는 태양계의 운동으로 나아가는 것이다. 한 부분 한 부분 그리고 전체가 이 조화로운 운동을 드러내야만 뛰어난 예술 작품이 될 수 있다. 이곳에서는 종교 자체가 위대한 예술가였다. 종교는 공자가 말하는 군자, 그리고 노자가 표현할 말을 찾지 못했던 성인을 조각해냈다.

위대한 인물들과 그 행적 속에서 이러한 생동하는 리듬을 찾을 수 있다. 그들은 단절 없는 음악에 맞추어 행진한다. 불교가 만물 안에 거주하는 영혼이라는 가르침을 전했을 때, 중국은 이미 그들 자신의 사상으로 무장한 채 이 신비로운 예술철학을 완성할 준비가 되어 있었다. 불교는 "육신의 눈으로 보면 풀과 나무가 하나의 덩어리이다. 붓다의 눈에는 수많은 영혼의 모임으로 보인다. 풀, 나무, 나라, 세상 전체가 깨우침을 얻어야 한다"고 말한다.

예술 작품은 생명이 뿜어내는 기운을 시각적으로 드러낸다. 예술은 모방이 아니다. 그것은 종교 자체이며, 인간의 마음이자 사고이다. 깊은 의미에서 종교와 예술은 하나이다. 인간이 손을 뻗어 따고자 하는 열매를 표현하는 것이 아니다. 예술의 핵심은 씨앗을 뿌려 싹을 틔우고 꽃을 피워 마침내 열매를 맺는 삶을 제안하는 것이다. 그러므로 중국의 예술철학에는 무언가 신적인 요소가 담겨 있으며, 보이지 않는 불멸의 세계를 향한다고 해야 한다. 특정 시기의 중국 초상화와 풍경화는 그야말로 독보적이라고 말하는 사람들도 있다. 중국 고유의 사상이 불교와 혼합되어 완성된 결과이다.

중국은 풀잎 하나를 그리건 사람 얼굴을 그리건 간에, 예술가의 '주관적인' 측면이 대상의 '주관적인' 측면으로 다가가는 것에 예술의 비밀이 있음을 깨달았다. 기운생동을 완벽하게 구현하면 대가의 반열에 오르게 된다.

달마와 선 사상

그러나 중국과 일본에서도 예술이 곧 천국에 이르는 길은 아니었다. 오직 선택받은 자만 걸을 수 있는 엄격한 길, 명상과 깨달음의 길은 따로 있었다. 요가 중에서도 형식적으로 가장 엄격한 즈냐나 요가가 중국과 일본에서 선禪 사상으로 발전해 극동 아시아에 영원히 지워지지 않을 흔적을 남겼다. 그 기원이 베단타보다도 더 오래되었으므로 엄밀히 말하면 선은 불교가 아니다. 그러나 520년 달마達磨가 이 사상을 중국에 전할 때는 불교의 형태를 띠고 있었다. 달마는 자신의 가르침이 중국과 일본 종교에 어떤 영향을 끼칠지 꿈에도 몰랐을 것이다.

'달마'는 '보리다르마'Bodhidharma의 약칭으로서 '깨달음'을 뜻하는 단어다. 달마가 가르친 것은 초기 우파니샤드에 기록된 가장 엄격하고 금욕적인 요가였다.

사람들은 기골이 장대한 달마의 거만한 태도를 보고 무술 수도승으로 생각하고는 자비로우며 독실한 불교신자였던 황제에게 데려갔다. 황제가 공손하게 말했다.

"나는 많은 사원을 지었고 경전을 널리 나누어주었습니다. 자선도 많이 베풀었고 신앙심도 가지고 있습니다. 이만하면 덕을 베풀었다고 할 수 있겠습니까?"

"터무니없는 말씀입니다."

"그렇다면 덕은 어디에 있습니까?"

"가치는 완전한 깨달음으로 물질이 소멸한 곳에 있습니다. 겉으로 드러나는 행동에 있는 게 아닙니다."

달마는 우주적 의식 속에서 얻을 수 있는 진리를 말하고 있다. 그러나 미숙한 영혼에게 그것을 보여주는 것은 아무 쓸모도 없는 일이다. 황제가 다시 물었다.

"성스러운 것과 그렇지 않은 것은 무엇입니까?"

황제는 자기가 아주 초심자는 아님을 보여주고자 했겠지만, 달마는 황실의 허영심을 발로 밟아 뭉개버렸다.

"성스러운 것이란 존재하지 않습니다."

"당신은 대체 누구요?"

"저도 모릅니다."

삼매경에 들 수 있을 정도로 성취를 이룬 사람에게만 의미가 있는 이야기였다. 그러나 달마는 자신이 중국에 새로운 복음을 전했다고 착각했다. 그것은 노자와 장자 사상의 체계적인 확장을 가져왔다. 달마의 의도와 전혀 다른 결과를 낳은 셈이다.

달마의 사상은 '붓다라는 사람은 없다'라는 말로 요약될 수 있다. 우주에 개체성과 개인성이 없다는 뜻임을 깨닫기 전까지는 매우 무례하며 충격적인 말로 받아들여질 수밖에 없다. 오직 단 하나의 실체만이 존재하며, 나머지는 모두 겉으로 드러난 현상일 뿐이라는 의미이다.

"절대존재는 인간의 마음속에 편재한다. 이 마음의 보물이 바로 붓다이다." 이것은 우파니샤드를 이해한 사람이라면 누구나 동의할 이야기이다.

"기도하고 경전을 읽고, 금욕하고, 수도사의 계율을 지키는 것은 아무 소용도 없다." 이 주장에는 논란의 여지가 있다. 길 하나를 찾고 다른 길을 모두 거부하는 심술처럼 보이기도 한다. 각자 영혼에 맞는 여러 단계의 길이 있으며, 그중 무엇도 무시당해서는 안 된다.

"붓다를 찾으려 애쓰는 자는 찾지 못한다." 진리를 찾으려는 사람은 붓다를 만나지만, 그가 찾은 것은 붓다라는 인간이 아니라 '붓다의 삶과 가르침이라는 현상 너머에 존재하는 원인'이라는 뜻으로 이해할 수 있다.

"명상을 통해 세상이 허상임을 깨닫는 것만이 유일한 방법이다."

그야 물론이다.

'선'이란 무엇이냐는 질문에 달마는 이렇게 대답했다.

"지혜로는 선을 이해할 수 없습니다. 선이란 자신의 근본적인 본성을 바라보아야 한다는 뜻입니다. 나는 오직 이것을 전하려고 인도에서 왔습니다. 소위 말하는 기적을 행하는 것은 모두 이단입니다. 그것은 이 세계에 속한 것입니다."

다시 말해서 현상세계에 속한 것이라는 뜻이다.

이상이 달마의 철학이다. 그러나 이것은 인도 요가의 가르침으로 성취를 이룬 자만이 이해할 수 있다. 풍부한 베단타 철학을 담고 있지만, 달마는 신비로운 열반의 의미에 대해 침묵으로 이야기하는 불교의 전통을 지켰어야 했다. 붓다는 제자 마하가섭(카사파)에게 침묵으로 의미를 전했고, 제자는 말없이 미소 지으며 의미를 깨달았다. 말은 전혀 필요 없었다.

선 사상은 중국에서 점차 세력을 넓혔고, 남북으로 학파가 나뉘어 각자 교구를 형성했다. 이들은 매우 엄격한 수행을 요구했다. '소 길들이기'로 널리 알려진 신비롭고 아름다운 운문은 이 선 사상과 관련이 있다. 중국과 일본 모두에서 자주 볼 수 있는 이 운문은 우주와 일체를 이루는 깨달음의 과정을 표현한다.

선 사상은 중국과 일본에 두 가지 점에서 큰 영향을 끼쳤다. 첫째는 명상이 예술가에게 끼친 영향이고, 그 결과 창작의 힘을 다루는 법을 이해하게 되었다는 것이 둘째이다. 만일 예술가들이 선 사상이 가르치는 명상의 원리를 제대로 배웠다면 놀라운 능력을 얻어 세상이 더 풍요해졌을 것이라 말해도 지나친 말은 아니다. 그들의 성취는 예술가적 기질에 따라 무의식적으로 이루어졌으며, 지혜의 인도에 따른 경우는 매우 드물었다.

어쨌건 중국은 선 사상을 예술의 새로운 언어로 받아들였다. 그들은 대상에 드리운 그림자를 인식하고, 대상 자체를 영원한 관념에 투사했다. 인간을 포함한 만물이 영원한 존재와 하나가 되도록 가르치는 선 사상이 그 방법을 가르쳐주었다.

『성서』에 수록되지는 않았지만, 예수도 "돌을 쪼개보아라. 그 안에도 내가 있다"라는 말을 남겼다. 그리고 중국이 그 새로운 법칙과 공명한다. 그러나 이제 중국에서는 그 영향력이 거의 사라졌다. 선 사상이 부활하면 예술도 되살아날까? 혹자는 선이 일종의 자기최면이라고 말한다. 어떤 신비주의자도 인정하지 않을 이야기이다. 또 어떤 이는 퀘이커교도에 비유하기도 한다. 조용한 은둔의 삶을 추구한다는 점에서 겉으로 보기에 유사하기는 하다. 그러나 그런 식이면 내면의 신을 인식하려는 모든 종교가 유사하다고 해야 할 것이다. 그것은 보편적인 진리이며, 그 이상이다. 누군가 선 사상이 유럽의 영적 갈증을 달래주리라고 말한다면 나도 거기에 동의하고 싶다. 비록 선 사상이 상당한 경지에 오른 사람들만을 위한 것이고, 대중에게는 더 단순한 형태의 베단타와 불교 철학이 적합하지만 말이다. 이들 중 어느 것도 과학의 도전을 두려워하지 않는다. 모두 역사적으로 정설이었으며, 개인의 체험에 기반을 두고 있는 까닭이다. 명상하라. 당신도 알게 될 것이다. 앎과 행위가 하나가 된다.

일본의 선 사상과 신도

일본에 뿌리내린 선은 예술을 비롯한 전 영역에서 엄청난 영향력을 발휘했다. 선 사상이 자연의 아름다움에 공감하고 열정적으로 심취하는 일본인 특유의 재능을 더욱 강화했다는 데는 의심의 여지가 없다. 선 사상은 인간과 자연의 생동하는 기운을 하나로 보기 때문이다. 노자와 장자도 같은 생각이었지만, 자신들의 앎을 체계화하거나 요가의 원리처럼 구체적인 수행 규칙을 제시하지는 않았다. 그들은 인간이 자연과 접함으로써 자신이 하나의 개체라는 잘못된 믿음을 제거해야 한다고 생각했다.

이것은 서양 문명이 잊고 있었던 비밀이다. 어떤 대가를 치러서라도 다시 배우지 않으면 더 많이 잃어버릴 것이다. 적어도 서양의 위대한 예술가와 시인들은 그것을 알고 있었다. 장자를 떠올리게 하는 존 키츠의 이야기를 들어보자.

"재능을 강화하려면 마음을 비워야 한다. …… 수동적으로 받아들여라. …… 시적인 자연에는 자아가 없다. 모든 것이며 아무것도 아니다. …… 시인에게는 정체성이 없다. …… 계속 이어지며 다른 몸으로 들어간다."

일본에서 선 사상은 자연스럽게 특유의 사무라이 정신과 결합해, 뛰어난 인식을 갖춘 이들을 위한 철학으로 자리 잡았다. 일본의 불교 사상에는 여러 종파 또는 관점이 있다. 도덕을 강조하는 천태종天台宗, 신비주의적인 진언종眞言宗과 예토穢土 등 천국을 약속하며 대중을 사로잡는 여러 종파가 있다. 그러나 선종禪宗은 오직 소수 엘리트를 위한 것으로 남았다. 달콤한 말로 회유하는 감상적인 면도 없고, 성인들에게 이 세상과 저 세상을 중재하는 지위를 부여하지도 않는다. 선종이 말하는 '붓다의 의식'이란 초기 불교 성자들이 가르쳤던 형태 없는 세계를 인식하는 것과 같다. 현대과학이 더듬어 찾는 고차원적인 의식과도 대응한다.

일본철학을 하나하나 상세히 소개할 필요는 없다. 일본 전통 사상 '신도'神道는 동양철학의 어머니라고 할 수 있는 인도사상에서 비롯된 것이다. 일본이 서양철학을 어떻게 받아들였는지도 지금 여기서 다룰 내용은 아니다. 그러나 '신도'에 대해서는 그래도 몇 가지 이야기하고 넘어가야 할 것이 있다.

일본의 국교國敎 신도는 서양인의 눈으로 볼 때 매우 특이한 종교이다. 사무라이 정신을 장려하는 엄격한 요소와 매우 아름다운 측면도 있지만, 그것이 어떻게 베단타나 불교 또는 유가나 도가 철학과 연결되는지는 이해하기 쉽지 않다. 그렇다고 아예 설명을 포기하고 남겨둘 수는 없다. 신도는 일본의 신화와 자연신앙에 근거하며 자연적인 대상뿐 아니라 그 밖에 모든 곳에 깃든 수많은 남녀 신의 존재를 믿는다. 한자 '神道'(신도)는 '신들의 길'을 의미한다. 일본어로는 '가미노미치'かみのみち라고 하며, '가미'かみ는 만물에 깃든 신들을 의미하는 단어이다.

신도를 자연현상에 관한 우화로 이해하는 사람도 있다. 부분적으로는 사실이라고도 할 수 있다. 그러나 5세기까지 일본에는 문자가 없었기 때문에 기원이 기록으로 남아 있지 않다. 모든 것이 입에서 입으로만 전해 내려왔다. 그러다 중국의 학문이 한국을 통해 일본에 전해졌고, 702년에 이르러서야 신도 신앙에 관한 최초의 책이 쓰였다. 구전된 신화와 전설을 엄선해 기록한 『고사기』古事記가 그것이다. 720년에 쓰인 『일본서기』日本書紀는 더 자세한 설명을 담은 책이다. 그리고 신도의 흥미로운 의식절차를 담은 책이 바로 『연희식』延喜式이다. 내용을 보면 신도 사상이 불교의 영향을 크게 받았음을 부정할 수 없다. 일본인들은 그 사실을 부끄러워하지 않는다. 자신이 유교를 따르는 자이자 불교도이자 신도 신자이며 그것들이 서로 충돌을 일으키지 않는다고 말하는 일본 지식인을 나는 여러 명 알고 있다.

천황 일가의 조상은 태양의 여신 아마테라스오미카미로, '하늘을 비추는 신'이라는 뜻이다. 한자로는 '천조대신'天照大神이라고 한다. 그 아래 다른 귀족 가문들도 더 약한 신들의 자손이라는 점만 보아도 국교로서 신도가 어떤 역할을 하는지 충분히 설명된다. 그 기원이 순수하게 일본에 있다고는 할 수 없지만 말이다. 신사神社 특유의 아름다움도 일본의 예술과 민족성에 큰 영향을 끼쳤다. 단순하면서도 극도로 정교하며, 순수하고 깨끗한 그 모습은 일본의 정신을 반영한다.

보이지 않는 신들이 그곳에 머물며, 그들을 통해 하늘의 뜻을 듣는다. 그것을 신령神靈이라 하며 '신체'神体가 여러 대상에 깃든 신령을 상징한다. 대관식에 쓰이는 거울과 칼도 신체의 하나이다. 그러나 신체는 신령의 상징물일 뿐이며 그 둘이 혼동되어서는 안 된다.

신도 신앙의 핵심은 애국심과 충성이다. 중국과 마찬가지로 개별적으로 기도하는 일은 드물며 천황이 제사를 대행한다. 쉽게 분노하는 신들을 달래야 하는 일은 아주 많았다. 가면을 쓰고 추는 춤도 의식의 일부이다. 유명한 신사를 찾아 참배하는 일도 대단히 많았다.

철학과 윤리학이라는 측면에서는 어떨까? 신도에도 윤리학은 있으나 그것은 신의 눈에 불순하게 보이는 행동에 주어지는 대가와는 큰 상관이 없다. 신도의 신은 죽음에 무관심하다. 죽음은 깨끗한 것이 아니므로 신의 영역 밖이다. 고대 그리스 신화의 영웅 히폴리투스의 이야기에서, 여신 아르테미스가 헌신적인 기도를 바치는 히폴리투스에게

다가가지 못하고 "더러운 땅에서 한참 떨어져 있었던 것"도 그에게 깃든 죽음 때문이었다. 신도의 '가미'도 그런 존재이다. 신도의 장례 의식도 1868년에야 시작되었으며, 그것도 '가미'와는 관계가 없다. 다음은 고대의 전형적인 신도 기도문을 요약한 것이다.

"위대한 신들께서 농부들의 땀 흘려 일군 땅에서 많은 수확을 허락해주신다면, 첫 수확과 함께 술을 빚어 바치겠습니다.

또 황무지에 자라는 달고 쓴 약초들에 술을 선물하고, 바다 속에 사는 이들에게도 근해와 해안에서 얻은 해초를 바치겠습니다. 그 밖에 많은 것을 바쳐 당신을 찬양하겠습니다."

신도는 일본 국민성에 좋은 영향을 끼쳤으며, 일본의 사제라고 할 수 있는 신주神主들은 제 역할을 충분히 다했다. 그러나 신주는 서양의 관점에서 볼 때 전혀 성직자가 아니다. 신주는 행정 당국이 임명하며, 민중의 삶을 조금도 살피지 않는다. 오직 의식을 치르는 것만이 그들의 임무이다. 일본도 중국과 마찬가지로 죽은 조상에 깊은 존경을 바친다. 그것은 가족 간의 깊은 유대를 가져왔고, 정신적으로 그리고 물질적으로 사회로 확장되었다.

그러나 신도의 권위가 만들어내는 일본의 차가운 공기에는 불교의 따뜻한 숨결이 필요했고 공자의 윤리가 생명력을 불어넣었다. 일본 연극 노能와 수준 높은 예술 작품은 불교에 빚을 지고 있으며, 그 외에도 이루 말할 수 없이 많은 부채를 안고 있다. 불교 없이는 일본이 일본일 수 없었다. 일본은 그 전부를 열렬히 받아들였다. 신도의 미래를 누가 감히 예측할 수 있을까? 일본에도 평온한 지혜 속에 숨 쉬고, 자연과 지적이고 정신적인 아름다움을 표현한 철학자들이 있다. 이제 『만족하는 법』의 저자 가이바라 에켄貝原益軒과 같은 철학자들이 서양 독자들에게 자신들이 발견한 진리를 전할 차례다. 그러나 이 책은 기원을 다루며, 일본철학은 엄청나게 다양한 방식으로 파생되므로 나와는 또 다른 관점에서 다루어질 필요가 있다.

나는 이 책들을 단순한 문학 작품으로 보아서는 안 된다고 생각한다. 이들은 신도와 깊이 연관되어 있으며 신도는 불교, 유가와 함께 일본의 정신을 지탱하는 삼각대이다. 각기 다른 색채로, 그리고 그와 동시에 한데 뒤섞여 새롭고 아름다운 자신만의 색을 발한다.

일본인의 예민한 정신이 동서양의 철학을 함께 품어 원인과 현상의 세계를 설명하는 새로운 형태의 철학으로 발전시킨다고 해도 전혀 놀랄 일이 아니다. 일본은 다른 나라들의 장점을 자기만의 것으로 변형시키는 데 실로 대단한 능력을 지녔다. 그것은 서양에도 희소식이다. 생과 사의 문제에 대한 새로운 태도를 우리에게도 전해줄 테니까 말이다.

이제 동양사상과 철학자들에 관한 이 연구를, 아시아의 뛰어난 미술사가 아난다 쿠마라스와미Ananda Coomaraswamy의 말을 인용하며 맺으려 한다. 여기에 모든 철학적 염원이 요약되어 있기 때문이다.

"미래는 특정한 나라, 특정한 인종을 선택하지 않는다. 유럽의 활력과 고요한 동양사상을 함께 가진 이들이 전 세계의 귀족이 될 것이다."

오직 그것만이 동양과 서양의 미래를 위한 유일한 희망이다. ●

후기 : 배척이 아닌 융합을 꿈꾸며

　인더스, 갠지스, 브라마푸트라 그리고 줌나 강에서 흘러 내려온 사상의 지류는 북쪽 산맥에서 솟아올라 전 세계로 퍼져나가며 토지를 비옥하게 한다. 이 문장은 이 책에 담긴 내 생각을 요약할 수 있을까?
　절대 그렇게 두어선 안 된다. 미국과 유럽은 가까운 서아시아에서 얻은 종교로 충분하고 그 외 다른 아시아 지역의 빛은 필요 없다고 주장하며 자기만의 길을 걸어왔다. 히말라야라는 성곽 뒤에 무엇이 숨겨져 있는지 몰라도 너무 모르고 있었다. 그러나 셈족(유대인)의 가르침 속에서 자신의 영혼을 찾았다고 말할 수 있는 사람은 그리 많지 않다. 모든 것을 원래대로 되돌리고 우리와 같은 핏줄, 같은 영혼을 가진 이들의 가르침을 우리 것으로 만들 수 있을까?
　유럽도 언제까지나 위대한 동양사상을 그저 베단타 또는 불교라고 부르고만 있지는 못할 것이다. 아시아에서도 그런 명칭은 점점 사라져가는 추세다. 인간의 정신은 시간이 흐를수록 최상의 것에 동화되기 마련이다. 그 위대한 사상들은 다리이지 벽이 아니므로, 나는 그들이 모든 장애를 허물고 인류의 사상을 하나로 연결해주리라 믿는다.

이 과정에서는 인도가 세상을 이끌어야 한다. 인도는 정신적인 탐험에 심취해 다른 이들이 짐작만 하고 있을 때 구체적인 지도를 그렸기 때문이다. 이제 유대인의 편협한 신학은 던져버리자. 나는 새로운 모습의 기독교는 점점 더 베단타의 가르침을 닮아갈 것이라 믿는다. 그리고 서양의 실용적인 철학은 히말라야 독수리의 날개를 화려하게 장식할 것이다.

스피노자, 블레이크, 니체와 같은 철학자들은 인류를 이끌어줄 새로운 인종, 즉 초인이 나타날 가능성을 상상했다. 민주주의라는 허깨비가 인류를 빠져나오기 힘든 진창으로 밀어 넣으려 할 때 말이다. 인도는 그런 초인들을 통해 전혀 다른 길을 보여주었다. 나는 서양이 철학과 과학과 사회의 발전을 위해, 천천히 그리고 꾸준히 모든 학문의 흔들림 없는 기반이 동양에 존재함을 깨달으리라 믿는다.

이것은 예언이다. 자신의 신앙 속에 확고하게 자리 잡은 이들은 이 예언을 비웃을 것이다. 그러나 그들도 내가 보았던 장대하고, 변치 않으며, 그늘이 진 그것의 윤곽을 보게 될 것이다. 구름 위로 솟은 산봉우리, 천둥이 치는 그 너머 신들이 거주하는 바로 그곳을 말이다.

나는 모든 동양사상이 밀려들고 서양의 과학과 상업이 파도처럼 부딪치는 실론(스리랑카)에서 이 글을 쓴다. 둘 중 어느 것이라도 승리를 거둔다면 그것은 인류에게 크나큰 재앙이다. 동양과 서양의 정신이 만나 형제애로 뒤섞이는 것만이 유일한 희망이기 때문이다. 외적인 형식은 아무래도 좋다. 서로 새벽이 오기 전에 상대를 정복할 만한 힘이 있다. 떠오르는 태양이 수평선 아래 너무 오래 머물러 있지는 않기를. 그것이 양쪽 모두를 알고 사랑하는 이들의 유일한 소망이다.

동양의 생각지도 :
어느 서양 인문학자가 읽은 동양 사유의 고갱이

2013년 6월 4일 초판 1쇄 발행

지은이
릴리 애덤스 벡

옮긴이
윤태준

펴낸이
조성웅

펴낸곳
도서출판 유유

등록
제406-2010-000032호(2010년 4월 2일)

주소
경기도 파주시 문발동 560 숲속길마을
동문굿모닝힐 302동 102호 (우편번호 413-782)

전화
070-8701-4800

팩스
0303-3444-4645

홈페이지
uupress.co.kr

전자우편
uupress@gmail.com

편집
이경민

디자인
이기준

독자교정
양지연

제작
(주)재원프린팅

ISBN 978-89-85152-00-6 03150

이 도서의 국립중앙도서관 출판시도서목록(CIP)은 e-CIP 홈페이지 (www.nl.go.kr/ecip)와 국가자료공동목록시스템(www.nl.go.kr/kolisnet)에서 이용하실 수 있습니다.(CIP제어번호: CIP2013007143)